国家级示范性高等院校精品规划教材

世界旅游地理

主　编　许晓光

副主编　叶　璐

天津大学出版社
TIANJIN UNIVERSITY PRESS

内 容 简 介

本书内容重点突出、详略得当、简明扼要、可读性强，在介绍旅游景区时，尽量做到每景一图，以期图文并茂，使读者能有更直观的感受。全书共分十四章，按世界地理区块划分，每章以国家、城市、景区三个层次来展开。本书可作为高职高专旅游类专业及相关专业的教材，也可以作为旅游爱好者了解世界主要旅游国家、城市及景区的趣味读物。

图书在版编目（CIP）数据

世界旅游地理 / 许晓光主编. —天津：天津大学出版社，（2020.8 重印）
国家级示范性高等院校精品规划教材
ISBN 978-7-5618-3605-7

Ⅰ. ①世… Ⅱ. ①许… Ⅲ. ①旅游地理学—世界—高等学校—教材
Ⅳ. ①F591.99

中国版本图书馆CIP数据核字（2010）第145944号

出版发行 天津大学出版社
地　　址 天津市卫津路 92 号天津大学内（邮编：300072）
电　　话 发行部：022-27403647
网　　址 publish. tju. edu. cn
印　　刷 廊坊市海涛印刷有限公司
经　　销 全国各地新华书店
开　　本 185mm×260mm
印　　张 20.25
字　　数 568 千
版　　次 2010 年 8 月第 1 版
印　　次 2020 年 8 月第 11 次
定　　价 38.00 元

前　言

2010年上海世博会开幕一个多月后，南非世界杯又点燃战火。巴西、荷兰、葡萄牙、英格兰、墨西哥、尼日利亚……以往这一个个熟悉而又陌生的国度却犹如近在咫尺的邻家大院。整个世界就是一个村落，我们拥有一个共同的名字叫地球。“走出国门，游遍世界”已经不再是遥不可及的梦想，中国人从未像今天这样可以如此自由地亲近世界。随着中国旅游客源市场的不断扩大，越来越多的中国人希望走出国门，一睹世界各地精彩缤纷、多姿多彩的自然和人文景观。

当人的基本需求得到满足后，旅游与艺术、运动、阅读一样，更能使人成为有趣味、活力和内涵的纯粹的人。“读万卷书，行万里路”，每个人都渴望亲身观察、体会不同国度的文化与文明。旅游不仅可以开阔人的视野，也将加快中国融入世界的步伐。旅游是高层次的精神享受，是“人在旅途”的趣味体验，是心灵的滋润、丰富和荡涤。“赶集式”的“走马观花”，缺乏审美情趣，势必使人身心疲惫，使旅游的乐趣荡然无存。

中国旅游业的迅猛发展，急需培养一批懂旅游、爱旅游和会旅游的高素质一线旅游专业人才。在今天这样一个地球村，从事旅游工作应当有兼容并包的思想和国际化的视野。但是在世界旅游地理的知识和资讯上，旅游专业的学生还存在很大欠缺，远远不能满足中国旅游市场发展的要求。世界上有如此众多的国家，在世界各个角落都遍布着绚丽缤纷的景色，如果还没有机会亲身感受一次，我们至少可以去熟悉、了解大千世界的这些美景。

本书在编写过程中，参考了许多文献资料，因有部分资料作者不详，无法列入参考文献，在此特别表示感谢。本书的编写分工如下：许晓光（第1、2、7、8、10、11、14章）、叶璐（第3、4、5、6、9、12、13章）。本书资料及图片的查找工作得到了浙江育英职业技术学院08旅游管理班部分同学的支持，在此表示衷心的感谢。限于我们的经验和水平，书中疏漏之处在所难免，欢迎广大专家、读者批评指正。

许晓光

2010年6月

目　　录

第1章 东　　亚

第 1 节　东亚主要旅游国家

日本

“日本国”意即“日出之国”，传说日本为太阳神所创造，天皇是太阳神的儿子，太阳旗即来源于此。公元 4 世纪中叶，日本开始成为统一的国家，称为“大和国”。公元 645 年发生“大化革新”，仿照唐朝律令制度，建立起以天皇为绝对君主的中央集权国家体制。12 世纪末，日本进入由武士阶层掌管实权的军事封建国家，史称“幕府时代”。1868 年，日本推行“明治维新”，废除了封建割据的幕藩体制。1947 年 5 月，日本实施新宪法，由绝对天皇制国家变为以天皇为国家象征的议会内阁制国家。

日本由北海道、本州、四国、九州 4 个大岛和其他 680 多个小岛屿组成。日本陆地面积约 37.78 万平方公里，地处温带，气候温和，四季分明。樱花是日本的国花，每到春季，青山绿水间樱花烂漫，蔚为壮观。日本境内多山，山地约占总面积的 70%，大多数山为火山，其中著名的活火山——富士山海拔 3 776 米，是日本最高的山。日本地震频发，每年发生有感地震约 1 000 多次，是世界上地震最频发的国家之一，这也造就了日本地热资源丰富、温泉众多的自然优势。冬季泡在温泉水中，融入雪国的世界之中，真是惬意无限。此外，游客还可以享受用温泉治病的各种传统疗法。

日本各地的自然景观四季皆美，各有风貌。春天可以赏樱，夏天可观新绿，秋日吟咏红叶，冬季则戏瑞雪，都是十分有情趣的。日本基本属于温暖潮湿气候区，无论是在东京的御苑、湖畔，还是在京都的古寺、圆山，春日赏樱、秋日观枫，都是最惬意不过的了。而冲绳和奄美大岛则属亚热带气候区。位于日本列岛最南端的冲绳有着浓郁的日式渔岛风情，每年 3 月下旬至 7 月下旬的海洋狂欢节，可能是世界上最长的节日；春季到来时，樱花开满整个海岛，鲜花映衬着碧海，真是美不胜收。

日本是个娱乐业十分发达的国家，城市里娱乐场所众多，如东京的银座、京都的花见小路以及气氛热闹的酒吧、夜总会、歌舞厅。日本的传统歌舞伎、能戏充满着东方式的典雅和激越。此外，东京两国竞技馆的相扑比赛也很精彩，到此旅游的游客千万不要错过。日本的主题乐园之多在世界上也屈指可数，著名的东京迪士尼乐园是无论如何都一定要去游览的。

韩国

据传，神话人物檀君于公元前 2333 年建立了朝鲜半岛上的第一个王国——古朝鲜。高句丽、百济、新罗建于公元 1 世纪。朝鲜王朝建于 14 世纪末，尊奉儒教为国教。1876 年，日本侵略朝鲜王朝，朝鲜被迫打开了门户。1910 年日本占领朝鲜，1945 年投降后才撤离。其后朝鲜半岛分为韩国与朝鲜两个国家。朝韩战争于 1950 年 6 月 25 日爆发，1953 年 6 月 27 日双方签订停战协定。

山地占朝鲜半岛面积的 2/3 左右。太白山山脉沿半岛整个东部海岸伸延，东海岸形成一片悬崖峭壁和岩石小岛。西部和南部坡度平缓，形成平原和许多近海岛屿和小港湾。朝鲜半岛有许多风景优美的山川，最高的山峰是位于北部与中国接壤的白头山。韩国位于朝鲜半岛南部，面积约为 99 000 平方公里，北面隔着“三八线”非军事区与朝鲜相邻。流经韩国首都首尔的汉江是古代朝鲜王国与沿江人民的生命线，如今则是韩国人口密集的中部地区的生命线。

韩国是一个新旧并存、静穆神秘的国家，来韩游客将会发现，这个曾主办过 1988 年夏季奥运会的现代化国家，仍然保留着古代东方文明的精髓——历代古宫、壮丽的古城门和宁静的寺庙。韩国拥有四通八达的交通网，首尔的汉江上有 27 座大桥跨越南北，高速公路、铁路通达韩国各地。韩国自然旅游资源不甚丰富，人文景观多源自中国，但其以滑雪、温泉、乐园为代表的现代旅游，无论在设施还是管理上都值得借鉴。

韩国属于温带气候，可以观赏到四季美景，为旅游倍添乐趣。韩国北部地区深受大陆性气候的影响，寒暑温差较大，愈往南愈呈现出温和的海洋性气候特征。“秋高气爽”、“晴空万里”可能是描述韩国秋天最恰当的词汇。秋天也是到韩国旅游的最佳季节，10月初的雪岳山枫叶转红，落英缤纷。到 11 月上旬，汉城的古宫——秘苑已是红叶满园，秋意正浓。

韩国泡菜闻名遐迩，几乎每餐必备，韩国人擅长制作各类拌制的小菜，主食则以白米饭为主。韩国的国花是无穷花，学名为木槿花。生命力极强的无穷花，象征着韩国历尽磨难却矢志弥坚的民族性格。“太极旗”是韩国的国旗，中央以易学中象征“宇宙与真理”的“太极”为圆；红与蓝象征着阴阳、水火、男女、静动等的融合与谐调。四角的爻卦则分别象征着天、地、日、月，显示出对称美与均衡美。

朝鲜

1945 年 8 月日本投降后，朝鲜半岛以北纬 38° 线为界，分为两个军事占领区，苏联红军进入北方，美军占领南方。1948 年 9 月 9 日，朝鲜民主主义人民共和国宣告成立。朝鲜是一个多山的国家，山地和高原占全国总面积的 80%，地形东高西低、北高南低。从鸭绿江口附近的新义州到平壤的铁路全在海拔较低的平原上。“平壤”是“平坦的大地”之意，但平壤市内有几座起伏的小山丘，最高海拔也仅 200 多米。

朝鲜位于亚洲东部朝鲜半岛北部，其独特的历史因素和地理位置，造就了朝鲜旅游的人文游和风景游两大特色。万景台金日成故居与金日成相关的景点一起，构成了朝鲜特色的旅游资源。坐落于景色秀丽的牡丹峰山麓的凯旋门，是在金日成同志 70 寿辰之际建立的，比法国巴黎的凯旋门还高 10 米。矗立在万寿台丘岗上的千里马铜像，是在金日成同志 49 寿辰之际建立的。此外，主体思想塔、五一体育场等都是朝鲜的知名景点。

富有魅力的自然风光是朝鲜旅游的又一特色，妙香山风景游和元山海滨度假游是朝鲜成熟景区的代表。同时，借重朝鲜民族的悠久历史文化、淳朴民风民俗的优势，开展文化古迹游以及城市旅游，使自然与人文景观相结合，在优美风光中展示朝鲜的古老文化，亦是朝鲜旅游的亮点所在。

第 2 节　东亚重要旅游城市

东京

东京是日本的首都，全称“东京都”，是日本的政治、经济、文化中心，是日本的海陆空交通枢纽，是现代化国际都市和世界著名旅游城市之一。

东京位于本州岛关东平原南端。古时的东京是一个荒凉的渔村，最早的名称叫做“千代田”。1192 年，日本封建主江户在这里建筑城堡，并且以他的名字命名。1603 年，将军德川家康在武士混战中获胜，下令在江户设立幕府，成为当时的全国政治中心。1868 年，日本推行“明治维新”，德川幕府被推翻，在这一年，明治天皇从京都迁到江户，改称“东京”，1869 年定为首都。

东京有许多名胜古迹和著名国际活动场所。市中心的丸之内是东京银行最集中的地方，游乐町的剧场和游乐场所最多，银座因世界百货总汇而闻名，这三个地区是繁华东京的缩影。此外，新宿、涉谷、池袋等也都是繁华的商业区。东京有 100 多个博物馆，最大的是东京国立博物馆。东京的电影院和剧场也不少，最著名的东京国立剧场分为大小两个剧场，演出歌舞伎及其他种类的戏剧。驹泽奥林匹克运动场的设备也是世界一流。在东京的街头巷尾，到处可见神社寺院，就连著名的商业区银座，也有大大小小 13 座神社，供奉着维持商业繁荣的守护神。

东京是日本最大的工业城市，全国主要的公司都聚集于此。东京又是日本经济、商业、金融中心，资本在 50 亿日元以上的公司，90%集中在东京，全国各大银行的总行或主要分行也都设在东京，东京在千代区和中央区分别设有闻名于世界的日本银行和活跃于世界股票市场的东京股票交易所。东京也是日本的教育和文化中心。目前，东京拥有 190 多所大学，著名的东京大学、早稻田大学、庆应大学、立教大学、明治大学、一桥大学、法政大学等都位于东京。

京都

京都位于日本列岛中心的关西地区，为盆地地形，是著名的历史之城。公元 794 年，平安京城始建于京都，大政奉远直至 1868 年迁都到东京为止的 1 000 多年间，京都一直是日本的首都。自建城以来，京都就一直是日本的经济、文化中心。京都有数百间有名的神社、神阁和古寺名刹，拥有日本两成以上的国宝。京都又是“中国化”极深的城市，许多店铺的名称仍有汉字的痕迹。

京都具有浓郁的日本风情，是日本人心灵的故乡。它是日本纺织物、陶瓷器、漆器、染织物等传统工艺品的产地。同时，它又是日本花道、茶道的繁盛之地，被称为“真正的日本”。京都也是接受日本文化熏陶的好地方，无论是艺术、佛教还是民间手工艺，游客可以学习日本料理、传统工艺（丝绸、陶瓷、造纸、庙宇行头等）、日本戏剧、茶道和插花技术。京都几乎每天都有庆祝活动和例行节日，富有浓郁的地方乡土风情。最为热闹的是祇园节（7 月 1 日至 29 日）和时代节（10 月 22 日）。时代节是平安神宫的祭礼，将京都成为首都后 1 000 多年间的风俗习惯按各个不同年代的风貌列队展现。

京都一年四季都有值得观赏的景点，到京都旅游的最佳时间是春秋两季。樱花通常在 4 月盛开，大约持续一周。日本人喜欢观赏樱花，赞颂春天。赏花的历史悠久，原先大多为宫

廷欢宴，如今已是最大众化的乐事了。每年樱花节，人们必在树荫浓郁的樱树下铺上席子或塑料布摆好阵势，带上酒菜，又喝又唱又跳地闹腾一阵。二条城、平安神宫、圆山公园、仁和寺，还有“哲学之路”上，每每因赏花客云集而热闹非凡。

日本秋季漫长，多枫叶、红叶，与山明水秀的风土相得益彰，被视为世界上红叶最美的国家之一。同观赏樱花、赞颂春天一样，日本人也用心去红叶名胜赏玩美景、感受秋天。京都是观赏红叶的名地，京都岚山、嵯峨野附近的枫尾、人烟稀少的大原等处，皆以红叶美艳而闻名遐迩，吸引了无数的游客。京都的魅力不仅仅在于历史、传统与美景，它还拥有众多的大学和现代教育研究机构，作为学术大都市而闻名于世。美丽的自然风光和悠久的历史建筑非常和谐，古物慈朴、新物情浓，每一位来访的客人都会有一份惊喜和感动。

大阪

大阪坐落在日本本洲岛西南的大阪湾畔，濒临濑户内海，是大阪府的首府和关西地区的工商业和水陆空交通中心。这里气候温和湿润，四季花木常青，处处溪流纵横，但见路桥凌水，素有“水都”之称，又以“千桥之城”享誉世界。

大阪古时称“浪速”，又叫“难波”，19 世纪起始称大阪。公元 2—6 世纪，这里曾是日本的都城。由于濒临濑户内海，大阪自古就是千年故都奈良和京都的门户，是日本商业和贸易发展最早的一个地区。从德川幕府时代起，大阪就是全国的经济中心，被称为“天下的厨房”。大阪建城历史悠久，名胜古迹众多，其中以奈良时代的古皇宫难波宫遗址，供奉古代军神、歌神、海上守护神的住吉大社，平安时代的大会佛寺等最为著名。东区的大阪城建于 1583 年，全城总长约 12 公里，是当时日本最大的城堡。城内的四大天王寺建于 593 年，多次毁于兵火，1963 年又依原样重建。建于公元 949 年的天满宫每年 7 月都要举行被称为“日本三大祭”之一的天神祭礼。

大阪逐步发展成为一座综合性的现代化工商业城市。市内大阪车站广场前的梅田一带、以通天阁为中心的新世界是大阪的闹市区，北滨、今桥一带则是金融中心。此外，在大阪市中心的地下还有一座可容纳 50 万人的“彩虹城”。这里商店鳞次栉比，日夜灯火通明，是驰名世界的地下“不夜城”。

大阪也是日本的重要交通枢纽，大阪湾中的关西国际机场是经过 20 年填海造岛建成的日本最现代化的国际机场，1994 年 9 月竣工投入运营。

横滨

140多年前的横滨只是一个小渔村，1853年美国海军大将伯里率领舰队登陆横滨附近的三浦半岛，从而敲开了日本闭关自守的“大门”。

横滨位于日本首都东京南约30公里、东京湾的西岸，是世界著名的贸易港之一，是仅次于神户、千叶的日本第三大港口。横滨市是神奈川县的主要城市，京滨工业地区的许多科研机关都设于此，因此横滨市的科学研究事业较为发达，市内有7所大学。横滨市划分为14个行政区，中区和西区是市中心，野泽屋和高岛屋两大百货公司就坐落在这里；元町是横滨的另一繁华商业区，其南侧的中华街是华侨聚居区。横滨市中心部的滨水区域正在推进大都市整建计划。横滨是世界各国船舶频繁出入的港湾都市，任何时候都富于开放性，充满国际气息。

神户

日本兵库县首府神户位于本州岛西南部，依山面海，地形狭长，沿东西方向延伸，濒临大阪湾，背靠六甲山脉，距大阪约30公里，是日本著名的国际贸易港口之一，以港口、人工岛、珍珠、牛肉和时装而闻名。

神户拥有非常丰富的观光游览资源。在这里，游客可以看到世界上最大的斜拉吊桥——明石大桥，在大桥高出海面46米的散步道上，能一览大阪湾及濑户内海。从三宫到元町一带的神户市中心，更能充分体验餐饮加购物的双重乐趣。市内北野町的异人馆保留着明治初期外国人居住地的特色，极富异国情调。市北郊的六甲山是日本关西的名山，山上有草原、岩山、游园地、高尔夫球场、高山植物园等；北侧有日本最古老的温泉——有马温泉；再度公园内多原始森林，山上有高原湖、大龙寺和森林植物园等景区；仙人谷一带盛产杜鹃花。坐空中缆车上山、去牧场挤牛奶做乳酪、在八音盒博物馆听世界各国的八音盒演奏、去高山植物园观赏珍奇花卉、在有马温泉泡汤或钓鳟鱼等，均是不可错过的旅游项目。另外珍藏有天平时代如意观音立像的大龙寺、神功皇后修建的生田神社、供奉南朝忠臣楠木正成的凑川神社等也是神户的旅游胜地。

奈良

奈良是一座积淀了千年历史的文化古都，享有“东方的罗马”之誉，日本人称奈良为“精神故乡”和“丝绸之路的东方终点”。中国鉴真大师 6 次东渡，最后抵奈良弘扬佛法，传布中国文化。早在 3—5 世纪，山明水秀的奈良就是日本“大和国”的中心；6—7 世纪，日本几代天皇都在此建都。古时奈良城市的布局是网格状结构，与中国唐都长安相似，都是红柱、绿瓦、白壁的宏伟建筑。如今虽历经 1 200 多年的风雨，古城风貌犹存。现存的平城宫遗迹和众多的寺院神社都能够反映当时日本文化的繁荣，其杰出的建筑风格至今仍令人赞叹不已。东大寺、兴福寺、药师寺、唐招提寺、春日大社等古迹均被联合国教科文组织列入《世界遗产名录》。奈良的自然风光也十分秀丽，漫步在奈良街头，环顾这些伟大的文化艺术成就时，可以深切地感受到日本天平时代特有的瑰丽而又庄严的气氛。奈良的大部分地方是开阔的公用地，在那里经常可以见到鹿群在悠闲、自由地漫步。这些驯鹿毫不怯生，不但不避讳行人，而且还会向游客撒娇求食，为奈良观光平添了一番温馨情趣。

北海道

北海道位于日本北部，面积占全日本的 1/5，是日本四个主岛中最北端的岛屿，是日本第二大岛。北海道的人口只有东京的一半，人口密度极低，而且多集中于以札幌为中心的小樽与旭川之间，故游客到了北海道，往往会有辽阔、闲适之感，与日本其他城市的拥挤繁荣相比，风格迥异。北海道以其迷人的雪景闻名于世，冬天是游览北海道的最佳季节。一年一度的北海道雪祭盛会于每年 2 月上旬开幕，会场分别设于大通公园及真驹内自卫队广场两处，游客可在此参观各国高手尽展身手而雕砌成的冰雕艺术杰作。

此外，北海道还有很多值得游览之地。登别温泉是北海道最大的温泉，四周群山环抱，在狭窄的峡谷里有 11 种温泉涌出，水温由 45～93℃不等，可治疗多种疾病。在此，游客还可观赏到著名的地狱谷、药师如来像、火山口褚色的绝崖及琉璜喷泉口等奇景。支笏湖为北海道第一大湖，湖畔耸立的樽前山及惠前岳均为活火山，曾于 1978 年爆发过，目前仍有喷烟，与波平浪静的湖面相映成趣。附近的四方岭上有一熊牧场，饲养了 200 多只珍贵棕熊，时常进行精彩表演，游客可在园内自由饲喂并拍照留念。滑雪是游客前往北海道旅游的最主要目的之一，这里亦有不少的滑雪场地，其中真驹内滑雪场的设备较为齐全，较适合初学者使用。

首尔

首尔是一座拥有 1 000 多万人口的超级大都市，位于市中心的摩天大楼鳞次栉比，一派现代化都市景象。缓缓流动的汉江穿过城市中间，犹如玉带，旧日王宫依然保留着当年富丽堂皇的景象，夹杂于高楼广厦间的传统韩式瓦屋仍旧古色古香。

首尔作为韩国的首都，处处保留了历代优秀的文化遗产，如以韩国总统府邸青瓦台为代表的政府第一综合厅舍、宪法判裁所、国会议事堂和法院等重要中央行政机关。首尔先后于 1986 年和 1988 年举办了亚运会和第 24 届奥运会。首尔市内的建筑古老和现代共存，既有景福宫等朝鲜时期的古宫，也有最尖端的综合文化设施。首尔市内的观光景点主要有朝鲜时期的五大古宫和宗庙以及首尔世界杯体育场、63 大厦、汉江、南山、北汉

山国立公园、大学路、仁寺洞等，著名购物场所则有梨泰院、明洞、狎鸥亭、南大门、东大门等。首尔近郊的首尔游乐场、爱宝乐园、加勒比海湾、韩国民俗村、水原华城、南汉山城等景点也值得一看。市内保留着许多名胜古迹，主要有景福宫、昌德宫、昌庆宫、德寿宫和秘苑（御花园）等。此外，明洞、狎鸥亭洞等购物街道和丰富多彩的演出设施也是世界闻名的。

汉江横贯首尔市中心，东西流向，北部山峦连绵，云蒸霞蔚，使得首尔市被群山环抱。因此，首尔市中心大体为平地，景色秀丽，壮丽的山峦成为首尔天然的“外廓城墙”，市中心风光旖旎，尽显大自然的魅力。汉江旁曾是亚洲第一高楼的 63 大厦是一个综合性观光景点，除展望台外，还备有大量娱乐设施，外表全部是玻璃，在阳光下发出金黄色的光辉，因此又常被称为“金色塔”。

首尔也是购物的理想天地，游客可以在市中心的新世界、乐天、美都波、东邦广场等大型百货商场购买免税商品，首尔的免税商品均有统一规定的价格。

釜山

釜山位于韩国东南端，与日本对马岛相望，西临洛东江，西北山地耸峙，南有群岛屏障，是著名的深水良港，是韩国第二大城市兼第一大贸易港口，也是世界五大港湾城市之一，海外贸易非常繁荣。作为国际化的现代都市，釜山不仅是连接亚洲、欧洲和北美的东北亚中心，也同隔海相望的日本进行着活跃的贸易、文化交流。因此，釜山逐渐成为了一个多种文化共存的国际性都市。釜山先后承办了 2002 年第 14 届亚运会和韩日世界杯比赛，而且自 1995 年起，每年都举办的釜山世界电影节吸引着世界各地爱好电影的人士前来参加。釜山展示会议中心 BEXCO 设有专门的会议室和展示厅，不断有世界性的会议在此举办。

在釜山观光大致分为海岸观光和内陆观光两部分。海岸观光主要指海水浴场、岛屿、海岸公园等，内陆观光则指釜山市内的历史遗址、金井山城、梵鱼寺、东莱乡校、东三洞贝冢、釜山世界杯体育场、BEXCO 等。但釜山最吸引人的还是海岸观光，因为在东南海岸的海水浴场可观赏到各种奇异的怪石和大小岛屿。较著名的海水浴场有海云台海水浴场、广安里海水浴场、松亭海水浴场等，除游泳外还能乘坐游艇、快艇和香蕉艇等。而岩南公园、二妓台、太宗台的海岸公园的景色尤其美丽，在太宗台和海运台乘坐游船观赏更佳。

随季节变幻，釜山也呈现出不同的面貌。夏天，各海水浴场举办形式多样的庆祝活动；秋天，刀鱼市场会举办“刀鱼文化观光节”；冬天，洛东江下游的候鸟栖息地又会成为游客瞩目的焦点。近来，龙头山公园和刀鱼市场一跃成为新的观光景点。此外，釜山的东莱葱饼和生鱼片也很有名。

庆州

庆州是韩国的历史古城，位于庆州盆地中部，四面环山，又有三水江流环绕城邑，山河襟带，风景壮美。朝鲜古代新罗王国于公元前 57 年在此建都，历经公元 4—7 世纪的三国鼎立时代、公元 7—10 世纪的新罗统一全朝鲜时代，直到公元 923 年高丽灭新罗为止，均在此立都，前后成为新罗 50 代 900 年的王都，成为朝鲜半岛历史文化及艺术文物最丰富的地方，被誉为一座“没有围墙的文化博物馆”。

庆州城中没有高大的建筑物，多为古色古香的具有民族风格的平房或两三层高的楼房，与整个庆州的文化氛围相得益彰。现在城内依然保留着新罗时代的外城（山城）和王宫（半月城）以及新罗第五代婆娑王所筑的满月城的遗迹。

庆州市内多王陵，除有名的 5 个王陵及为统一全朝鲜奠基的五烈王陵外，还有近 50 个王陵，此外还有新罗时代的皇龙寺（新罗最大的寺庙）和芬皇寺遗迹以及在统一三国中屡立大功的新罗名将金瘦信的墓园（墓园大于当时的王陵）、文武王所建的水湖枣雁鸭池、受中国隋朝影响雕刻的三体石佛、新罗时代石造美术代表作佛国寺的释迦塔和多宝塔等。

济州岛

济州岛是韩国最大的岛屿，是一座典型的火山岛，呈椭圆形，由火山物质构成。岛中央是通过火山爆发而形成的海拔 1 951 米的韩国最高峰—— 汉拿山。海洋性气候的济州岛素有“韩国夏威夷”之称。岛上数以百计的丘陵、滨海的瀑布、悬崖和熔岩隧道吸引着世界各地的游人。济州岛在 938 年以前是独立王国，高丽王朝（935—1392）和李朝（1392—1910）时期均为政治流放地和养马场所。荷兰海员哈梅尔于 1653 年漂流岛上，是第一个到达朝鲜的西方人，称济州岛为“奎尔帕特岛”。

济州岛保留着独特的文化特色，人称济州岛上有“三多三无”：石头多、风多、女人多，无乞丐、无小偷、无大门，贴切地反映了济州岛独特的自然文化景观和朴实的民情、民风。济州岛现在的名字已经改为“济州国际自由城市”。2006 年 2 月，韩国中央政府颁布了《建立济州特别自治道及开发国际自由城市的特别法》，开始了雄心勃勃的济州岛开发战略，要建成高科技园区、休闲居住区、神话历史公园等项目。济州岛作为韩国唯一的特别自治道享受除国防和外交之外的所有行政自治权。济州岛的特色礼品有石头像的仿制品、黑珊瑚工艺品和以藤条手制的靖洞帽子等。

平壤

平壤是朝鲜民主主义人民共和国的首都，位于朝鲜半岛西北部地势低洼的地段，面积 2 600 多平方公里，城市西北部是低矮的山岭，东部是连绵起伏的丘陵和肥沃丰饶的原野。流经市中心的大同江和它的支流普通江为平壤平添了几许妩媚风情。平壤地处大同江下游平原和丘陵的交接处，因有部分土地在平原上，故称“平壤”，即“平坦的大地”之意。

在平壤由北向南伸展的丘陵上，有海拔不超过 100 米的酒岩山、牡丹峰、万寿台、解放山、苍光山、万景峰等山峰。这些山峰几乎都位于城市中心区域，依傍着大同江，山水相映，景色秀丽。平壤市民的人均绿地面积达到 58 平方米，花草遍地，林木葱郁，水光山色，空气清新，使平壤获得了“花园城市”的美誉。平壤是世界上绿化面积比重最大的城市之一，市内处处是苍松翠柏、花坛草坪，加上山青水秀的天然景致，使其格外迷人。

平壤是一座历史悠久、文化古老的城市，这里曾经出土过古人类的化石和遗迹，有乙密台、练光亭、大同门、普通门等年代久远的古迹。市内高楼大厦林立，万寿台的山岗上，耸立着一座 23 米高的千里马青铜雕塑，其背后是朝鲜革命博物馆。南山岗上有人民大学习堂，牡丹峰下有金日成体育场，将台岗上有平壤学生少年宫。此外，市内还建有万寿台艺术剧场、朝鲜中央历史博物馆、朝鲜美术博物馆、平壤大剧场等。1982 年，大同江畔还修建了高达 170 米的主体思想塔，在中心大街上建起了朝鲜凯旋门。

第 3 节　东亚著名旅游景区、景点

东京塔

东京塔全称叫“日本电波塔”，位于日本东京都港区芝公园，是一座是以巴黎埃菲尔铁塔为范本而建造的红白色铁塔，但其高 333 米，比埃菲尔铁塔高出 13 米，是全世界最高的自立式铁塔。这座日本最高的独立铁塔是东京的最高点。棱锥体形的铁塔由四脚支撑，塔身灯光颜色随季节变化，夏季为白色，春、秋、冬季为橙色。塔的上部装有东京都 7 个电视台、21 个电视中转台和广播台等的无线电发射天线。塔在 150 米处设有大瞭望台，249.9 米处设有特别瞭望台，可一览东京市内景色，晴朗之日可远眺富士山。

富士山

富士山位于东京西南方约 80 公里处，主峰海拔 3 776 米，是日本国内的最高峰，也是世界上最大的活火山之一，目前处于休眠状态，但地质学家仍然把它列入活火山之类。山麓周长约 125 公里，连同山麓宽广的熔岩流一起，底部直径 40～50 公里。山顶的火山口地表直径约 500 米，深约 250 米。环绕锯齿状的火山口边缘有“富士八峰”。

富士山是典型的成层火山，从形状上来说，属于标准的锥状火山，具有独特的优美轮廓。富士山是日本第一圣山，跨越静冈、山梨两县县境，是富士火山带系山脉的主峰，呈圆锥形，山麓则为优美的裙摆下垂弧度，正好位于骏河湾至系鱼川之间的大地沟地带上。

浅草寺

浅草寺位于东京台东区，是日本现存的具有“江户风格”的民众游乐之地。相传，在推古天皇 36 年，有两个渔民在捕鱼时捞起了一座高 5.5 厘米的金观音像，附近人家就集资修建了一座庙宇供奉这尊佛像，这就是浅草寺。其后该寺屡遭兵燹之灾，数次被毁。到江户初期，德川家康重建浅草寺，使它变成一座大寺院，并成为附近江户市民的游乐之地。

浅草寺入口处挂着的红灯笼，是这里的象征，也是浅草寺的总门。写着“雷门”字样的巨大灯笼，直径 3.4 米、高 4 米、重 67 公斤。门内有长约 140 米的铺石参拜神道通向供着观音像的正殿。寺西南角有一座五重塔，仅次于京都东寺的五重塔，为日本第二高塔。寺东北有浅草神社，造型典雅，雕刻优美。

严岛神社

严岛神社创建于 593 年前后，是位于日本广岛县境内岛屿——严岛（旧名“宫岛”）上的一座神社，主要祭奉日本传说中三位海洋女神（宗像三女神）。严岛神社修筑于濑户内海海滨的潮间带上，神社前方立于海中的大型鸟居（日式牌楼）是被称为“日本三景”之一的严岛境内最知名的地标。严岛神社除了大部分建筑结构都被日本政府指定为国宝之外，神社内也收藏了许多国宝级物品，并且在 1996 年与神社后方弥山上的原始林区并列于《世界遗产名录》中（其中神社属世界文化遗产，而弥山则为世界自然遗产）。

东京迪士尼乐园

东京迪士尼乐园开幕于 1983 年，完全仿照美国迪士尼而建，是一座以睡公主城堡为中心、占地达 46 公顷的童话世界。东京迪士尼乐园每年都会吸引大批游客慕名前来游玩，它能让人们忘却了年龄的限制，将大家带领到那魔幻与欢乐的王国。

东京迪士尼乐园主要分为世界市集、探险乐园、西部乐园、新生物区、梦幻乐园、卡通城及未来乐园 7 个区，园内的舞台及广场上定时会有丰富多彩的化装表演和极富趣味性的游行活动。

金阁寺

金阁寺是世界文化遗产，正式名为“鹿苑寺”，是一座位于京都、建成于 1397 年的日本古刹，是一座临济宗相国寺派的寺院。因为寺内主要核心建筑舍利殿的外墙全以金箔装饰，因此得到“金阁寺”之称。金阁寺是 1397 年足利家族第三代将军义满作为别墅而修建的，义满死后被改为禅寺“菩提所”。据说以金阁为中心的庭园表示极乐净土，被称做“镜湖池”的池塘与金阁相互辉映，似乎是京都代表性的风景。特别是在晴好的天气，可欣赏到倒映在镜湖池中金碧辉煌的金阁和蔚蓝色的天空。金阁寺还有一个独特的地方—— 游客拿到的不是参观入场门票而是写有祝福话的纸符。另外，院中的不动堂旁边有中文和韩文的神签可供占卜。

清水寺

清水寺是京都最古老的寺院，被列为日本国宝建筑之一。清水寺为公元 798 年由延镇上人所建造，为平安时代的代表建筑物，后来曾多次遭大火焚毁，现今所见为 1633 年德川家光依原来建筑手法重建，与金阁寺、二条城并列为京都三大名胜，也是著名的赏枫及赏樱景点。清水寺的山号为“音羽山”，主要供奉千手观音，原本属于法相宗这一宗派，但目前已独立，成为北法相宗的大本山。

岚山

岚山是京都著名的风景区，位于市西北，丹波高地东缘，山高 375 米，有“京都第一名胜”之称。著名的周恩来诗碑就位于岚山山麓的龟山公园。1917 年 9 月，周恩来东渡日本留学，1919 年 4 月在回国途中，他游览了京都，并撰写白话诗四首。1979 年 1 月 22 日，由京都各中日友好团体和知名人士联合倡议，成立了“周恩来诗碑筹建委员会”，4 月 16 日，诗碑建成。

诗碑通高 2.4 米，用质地坚硬的京都特产马鞍石建造，略呈椭圆形，碑身矗立在大小石块堆砌的圆台上。碑的正面镌刻着廖承志书写的周恩来所作《雨中岚山》之诗文：“雨中二次游岚山，两岸苍松，夹着几株樱。到尽处，突见一山高，流出泉水绿如许，绕石照人。潇潇雨，雾蒙浓；一线阳光穿云出，愈见姣妍。人间的万象真理，愈求愈模糊；模糊中偶然见着一点光明，真愈觉姣妍。”诗碑面向岚山和大堰川水，四周有空地约 100 平方米，有各种树木相围，碑后有繁茂的日本国花樱花树，甚是清新悦目。

平安神宫

平安神宫是 1895 年为纪念日本古都平安迁都 1 100 周年，根据前平安京朝堂院建筑缩小重建的。平安神宫祭奉桓武天皇和孝明天皇，红柱碧瓦，采用了左右对称的建筑格局，正殿里的神苑是日本池泉回游式庭园的代表杰作。庭园内溪水环绕，绿树成荫，一年四季鲜花盛开，秋季红叶迷人，是到京都必游的景点之一。京都三大祭祀之一的“时代祭”每年 10 月 22 日在此举行。届时，由身着古代服装的队列和车马组成的仪仗队将再现古都风貌，成为京都观光的重要内容之一。

箱根

箱根位于神奈川县西南部，距东京90公里，是日本著名的温泉之乡、疗养胜地。约在40万年前，这里曾经是一处烟柱冲天，熔岩四溅的火山口，现在的箱根到处翠峰环绕，溪流潺潺，温泉景色十分秀丽。由于终年游客络绎不绝，故箱根又享有“国立公园”之称。这里有著名的“箱根七汤”，就是七个被视为疗养胜地的温泉，此外还有“箱根八里”、早云寺、千条瀑、仙石原、九头龙神社等名胜古迹。坐上登山电车、电缆车或空中吊车登山，可以观赏透迤的溪谷和优美的湖光山色。位于芦之湖东岸的箱根关所，是面积约198平方米的木建平房，是江户时代幕府设置的关卡。关所内还陈列着当时行人携带的身份证、短枪、长柄大刀等文物1 000多件，还有关所检查人员的塑像。

景福宫

景福宫是朝鲜王朝（1392—1910）时期韩国首尔的五大宫之一，也是朝鲜王朝的正宫，是朝鲜王朝的始祖——太祖李成桂（1392—1398年在位）于1395年将原来高丽的首都迁移时建造的新王朝的宫殿，具有600多年的历史。《诗经》中有“君子万年，介尔景福”的诗句，此殿借此而得名。景福宫是首尔规模最大、最古老的宫殿之一，是韩国封建社会后期的政治中心。1592年日军入侵时将宫苑的大部建筑物破坏，到高宗5年（1868年）重建时只有10个宫殿保持完整。景福宫占地面积约15万坪（约合50公顷），呈正方形，南面是正门光化门，东面是建春门，西面是迎秋门，北面是神武门。

青瓦台

青瓦台是韩国总统官邸。青瓦台原是高丽王朝的离宫，1426年朝鲜王朝建都汉城（现称首尔）后，把它作为景福宫后园，并修建了隆武堂、庆农斋和练武场等一些建筑物，并开了一块国王的亲耕地。1927年日本入侵后毁掉五云阁以外的所有建筑，建立了朝鲜总督官邸。1945年日本投降后变为军政长官官邸。1948年8月韩国成立的同时，它成为总统官邸并改名为“景武台”。1960年4月19日推翻李承晚政权后，尹潽善当选总统并入主景武台。不久，因为尹潽善忌“武”字并为了同美国白宫相对应，给白墙蓝瓦的这群建筑起名为“青瓦台”，所以也有人称其为“蓝宫”。现在的青瓦台是前总统卢泰愚在任时新建的。

龙头岩

龙头岩位于济州市中心的海边，仿佛神话传说中的一条巨龙。传说住在龙宫的一条龙盼望升空，但难以实现。知道拿到汉拿山神灵的玉珠就能升天空，于是龙将汉拿山神灵的玉珠偷走，经过山谷成功下山。但龙在海边快要升天时，被汉拿山神灵的箭射中而掉入大海变成了岩石。龙因未实现升天而愤恨、痛苦，从而变成咆哮形状的岩石，被称为“抱恨挣扎”的龙头岩。

其实它是由汉拿山火山口喷出的熔岩在海上凝结而成的，模样犹如龙头。龙头岩露出海面的部分有 10 米高，沉在海底的部分约 30 米。夕阳下的龙头岩能让人感觉到生动的龙的形象。离这儿 200 多米远的地方叫做龙渊，月光下龙渊的风景使人赞不绝口。

水原华城

水原华城是朝鲜第 22 代王朝正祖大王为悼念自己的父王，把父王的遗骸移葬到被称为朝鲜最好的风水宝地的水原华山，并把水源华山附近的邑城迁移到水原八达山下现今位置，修建了水原华城。水原华城的轴城于李朝第 22 代王朝正祖 18 年（1794 年）开工，1796 年完工。水原华城城墙全长 5.52 公里，安装了各种在其他城内看不到的军事设施。城墙上方建造了女儿墙，上面有多个射击口，既可以掩护自身，又能监视和攻击敌人。水原华城的东西南北四个方面都建有城门，北门称长安门，南门称八达门，东门称苍龙门，西门称华西门。水原华城内还有小溪流经，小溪与城墙相遇处则设置了水门，共有 7 个拱形水门可供小溪流过，其上修建了名叫“华虹门”的楼阁。水原华城的城墙被认为是韩国最科学的城墙，特别是修建城墙时同时使用了石材和砖块，其结构既能防御敌人的弓箭和长枪，也能向敌人开枪发炮。

城山日出峰

城山日出峰海拔 182 米，系 10 万年前海底火山爆发而形成的，位于济州岛东端，是一块高耸的巨岩，其顶部有巨大的火山口。火山口直径 600 米，深 90 米，面积达 8 万多

坪（1 坪≈3.3 平方米），有 99 块尖石围绕在火山口周围，如同一顶巨大的皇冠。日出峰的东南面及北面是悬崖，只有西北面是草坪、山脊，与城山村相连。由于山脊上铺了草坪，既可散步，也可骑马。在城山日出峰顶观看日出，其景象让人叹为观止。附近的油菜花一到春天就开得金黄灿烂，在其间观看日出更是美妙无比。

乐天世界

1989 年 7 月 12 日开业的乐天世界是世界上最大的室内主题公园，并已载入吉尼斯世界纪录。乐天世界是首尔市中心一个集娱乐、参观为一体的娱乐场所，拥有室内的“乐天世界探险”和室外的“魔术岛”，还有四季皆宜的“乐天滑冰场”以及体会韩国文化和生活的“乐天世界民俗博物馆”、“乐天影院”等。民俗馆是韩国历史文化和民俗的模型馆，有助于游客了解该民族的渊源。朝鲜时代的模型村详细地描绘了该民族当时的生活方式。另外，游客还可以在湖边散步。这是一个愉快的主题公园。

乐天世界不仅有主题公园，还有百货商店、酒店、免税店、大型折价商场、体育中心等，是一座从观光到购物、文化、运动的一体化休闲中心，是在同一处能享受到各种乐趣的城中之城。

金刚山

金刚山既是朝鲜名山，也是世界名山。金刚山东西宽约 40 公里，南北长约 60 公里。金刚山的主峰为毗卢峰，高 1 639 米，全山一万二千峰成为世人向往之地。金刚山的山水的确很奇特，那些岩石经受了数万年的风蚀雨削，层峦叠嶂的顶峰，显露出险峻姿态。金刚山是“山中之最”，它峰外有峰。雄峻奇伟，飞瀑万千，碧潭盈盈，实在壮观。一万二千峰顶各呈奇状，连山绵谷，万石如林，奇怪迭出，有着无数的石门、洞窟、峭壁和峡谷。金刚山按季节享有各种美称，春天的奇景像纯净透明的金刚石，名为“金刚山”；夏季之美足以与蓬莱相媲美，故名为"蓬莱山"；秋日漫山红叶如丹，名为"枫岳山"；冬天奇岩怪石，瘦骨零丁，名为"皆骨山"。金刚山保存有寺庙、石塔等众多历史文物遗迹。金刚山全景划分为外金刚、内金刚和海金刚，又可细分为22个旅游小区。

妙香山

妙香山位于朝鲜西北部，横亘于平安南道、慈江道和平安北道的交界处，是朝鲜著名的旅游胜地，因山势奇妙、神秘，且山上侧柏散发着清香而被称为"妙香山"。一向有"三千里锦绣江山皆名胜，未见妙香山莫谈景"之称的妙香山，自古被誉为"朝鲜八景"之一。这里四季景色各异，春暖花开，夏绿盎然，秋色斑斓，冬雪茫茫，尤以秋天红叶满山最为壮观。

坐落在通往妙香山路旁的普贤寺是于公元1042年（高丽时期）建成的，由24座建筑和塔组成的朝鲜名刹，是朝鲜的文化瑰宝。寺前有冷杉、海松、水曲柳等多种树木。寺内主要建筑物有大雄殿、万岁楼、解脱门、天王门及一座四角的9层塔、一座八角的13层塔。大雄殿的墙壁很高，歇山式屋顶、仿流线型的粗腰房柱、神妙雕塑的装饰，一切都显得那么和谐、端庄。

白头山

白头山是朝鲜对我国长白山的称呼，长白山是我国和朝鲜的界山，西坡、北坡在我国境内，南坡在朝鲜境内，所以长白山和白头山其实是同一座山。白头山巍然屹立在朝鲜北部边疆，朝鲜人自古以来都十分崇拜它。因为白头山山颠覆盖着白色浮石，山顶又有终年不化的积雪，所以被称为白头山。白头山千姿百态的群峰、日出、天池的双虹、高原上的花香、瀑布群和雪景等，都是独一无二的景致。白头山上气候多变，大陆上的干冷空气与海上的潮湿空气在这里相遇，常常出现独特的气象。白头山主峰海拔2 749米，海拔2 500米以上的山峰有16座，总面积8 000余平方公里，素有"千年积雪万年松，直上人间第一峰"的美誉，又有"立体资源宝库"之称。在白头山上丰富的自然景观中，天池是最具风姿、最为壮丽和最具有神秘色彩的。

万寿台

万寿台是朝鲜首都平壤中心的丘岗，是平壤城将台的古址。这里有万寿台大纪念碑、朝鲜革命博物馆、千里马铜像、万寿台议事堂、万寿台艺术剧院、万寿台喷泉公园、崇灵殿、崇仁殿、平壤学生少年宫等景点。万寿台大纪念碑是在

1972年4月朝鲜领袖金日成60寿辰之际，建立在平壤的万寿台山岗上的。纪念碑以金日成铜像为中心，由群像雕塑和大幅镶嵌壁画组成，总占地面积约24万平方米，铜像两侧的群像高22.8米，228人群像平均高5米。大型纪念碑北衬朝鲜革命博物馆，其正面墙壁上有革命圣地白头山的大幅镶嵌壁画。

朝鲜革命博物馆与万寿台大纪念碑一起矗立于万寿台山上。博物馆于1948年8月开馆，名称为“国立中央解放斗争博物馆”，1972年再次开馆，更名为“朝鲜革命博物馆”并移址到万寿台山上。万寿台议事堂是朝鲜国家最高权力机关——朝鲜最高人民会议举行会议的地方。

中朝友谊塔

为了纪念在朝鲜战争中用鲜血帮助朝鲜人民的中国人民志愿军的丰功伟绩，朝鲜人民于1959年10月25日在平壤的名胜古迹牡丹峰的北边建造了中朝友谊塔。其建筑地址和建筑造型由1958年2月周恩来总理访问朝鲜时和金日成主席亲自选定和审核。

中朝友谊塔由两层基座和塔身组成，上面有红星闪烁。塔身的前面刻有朝鲜文“友谊塔”的字样。塔基座的一层正面刻有碑文，左右两侧有描述中朝友谊和中国人民志愿军勇士战斗英姿的浮雕，是由朝鲜万寿台创作社集体精心策划创作的。后面有个门可以进入塔的中心，里面的大理石台上摆放着装有烈士名单的盒子，墙壁上有描绘参战、战斗和战后恢复建设三个场面的壁画。

友谊塔及其周围建筑物总占地面积约12万平方米，高30米。为了纪念中国人民志愿军的参战日期10月25日，塔身共由1025块花岗石和大理石组成。它的周围种有矮松、桧树、木兰等1.9万余棵花草树木。

主体思想塔

主体思想塔位于朝鲜首都平壤市中心的大同江东岸，是为祝贺朝鲜领袖金日成70寿辰而建的。主塔及其周围建筑物占地总面积约15万平方米，于1982年4月15日竣工揭幕。它是金日成创立的“主体思想”的象征，也是朝鲜最著名的建筑物之一。主体思想塔由主塔、三人群像、六幅副主题群像、两座亭阁和两个大型喷泉组成。主塔高170米，其中塔身高150米，塔身上半部前后各用朝鲜文嵌有“主体”两个大字。塔顶火炬高20米，下有一直径8米的托盘，晚上火炬可以点亮，且不受停电影响，它象征着熊熊燃烧的火焰，火炬台和火炬的重量达45吨。主体思想塔正面有清澈的大同江水潺潺流过，江水中有两个大型喷泉，水柱高达150米，在喷泉的衬托下，主体思想塔更加壮丽、雄伟。游客可通过高速电梯到达塔顶，在约 150 米处，可俯瞰平壤全景。

平壤凯旋门

平壤凯旋门建成于 1982 年 4 月 15 日，其规模居世界诸凯旋门之冠。它用了 10 500 多块精雕细琢的高级花岗石建造，高 60 米（比巴黎的凯旋门还高出 10 米），宽 52.5 米，拱形门洞高 27 米，宽 18.6 米。4 根花岗石枝柱上，刻有金日成先生投身抗日战争的年代“1925”年及凯旋归国的“1945”年，并有浮雕，它表明了金日成从走上光复之路至解放全国、胜利归来的年代。凯旋门有 3 层歇山式屋顶，柱檩之间配有各式装饰，体现了朝鲜传统建筑的特点。拱门是朝鲜传统的城门样式，高 27 米，宽 18 米，可同时通行几辆汽车。门柱正面镌刻着白头山、《金日成将军之歌》，门楼下面有群像浮雕。门柱边缘有 70 块金达莱花纹浮雕石板，标志着金日成的 70 寿辰。

第2章　东　南　亚

第1节 东南亚主要旅游国家

泰国

泰国古名“暹罗”，泰语意为“自由之国”。泰国位于东南亚的心脏地带，位于中南半岛中南部，疆域沿克拉地峡向南延伸至马来半岛，与马来西亚相接，其狭窄部分居印度洋与太平洋之间，全国总面积约51.3万平方公里。湄南河流域的肥沃土地是亚洲大陆盛产稻米的地区。泰国大部分地区属热带季风气候，年平均气温27℃左右。

自13世纪初叶起，泰国成为统一的国家，迄今共历五个朝代，现在的朝代叫“拉达那哥欣”。佛教是泰国国教，95%的泰国人信仰佛教。泰国有30多个民族，泰族占40%。当地均以泰语为主，英语在当地一般城市及观光地点通用，当地华人绝大多数以潮州话交流。

泰国是东南亚国家中历史古迹最多的国家之一，充满魅力的泰国海滩，是度假的天堂。泰国首都曼谷极具魅力和活力，浓厚的传统文化与熙攘的现代气息交织成一片，是座令人难以忘怀的城市。泰国有高效的交通、廉价的住宿、令人垂涎三尺的美食，是一个适合旅游的国家。在外国游客眼中，泰国人淳朴和善、热情好客、开朗乐观，几百年来他们不遗余力地保持的独立精神更是令人钦佩。

泰国国花为金链花，每当干季来临时，一串串瀑布般的黄花便开满整个树枝。泰国人认为对着这些花朵冥想，黄金般灿烂的颜色会让人的灵魂愉悦。

马来西亚

“马来”一词在马来语中意为“黄金”。马来西亚由马来半岛南部的马来西亚和位于加里曼丹岛北部的砂拉越、沙巴组成，陆地面积约32.9万平方公里，是一个热带之国，属于热带雨林海洋性气候，无明显的四季之分，平均温度26～29℃，全年雨量充沛，10月至12月是雨季。

马来西亚有13个行政州，另加2个联邦特别区，首都为吉隆坡。1957年马来联邦独立，1963年马来联邦同新加坡、砂拉越、沙巴合并组成马来西亚。1965年新加坡退出后马来西亚形成目前的规模。

马来语为国语和官方语言，英语为通用语言，其他还有汉语、泰米尔语和一些部族语言，马来人及其他土著占59%，华人占31.3%。伊斯兰教是马来西亚的国教，主要节日有开斋节。

马来西亚的旅游资源十分丰富，阳光充足，气候宜人，拥有很多高质量的海滩、奇特的海岛、原始热带丛林、珍贵的动植物、千姿百态的洞穴、古老的民俗民风、悠久的历史文化遗迹及现代化的都市。游客大都会去吉隆坡、卡梅伦高地或是兰卡威。游客可在东部的砂拉越和沙巴体会引人入胜的野趣，还可观赏东南亚最高峰基纳巴卢山的雄伟。

马来西亚是世界上最大的锡、橡胶、椰油生产国，兰花、巨猿、蝴蝶被誉为马来西亚的三大珍宝。

新加坡

新加坡位于赤道以北 137 公里处、马来半岛最南端，地处太平洋与印度洋航运要道马六甲海峡入口、东南亚地区的中心，素称“亚洲的十字路口”。新加坡面积约 647.5 平方公里，有近 400 万人口，其中 77%是华人，14%是马来人，8%是印度人，是一个多民族“城市国家”。新加坡是一个精心设计的、西方现代化与东方文明和殖民时代相融合的大舞台，它是亚洲最具亲和力的国家之一。

传说在远古时代，亚历山大大帝的后裔乌塔马王子在海上航行时，船被暴风雨刮到现在的新加坡岛上，王子看到一头怪兽，随行人员告诉王子这是狮子，王子便把这座不知名的小岛称为“新加普拉”，也就是狮子的意思，于是“狮城新加坡”这个名字一直沿用至今。1965 年 8 月 9 日，在李光耀的带领下，新加坡脱离马来西亚正式独立，成为新国坡共和国。

多元化的文化、适宜的气候、优美的环境、完善的服务等，这些都是到新加坡旅游最好的理由。在这个国家，多种文化共存发展，不同的艺术、建筑完美统一，让人惊叹不已。每年都会有大量的中国游客到新加坡旅游，中国已经成为新加坡旅游业的第二大客源国，新加坡也是中国学生主要留学地之一。

由新加坡岛和 63 个岛屿组成的新加坡，地处马来西亚半岛南端，四面环海，南眺苏门答腊，北有两座跨海大桥与马来西亚相连，境内地势平坦，交通发达，公路超过 3 000 公里。这里一年皆夏，空气潮湿，遍植绿色植物。新加坡的人口密度在世界排名第二，平均每平方公里居住了 6 430 个人。

新加坡的法律严苛全球闻名，乱丢垃圾、随地吐痰、在公共场所吸烟都会被处以高额罚款，用于刑事惩罚的鞭刑是新加坡刑法中最具特色的一项，而贩毒在新加坡会被处以死刑。严苛的法律带来的是安全的生活环境，这里是世界上犯罪率最低的国家之一。

越南

越南位于中南半岛的东部，面积约 32.9 万平方公里。越南地形南北狭长，像个拉长的“S”形，南北全长约 1 650 公里，东西最宽处在北部，约 600 公里，最窄处在中部的平治天省，50 公里。越南全国划分为 38 个省、3 个直辖市，直辖市为河内市、海防市和胡志明市。

大多数去越南的游客都会为其美丽的自然风光所折服：北方的红河三角洲，南方的湄公河三角洲；头戴尖顶草帽的越南妇女，沿河两岸金色的稻田里，到处都有她们忙碌的身影；沿海岸线分布着许多迷人的海滩，内陆有众多高耸入云的高山。

菲律宾

菲律宾由 7 000 多个岛屿组成。1521 年，麦哲伦踏上了当时尚无名字的菲律宾群岛，并因干涉岛上内争而丧命于此。1542 年，另一位航海家洛佩兹来到这里，并按照当时西班牙皇太子“菲律普”的名字给群岛命名。之后，菲律宾又成为了美国的殖民地。

菲律宾地处亚热带，热带丛林、美丽海滨、海底世界、火山、繁华都市、山区原始部落，再加上四季都有的丰盛美食，令菲律宾成为全能的度假胜地。著名游览胜地有马尼拉、潜水天堂宿雾及碧瑶、吕宋岛。马尼拉是菲律宾的心脏和灵魂，是东西方文化的汇合地。马尼拉的主要景点有西班牙王城、旧马尼拉的城中之城、黎萨公园和博物馆。宿雾多山多海，是众多旅行者心目中的热带天堂小岛。

印度尼西亚

印度尼西亚共有 13 677 座岛，像一串珍珠散布在珊瑚海中，面积约 190 万平方公里，横跨赤道，处在亚澳两洲之间，濒临印度洋和太平洋，曾是兵家必争之地。印度尼西亚盛产香料，如丁香、豆蔻、檀香等，16 世纪前就吸引了许多欧洲人前来寻宝，曾统治此地近 350 年的荷兰人更因其富饶的物产而致富。

印度尼西亚全境拥有 4 500 多座火山，是世界上现存火山最多的国家之一，也因此造就了印度尼西亚十分独特的地质现象。从苏门达腊西岸经爪哇、巴厘、摩鹿加群岛的邦达岛，到苏拉维西北部，一路均是延绵成背脊般的火山。爪哇为印度尼西亚的中心，也是人口最多的一个岛，首都雅加达就位于此岛的西北岸。巴厘岛有“天堂岛”的美称，这里的自然风光引人入胜，是天然的度假胜地。爪哇的千年古塔婆罗浮屠佛塔和甫兰班南印度教陵庙群，均被联合国教科文组织列入《世界遗产名录》。

柬埔寨

柬埔寨有着悠久的历史，最早叫“扶南王国”，即“山地之国”。扶南国存在了 7 个世纪，是东南亚早期最强大的王国之一。后为真腊王国所灭，真腊存在了 9 个世纪。吴哥王朝是真腊最强大的时期，创造了光辉灿烂的吴哥文化。

柬埔寨看似纯朴、落后的景象之中，存留着“波布红色高棉政权”时代所遗留下来的景象，同时保留着法国殖民地的法式风格。就是这样充满着强烈对比的人文风情以及柬埔寨特有的风土景致，再加上吴哥窟无与伦比的历史遗迹，使游客在视觉与心理上产生巨大的震撼。正因为这种融合了神秘、历史、淳朴的感动，使得柬埔寨深受游客的喜爱。

第 2 节　东南亚重要旅游城市

曼谷

泰国人称曼谷为“军贴”，意思是“天使之城”，将其泰文全称转为拉丁文字，长达 142 个字母，其意为“天使之城、伟大的都市、玉佛的宿处、坚不可摧的城市、被赠予九块宝石的世界大都会”。1767 年，吞武里王朝（1767—1782）兴起时，曼谷逐渐形成了一些小集市和居民点。

曼谷地势低洼多河流，后来又挖了许多运河，到了 19 世纪，逐渐成为河道纵横的水上都城。河上舟楫如梭，货运频仍，此外还有水上市集，因此有“东方威尼斯”之称。随着陆上交通及现代化工商业的发展，河流逐渐丧失了作为交通要道的作用。从 1939 年起，大多数的河道被填平，变成林荫道或喧闹的马路。现在还有十多条河道蜿蜒流经市区。

曼谷最大的广场是王家田广场，原是国王举行典礼用的广场，现在除举行庆祝春耕节和泰历新年外，已成为群众举行集会和周末集市的场所。曼谷市内有大小佛寺 300 多座，有“佛庙之都”之称，主要有金碧辉煌的大王宫、稀世珍宝玉佛寺、庄严肃穆的金佛寺和充满神奇传说的金山寺等。此外，还有纪念中国航海家郑和的三宝公庙以及为纪念 1782 年曼谷建都时打下的第一根桩（人称“国柱”）而兴建的国柱神庙。

曼谷常年百花盛开，姹紫嫣红，华彩纷呈，“三顶尖”式的泰式屋宇是曼谷的典型建筑。三聘街是华人聚集的地方，被称为真正的唐人街，经 200 多年的发展，这里已成为泰国最庞大、繁华的市场。

曼谷除了名胜古迹外，也有不少现代化的建筑和旅游设施，因此曼谷每年都吸引着大批游客，成为亚洲旅游业最兴旺的城市之一。曼谷港是泰国最大的深水港口，也是泰国著名的稻米输出港之一。廊曼国际机场是东南亚运输量最大的国际机场之一。

芭提雅

在泰国东部海岸线上，从湄南河口沿着海边延伸至 500 公里外的柬泰边界的海岸线上点缀着大小不一的度假区，都在为接待游客而竞相展姿。其中，最著名的要数芭提雅了。

芭提雅明媚动人的海滩风光，使它享有“东方夏威夷”的美称。大自然给芭提雅铺上洁白柔软的沙滩，万顷碧波，远处小岛隐约可见，距离曼谷仅有两个小时的车程，它的水上运动及娱乐场所闻名于世。芭提雅海滩还提供丰富多彩的海上活动。

芭提雅的夜生活更加丰富多采。每当夜幕降临，大街小巷的商店、摊铺陈列着各式各样的手工艺品及各种舶来品，供游客选购，还有各式夜宵和露天酒吧等。在芭提雅最充满神秘色彩的要属人妖表演。在此有两个人妖歌舞团，一个主要为日本和欧美游客表演，节目以西方歌舞为主；另一个名为“蒂芬妮”的人妖歌舞团，侧重为中国大陆及港澳台游客表演。入夜的芭提雅，绝对是夜生活爱好者的乐园，除了各式各样的酒吧、夜总会、餐厅外，还有各类表演，真正能满足猎奇者的胃口。

清迈

清迈是泰国第二大城市，是清迈府的首府，也是泰国北部政治、经济、文化的中心，其发达程度仅次于首都曼谷。清迈市内风景秀丽，遍植花草，尤以玫瑰花最为著名，有“北国玫瑰”的雅称。清迈的天然环境优美，濒临湄南河支流湄滨河，坐落在泰北群山环抱的小平原上，平均海拔 300 米，是泰国的高原城市，气候凉爽，是著名的避暑胜地。清迈的女孩子肤白貌美，眉清目秀，开朗活泼，因此，清迈又被称为“美人窝”。

清迈曾长期作为泰王国的首都，至今仍保留着很多珍贵的历史和文化遗迹。代表泰北灿烂历史文化的古老寺庙散布在清迈及府内其他地区，达 300 多座；高大的旧城墙周长约 2 公里，规模宏大，虽然城墙已被拆除，但四角的城门作为古迹被完整地保存了下来；旧城墙外的护城河则仍然静静地流淌，仿佛在诉说着清迈的悠悠历史。古色古香的历史遗迹与新建的白色建筑物错落相间，使清迈整个城区富有浓郁的泰北色彩。

清迈具有独特的自然景观和文化传统，尤以佛教文化和山地少数民族风情引人入胜。游客来到清迈，主要可以欣赏恬静安宁的城市、淳朴的民风、古老的寺庙、山地少数民族的部落、富有特色的泰北舞蹈和饮食等。

吉隆坡

马来半岛的心脏地带有一座新旧辉映、东方色彩与西方文明有机融合的新兴大都市——吉隆坡。

吉隆坡有“世界锡都”、“胶都”之美誉，西、北、东三面由丘陵和山脉环抱，巴生河穿城而过。吉隆坡于1860年建城，1963年成为马来西亚联邦的首都。短短一个多世纪，吉隆坡便由“泥泞的河口”、昔日的矿业小镇，一跃而成为著名的观光城市。

吉隆坡的城市建筑独具特色，市内古老的、现代的、东方的、西方的各式建筑和谐并存，互相映衬。吉隆坡是一个硕大无比的“世界建筑博览馆”，外形别致、风格各异的建筑遍布全城。国家广场一侧的司法部和最高法院是古老的苏丹亚都沙末大厦，曾被视为吉隆坡乃至整个马来西亚的象征；国家清真寺造型优美，大尖塔直耸云霄，是全马来西亚伊斯兰教徒的向往之地；气势非凡的国家纪念碑、国会大厦等新型建筑，则反映了东西方文化的交融；现代化建筑以88层的国家石油公司双塔大楼最为壮观，曾是世界上最高的摩天大楼；位于市中心美芝律的默迪卡体育馆，外观如恢弘的古堡，气度非凡。

市内树木苍翠茂盛，风光绮丽，热带植物繁花似锦，争奇斗艳，象征着这个多族裔社会的欣欣向荣，多民族和洽共处。

槟城

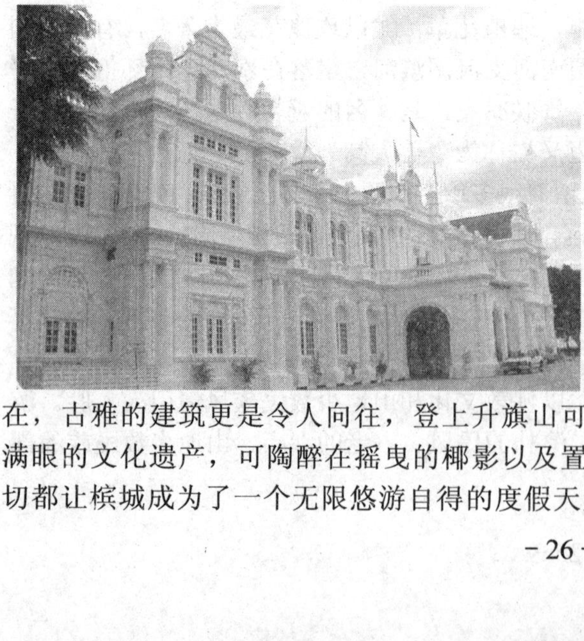

拥有“东方珍珠”美誉的槟城，位于马来西亚半岛西北部，是首屈一指的休闲度假岛屿。槟城是个汇集多元文化的旅游胜地，从早期古印度文明的传入，到荷兰人、葡萄牙人、英国人的殖民，多种民族风格的交融，使槟城展现出丰富、多样的传统、信仰、美食及艺术文化，灿烂而迷人。

乔治市乃槟州首府，是个景色秀丽的港口，也是许多历史建筑及文化遗迹的所在，古雅的建筑更是令人向往，登上升旗山可将槟城风光尽收眼底。朴实的传统民风及满眼的文化遗产，可陶醉在摇曳的椰影以及置身清澈的海水中享受各式水上活动，这一切都让槟城成为了一个无限悠游自得的度假天堂。

马六甲

马六甲是马来西亚现存最老的古城，曾为马六甲王国的都城，地处马六甲海峡东岸南段，北距吉隆坡约 148 千米，南距新加坡约 245 千米，水陆交通都非常便利。

16 世纪以来，西方殖民者开始向东方侵略，为了扩张和掠夺，一直为占据马六甲海峡而争夺不休。先是葡萄牙人，后是荷兰人，18 世纪末英国殖民者侵入，第二次世界大战期间，日本又侵占了它。直至 1945 年后，历经沧桑的马六甲海峡才重归沿岸国所有。1957 年，马六甲成为马来西亚的一部分，结束了被殖民生涯。由于马六甲重要的地理位置，历来商业十分兴盛，东西方移民聚居于此，因此语言、宗教、风俗习惯等因融合了世界各国的特点而别具一格。

马六甲地处赤道无风带，平时风浪很小，海流缓慢。海峡内航标清晰明显，助航设备完善，每年通过海峡的船只达 5 万余艘，平均每日 150 艘，仅次于世界上航运最繁忙的位于英法间的多佛尔海峡。

新加坡市

新加坡是一个多民族混居的国家，在新加坡城内有很多著名的街道，聚居着不同的民族，如新加坡的唐人街牛车水、具有印度风格的小印度、内容丰富的阿拉伯街区等，这些地方都是购物、餐饮、旅游的好地方，品尝着异域风情的晚餐，漫步街道，在路边的商店挑选礼品，惬意无比。此外，意为“和平安宁”的圣淘沙岛、世界上享有盛名的鸟类王国——裕廊飞禽公园、新加坡的旅游标志——鱼尾狮等，这些著名的景点都是了解新加坡的重要窗口。

新加坡四季如夏，热带雨林资源丰富，加上政府系统的绿化政策，新加坡不仅拥有现代大楼林立的景致，盎然绿意更是充满整个都会。新加坡有各种花卉，其中以国花——兰花最为著名，而叶子花则布满了街头巷尾。花草树木遍布全岛，多达 4 868 公顷的公园也为新加坡人提供了绝佳的生活休闲去处。

新加坡人勤奋、坚毅与进取的工作态度，克服了自然资源贫乏这一先天不足，为新加坡造就了多项第一的殊荣，如世界第一的航空公司（新加坡航空公司）、世界最忙碌的港口和转运港、世界首座夜间野生动物园、世界最高的人工瀑布、世界最高的酒店——新加坡瑞士酒店史丹福、世界最大的喷泉——新达城的财富之泉等。

新加坡是世界第三大石油提炼中心、重要的物资集散中心，也是世界各大银行聚集的金融中心。此外，每日平均 12 000 名的观光客也使新加坡成为国际主要的旅游胜地之一。

雅加达

雅加达是印度尼西亚的首都，全国的政治、经济、文化中心，位于爪哇岛西北部的海岸上。这里地势平坦，有芝里翁河流经市区注入雅加达湾，湾内有印度尼西亚最大的天然良港丹戎不碌港。首都国际机场苏加诺—哈达机场位于雅加达以西，从机场驱车前往市区，途中可看到两个巨型傀儡，一男一女分立在机场高速公路两侧。这种傀儡是雅加达一种古老的艺术形式，车子驶过这里，标志着已进入雅加达首都特区。

雅加达的历史可追溯至公元5世纪。那时在芝里翁河河口处就已有一个渔村，名为巽他格拉巴。“格拉巴”意为“椰子”，这就是为什么至今仍有不少华人称雅加达为“椰城”的原因。如今的雅加达已发展成一个国际化大都市，占地面积约637平方公里，人口约900多万，其中华人约100万。市区分为老区和新区，其中老区位于北部，紧靠海岸，这里街道狭窄拥挤，高层建筑极少，有许多荷兰时代留下的欧式建筑物，其中最具代表性的是现在的总统府、原先荷兰人的总督府。

雅加达是印度尼西亚全国三大旅游中心之一（另两个分别为巴利和日惹），拥有众多的名胜景点，其中主要有独立广场公园、民族纪念碑、印度尼西亚缩影公园、安佐尔梦幻公园、千岛群岛、伊斯蒂赫拉尔清真寺、中央博物馆、雅加达历史博物馆、伊斯梅尔·马尔祖基公园等。

万隆

万隆曾经被荷兰占领，有“爪哇之巴黎”的美称。万隆市于1864年正式成为西爪哇省会。新鲜空气及其山坡外形是万隆的天然资产之一，万隆的茶园也很有名。历史上著名的亚非会议曾于1955年4月18至24日在此举行。

金边

金边坐落于湄公河与洞里萨河之间的三角洲地带，是柬埔寨王国的首都。金边是一座命运多舛的城市，它首次取代吴哥成为首都是在1434年。金边在历史上曾经是东南亚最美丽和富庶的城市之一，但是20世纪60年代开始，柬埔寨陷入连绵的战火，城市遭受了毁灭性的打击。今天的金边虽然看上去残破、贫穷、乏善可陈，但是稍稍了解一下，就会发现这座城市的历史如此荣耀而又悲凉。当你身处中央市场或洞里萨河一带的时候，还是会感觉到这个城市的新兴活力；当你站在王宫广场上，看着金碧辉煌的王宫、整洁的草坪、浓荫蔽日的大道、步履安详的僧侣，又会发现它的尊严从未丧失。

河内

河内是越南首都，全国第二大城市，红河从市区旁边缓缓流过。河内是越南的政治中心，每逢重大节日、纪念日，全国上下的目光就都集中在巴亭广场。还剑湖则是河内市民的生活中心，代表着河内悠闲平和的一面，逢年过节湖边都会举办各种文艺演出和庆祝活动。与充满法国情调的胡志明市相比，河内显然受到了更多来自中国的影响，无论是古建筑上的汉字牌匾还是无处不在的生活细节，都令中国游客备感亲切。

胡志明市

胡志明市旧称“西贡”市，是越南三个中央直辖市之一，亦是越南的经济中心、全国最大的港口和交通枢纽。胡志明市是法国殖民统治时期为南圻首府，1955 年后为越南伪政权的“首都”，社会经济发展受西方影响很大，曾有“东方巴黎”之称。胡志明市没有独特的名胜古迹，但法式建筑较多，如酒店、教堂等。这些法式建筑具有浓厚的法兰西文化风情和很高的观赏价值。

胡志明市是越南游客最多的城市，这里没有太多的新建筑物，整个市容均给人又老又旧的感觉，可能这份古老的风情就是胡志明市的特色所在。18 世纪的胡志明市，在法国人的用心经营下，市民的生活习惯严重西化，市容更是法国味十足，许多美丽的法国殖民建筑也成了观光客流连的地方。夜游胡志明市是一个很好的节目，最好是坐在越南流行的脚踏三轮车上游览漫长的夜市，可看见在湄公河畔的喧闹和拥挤。

马尼拉

菲律宾的首都马尼拉位于菲律宾群岛中最大的岛屿吕宋岛西岸，东南濒临天然优良港湾马尼拉湾。巴石河将马尼拉分成了两个部分，河上的 6 座桥梁把市区南北两部连接起来。终年温和湿润的气候、绮丽多姿的热带风光、引人入胜的名胜古迹，使马尼拉成为东南亚著名的旅游胜地。

马尼拉是一座历史悠久的城市，早在公元 16 世纪就已是著名的商港。最近几十年，马尼拉发展迅速，已成为亚洲的现代化大都市，被人们称为“亚洲的纽约”。著名的罗哈斯海滨大道，长达 10 公里，沿途可以饱览马尼拉湾的著名风景。

市区可供游览的名胜古迹很多，有马尼拉教堂、圣奥古斯丁教堂、圣地亚哥古堡等。那些满布苔藓的古老教堂，看上去外表陈旧，然而工艺精湛，式样别致，巧夺天工，极富历史文化价值。马尼拉湾以南一块填海造地而成的 70 公顷土地上，耸立着国际会议中心、文化中心、民间艺术剧院、国际贸易展览中心、椰子宫等现代化建筑，许多建筑物高 10 层以上，同市区的古老建筑构成了一幅奇特的城市景色。市内还有华侨聚居的中国城、玛拉卡南宫，郊区有百胜滩的急流和瀑布、达尔湖等天然奇景。马尼拉给游客留下的突出印象是：市区建筑是东方与西方、质朴与繁华、古老与时兴的混合体，城市风光富有浓厚的热带风情。

第 3 节　东南亚著名旅游景区、景点

大皇宫

大皇宫是泰国曼谷王朝一世至八世的王宫，又称“故宫”，是泰国历代王宫中保存最完美、最壮观、规模最大、最有民族特色的王宫，现仍用于举行加冕典礼、宫廷庆祝等仪式活动。

大皇宫位于曼谷市中心，紧偎湄南河，由一布局错落的建筑群组成，是暹罗式风格建

筑，汇集了泰国绘画、雕刻和装饰艺术的精华。宫廷建筑以白色为主，四周筑有白色宫墙。宫墙高约 5 米，总长 1 900 米，主要建筑物有阿玛林宫、节基宫、律实宫和玉佛寺等。大皇宫的景色极为优美，和玉佛寺合称为曼谷的标志，是游览泰国的必到之地。1946 年起，在大皇宫东面新建集拉达宫后，拉玛九世迁至该新宫居住，大皇宫便对外开放，成为泰国著名的游览场所。

玉佛寺

玉佛寺位于首都曼谷大王宫东北角，是大王宫的组成部分，又称“护国寺”，是泰国所有寺庙中最崇高的代表。玉佛寺面积占整个大王宫的 1/4，是泰国最著名的佛寺，也是泰国唯一没有和尚居住的佛寺。

这座佛寺内藏有一尊价值连城的泰国国宝——玉佛，该玉佛是由整块翡翠雕成的，高度 66 厘米，宽 48.3 厘米，是一尊禅定佛像。它与曼谷的卧佛、金佛一并被列为泰国三大国宝。玉佛供在大殿内，居高临下，庇佑万民，成为泰国朝野和百姓心中最神圣和最受尊敬的佛像。每年的夏季、雨季和凉季，国王都会亲自给玉佛换上由黄金和珠宝做成的不同季节的锦衣。

玉佛寺以尖顶装饰、建筑装饰、回廊壁画三大特色名扬天下。玉佛寺整个建筑宏伟堂皇，屋宇亭榭，高塔长廊，或玲珑剔透、金玉璀璨，或高耸挺拔、宏伟壮观，几乎集中了泰国各佛寺的特点，是全国最大的寺庙。玉佛寺体现了泰国古代建筑和艺术的特色，被誉为泰国集佛教建筑、雕刻、绘画大成于一身的艺术瑰宝。

在玉佛寺院内能见到很多半人半兽状的神像或怪物，在大门进口处又有成对的夜叉守门神。在玉佛寺大院四周长廊的墙上，一共画着 178 幅画，这是根据一个有名的文学巨著“罗摩衍那”翻译过来的故事，叫做《拉玛坚》，该故事内容经常可以在泰国的各种艺术形式中看到，深受泰国人民的喜爱。

卧佛寺

卧佛寺位于曼谷大皇宫的南面，占地 8 万平方米，建于 1793 年（大城王朝时代），是拉玛一世时代的建筑物，也是曼谷最老和最大的寺院。卧佛寺分为佛堂、僧舍和佛塔三部分，规模及佛塔、佛像数量均居曼谷佛寺之冠，有“万佛寺”之称。

寺内有一尊大佛卧于神坛之上，为世界最大的卧佛之一，全长 46 米，身高 15 米，铁铸、包金，镶有宝石。佛祖侧卧，右手托头，是涅槃时刻之状。卧佛两只脚特别大，每只脚底长 5.8 米，并刻有 108 个如来佛像图案，是曼谷市最大的一尊卧佛，也是泰国三大卧佛之一。

四面佛

四面佛又称“四面神”，意为“梵王”。梵王是印度婆罗门教的主神，泰国各地乃至泰国人住家院庭内多有设置，以此处最为灵验，香火旺盛。神像供奉在高约 4 米、工艺精细的花岗岩神龛内，正襟危坐，全身金碧辉煌，东南西北四面都是同一面孔、同一姿态。传说中此神司掌人间的一切事务，其四面所求各不相同。一说是四面分别代表事业、爱情、健康与财运，正面求生意兴隆，左面求姻缘美满，右面求平安健康，后面求招财进宝；另一说是四面分别代表慈、悲、喜、舍，凡是祈求升天者必须勤修这四种功德。

五世皇行宫

柚木行宫为五世皇时期所建造的，又称“五世皇行宫”，行宫内全部采用柚木建成。大片绿色草坪上的柚木行宫，建筑风格很明显受到了欧洲建筑风格的影响，但基本上还是根据泰国的传统风格来兴建的。它使用金色的柚木建造，但上面却没有一根钉子。柚木含有特别的油脂，使得它很能抗热、防雨，再加上这种油脂本身还有驱虫的功效，更让它成为价值不菲的建筑良材。行宫内还有一间泰国最早的室内浴室，还有最早的泰文打字机、泰国陶器、欧洲家具、珍贵瓷器和可爱的人像画等。在 1902—1906 年之间成为皇室的住所，1935 年遭到封闭，直到 1982 年，才因为诗丽吉皇后庆祝纪念曼谷建都 200 年而将它重新开放，作为博物馆供人参观。游客进入行宫参观不许穿鞋，更不许摄影和摄像，只能拍外景。

素可泰古城

素可泰古城距离曼谷约 420 公里，在 14 世纪末被大城王朝吞并后成为一座弃城，逐渐淹没于丛林之间。经过泰国政府及联合国科教文组织 10 多年的努力，素可泰古城已修复城内 21 座寺庙及建筑，城外 5 公里范围内另有超过 70 座佛教或婆罗门教的寺庙。这座古城东西宽约 1 400 米，南北长约 1 810 米，辟有 4 道城门，由内、中、外三重城墙、一道护城河环绕巩卫，有近 100 处历史遗址和 4 个大型池塘散落于修剪整齐的绿茵之间。皇家玛哈泰寺庙是素可泰时期最大、最重要的寺庙，这座寺庙建于 13 世纪，有古老的城墙和沟渠环绕。庙里曾经有 200 多座佛塔现在多数只剩下残破的塔基，较为完整的有泰式风格的主塔以及周围环绕的 3 座斯里兰卡风格的小塔和 4 座高棉风格的小塔，此外还有主僧院、李泰王骨灰塔等。

大城府

大城府中心区是阿犹地亚王朝古皇宫所在地，现辟有骑大象参观古城遗址的项目。在古皇宫遗址内，现仅存3座建于15世纪的佛塔，保存得比较完好，其雕刻、线条、造型、建筑技巧等最具大城府古都艺术特色。胜利大佛塔建于13世纪，为大城王朝创始者乌通王在位时代修建，整座寺庙建筑宏伟精致，是大城府现存最古老的建筑。寺内现以卧佛和宝塔著称，塔的周围排列有数十座坐佛雕像。此外，在湄南河畔还有一佛寺遗址，仅剩十多座佛塔，夜间乘船沿湄南河游览，日光灯照射中的尖塔群显得肃穆奇壮，令人感叹。走进大城府，就犹如走进了泰国的历史。

七珍佛山

七珍佛山是芭达雅外围道路上的一个景点，它是为了庆祝泰王登基50周年而兴建的。据说由于这座山质地的关系，曾试用了多种方法都无法将释迦摩尼佛像摆上去，后来经由一位意大利的工程师设计，才决定将这座山的半面给铲平，利用镭射光的投射将释迦摩尼佛像凿刻上去。一方面因为泰国人笃信佛教，他们相信“佛要金装，人要衣装”，在泰国几乎所有的佛像都要镀上金身；另一方面，也因为质地的关系，在凿沟的同时，也必须把一块块的金条给嵌上去，才造就了这么一个壮观的七珍佛山。

普吉岛

普吉岛是泰国最大的岛屿，是印度洋安达曼海上的一颗“明珠”，它的魅力来自于那美丽的大海和令人神往的海滩。岛上一幢幢造型各异的酒店、旅馆仿佛都微笑着恭候来自世界各地的游客。这里的海滩类型非常丰富，有清净悠闲的海滩，有豪华的私人海滩，有海上体育运动盛行的海滩，还有夜晚娱乐活动丰富多彩的海滩。普吉岛的魅力不仅仅在于迷人的海滩，“普吉”一词在马来语中是“山丘”的意思，除市区外，岛上到处都是绿树成荫的小山岗，椰林、橡胶树林点缀其间，风景名胜比比皆是，堪称东南亚最具代表性的海岛旅游度假胜地之一。

桂河大桥

曼谷西北约 122 公里的北碧府桂河大桥，折射了第二次世界大战期间的一段历史：当年日军占领泰境期间，强迫盟军战俘建造铁路连接缅甸及暹罗，这条铁路在牺牲了无数宝贵生命后才得以完成，故有“死亡铁路”之称。桂河大桥就是其中的一段，被称为“死亡铁路”的咽喉。桂河大桥原为木桥，几经飞机轰炸，早已毁坏，只有在河水很浅时才能看到残迹，现在我们看到的是后来修建的铁桥，今天还在通车。桥的南段有日本战争纪念碑，在 3 公里外、接近火车站的地方就是北碧府战士墓地，此为盟军殉难战士最大的墓地，埋葬了近 7 000 名军士的骸骨。堪称史上最出色的战争片之一的《桂河大桥》，是由大卫·里恩执导的反战电影经典作，它使桂河大桥闻名于世。

云顶高原

云顶高原是马来西亚新开发的旅游和避暑胜地，位于吉隆坡东北约 50 公里处，面积约 4 900 公顷，是东南亚最大的高原避暑地。云顶高原的建筑群位于海拔 1 772 米的乌鲁卡里山，在云雾环绕中犹如云海中的蓬莱仙阁，又如海市蜃楼。山上有一座主题游乐场，内有云霄飞车、升降机、高空木马、宇宙飞船等惊险刺激的旅游项目。第一世界酒店内还设有室内游乐场、名牌购物中心、银行、雪屋，还有空中飞人等游艺项目。云顶高原自然景色令人神往，山上的娱乐设施也很齐全。山顶有面积约 4 公顷的人工湖，环湖有儿童火车、高尔夫球场、温水游泳池、吊桥及空中缆车等，还有小溪可供游人划船。在云顶高原，白天游湖揽胜、漫步山林，或打球、或骑马、或游泳，领略自然风光；夜里则可以去观光一下云顶高原的赌场。这里的赌场是马来西亚唯一合法的赌场。

黑风洞

黑风洞位于吉隆坡北郊约 11 公里处，是一个石灰岩溶洞群，石灰岩面积约 255 公顷，洞穴不下 20 处，其中以黑洞和光洞最为有名。黑洞阴森透凉，小径陡峭，曲折蜿蜒，长达 2 公里多，栖息着成千上万的蝙蝠、白蛇和蟒蛇等 150 多种动物。光洞紧邻黑洞，阳光从洞顶孔穴射入，扑朔迷离。黑风洞是马来西亚的印度教圣地，每年 1 月底 2 月初的大宝森节期间，虔诚的印度教徒背负神像，唱着宗教圣歌游行步入石洞参拜，朝圣者可达 30 万人。

双子塔

马来西亚首都吉隆坡的双子塔是吉隆坡的标志性景观之一，是目前世界上最高的双子楼。双子塔大厦于1998年完工，共88层，高452米，它是两个独立的塔楼，并由裙房相连。独立塔楼外形像两个巨大的玉米，故又名“双峰大厦”。吉隆坡双子塔是马来西亚石油公司的综合办公大楼，双子塔的设计风格体现了吉隆坡这座城市年轻、中庸、现代化的城市个性，突出了标志性景观设计的独特性理念。连接双子塔的空中走廊是目前世界上最高的过街天桥。电影《偷天陷阱》里，男女主角就是从这里逃脱的。双子塔内有全马来西亚最高档的商店，出售的全都是品牌商品。

吉隆坡塔

在吉隆坡市区，耸立着高515米的吉隆坡塔。其塔身净高421米，比起吉隆坡的双子塔，吉隆坡塔的起位要更高一些。吉隆坡塔本是一座无线通信塔，用来提升无线通信的质量及广播传输的清晰度。吉隆坡塔是无线通信业的一个里程碑。塔的建造历时4年，于1996年4月完成。站在塔顶观光厅，可以俯瞰马来西亚最繁华的景象，这里也是游客从云端俯视吉隆坡的好地方。

热浪岛

位于丁加奴首府瓜拉丁加奴北面的热浪岛，是亚洲的潜水胜地之一，有“潜水天堂”的美誉。由7个大小岛组成的热浪岛在丁加奴岸外，已被政府列为海洋公园，因此禁止任何人在 23 公里境内捕鱼及取走海底珊瑚等生物，不过它却欢迎游客与潜水员一起下海观赏海底世界。就算你不懂游水，也一样可以潜入水中，观看美丽的珊瑚及色彩斑斓的小鱼在其间游来游去。进入水底世界，除了可以看到美丽的珊瑚之外，还可以亲手触摸一下，感觉非常特别。在炎热天气下于水中畅泳，其周遭水域有许多海洋生物——各种色调的软硬珊瑚、海葵、蛤等，晶莹清澈的海水使这里成为了一个理想的游泳潜水场所。白皙细沙，原始风味，如诗画般的沙滩，未经人工雕琢，给了它与世无争的面貌。热浪岛除了盛产珊瑚，还有鲜鱼、虾与贝壳，而燕窝和龟蛋则是受政府管制的。除了潜水及海底摄影，游客还可在这里游泳、划舟、滑翔等，岛上的热带雨林也值得探索。

鱼尾狮公园

鱼尾狮和小鱼尾狮原本伫立于海滨桥旁的鱼尾狮公园，是极受欢迎的旅游景点。1972 年 9 月 15 日，新加坡前总理李光耀先生为其剪彩开幕。今天的鱼尾狮像已迁址到离原址 120 米处。高 8.6 米、重达 70 吨的鱼尾狮塑像和另一座高 2 米、重 3 吨的小型鱼尾狮塑像都是已故新加坡著名雕塑家林浪新先生制作的。狮身由混凝土制作，表面覆盖上陶瓷鳞片，而眼睛则是红色的小茶杯。鱼尾狮的新居以水为主题，配上灯光效果，营造出鱼尾狮浮立在碧波之上的生动壮观的视觉效果。四周空地可供各种户外表演所用。

圣淘沙岛

圣淘沙岛位于新加坡南部，有一条跨海大桥与新加坡本岛相连，面积约 2.88 平方公里。圣淘沙岛上有美丽的海滩、高大的棕榈树、湛蓝的海水、美人蕉、椰树和各种热带花卉以及完善的旅游设施，构成了“最佳度假胜地”。岛上有各种各样的博物馆、英军驻守时的古炮、囚房、弹药库，设计一流的珊瑚馆、昆虫馆、音乐喷泉、海底世界、蜡像馆、亚洲村、火焰山等景点都各具特色，值得观赏游览一番。

巴厘岛

巴厘岛位于赤道以南，在印度尼西亚最大的爪哇岛和龙目岛之间，总面积约 5 632 平方公里，东西长约 140 公里，南北长约 80 公里。巴厘岛的气候属于热带气候，终年气温保持在 28℃以上。巴厘岛是印度尼西亚这个群岛王国的 17 000 多个岛屿中最为闪亮的一颗明珠。由于其原始的文化色彩、民风民俗和特有的自然风光，每年都吸引着上百万来自全球各地的游客。这里有闻名于世的库塔海滩。

巴厘岛是一个火山岛，一连串的火山带由东至西贯穿于岛中央偏北的横丘中。因为广大的火山土壤，加上有利的印度季风，致使本岛拥有肥沃的土地。南边是闻名于世的梯田米仓，北岸的作物有咖啡、椰子、香料等。巴厘岛还是充满神秘色彩的“诸神岛”，岛上的居民多信奉印度教，小小的岛上竟有超过万座的庙宇，天天都有各种大大小小的祭祀仪式。巴厘岛上的政治、经济、人民生活、艺术创造都与宗教有着密不可分的关系。

婆罗浮屠

婆罗浮屠是南半球最著名的古迹之一，它与中国的长城、埃及的金字塔和柬埔寨的吴哥窟一道被合称为“东方四大古迹”。婆罗浮屠意为“山丘上的佛塔”，也称“千佛坛”，属佛教东南亚分支建筑文化。

佛坛为实心，由 30 万块石头紧紧砌合而成，最大的竟重达 1 吨多。它的外形是呈阶梯状的锥体，总高 35 米，共分九层。上面三层圆台基上还设有许多小塔（其中第七层 32 座，第八层 24 座，第九层 16 座，共 72 座）环绕大塔，这些小塔上都刻有一个个透光的孔洞，形似竹篓，所以又有人称婆罗浮屠为“爪哇佛篓”。锥体的顶端是一个大佛塔，直径约 10 米，与我国北京的妙应寺白塔不但形似，而且神似。

这座石塔每层都设有回廊，左右壁面上均刻有精美的浮雕，内容有《佛传》、《本生事》、《华严五十三参之图》等故事，一幅接一幅，好像一本延绵不绝叫人不忍释卷的连环画，不仅情节吸引人，就连形象也是那么逼真，更不用提它的雕刻技法有多么细腻动人了。全塔有 2 000 多面浮雕，是佛教艺术中的珍品，更是世界闻名的石刻艺术宝库，有“石块上的史诗”之称。

下龙湾

下龙湾越南语意为“龙下海之处”，是越南北方广宁省的一个海湾，风光秀丽迷人，闻名遐迩。下龙湾风景区共分为东、西、南 3 个小湾。因其景色酷似中国的桂林山水，因此被称为“海上桂林”。下龙湾面积约 1 500 平方公里，包含约 3 000 个岩石岛屿和土岛，典型的形象为伸出海面的锯齿状石灰岩柱，还有一些洞穴和洞窟，共同形成一幅异国风味的如画景致。水域和热带森林中可见各种不同的海生及陆生哺乳动物、鳄、鱼类和鸟类。1994 年整个海湾被联合国教科文组织列为世界遗产保护区。

海面上小岛林立，星罗棋布，姿态万千，这里究竟有多少岛屿多少山峰，至今没有精确的统计数据，据说共有 3 000 多座，仅有名可考的山、岛就有 1 000 多座。据科学工作者考证，这里原来是欧亚大陆的一部分，后沉入海中，形成了这种自然奇观。大自然的鬼斧神工将山石、小岛雕刻得形状各异，有的如直插水中的筷子，有的如浮在水面的大鼎，有的如奔驰的骏马，还有的如争斗的雄鸡。最有名的是蛤蟆岛，其形状犹如一只蛤蟆，端坐在海面上，嘴里还衔着青草，栩栩如生。

岩岛上有许多岩洞，其中木头洞最具特色，有“岩洞奇观”之称，位于万景岛海拔 189 米最高峰的半腰，洞口不大，洞内广阔，分为三层，外洞可容数千人，洞壁上的钟乳石，形成各种动物形象，活灵活现，令人称奇。

下龙湾的巴门岛上还有近乎原始状态的热带丛林，岛上花草树木青葱繁茂，还有野猪、梅花鹿等野生动物出没。特别是在若岛，可以看到一个极讨人喜欢的红鼻猴王国，这里养的猴子都是红鼻子、红屁股。岛上的猴子极为顽皮和大胆，见到陌生人，会成群地跑到海滩上跳跃、欢呼。

吴哥古迹

吴哥古迹又名“吴哥考古园”，位于东南亚中南半岛的柬埔寨西北方暹粒省，“吴哥”是高棉语“城市”的意思。古迹群分布在 400 平方公里的范围内，包括高棉王国从 9 世纪到 15 世纪历代都城和寺庙，如吴哥窟、吴哥城、巴戎寺、女王宫等。联合国教科文组织于 1992 年将吴哥古迹列为“世界文化遗产”。

2007 年国际研究团队发现在吴哥王朝顶盛时期，面积近 3 000 平方公里的吴哥地区是工业革命前全球最大的城市之一。当时吴哥拥有 50 万～100 万人口，为供应足够粮食及调节旱季与雨季，吴哥地区建立了一套精密的灌溉系统，以完善的水渠与众多的储水用人工湖来发展农业。

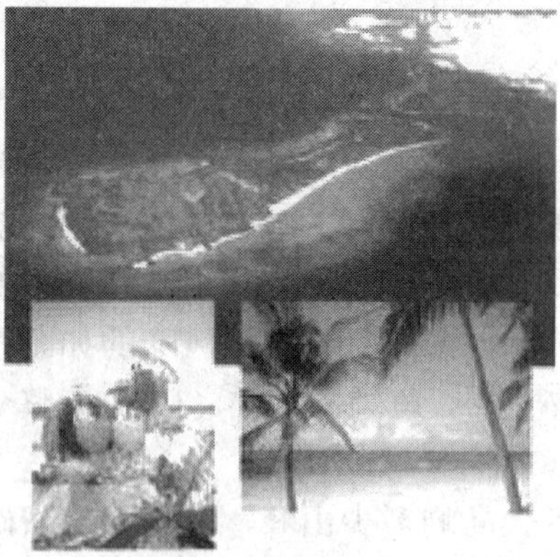

长滩岛

长滩岛是菲律宾中部的一个岛屿，面积约 10.32 平方公里，是菲律宾的旅游胜地之一，有“世界最美沙滩之一”的美誉。2007 年，长滩岛在雅虎旅游“世界最受欢迎海滩”的评选中获得第一名。所谓长滩岛，最出名的就是它绵长的白色沙滩，其中“白滩”长 4 公里，是岛上面积最大的海滩，也是游客、小贩最多的地方，因此酒店、餐馆也多聚集在这里。长滩岛之所以迷人，不仅仅因为它的热带风情，还由于岛上的白沙非常绵细，实属罕见，许多游客都将其形容为“面粉沙”，更有人说它“柔软得就像是女人的头发”。

在长滩岛可以参加各种各样的活动，陆上运动有高尔夫球、环岛游、小越野、沙滩排球等；水上运动有香蕉船、水上摩托、冲浪舢板、滑水板、水上降落伞等。游客还可以租用帆船在海上漂浮，也可以到潜水俱乐部去租用螃蟹船和潜水设备出海潜水。

仰光大金字塔

缅甸各地佛塔林立，许多佛寺都是在“建寺王朝”时期建造的。近代以来的缅甸封建王朝继承传统，发扬光大缅甸的佛教文化，他们收集整理佚失的佛教碑文，继续大建佛塔，其中最著名的就是仰光大金字塔。

大金字塔也称“瑞光大塔”，位于仰光以北茵雅湖畔的圣山上。该塔最初建于 585 年，最初塔的高度只有 66 英尺，后经历代王朝修缮和扩建，高度不断增高，特别是 1775 年的扩建，使塔高达到 326 英尺，形成了今天的规模。大金字塔形如一座倒置的大钟，塔顶有一个巨大的宝伞，是用 7 吨黄金铸成的。塔基周长 1 420 米，塔身用砖石砌成，外贴一层金箔，在阳光下金碧辉煌。宝伞上还挂着 1 065 个金铃和 420 个银铃，伞下镶嵌着一个由大约 7 000 颗红、蓝宝石制成的大钻球，这种装饰工艺是缅甸佛塔的一大特点。塔顶部平台中央是主塔，主塔周围环绕着 64 座小佛塔和 4 座中佛塔。在小佛塔的佛盒中藏有形态各异的玉佛，塔下四角雕有缅式狮身人面像。

第3章 南　　亚

第 1 节　南亚主要旅游国家

印度

印度又名“婆罗多”，是世界四大文明古国之一，面积约 298 万平方公里（印度政府称其领土为 328.78 万平方公里），居世界第七位。印度位于南亚次大陆，与巴基斯坦、中国、尼泊尔、不丹、缅甸和孟加拉国为邻，濒临孟加拉湾和阿拉伯海，海岸线长 5 560 公里。印度全境分为德干高原和中央高原、平原及喜马拉雅山区三个自然地理区。印度属热带季风气候，气温因海拔高度不同而异，喜马拉雅山区年均气温 12～14℃，东部地区 26～29℃。

“印度”这个名字来源于梵文（唯有真理得胜），得名于印度河。印度是世界第二人口大国，拥有近 12 亿人口及上百种语言。印度有“电影王国”之誉，曾创造了灿烂的印度河文明。印度教盛行“万物有灵”的自然崇拜，虔诚的印度教徒一生有三大夙愿：到圣城朝拜湿婆神，到恒河洗圣浴、饮圣水，死后葬于恒河。印度以黄牛为神，对它顶礼膜拜。

印度的重要城市有首都新德里、东海岸最大港口加尔各答及纺织业中心孟买。

印度的旅游项目大致可为三部分：首先是古堡陵园，著名的有红堡、胡马雍陵、泰姬陵，代表了印度建筑艺术的最高水准；而甘地陵是印度国父“圣雄甘地”的陵墓。接下来可以瞻仰一下古老的印度佛教圣地、圣迹，著名的有王舍城、那兰陀寺等。最后的旅游项目是参观印度的石窟神庙，那里有多姿多彩的佛教塑像、雕刻和绘画，是研究印度古代文化艺术的绝佳之地。

斯里兰卡

斯里兰卡旧称锡兰，面积约 65 610 平方公里，位于亚洲南部，是南亚次大陆南端印度洋上的岛国，风景秀丽，如同印度半岛的一滴眼泪，镶嵌在广阔的印度洋海面上，被誉为“印度洋上的珍珠”、“宝石之国”和“狮子国”。斯里兰卡西北隔保克海峡与印度半岛相望，接近赤道，终年如夏，年平均气温 28℃。各地年平均降水量 1 283～3 321 毫米。斯里兰卡也被称为“红茶之国”，以红茶闻名于世，始于 1867 年的红茶种植使其成为诸多顶级红茶的产地。斯里兰卡沿岸的沙滩长达 1 000 英里（1 英里≈1.6 公里），

近岸水位浅而且温暖，离岸海港水深，平静的礁湖下有大量珊瑚，适合进行风帆、滑水、冲浪、独木舟、帆船、潜水、深海潜水及水球等活动。

2500 年前，来自北印度的雅利安人移民至锡兰岛建立了僧伽罗王朝。公元前 247 年，印度孔雀王朝的阿育王派其子来岛弘扬佛教，受到当地国王的欢迎，从此僧伽罗人摒弃婆罗门教而改信佛教。斯里兰卡 1948 年 2 月 4 日独立，成为英联邦的自治领，1972 年 5 月 22 日，宣布把国名锡兰改为斯里兰卡共和国。“斯里兰卡”是锡兰岛的僧伽罗文古名，意思是光明、富饶的土地。1978 年 8 月 16 日改国名为斯里兰卡民主社会主义共和国，但仍是英联邦的成员国。

斯里兰卡有很多高档酒店，给人一种舒服休闲的感觉。对很多旅客来说，接受拉维尼亚山酒店那些穿着整齐雪白色英式礼服的门房的欢迎是最浪漫的。

斯里兰卡风景优美，包括宗教圣山、美丽的海滩、荷兰殖民者留下的城堡、供奉着佛牙的宝塔、经历了几千年的古城、建立在巨大岩石上的宫殿。除去这些，即便只是走在街头，完全陌生的风情亦能让人喜悦。斯里兰卡物价低廉，当地人对中国游客也很友好，非常适合度假。

马尔代夫

马尔代夫位于斯里兰卡南方的海域，由露出水面及部分露出水面的大大小小近 2 000 个珊瑚岛组成，仿佛是天际抖落的一块碎玉。

马尔代夫群岛位于印度洋中央，横跨赤道，由 19 个珊瑚环礁组合成 1 190 个小岛，其中只有 202 个岛有住民，其余全是无人岛，很多游客喜欢租用小船前往这些无人荒岛寻幽探秘，体验自由奔放的原始风情。岛屿总面积仅有 298 平方公里，却涵盖海域面积近 10 万平方公里，可见这个国家是如何迷你又奇特了！然而从旅游文化的发展基础来看，马尔代夫又是那么的得天独厚，支离的小岛俨然独树一帜，每一座岛屿皆发展出不同的度假旅馆风格。整个马尔代夫的旅游景观全在于一个度假岛屿酒店所经营的休闲气氛，雪白晶莹的沙滩、倒映在水中婆娑的椰影……鱼是马尔代夫最丰饶的物资，故渔业和观光业并列成为马尔代夫两项主要的经济收入。对当地居民而言，鱼类是生命延续的活泉，是真主阿拉所赐予的宝藏。

不过一个残酷的事实是，马尔代夫是世界十大即将消失的景点之一。这个“天堂”全部位于低海拔，全国平均高度仅高出海面1.5米，八成的国土高出海面不足1米。如果联合国对全球暖化下海面上升速度计算准确的话，最快在 100 年内这些岛屿将被海水逐一吞噬。马尔代夫人并非全球暖化的幕后推手，可却是地球村上最早一批承受恶果的“村民”。

尼泊尔

尼泊尔国会于2008年5月28日宣布废除君主制，结束了280多年的沙阿王朝，成立了尼泊尔联邦民主共和国，实现共和制，是世界上最年轻的共和国。尼泊尔国土面积147 181平方公里，拥有2 642万多人口。

尼泊尔是内陆山国，位于喜马拉雅山中段南麓，北边与中国的西藏自治区接壤，东、南、西三面被印度包围，从北边海拔8 000多米的世界屋脊，到南部台拉河接近海平面70米的谷地平原，递降急剧，造成了尼泊尔多姿多采的气候和自然美景。全国分北部高山、中部温带和南部亚热带三个气候区。北部冷季最低气温-41℃，南部夏季最高气温45℃，地势北高南低，相对高度差之大世界罕见。尼泊尔是一个高山之国，全境拥有8座8 000米以上的高山，是全球登山运动爱好者不可错过的乐园。尼泊尔地处亚洲文明的交叉地，印度教、佛教、皇宫建筑及丰富多彩的自然资源构成了当地独特的旅游资源，是世界上最适合徒步旅行的国家之一。

作为世界上唯一的印度教国家，尼泊尔国内最大的特点就是庙多神多。走在尼泊尔的大街小巷上，三步一小庙，五步一大庙，真可谓“庙宇和房屋一样多”。在尼泊尔共有3.3亿位神祇，比全国人口还要多。带有浓郁宗教色彩的建筑是尼泊尔旅游的一大特色，在这里，游客可以欣赏到中世纪的古城和精美的雕刻。此外，尼泊尔还拥有丰富的动植物生态景观，最著名的要数奇旺国家公园，园内汇集了各类野生动植物，单是各种濒临绝种的独角犀牛就有400余头。

尼泊尔主要的旅游城市有首都加德满都、第二大城市帕坦、第三大城市巴德岗及著名的风景胜地博卡拉等。

第 2 节　南亚重要旅游城市

新德里

印度首都新德里位于印度北部，东依亚穆纳河，东北紧连德里旧城（沙贾汉纳巴德），是全国的政治、经济和文化中心，也是重要的交通枢纽。它占地约 1485 平方公里，人口达 900 万以上。新德里兴建于 1911 年，1947 年印度独立后成为首都。

城市以姆拉斯广场为中心，街道呈辐射状、蛛网式地伸向四面八方。市中心耸立着宏伟的建筑群，如国会大厦、总统府、印度门等。城东部亚穆纳河畔，有黑色大理石砌成的甘地冢。城南的图书馆建于 1930 年，因庭院前有 3 个手持长矛的古代武士铜像而被称为“三偶像公馆”。在国会大街的琴佗孟佗公园内，有建于 1710 年的古天文台，这座天文台共有 14 组奇形怪状的建筑，分别用来测量日月星辰。在新德里，寺院、神庙随处可见，最有名的一座神庙是比拉财团出资修建的拉克希米—纳拉因庙。

新德里交通地位重要，有 5 条国家公路、6 条铁路与全国各地相通，还建有两座机场。新德里是印度北部的商业中心，素以象牙雕刻绘画、金银绣制、饰器和铜器制作等手工艺闻名海外。

今日的新德里是印度的心脏，在这里可以感受到整个国家运行的脉搏。同时，它又是一面镜子，既可以看到印度辉煌的历史，也可反映出印度现代的身影。老德里、新德里紧紧相连，古老与现代交相辉映，组成了一幅引人入胜的历史画卷。

孟买

孟买是印度西海岸的门户，为印度最大的商业中心，也是重要的文化中心之一，在世界上享有盛名。这里高楼林立，是印度最洋化的城市。16 世纪初，古吉拉特苏丹把此地割让给葡萄牙殖民者，1911 年它又作为葡萄牙公主的嫁妆送给了英国。孟买原为 7 个岛屿，英国人接管后大兴工程，使之连成一个半岛，并建立了城堡和商港。

著名的印度门位于孟买湾，面对阿拉伯码头，是为纪念英王乔治五世 1911 年访印在此登陆而建。门下可以容纳 600 人，经常被用做迎接来访要人的场所。1947 年印度独立的时候曾在印度门前的广场举行过阅兵仪式。威尔士王子博物馆是靠近印度门的一座巍峨建筑物，拥有美丽的庭院，1990 年开馆以来，就以其高水准的收藏而成为印度首屈一指的博物馆。

孟买还是印度电影制作业中心之一，被称为“电影城”的外景基地颇负盛名。孟买素有“棉花港”之称，是全印纺织业的中心，发达的棉纺业闻名于世，纱锭和纺织机数量占全国的三分之一，每年生产大量的棉纱、棉布，行销印度、东南亚和欧美各国。在孟买，可以看到各式各样的人种，国际色彩非常浓郁。来自欧美和中东的人士常云集于孟买的街道或餐厅交谈聚会，非常热闹。同时，本地的印度色彩也相当浓烈，形成了东西文化的强烈对比，这是孟买最大的特色。

孟买是一个非常矛盾的城市，各种各样完全不协调的事物混在一起，汇成一个难以捉摸的巨大和弦。这里号称实行免费初级教育，但失学的孩子满大街都是；而这里的高等教育水平和质量却非常之好。这里的网速极其缓慢，但信息产业却一枝独秀，让世界惊奇。这里拥有偌大比例营养不良的妇女和儿童，却还实行着初级的全民公费医疗，在世界制药行业稳占一席地位。这里拥有印度大部分的高楼大厦，还有其引以为豪的海滨大道和世界一流的高档酒店，但同时却有着世界上最大的贫民窟。这里还是印度穷人和富人都最多的城市。

阿格拉

阿格拉是印度北方邦西南部的历史名城、水陆交通中心和农产品集散地，位于亚穆纳河西岸，面积约 4 816 平方公里。阿格拉初建于 16 世纪早期，曾几度成为莫卧儿王朝的首都。1566 年阿克巴王从德里迁都至此，建有宏伟的贾汗吉里 •玛哈尔宫和亚穆纳河湾头的碉堡。1630 —1652 年，沙 •贾汗为悼念亡妃，建泰姬陵。1803 年阿格拉被英国吞并，曾为阿格拉省（后西北省）省会。该城是德里和坎普尔之间铁路、公路的中间站，也是连接拉加斯坦及乌塔尔省的交通要地。阿格拉的工业有纺织、榨油、面粉、翻砂、制革、制鞋等，绣花、金银工艺、美术品也十分有名。

阿格拉是印度最著名的旅游城市之一，为外国游客到印度游览的首选之地。莫卧儿人喜爱花木和水池，帝王宫殿的每一个角落都种着玫瑰花，院内花卉繁茂，五彩缤纷，芬芳袭人。阿格拉的历史建筑共有 500 多座，都是由左吉拉特和孟加拉地区的工艺匠人所建造，具有伊斯兰教和印度教混合建筑艺术的特点。

科伦坡

科伦坡位于斯里兰卡西南海岸，克拉尼河以南，是斯里兰卡的首都和最大的城市，是进入斯里兰卡的门户，素有“东方十字路口”之称。科伦坡是一座典型的东南亚海滨城市，这里有旖旎的滨海风光，也有喧闹的夜市赌场；有欢快狂放的打击乐手，也有虔诚笃信的宗教信徒；有巍峨耸立的摩天大厦，也有金碧辉煌的寺庙建筑。浪漫多姿的休闲氛围形成了科伦坡独特的城市魅力。

科伦坡虽地近赤道，但由于海风的作用，气候宜人，高温而无酷暑，年平均气温在 27℃左右，雨水充足，市内树木苍翠，风景怡人。市内到处可见国树铁木树和国花睡莲，更多的是直耸云霄的椰子树。这里有种奇特的树叫“雨树”，树叶在傍晚吸收水分，次日太阳东升后，叶子伸展，水就会像雨滴似地洒给树下的植物。这里还是乌鸦（斯里兰卡人称之为“神鸟”）的天堂，成群的乌鸦在空中盘旋，遮天蔽日，叫声震耳欲聋。

科伦坡有两大标志性景观：斯里兰卡最大的文物收藏地——科伦坡国家博物馆和班达拉奈克国际会议大厦。前者保存着郑和下西洋时在斯里兰卡建立的纪念碑，后者是 30 年前中国援助建造的国际知名大厦。另外，世界上第一所大象孤儿院、保存佛牙舍利的古城康提及众多国家森林公园、南方海岸也是到科伦坡游览不可错过的景点。

康提

康提是斯里兰卡旧都，距离首都科伦坡仅 115 公里，经历了僧伽罗王朝和殖民统治。城市的中心是康提湖，背后则有群山环绕，是全世界最美丽的城市之一。背山面水的康提还有佛牙寺，这里供奉着佛祖释迦牟尼的牙齿。

康提有很多景点，主要属于宫殿建筑和佛教文化。由于在僧伽罗王朝作为斯里兰卡首都及后来的被殖民历史，康提保留了大量的皇家建筑和异国风情的殖民建筑。更重要的是，在封建时期，皇族的存在使康提汇集了斯里兰卡文化的精华，包括皇家资助的庙宇，建筑上精美的雕塑、壁画等。

佛牙寺里供奉着的佛祖释迦牟尼的牙齿，是斯里兰卡的国宝，每年都会为其举行佛牙节。届时100头盛装的大象在街道上游行，成千上万的人跟在后面狂欢，这神圣的狂欢时刻很是令人难忘。

除了佛牙寺，康提还有亚洲最大的植物园，占地约60平方公里，园内种植着很多奇花异草，曾经是皇家园林。另外一处景点是大象收容所，里面照顾着60多头大象孤儿。

马累

马累位于马尔代夫群岛的中心，是马尔代夫最大的城市，也是马尔代夫的首都，它的总面积只有2.5 平方公里，是世界最小的首都。马累岛在斯里兰卡西南约 670 公里处，长约 1.6 公里，宽约 0.8 公里。作为马尔代夫的贸易中心，马累有航空线和海上航线与斯里兰卡、印度相通。马累岛的人口有70 000 人，占全国总人口的 1/3。它是马尔代夫经济、政治及文化中心，也是国营及私营团体的集中点。马累岛是马尔代夫群岛的缩影。

马累分成四个区域，街道上没有刻意铺整的柏油路，放眼望去尽是晶亮洁白的白沙路，炫目的白色珊瑚礁和多半漆成蓝色、绿色的门窗形成了强烈的色差。房子通常筑得又高又窄，据说是为了避免恶魔入侵，由于曾受英国管辖，因此也有部分建筑带着浓厚的英式气息。皇宫和政府机关都是两层式平房，非常整洁，屋外花园长满了各种果树，有香蕉、椰子、芒果和面包树等，散发出阵阵的果香。

马尔代夫群岛上有不少历史古迹和具有历史价值的回教堂。有着金黄色屋顶的新伊斯兰教中心是马累岛上最显眼的建筑物，它反映的不只是岛上回教徒的虔诚信仰，更是马尔代夫繁荣的象征。“星期五回教堂”是马累岛上最美丽的回教堂。这座回教堂建于 1656 年，教堂内外的墙壁都刻上了阿拉伯字体及琳琅满目的装饰。回教堂周围还围绕着几座墓碑。这些墓碑都刻有精致细腻的雕刻，纪念古代的苏丹及尊贵的统治者。

加德满都

加德满都是尼泊尔首都，位于这个狭长国家的中央，拥有41万多人口，中文简称“加都”。该城市始建于公元723年，当时主持建城的国王古那加玛德瓦将它命名为“康提普尔”，意为“光明之城”。公元16世纪，李查维王朝的国王在市中心用一棵大树修造了一幢三重檐的塔庙式建筑，称之为“加斯达满达尔”，意为“独木之寺”、“树林与庙宇”，后简称“加德满都”，在尼泊尔语中意为“独木大厦”。此后，人们以这座建筑为中心，大兴土木，修造房屋，向外扩展，逐渐形成今天的规模。加德满都也就沿用为城市的名称。

它是一座拥有1 000多年历史的古老城市，以精美的建筑艺术、木石雕刻闻名，是尼泊尔古代文化的象征。尼泊尔历代王朝在这里修建了数目众多的宫殿、庙宇、宝塔、殿堂、寺院等，在面积不到7平方公里的市中心有佛塔、庙宇250多座，全市有大小寺庙2 700多座，真可谓“五步一庙、十步一庵”。因此，有人把这座城市称为“寺庙之城”，在这个世界上能称得上“寺庙之城”的，只有加德满都。

加德满都海拔1 370米，四周群山环抱，到处苍松翠柏，阳光灿烂，四季如春，素有“山中天堂”的美称。因坐落在喜马拉雅山脉南坡，这道天然屏障为城市遮挡来自北方的寒风，城市南面迎着印度洋的暖流，得天独厚的地理环境，使这里年平均温度在20℃左右，气候宜人，终年阳光灿烂，绿树葱郁，鲜花盛开，是世界闻名的游览胜地。

帕坦

帕坦又名“勒利德布尔”，位于尼泊尔首都加德满都南约5公里的巴格马提河畔，面积约18平方公里，是尼泊尔第二大城市，也是著名的古都。帕坦，即尼语“商业城”之意，又名“拉利特普尔”，意为“艺术之城”。该城建于公元298年，为国内最古老的城市，也是加德满都河谷古代商业中心。帕坦古迹如云，早在1980年就被联合国教科文组织列为“亚洲重点保护的18座古城”之一。

远处的戈萨因孔达冰湖被视为圣水，市民常来沐浴，以求圣洁。马拉王朝贾亚斯提提国王下令在寺旁水槽边和寺内庭院中建立那罗衍、象头神等神像多尊。城中心的鲁德拉·瓦纳佛寺，其佛像及四周的菩萨像均为铜制艺术珍品，寺中还有多尊

铜像、石像和布满图饰的佛坛等，人入庙中，如入艺术库藏。城中市场附近的方形广场上，有玛琴德拉纳特庙，或称“红观音庙”，建于 1408 年，为塔式建筑。所祀奉的是男身玛琴德拉纳特神，为观世音菩萨的化身之一，此神只在中国现女身，为佛教徒和印度教徒共同信奉。庙中尚有精美的铜铸菩萨像多尊。那罗衍庙用红砖砌造，颜色如火，庙中有哈努曼、象头神、金翅鸟等多尊石雕，形制精美，尤以高踞于石柱上的金翅鸟金属雕像为最。此外，城中的黑天神庙、大觉寺和希拉尼亚瓦纳寺，都是远近驰名的古刹。市中心的吉祥街，是李查维王朝马纳格里赫宫的遗址。

帕坦还是木刻和金属雕刻等手工艺制作中心，并出产铜器和地毯等。

第 3 节　南亚著名旅游景区、景点

红堡

红堡位于印度德里东部老城区，为莫卧儿王朝第五代国王仿照阿格拉堡设计所建，耗时 10 年，于 1647 年建成，为印度最大的王宫。红堡用赭红砂石建成，呈不规则的八角形。堡上有亭阁、阳台和大理石窗户。堡内有枢密宫、国王寝宫、祈祷室、谈话室等，还有白色大理石喷水池和珍珠清真寺等建筑。红堡的正门称拉合尔门，气势雄伟，是印度的象征之一。每逢 8 月 15 日在此处举行独立日纪念活动。

红堡有护城河环绕，东北角为建于 1546 年的萨林加尔古堡，四面环以厚重的围墙。围墙为石质，总长度约 2 500 米，临亚穆纳河一侧稍低，临德里主城区一侧偏高，从 16 米至 33 米不等。

整座城堡都是用红色砂岩所建，周围城墙高耸，气势非凡，在设计时兼顾美学及战略因素。可从德里门或拉合尔门进堡，拉合尔门面朝曾为蒙兀尔王朝国都的拉合尔（现位于巴基斯坦国境）。

顾特卜塔

顾特卜塔距新德里约 15 公里，建于 1193 年，是德里的一处标志性建筑。这座红砂石尖塔高 72.5 米，基座直径 14.32 米，塔峰直径 2.75 米，是世界上最美的石塔之一。

顾特卜是印度穆斯林领袖穆罕默德的得力大将，他在穆罕默德遇刺身亡后建立了德里苏丹国。

高耸入云的顾特卜塔是早期伊斯兰式古建筑，极其精美的建筑风格吸引着成千上万的来自世界各地的游客。顾特卜塔是为了纪念伊斯兰教在德里的广泛传播而建造的，顾特卜塔是伊斯兰教精神的体现，是伊斯兰文化在东西方传播的丰碑。

顾特卜塔遗址虽以古塔最为著名，但在塔附近还有一些印度穆斯林古迹，包括几座古墓、一座伊斯兰大学和著名的大铁柱。除了公元 4 世纪的大铁柱外，其他古迹均建成于三代国王统治时期。几个世纪以来，顾特卜塔塔身已有些倾斜。

印度门

印度门位于孟买城阿拉伯海滨，距孟买西郊约 40 公里处，1911 年为纪念英国王乔治五世在此登陆而建，为古吉特拉式建筑，顶部有 4 座高耸的塔楼。印度门是游客游览孟买的必到之地，此门已成为孟买的象征。其建筑设计融合了印度和波斯文化的特色，与法国凯旋门极为相似，现在已成为印度的标志性建筑之一，也是政府迎接各国贵宾的重要场地。

泰姬陵

泰姬陵全称为“泰吉·玛哈尔陵”，是印度知名度最高的古迹之一，在距新德里 200 多公里处的阿格拉城内，位于亚穆纳河右侧。2007 年 7 月 7 日，泰姬陵成为“世界八大奇迹”之一。

泰姬陵于 1631 年开始动工，历时 22 年，每天动用 2 万役工。除了汇集全印度最好的建筑师和工匠，还聘请了中东、伊期兰地区的建筑师和工匠，更是耗竭了国库（共耗费 4 000 万卢比）。沙·贾汗国王本计划在河对面再为自己造一个一模一样的黑色陵墓，中间用半边白色、半边黑色的大理石桥连接，与自己的爱妃相对而眠。但泰姬陵刚完工不久，其子奥朗则布弑兄杀弟篡位成功，沙·贾汗国王本人也被囚禁在了离泰姬陵不远的阿格拉堡的八角宫内。此后整整 8 年的时间，沙·贾汗每天只能透过小窗，凄然地遥望着远处河里浮动的泰姬陵倒影，后来视力恶化，只能借宝石的折射来观看泰姬陵，直至最终抑郁而死（病死）。但有幸的是，沙·贾汗死后被葬于泰姬陵内，回到了他的爱妃泰姬身旁。

泰姬陵最引人瞩目的是用纯白色大理石砌建而成的主体建筑，皇陵上下、左右工整对称，中央圆顶高 62 米，令人叹为观止。四周有 4 座高约 41 米的尖塔，塔与塔之间耸立了镶满 35 种不同类型宝石的墓碑。陵园占地 17 公顷，为一略呈长方形的圈子，四周围以红砂石墙，进口大门也用红岩砌建，大约两层高，门顶的背面各有 11 个典型的白色圆锥形小塔。大门一直通往沙·贾汗王和王妃的下葬室，中央摆放着他们的石棺，庄严肃穆。泰姬陵的前面有一条清澈水道，水道两旁植有果树和柏树，分别象征生命和死亡。

加济兰加国家公园

位于阿萨姆邦中心地带的加济兰加国家公园是印度北部最大的、人迹罕见的地区之一。这个公园生活着世界上最大种群、最多数量的独角犀牛，还有许多其他哺乳动物，如老虎、大象、豹、熊和数以千计的鸟类。1985 年，该公园被列入“世界文化遗产”。

加济兰加国家公园北依雅鲁藏布江，河边主要是茂密的草地，其间点缀着森林、溪流和不胜枚举的小湖。每年有 3/4 甚至更多的土地会被淹没在雅鲁藏布江的洪水中。

阿旃陀石窟

阿旃陀石窟是印度古代佛教徒开凿出来的佛殿和僧房，位于印度马哈拉施特拉邦奥兰加巴德城以北约 106 公里处。1983 年联合国教科文组织将阿旃陀石窟作为文化遗产，列入《世界遗产名录》。

“阿旃陀”一词来源于梵语“阿谨提那”，意为“无想”、“无思”。石窟开凿于公元前 3 世纪的阿育王时代，工程持续了将近 1 000 年。当时佛教被定为国教，虔诚的佛教徒们为敬奉佛祖、研读经书、修身养性，找到了这个丘陵起伏、景色秀丽的幽山深谷。一时间，这里僧侣云集、香火不断。

随着佛教在印度的衰落，这里便逐渐荒废，湮没在了泥土流沙之中，直到 1819 年被进山狩猎的英国军官发现，阿旃陀石窟才重见天日，大放异彩。

我国唐代高僧玄奘于公元 638 年在印度游历取经时，曾到过此地，并在《大唐西域记》中对石窟作了生动的描述，这是关于阿旃陀石窟最早的文字记载。

阿旃陀石窟共有 29 座洞窟，其中 4 座为佛殿，内有藏放舍利的佛塔；其余 25 座为僧房，陈设比较简单，只有石床、石枕和佛龛，是僧人居住的地方。在文达雅山麓离谷底 76 米的悬崖峭壁间，阿旃陀石窟的 29 座洞窟环布在新月形的山腰陡崖上，高低错落，绵延 550 多米。

阿旃陀石窟的雕刻中，大都设有佛祖及其他菩萨的巨型雕像，人物鲜明生动，人体比例协调，给人以优雅、肃穆、淳厚的美感。窟中精美的壁画上下纵跨千年，堪称印度壁画之冠，是举世瞩目的画廊瑰宝。作为古印度的佛教圣地，阿旃陀石窟将佛教建筑、雕刻和绘画完美地结合在一起，被誉为“世界和东方精萃”之一。

锡吉里亚古城

锡吉里亚古城是亚洲千年来保存最完好的城市中心，斯里兰卡传统建筑风格在这里表现得淋漓尽致：林荫下的花园、小径与水榭楼台交融一体；对称和非对称的建筑元素相得益彰；变化多端的平面、轴线和半径设计完美地结合在一起；古城内矗立的高达 200 米的中心巨石拔地而起；城东和城西、两条护城河和三面城墙环绕着两个矩形城区。

锡吉里亚古宫位于斯里兰卡中部锡吉里亚峰上，距首都科伦坡约 160 公里，是斯里兰卡著名的古城堡遗址。锡吉里亚古城东西长 3 公里，南北宽 1 公里，一条护城河穿过西边城区的入口，与远处的山峰恰好成一直线。在方圆数英亩的峰顶上，宫殿凌空独立，似一头庞大的卧狮，故又有“狮子岩”之称。宫中有清凉殿，引流泉过地板之下以清暑；有王后御花园；有说法崖，设层层平台，供僧人说法，崖周围有 100 座小壁龛环绕。

宫中有壁画数百幅，绘有迦叶波一世的嫔妃、天女等和飞天散花，形态绝美。在锡吉里亚山腰上用砖石砌了一只巨大的狮子坐像，作镇妖之用，今只剩两只一两米大小的前爪。从山脚到山腰建造了一条漫长的走廊，山腰西面环山，长廊直通绘有彩色壁画的石壁。据说，1 500 多年前，涂有石灰浆的石壁上曾绘有数百帧天女画像，由于沧桑巨变，现仅剩 21 帧。壁画上的天女们上身裸露，肤色金黄，佩戴着闪光的头饰，有的手执花盘和花朵，有的正在散花。这些壁画虽已历经千余年，但色彩仍鲜丽如初。天女画像两边的石壁上保留着一些粗刻文字和诗歌共 685 首，出于古代斯里兰卡国王、将军、僧侣、文人和信徒之手，是研究公元 5 世纪前后斯里兰卡社会、文化和宗教的珍贵资料。

斯里兰卡国家博物馆

斯里兰卡国家博物馆是斯里兰卡历史最悠久、规模最大、收藏品最珍贵的博物馆，创建于1877年，陈列着各个历史时期的珍贵文物，其中有各种化石、古铜器、铜雕、石雕、宝石、古代武士面罩、古舆图、旗帜以及康提王朝时期的各种编织品、金属制品、漆器、瓷器、手工艺品、壁画、最后一代康提国王的铠甲，还有从康提运来的狮子王座。

馆内的自然科学室里展出许多动物、昆虫和地质标本。图书馆里珍藏有20多万册书籍和手稿，其中4 000多份是记载斯里兰卡古代经史及佛教教义的贝叶书。馆内有一座1912年发现的石碑，人称“郑和碑”。我国明代著名航海家郑和七次下西洋，有五次访问了锡兰（现斯里兰卡），此碑于1409年郑和首访斯里兰卡时所建。石牌顶端刻有二龙戏珠浮雕和汉文、阿拉伯文、泰米尔文3种文字的碑记，主要记载郑和来斯里兰卡的目的。这一石碑印证了自海上丝绸之路开始，我国与斯里兰卡之间就有文化、贸易往来的友好历史。

阿努拉达普拉

阿努拉达普拉古城是斯里兰卡最古老的城市，拥有2 500年的历史，在公元前380年成为斯里兰卡首都，并且在之后的1 000年中，都是斯里兰卡王权所在地。古皇城的遗址在19世纪被发现，并且修缮至今，被称做“佛教之都”，于1982年被列入《世界遗产名录》。如今挖掘出来的城堡遗迹，有盘陀迦阿巴耶王所筑内城的城墙及其宫殿废址以及后来所建的佛牙庙。古城区现专门辟为考古公园。

古城里最著名的景点要数菩提树了，拥有2 000多年历史，是斯里兰卡仅次于佛牙的国宝。2 000多年前，印度阿育王的女儿僧伽蜜多来到斯里兰卡弘扬佛教，带来了当初佛陀释迦牟尼静坐七天七夜成道的那棵菩提树的一根枝干，这根枝干被栽种于阿努拉达普拉，经过2 000多年，它依然枝繁叶茂。而释迦牟尼成道的那棵菩提树却早已枯死。据考证，今天在印度释迦牟尼成道之地菩提迦耶栽种的菩提树其实是几百年前从斯里兰卡移栽的，应当就是阿努拉达普拉菩提树的分枝。

城中名胜古迹众多，较著名的有伯拉贞宫（铜宫）、鲁梵伐利塔（大塔）、祇陀林佛塔、都波罗摩塔、阿巴耶祇利寺以及有着精雕细刻的双池塘、公元4世纪的坐佛大石佛。城区有复杂的古代灌溉系统，遗迹至今犹存。古迹中尚有皇家乐园，古称“兰摩苏·乌耶那”，意为“金鱼公园”，园内还有避暑别墅、凉亭、游廊、人工湖和浴池等。这里的宗教和艺术、建筑、雕刻和雕塑、绘画和碑文等都已经历经了15个世纪的洗礼。

亚当峰

亚当峰又名“圣足山”，曾称“卢诃纳山”、“斯里兰卡圣山”。亚当峰既是朝觐圣地，也是著名的风景区，位于斯里兰卡中南部，西距科伦坡约 40 公里，佛教、印度教、伊斯兰教、天主教、基督教徒均以此山为顶礼膜拜之地。

亚当峰高 2 243 米，为斯里兰卡南部最高峰。山峰呈圆锥形，高大挺拔，山势险峻，景色秀丽，有许多小路通向山顶。西南坡的山道两旁有铁链，人们可扶铁链拾级而上，登达峰顶。每一小山顶上有一铜钟，游客到达一个山顶，常敲钟一次。山顶有一座小庙，建在平坦的岩石上，庙门口挂有一口钟，庙内有长 1.5 米、宽 0.8 米的大坑，似巨人的足迹。关于这个大坑，佛教、印度教、伊斯兰教众说纷纭：佛教徒称，释迦牟尼曾三次来到斯里兰卡，有一次，佛陀驾云到此，此山外道天神沙曼谛听佛陀宣讲佛法后，皈依佛教，成为斯里兰卡佛教的护法神，此足印为佛陀站立为沙曼说法时所印；印度教徒认为，这是湿婆（印度教崇拜的三大神之一）的足迹；伊斯兰教徒认为，此足印是先知穆罕默德的足迹；天主教徒认为，这是人类始祖亚当从伊甸园逃回人间，降落此山，用单足站立 1 000 年所留的足迹；基督教认为，这是圣多马的足迹。

圣足旁有壁龛和长明灯，每年 12 月中旬起至次年 2 月，世界各地香客、信徒及游客慕名前来，络绎不绝，攀山进香，顶礼膜拜。许多游客不惜在此度过阴冷潮湿的一夜以便翌日早起观看日出壮景。每当晴空万里，游客站在山顶，墨蓝浩瀚的远山近壑尽收眼底；而逢阴雨霏霏，云涛滚滚，山风阵阵，一种与世隔绝的神秘感觉便油然而生。

都波罗摩塔

都波罗摩塔是阿努拉达普拉的舍利塔。公元前 250—前 210 年由阿努拉达普拉王朝创始人盘陀迦阿巴耶之孙提婆南毗耶·帝沙建造。塔中供养佛陀的锁骨舍利。摩哂陀二世（777—797）曾用金片镶以银条装饰此塔。塔建成时呈“稻谷堆”形，几次重修后，成为“铃”状。

塔周原有雕花石柱支撑着具有僧伽罗建筑特色的圆顶，现圆顶已遗失，但四周石柱尚存。石柱被排成2～4个同心圆，外层石柱比内层的小。柱身比例细长优美，上端装饰莲花，并刻有侏儒、鹅、狮等浮雕。此塔一直受到斯里兰卡及其他上座部佛教国家佛教徒的顶礼和珍护。

皇家岛

皇家岛位于马尔代夫北巴群岛东北部的边缘，徒步环岛一周只需 20 多分钟，但它却是一个能令游客完完全全放松身心的休闲度假地点。仿似白砂糖般的天然沙滩及茂盛的植物加上那高大的百岁常青树，使整个度假岛呈现出一派和平宁静，令世人享受到心灵上的抚慰。离沙滩别墅不远之处，晶莹剔透又碧蓝的海水在多姿多彩的庞大珊瑚群的映照中散发出五彩缤纷的光芒，呈现出如诗如画般的美。

皇家岛上的120多间客房全都由印尼红木精制而成，体现了皇家的尊贵和风度。古朴高贵的印尼红木既抗盐又防虫，而且质地细密，极具质感。皇家岛不但硬件设施非常好，在服务上也是下足了工夫，一些诸如SPA之类的项目，叫人享受过后就无法忘怀。皇家岛名扬天下，是世界名人、大亨、巨贾的休假首选之地。

满月岛

满月海滩度假村在马尔代夫十分有名，为黑瓦白墙的双层建筑，设备齐全，共有156间客房，其中 52 间水上屋架设在珊瑚礁水域上，游客不但可体会与海融为一体的感受，还能够倾听海水潮来潮往的声音。游客白天可在海滩散步、戏水；到健身房、网球场大显身手；或者给自己来次挑战，试试风浪板、潜水、航行等水上活动。夜晚，正是浪漫时刻，在露天酒吧品尝色彩鲜艳的鸡尾酒，随着节奏摆动身躯、活动筋骨；到卡拉OK高歌一曲；静倚在露天吧台上凝望星辰，品味夜的滋味；纵身跃入国际水准的游泳池，让透心的凉意滤去世俗的尘嚣。

天堂岛

天堂岛是马尔代夫非常著名的度假海岛，在当地被称为“兰凯纷挪芦”，即“花环”的意思。它的奢华远超出想象，天堂岛上的一切都对得起“天堂”这两个字。岛上有 40 幢建在浅海中的“水中别墅”，以及 200 套面向大海的海景套房。跨出房门台阶，就可以融入大海与沙滩的海天碧色之中。在这里，你会发现海的颜色与海南、夏威夷的都不一样，那是一种纯纯的粉蓝。即使在海水不过膝盖的浅水区，也能看到鱼儿穿梭游弋；当你坐在驶向深海区的船上时，船就像是悬浮在无瑕的碧绿之上。

住在这里的游客，每一眼看到的都是风景，从绝色的海滩到顶级的海水，还有争奇斗艳的鲜花。无论是坐在酒店舒适高雅的餐厅里就餐，还是在海边帐篷下喝着咖啡，心里都会充满幸福感，在这些真实到有点虚幻的美景前，所有的烦恼都会化为乌有。

拉古娜岛

只有资深游客才知道拉古娜岛，这里是电影《蓝色珊瑚礁》的拍摄地，因为岛上的童话色彩特别浓，当然，更多的是不食人间烟火的感觉。这儿拥有最高度的隐私与宁静，与海天共成一体，是一座蓝色桃花源般的度假岛屿。

岛上酒店的设计相当讲究，从主体建筑到海滨小屋、游泳池、休憩亭栏等，都经过整体规划，给人一气呵成的视觉感。拉古娜岛虽遗世独立，但海滨度假小屋的设计却非常细腻、精致，设备齐全，给人宾至如归的舒适感。

矗立在珊瑚礁湖中的拉古娜岛，海水相当清澈，热带鱼穿梭在蓝色珊瑚之间。面对这片蔚蓝海天，躲在椰树下，将平日的繁忙琐碎抛开，投入电影里的浪漫神话、椰林下的迷幻梦想，一切乐趣皆在掌握当中。

萨加玛塔国家公园

萨加玛塔国家公园位于尼泊尔喜马拉雅山区。1979 年，联合国教科文组织将萨加玛塔国家公园列入《世界遗产名录》。萨加玛塔国家公园总面积 1 244 平方公里，包括萨加玛塔峰（珠穆朗玛峰）等 7 座海拔 7 000 米以上的高峰。珠穆朗玛峰位于中国和尼泊尔两国边界，海拔 8 848 米，是世界上最高的山峰，尼泊尔人称珠穆朗玛峰为“萨加玛塔”，意为“摩天峰”。

萨加玛塔公园有极为丰富的动物和植物资源。园内地域海拔高度从 2 850 米上升到 8 848 米，形成了从亚热带到寒带、从山谷到高山的各种气候和生态环境，适合多种哺乳动物和植物生长。公园内至今仍生存着杜松、银桦和麝鹿、雪豹等珍稀植物和动物。

萨加玛塔国家公园有夏尔巴人居住的村庄和庙宇。夏尔巴人生长在山区，体力充沛，有良好的适应能力，擅长在高原负重行走，许多登山队和旅游团请他们做向导或搬运工。在距萨加玛塔 24 公里、海拔 3 962 米的香波其建有一所现代化的旅馆，是世界上海拔最高的旅馆。游客可在此就近观赏萨加玛塔、洛茨等 15 座著名的雪峰。在香波其还建有海拔 4 267 米的高山机场，每天都有班机往返于香波其和加德满都。还有旅游班机为旅客作“观山景”飞行，飞机翱翔在险峰之间，雪崖绝壁，冰川深谷，气象万千。

蓝毗尼

蓝毗尼又译“岚毗尼”、“腊伐尼”、“林微尼”等，是释迦牟尼佛的诞生地，也是佛教的四大圣地之一，在今尼泊尔境内。它处于尼泊尔西南和印度交界处，在鲁潘德希县，距加德满都约 280 公里，为尼泊尔政府保护的文化遗址。

公元前 3 世纪，印度孔雀王朝国君阿育王亲自来蓝毗尼朝圣，并建造了尼加里瓦石柱和毕波罗瓦塔。尼加里瓦石柱上刻有用巴利文写的祷词和日期。

公元 2000 年，中国政府也在蓝毗尼投资，建造了两座规模宏大的佛寺，一座为喇嘛教寺，一座为汉式佛寺，建造单位是浙江省古建筑设计部门。中国建造的中华寺竣工后，中国佛教界派出百余人组成的佛教代表团，前往举行了寺院落成、佛像开光、方丈升座等一系列隆重庆典活动。这是中国第一次在海外建造的寺院，占地面积近 3 000 平方米，由山门、大雄宝殿及禅房组成。整体建筑雄伟辉煌，属清代宫殿式建筑风格，我国许多佛教徒在每年的“佛诞节”期间都会来此朝拜。如果出示中国护照，就可以免费住宿寺中，但要遵守规矩捐献香火钱，并且房位有限。

到目前为止，中国、韩国、越南、日本、法国、德国、缅甸、斯里兰卡、印度、尼泊尔等国家的佛教组织已在蓝毗尼建造了寺院。大约还有 20 多个国家将在蓝毗尼园内修建具有本国风格的寺院。当这些国家的寺院全部展现在蓝毗尼时，这一佛诞圣地将更为世人所瞩目，成为世界佛教徒朝圣的中心。

加德满都谷地

加德满都谷地坐落在印度与我国西藏之间，位于举世瞩目的喜马拉雅山脉南麓海拔 1 500 米处，是尼泊尔的心脏。巴格马蒂河及其支流穿过谷地，东西长 32 千米，南北宽 25 千米。在其周围已经发现了许多遗址，包括巴德冈、帕坦和加德满都接见厅（城市广场）、斯瓦亚姆布与博德纳特佛教圣庙以及伯舒伯蒂与钱古・纳拉扬印度神庙。加德满都谷地主要包括尼泊尔的首都加德满都和帕坦、巴德冈三座城市。

相传加德满都曾是一个很大的湖泊，佛教徒是曼竺释神用魔剑劈开了周围的山峰，排干湖中的水从而形成今天的加德满都谷地。印度教徒则声称是印度教神克里须那用雷电劈开山峰形成了科巴峡谷。科学家则认为加德满都谷地远古时期确实淹没于水下，谷中的河水向南流过科巴峡谷。

博克拉河谷

博克拉河谷位于加德满都西约 200 公里处，有“人间天堂”和“梦境”之称。河谷中多湖泊，湖面水平如镜，游船星布。博克拉以眺望壮观的喜马拉雅山脉而闻名于世，游客更可看到湖面上倒映着喜马拉雅雪山的美丽景象，湖畔上开满鲜花，耸立着皇家别墅。这里的马亨德拉岩洞深不可测，信徒视之为圣地。

博克拉是尼泊尔中西部城市，是著名旅游胜地，气候温暖湿润，植物繁多。四周群山环抱，安纳布尔纳山脉、马查普查雷峰及谷地中的众多湖泊为其提供了丰富的风景旅游资源。安纳布尔纳山脉南缘的“鱼尾峰”海拔 6 607 米，山势峭拔，山峰顶巅分裂为二，状似鱼尾，为喜马拉雅山最壮观的雪峰之一。马查普查雷峰海拔 7 551 米，终年被积雪覆盖，雪山冰峰风光多姿。城北费瓦尔塔尔和贝格纳斯塔尔等湖泊，晶莹清澈，景色诱人。尼泊尔语“博克拉”意即“湖城”，沿湖设有独具民族特色的茅屋旅舍及豪华旅馆、水上俱乐部。河谷中还有马亨德拉溶洞，为岩溶地貌一大奇景。博克拉及其河谷地区终年风景如画，吸引着大量的国内外游客，素有“尼泊尔日内瓦”之称。

第4章 中　　亚

第1节　中亚主要旅游国家

乌兹别克斯坦

乌兹别克斯坦是中亚中部的内陆国家，西北濒临咸海，与哈萨克斯坦、吉尔吉斯斯坦、塔吉克斯坦、土库曼斯坦和阿富汗毗邻，总面积约为44.74万平方公里。乌兹别克斯坦全境地势东高西低，平原、低地占全部面积的80%，大部分位于西北部的克孜勒库姆沙漠；东部和南部属天山山系和吉萨尔－阿赖山系的西缘，内有著名的费尔干纳盆地和泽拉夫尚盆地。乌兹别克斯坦境内有自然资源极其丰富的肥沃谷地。

乌兹别克斯坦主要的河流有阿姆河、锡尔河和泽拉夫尚河，属严重干旱的大陆性气候。其地理位置优越，处于连接东西方和南北方的中欧、中亚交通要冲的十字路口，是对外联系和各种文化相互交流的活跃之地。乌兹别克斯坦是著名的“丝绸之路”古国，历史上与中国通过“丝绸之路”有着悠久的联系。

土库曼斯坦

土库曼斯坦是仅次于哈萨克斯坦的中亚第二大国，位于中亚西南部的内陆，西濒里海，北邻哈萨克斯坦，东北部与乌兹别克斯坦接壤，东界阿富汗，南部是伊朗。

土库曼斯坦位处亚洲大陆的中心处，是典型的温带大陆性气候。这里是世界上最干旱的地区之一，年平均温度 14～16℃，日夜和冬夏的温差很大，夏季气温长期高达 35℃以上，在接近阿富汗的山区，冬季气温也可以低至-33℃。年降水量则由西北面沙漠的每年80毫米，递增至东南山区的每年240毫米，雨季主要在春季（1至5月）。科佩特山脉是全国降雨量最多的地区。

吉尔吉斯斯坦

吉尔吉斯共和国简称“吉尔吉斯斯坦”，是一个位于中亚的内陆国家，1991 年脱离苏联独立。其主体民族为吉尔吉斯族（或称柯尔克孜族，占总人口的 52.4%），俄罗斯族和乌兹别克族均超过 10%，乌克兰族和德意志族超过 2%，其他还有维吾尔族、东干族、哈萨克族、阿塞拜疆族和吉卜赛族等。

吉尔吉斯斯坦的国土面积约为 19.85 万平方公里，是位于中亚东北部的内陆国，北与哈萨克斯坦相连，西界乌兹别克斯坦，南同塔吉克斯坦接壤，东南和东面与中国为邻。境内多山，全境海拔在 500 米以上，其中 1/3 地区在海拔 3 000～4 000 米之间。天山山脉和帕米尔—阿赖山脉绵亘于中吉边境。其中，天山山脉西段盘踞境内东北部，西南部为帕米尔-阿赖山脉，山地之间有伊塞克湖盆地、楚河谷地等。胜利峰为其境内最高点，高达 7 439 米。低地仅占土地面积的 15%，主要分布在西南部的费尔干纳盆地和北部塔拉斯河谷地一带。主要河流有纳伦河和楚河，伊塞克湖是主要湖泊。属大陆性气候，牧场占总面积的 43%。吉尔吉斯斯坦年降水量为 200～800 毫米，高山地区为 1 000 毫米以上。锡尔河上游纳伦河横贯全境，水力资源丰富，建有托克托古尔水电站（120 万千瓦）。在吉尔吉斯斯坦，煤、汞、锑储藏较丰富。

塔吉克斯坦

塔吉克斯坦共和国简称“塔吉克斯坦”，位于阿富汗及乌兹别克斯坦之间，是中亚诸国中国土面积最小的国家。塔吉克斯坦在 1991 年苏联解体后独立，面积约为 14.31 万平方公里，是位于中亚东南部的内陆国。其西部和北部分别同乌兹别克斯坦、吉尔吉斯斯坦接壤，东邻中国新疆，南界阿富汗。塔吉克斯坦地处山区，境内山地和高原共占 90%，其中约一半在海拔 3 000 米以上，素有“高山国”之称。

塔吉克斯坦北部山脉属天山山系，中部属吉萨尔—阿尔泰山系，东南部为冰雪覆盖的帕米尔高原，最高的共产主义峰，海拔7 495米，北部是费尔干纳盆地的西缘，西南部有瓦赫什谷地、吉萨尔谷地和喷赤谷地等。其境内大部分河流属咸海水系，主要有锡尔河、阿姆河、泽拉夫尚河、瓦赫什河和菲尔尼甘河等，水力资源较为丰富；湖泊多分布在帕米尔高原，最大的湖是喀拉湖，为盐湖，海拔3 965米。全境属典型的大陆性气候，高山地区的大陆性气候随海拔高度的增加而加剧。南北温差较大，1月平均气温-2～2℃，7月平均气温为23～30℃，年降水量150～250毫米。帕米尔山西部终年积雪，形成了巨大的冰河。境内动植物种类繁多，仅植物就有5 000余种。

第2节　中亚重要旅游城市

阿斯塔纳

阿斯塔纳原名“阿克莫拉”，是哈萨克斯坦的首都，位于哈萨克斯坦中部偏北的平原丘陵地带，距离原首都阿拉木图1 300余公里，基本上处于哈萨克斯坦的地理中心，坐标是北纬51.1°、东经71.5°。美丽的耶希耳河绕城而过，四季气候宜人，是哈萨克斯坦工农业的主要生产基地，约有30万人口。哈萨克语中的“阿斯塔纳”即“首都”之意。历史上的阿克莫拉曾是一座军事要塞，其名字也多次变更。

18世纪，从亚洲国家去往欧洲的商贾们都把阿克莫拉作为中途休息的地方，因此，阿克莫拉曾是欧亚大陆上的一个重要商业中心。1832年阿克莫拉开始建市。1832—1961年，改称阿克莫林斯克。20世纪50年代，苏联很多热血青年响应国家号召来到这里开垦荒地，使这里成为重要的粮食产地，于是从1961年起阿克莫拉又被称为“切利诺格勒”（俄文意思为“垦荒城”）。1991年12月苏联解体，同年12月16日哈萨克斯坦宣布独立。独立后的哈萨克斯坦又把切利诺格勒改回了原名——阿克莫拉。

阿拉木图

阿拉木图是哈萨克斯坦的前首都和经济、文化中心，是阿拉木图州的首府。它位于哈萨克斯坦东南部，东邻中国新疆，面积约 10.51 万平方公里，位于外伊犁阿拉套山脉北麓伊犁河支流大、小阿尔马廷卡河畔的人工灌溉绿洲中。阿拉木图海拔 650～950 米，原属中国，1854 年被沙俄侵占，曾名韦尔内。因盛产苹果于 1921 年改称阿拉木图（哈萨克语意为“苹果城”）。阿拉木图有铁路支线与土西铁路相连，是哈萨克斯坦的公路枢纽、航空要站和最大的工业中心。该地以食品加工（肉类、奶制品、水果罐头等）和棉纺织等轻工业为主，还有重型机械制造及火电厂等重工业。哈萨克斯坦科学院和多所高等院校也位于此，这里不仅是著名的疗养胜地，也是旅游和体育中心之一，附近还有高山溜冰场。

阿拉木图州南部为山区（最高峰为塔尔戈尔峰，海拔 4 973 米）及山前平原，北部是大片沙漠和伊犁河谷地。属温带大陆性气候，年降水量平原地区 100 毫米，山区 700～1 000 毫米。伊犁河自东南向西北流经全境，注入巴尔喀什湖，南部为地震活动区。伊犁河上建有卡普恰盖水电站。这里主要种植麦类，次为黍、玉米、水稻、甜菜和烟草，果园业较为发达，畜牧业以养羊为主。巴尔喀什湖和伊犁河有航运和养鱼业。在外伊犁山脉中部辟有阿拉木图自然保护区（面积约 8 万公顷）。

突厥斯坦

突厥斯坦亦译“土耳其斯坦”，是哈萨克斯坦南部奇姆肯特州的一座城市，位于锡尔河下游右岸平原，是中亚古城之一。这里曾为中亚的手工业、通商中心和铁路要站，建有轧棉、建筑材料和饲料抗生素厂等，至今尚存古代陵墓等古迹。土耳其斯坦的历史始于公元前 2 世纪初、汉朝征服喀什噶尔之时，匈奴帝国瓦解后，所谓的东土耳其斯坦为我国所吞并。突厥人在 6 世纪时首次出现于此，并在阿姆河（奥克苏斯河）以东地区定居。

塔什干

塔什干州位于乌兹别克斯坦东北部，是乌兹别克斯坦十二州之一。它涵盖 15 300 平方公里，有人口 445 万（2005 年）。塔什干州下辖 15 个县，首府设于塔什干直辖市。塔什干州在奇尔奇克绿洲上，首府塔什干东部、东北部为山区，南部、西南大部为山前平原，地震活动频繁，属大陆性气候，年降水量 300～500 毫米。主要河流有锡尔河及其支流奇尔奇克河等，可用于灌溉和发电。

塔什干地处中亚心脏地带，骄阳之下，沙浪滚滚，故素有“荒原”之称，因此，水在这里显得尤为珍贵。相传曾有一位美貌的公主许诺嫁给能引水灌溉荒原的勇士，以解当地居民缺水之难。于是，一位名叫法尔哈德的勇士便设法把一块巨石投入河中，来提高水位，引锡尔河水灌溉荒原。后来这位勇士得知公主因受骗含恨自尽，也殉情自杀了。今天，人们已从奇尔奇克河引出了一系列渠道，使塔什干市内水渠交叉纵横，基本解决了用水问题。

撒马尔罕

撒马尔罕意为“肥沃的土地”，在我国古代称之为“寻思干”。耶律楚材曾说：“寻思干者，西人云肥也，以地土肥饶故名之。”2000 年，撒马尔罕古城整体被联合国教科文组织评定为“世界文化遗产”。整个城市根据建成年代的不同，显著地分为“遗址区”、“帖木儿时期建成区”、“沙俄－苏联时期建成区”等区域，城市中保存了大量帖木儿时期的宗教、文化建筑和格局较为完好的低层传统住宅区。

帖木儿帝国时期的撒马尔罕城位于其前身——古城遗址西南，帖木儿于 1371—1372 年间在城市西侧建造了 Khala 城堡，行使内城的职能，同时恢复了 11—12 世纪花剌子模时期的老城墙。14 世纪的撒马尔罕共有 6 个城门、6 条主街，以一组宗教建筑组成的列吉斯坦广场建筑群为城市中心，北门附近形成了巨大的集市，其余区域为低层传统居住区。

阿什哈巴德

阿什哈巴德是土库曼斯坦首都，全国的政治、经济、文化中心，位于科佩特山脉北麓阿哈尔绿洲和卡拉库姆沙漠边缘，克拉斯诺沃茨克—塔什干铁路线上 ，南距伊朗边境 30 多千米，人口约 40 万，属大陆性干旱气候。阿什哈巴德于 1881 年建为俄国军事要塞，铁路开通后发展加快，1924 年成为土库曼斯坦的首都。市中心为行政、科研、文教区和商业区，四周为工业区。工业有机械制造、电机、纺织和食品加工等。卡拉库姆运河通至该市后解决了该地的用水问题。此地以绿洲上的灌溉农业为基础，最主要的畜牧对象为卡拉库尔羊。迈斯科耶气田有输气管道通该市。其地处交通要道，有铁路和公路通往克拉斯诺沃茨克、马雷 、查尔米、库什卡等地。设有科学院、高等院校和造型艺术博物馆以及前苏联唯一的沙漠研究所。

比什凯克

比什凯克是吉尔吉斯斯坦的首都，全国的政治、经济、文化中心，位于吉尔吉斯山北麓的楚河谷地中心，海拔750～900米，面积约130平方千米，人口约63万。该地大部分为俄罗斯人，其次为吉尔吉斯人和乌克兰人。市区横跨阿拉尔却河和阿拉密琴河，大楚斯基运河横贯其北部。东部为新工业区，西部为老工业区和铁路货运站，南部有文教、科研机构和工厂。市内有多处公园、果园。比什凯克于1878年建市，1926—1990年称“伏龙芝”，1991年2月改名为“比什凯克”。这里是吉尔吉斯最大的工业中心，主要工业为机械制造和金属加工，生产农机、机床、电机、仪表等，轻工业、食品工业也很重要。这里还设有吉尔吉斯科学院、吉尔吉斯大学和博物馆等。

杜尚别

杜尚别是中亚国家塔吉克斯坦的首都，位于北纬38.5°、东经68.8°，又译做“杜桑贝”、“杜夏贝”、“杜山比”。“杜尚别”在塔吉克语中解做“星期一”，亦指杜尚别著名的星期一市场。1929—1960年，这里曾称“斯大林纳巴德”，1961年改为今名。杜尚别是塔吉克斯坦的政治、经济、文化中心，位于塔吉克斯坦西部吉萨尔盆地。工业以棉纺织、缫丝、食品加工和机械制造为主。设有塔吉克斯坦科学院和高等院校。杜尚别周边有煤矿、铅矿和砷矿等矿产。

第 3 节　中亚著名旅游景区、景点

冼星海纪念碑

冼星海纪念碑竖立在冼星海大街和加加林大街交汇处。纪念碑以荷花为造型，碑体下部荷叶层叠，上部荷花绽放，荷花纯洁高雅，寓意东方文化。用中、哈、俄三种文字镌刻的碑文写道："谨以中国杰出的作曲家、中哈友谊和文化交流的使者冼星海的名字命名此街为冼星海大街。"纪念碑上还镌刻着冼星海的简历及他创作的歌颂哈萨克斯坦民族英雄的交响诗《阿曼盖尔德》的第一行乐谱。

麦迪奥山

麦迪奥山位于外伊犁山麓阿拉套山上，海拔 1 691 米，距阿拉木图市约 18 公里，从山顶可俯瞰阿拉木图市全景。此外，山上建有世界上最大的高山冬季运动综合体。该综合体于 1972 年建成，1975 年荣获苏联国家奖金。滑冰场面积 10 500 平方米，冰厚达 2.3 米，几乎可全年使用。因其条件优越，被誉为"世界上最出色的滑冰场"、"创造纪录的摇篮"。滑冰场周围有星级宾馆、游泳池、饭店、酒吧和咖啡馆。

两山之间还建有一座防泥石流大坝，始建于 1964 年，完工于 1980 年，海拔 1 750 米，坝高 150 米、长 530 米、底宽 800 米。通往坝顶的台阶共 841 级，是驰名国内外的旅游胜地。

巴尔喀什湖

巴尔喀什湖位于亚洲中部、哈萨克斯坦东部，是一个内陆冰川堰塞湖，是世界第四长湖。它东西长约 605 公里，南北宽 8～70 公里，西部宽 74 公里，面积 1.83 万平方公里。萨雷姆瑟克半岛从南岸伸向北岸，把湖面分为两个水域，西半部广而浅，东半部窄且深。湖西部宽 27～74 公里，水深不超过 11 米；湖东部宽 10～19 公里，水深达 26 米。流经中国新疆的伊犁河，接纳了大量来自天山的冰雪融水注入巴尔喀什湖西部，占总入水量的 75%～80%，而湖东部因缺少河流注入，加之湖区气候干旱，远离海洋，湖水大量蒸发而使湖水含盐量增多，因而形成了西淡东咸的一湖两水现象。整个湖区属大陆性气候，西部年平均气温 10℃，东部 9℃，年降水量 430 毫米，11 月底到 4 月初湖面冰冻，湖区地层多碳酸盐沉积。

伊犁河从南面注入湖的西半部，占总流入水量的 80%～90%，直至 20 世纪末的一项水电计划才减少了河水流入的水量。此外，还有卡拉塔尔、阿克苏、阿亚古兹等小河流入湖的东部。由于西半部注入水量多，因此湖水常年自西向东流。西半部湖水清澈，东半部含盐分较高，两湖之间有一狭窄的水道相连。北岸是岩石高地，有古代阶地的痕迹；南岸是低凹的沙地，芦苇丛生，多小湖沼，经常被湖水淹没。湖区是哈萨克斯坦著名的旅游疗养胜地。东西两端湖滨有铁路干线通过，湖沿岸蕴藏有铜矿和铁矿，湖中出产芦苇和鲤鱼、鲈鱼等水产。

我国古称巴尔喀什湖为“夷播海”，在 19 世纪中期其隶属伊犁将军辖区，但在 1860 年和 1864 年清朝被迫与沙俄签订不平等条约《中俄北京条约》和《中俄勘分西北界约记》后被沙俄强占。1991 年苏联解体后，该湖成为哈萨克斯坦的领土。

阿拉湖

阿拉湖是哈萨克境内的盐湖，位于巴尔喀什湖东约 180 公里处，临近中国新疆边界。该流域盆地面积约 68 700 平方公里，湖面积约 2 650 平方公里，深约 45 米。

阿拉湖位于哈萨克斯坦，距离我国的阿拉山口口岸不足 30 公里，是一个自然风光十分优美的淡水湖风景区。阿拉湖原在我国境内，晚清时被清政府割让给了沙俄。其湖水均发源于巴尔鲁克山的条条溪流。一眼望去，开阔的湖面烟波浩淼、气势恢弘，两座湖心小岛在夕阳的薄雾中隐约可见，宛如传说中的蓬莱仙境。每当黄昏来临，晚霞与湖水交相辉映，在半空中呈现出一片绚丽夺目的亮光，宛如璀璨的水晶，周围是满天的火烧云，天水相连，万道霞光，勾画出一幅人间仙境般的奇异美景，让人流连忘返。

鲁赫耶特宫

鲁赫耶特宫位于总统府对面，已成为阿什哈巴德市的象征之一。宫殿的大理石主体和天蓝色圆顶与市中心建筑群浑然一体。会议大厅可容纳 2 800 人，根据需要还可用做歌剧厅、话剧厅和电影厅。一层设有各国首脑大厅，由法国“布伊格”公司承建，1999 年 12 月竣工。土库曼斯坦第 9 届长老委员会、人民委员会和民族复兴运动联席大会曾在此召开。

中立门

中立门是阿什哈巴德市主要景点之一，位于中立广场，主建筑高 75 米，有电梯通往观景台和咖啡厅。中立门的三个支撑脚分别代表新土库曼斯坦三个不可分割的基础：中立、独立和民族团结。顶部 12 米高的尼亚佐夫总统金像可随太阳方向旋转。1995 年 12 月 12 日，联合国 185 个成员国一致同意赋予土库曼斯坦永久中立国的地位，为纪念这一历史事件，土库曼斯坦于 1998 年建成了中立门，它象征着土库曼斯坦和平、开放的对外政策，展示了对世界的友好态度，表明对人类幸福未来的乐观和信仰。

伊塞克湖

伊塞克湖是吉尔吉斯斯坦伊塞克湖州的湖泊，位于天山山系北部，是世界上最大的山地湖泊之一，以其壮丽的景色和独特的科学价值而著称。湖泊在伊塞克湖盆地的底边缘内，北为昆格山脉，南为泰尔斯凯山脉。湖泊长约 182 公里，最宽处达 61 公里，面积约 6 280 平方公里。湖水深达 702 米，容积约 1 738 立方公里。湖泊名字源自吉尔吉斯语，意为“热湖”，暗示这是一个在冬天不封冻的湖。

伊塞克湖的水面海拔高度 1 600 余米，在世界高山湖泊中水深第一、集水量第二。湖水清澈澄碧，终年不冻，是中亚地区的旅游疗养胜地。

喀喇昆仑山脉

喀喇昆仑山脉属中亚细亚大山脉，从阿富汗最东部向东南延伸约 480 公里。塔吉克斯坦、中国、巴基斯坦、阿富汗和印度的边界全都辐辏于这一山系之内，赋予这一偏远的地区巨大的地缘政治意义。“喀喇昆仑”源自突厥语族“黑石”或“黑山”一词的音译，出现在 19 世纪初的英语作品中。

喀喇昆仑山脉是中国西藏与克什米尔间的一条走向与旁遮普·喜马雅山（大喜马拉雅山脉的一部分）相平行的大山脉，也是世界第二高的山脉，为西北—东南走向。它延伸约 400 千米，通过印度和巴基斯坦北部。喀喇昆仑山脉在我国史籍中被称为“葱岭”，维吾尔语意为“紫黑色的昆仑山”。

喀喇昆仑山脉平均海拔 6 000 余米，共有 19 座山峰超过 7 260 米，8 座山峰超过 7 500 米，其中 4 座山峰超过 8 000 米。诸山峰通常具有尖削、陡峻的外形，多雪峰及巨大的冰川，其周围簇拥着数以百计的石塔和尖峰。

除了极地，这条山脉的冰川比世界上任何地方都要多和长。最大的冰川斯帕·比亚福冰川（长约 100 千米）途经伊斯帕山口，屹立于冰川上面的是高峰，其中 K2 峰又称“乔戈里峰”，是世界第二高峰（8 610 米）。

喀拉湖

喀拉湖位于塔吉克斯坦共和国，是一个盐湖，海拔 3 985 米。喀拉湖是塔吉克斯坦共和国境内最大的湖泊。喀拉湖 1 月平均气温-2～2℃，7 月平均气温 23～30℃；年降水量 150～250 毫米。

喀拉湖平日湖水碧青，一旦乌云密布、暴雨来时，湖水即变为灰黑色。每日清晨黎明时分，湖水宛如一面墨绿色的明镜，待太阳升起、霞光普照时，湖水即开始变幻，时而浅蓝，时而淡黄，时而粉红，五色缤纷，使游客宛如置身仙境。湖畔建有帕米尔山庄，供游客住宿休憩。湖东面矗立着“冰山之父”慕士塔格峰，西面雄踞着逶迤不绝的萨尔阔勒山脉；湖的南面是一片草原，一到夏季来临，这里水清草丰，碧绿的草地上一顶顶白毡房星罗棋布，与澄澈湖水中皎洁的冰山倒影相互辉映，正如古诗中的“风吹草低见牛羊”。草原上牧歌阵阵，湖面上野鸭款款。相关史籍记载，公元前 10 世纪的周穆王至喀拉湖后，曾对其景色大发兴叹、感慨不已。

瓦尔佐布山谷

瓦尔佐布山谷距塔吉克斯坦首都杜尚别市 30 多公里，是著名的兼旅游休闲及疾病治疗于一体的度假疗养胜地。该山谷有世界闻名的地热资源，含有氡等元素的蒸气常年自地下涌出，源源不断。尤其每年夏季，山谷绿荫环绕，河水激荡，凉爽宜人，实在是一个不可多得的避暑休闲的好地方。苏联时期该地每年接待大量的游客和对国家建设作出突出贡献的人们前来疗养度假，1991 年苏联解体时，疗养证已发到了 1995 年。即便是现在，沿山谷修建的各种夏令营、休养所和疗养院仍旧随处可见，只是房屋破损、设施陈旧，给人留下一种“旧时王榭堂前燕”的感叹。

塔吉克地质博物馆

塔吉克地质博物馆成立于 1959 年，原为地质矿产部内部展室，后对公众开放。博物馆内收藏各类矿石、宝石样品 1.6 万余件，但由于场地所限，只展出 4 500 件，其中 90%展品是塔吉克斯坦出产的矿石，小部分是通过交换由其他国家提供的。展馆面积仅 320 平方米，展出了地质学不同学科的展品：矿物学、岩石学、古生物学和古植物学等。博物馆既全面展示了塔吉克斯坦的地质分布情况，又展示了矿产的分布情况，并展出了矿产在不同起源演化阶段的样品。

博物馆拥有塔吉克斯坦国内矿产资源地图，标明了矿产的产地和分布。还有一幅门杰列夫元素周期表，表中的每一个元素均有对应的展品。矿产资源地图中的基本矿物包括：石油、天然气、煤、铁、铝、聚合物（铅锌）、铋、锡、钨、钼、锑、汞、金、银、萤石、盐、宝石、建筑装饰石材、热矿泉和硼。门杰列夫元素周期表中的每一个小方格在橱窗中都有自己的样品，有一些还保存在密封容器中，以防止氧化。博物馆的展品大部分都是天然实物，还另有一些人工合成的，是在高温、高压和其他特殊条件下制成的展品。

馆中还展有石英制品、天青石、虎眼石、镜铁、紫水晶、方解石、缟玛瑙、电气石、黄玉、石榴石、玫瑰石英、尖晶石、天青石、碧玉、花岗石、大理石、岩心石柱、绿松石、黑曜石、煤 、石油、水、褐色氧化铁、盐、黄金、植物和动物的化石等。

第5章　西　　亚

第1节　西亚主要旅游国家

伊朗

伊朗伊斯兰共和国简称“伊朗”，1935年以前称为“波斯”，位于亚洲西南部，属中东国家。伊朗中北部紧靠里海，南靠波斯湾和阿拉伯海，东邻巴基斯坦和阿富汗，东北部与土库曼斯坦接壤，西北与阿塞拜疆和亚美尼亚为邻，西界土耳其和伊拉克。

伊朗国徽由四弯新月、一把宝剑和一本古兰经组成。新月象征宗教——伊斯兰教；古兰经位于顶端，象征伊斯兰教高于一切，是共和国行为准则的依据；宝剑象征坚定与力量，犹如巨刃摩天，力斩“恶魔”。把这个国徽拆开就是阿拉伯文的“安拉”，整个图案呈圆形，象征地球，表示安拉的思想遍布全球。

伊朗国土绝大部分在伊朗高原上，是高原国家。伊朗西南部为厄尔布尔士山与科彼特山，东部为加恩—比尔兼德高地，北部有厄尔布兹山脉，德马万德峰海拔5 670米，为伊朗最高峰；中部为干燥的盆地，形成许多沙漠，有卡维尔荒漠与卢特荒漠，平均海拔1 000余米；仅西南部波斯湾沿岸与北部里海沿岸有小面积的冲击平原，西南部扎格罗斯山麓至波斯湾头的平原，称“胡齐斯坦”。伊朗境内主要的河流有卡流伦河与塞菲德河。里海是世界上最大的咸水湖，南岸属伊朗。伊朗东部和内地属大陆性亚热带草原和沙漠气候，干燥少雨，寒暑变化大；西部山区多属地中海气候。伊朗年降水量除西北部山区与里海沿岸超过1 000毫米外，一般在50～500毫米之间。其西南部地区与波斯湾中有丰富的石油与天然气资源，储藏量居世界前列，另有铜、煤、铅、锌、重晶石、锰、硼砂等。伊朗主要城市有德黑兰、伊斯法罕、设拉子、马什哈德、克尔曼、大不里士等，各地有众多古迹。

伊朗是著名的文明古国之一。几千年来，勤劳、勇敢的伊朗人民创造了辉煌灿烂的文化，特别是在医学、天文学、数学、农业、建筑、哲学、历史、文学、艺术和工艺方面，都取得了巨大的成就。

阿富汗

2002年2月5日，阿富汗采用新国旗。新国旗是根据1964年的阿富汗宪法设计的，由黑、红、绿三色长条图案和阿富汗国徽构成。

阿富汗是亚洲中西部的内陆国家，面积652 300平方公里。阿富汗位于西亚、南亚和中亚的交汇处，扼南北交通要冲，地理位置非常重要。阿富汗北接土库曼斯坦、乌兹别克斯坦和塔吉克斯坦，东北突出的狭长地带与我国接壤，东和东南与巴基斯坦毗邻，西与伊朗交界。阿富汗境内多山，高原和山地占全国面积的4/5，北部和西南部多为平原，西南部有沙漠，平均海拔1 000米。全国最大的兴都库什山脉自东北斜贯西南。阿富汗主要的河流有阿姆河、赫尔曼德河、喀布尔河和哈里鲁德河，属大陆性气候。全年干燥少雨，年温差和日温差均较大，四季明显，全国年平均降雨量仅 240 毫米左右。

阿富汗有三大民族：普什图族是第一大民族，约有人口 1 100 万，约占阿富汗总人口的 40%，断断续续统治了阿富汗两个世纪；第二大民族是塔吉克族，约有人口 500 万，约占全国人口 25%，塔吉克人属穆斯林逊尼派，是阿富汗历史上人才辈出的民族，在国家中有很强的影响力；第三大民族是乌兹别克族，约有人口 230 万。阿富汗人主要讲两种语言——乌兹别克语和达里语。

阿拉伯联合酋长国

阿拉伯联合酋长国简称“阿联酋”，公元 7 世纪时隶属阿拉伯帝国，自 16 世纪开始，葡萄牙、荷兰、法国等殖民者相继侵入。1820 年，英国入侵波斯湾地区，强迫海湾 7 个阿拉伯酋长国缔结“永久休战条约”，称为“特鲁西尔阿曼”（意为“休战的阿曼”）。此后该地区逐步沦为英国的“保护国”。第二次世界大战后，民族解放运动高涨。1971 年 3 月 1 日，英国宣布同海湾诸酋长国之间签订的所有条约于同年年底终止。同年 12 月 2 日，阿布扎比、迪拜、沙迦、乌姆盖万、阿治曼、富查伊拉 6 个酋长国组成阿拉伯联合酋长国。1972 年 2 月 11 日，哈伊马角酋长国加入阿联酋。

阿联酋的石油和天然气资源非常丰富，居世界第三位。国民经济以石油生产和石油化工工业为主。石油收入占政府财政收入的 85%以上。货币名称为迪尔汗。

阿联酋奉行中立、不结盟的外交政策，主张通过和平协商解决争端，维护世界和平，反对外来势力在海湾地区的争夺和扩张，强调海湾航道的通行自由必须得到保障。

土耳其

“土耳其”一词由“突厥”演变而来。在鞑靼语中，“突厥”是“勇敢”的意思，“土耳其”意即“勇敢人的国家”。土耳其国土包括西亚的安纳托利亚半岛及巴尔干半岛的东色雷斯地区，是一个横跨欧亚两洲的国家。

独特的地理位置、宜人的气候条件使土耳其成为游客向往的乐园，如形状各异的现代化建筑、华丽肃穆的清真寺唤礼塔、飞跃于博斯普鲁斯海峡之上的跨海大桥、《荷马史诗》中的特洛伊城遗址、世界奇景卡帕多西亚、观鸟胜地库什湖、秀美的亚洛瓦温泉等。迷人的自然风光、丰富的文物古迹使土耳其享有“旅游天堂”之誉。土耳其的安卡拉羊世界著名，人们常用烤全羊招待宾客。土耳其人十分重视着装，爱赶潮流。

土耳其料理在世界上是很有名的。尽管精心做出的料理看起来十分简单，但其新鲜材料所具有的鲜美味道是一般佳肴无法媲美的。土耳其料理的种类非常多，有各种汤菜、种类繁多的凉菜以及各种肉料理和鱼料理。正餐后，还有著名的土耳其点心和糕点等，最后是土耳其咖啡。由于在土耳其国内种植着各种各样的水果、蔬菜，另外，由于土耳其三面环海，盛产各种各样的鱼类，所以土耳其料理全部使用新鲜的材料制成。

第2节　西亚主要旅游城市

德黑兰

德黑兰市坐落在一片平缓的山坡上，海拔1 200～1 500米，面积300多平方公里，人口约900万。德黑兰市区街道宽阔，绿树成荫，现代化的建筑整齐新颖，其间夹杂着古香古色的清真寺、教堂等，使这座城市显得既古老又年轻。

德黑兰一个引人注目的特点是一年四季都盛开着各种鲜花，尤其是波斯人喜爱的玫瑰花。房前屋后、马路两侧、带有喷泉的街心花园，到处都可以看到鲜花、闻到花香。市民酷爱种花、养花、赏花，许多生活较为富裕的家庭都在自家门前辟出一块园地，种上花，形成一个小花园，因此，德黑兰又被称为“鲜花城市”。

德黑兰市区名胜古迹和博物馆众多，其中著名的有卡贾尔王朝于公元18世纪先后建立的两道城墙、富丽堂皇的古勒斯坦宫和大理石宫。市内还有陈列丰富历史文物的考古博物馆、国家中央银行地下保险库的珍宝博物馆及专门展览驰名世界的波斯地毯的博物馆和为纪念波斯帝国成立2 500年而修建的自由纪念塔等。这些名胜古迹和各类博物馆反映着波斯文化数千年光辉灿烂的历史。

伊斯法罕

伊斯法罕始建于阿黑门尼德王朝时期，多次成为王朝首都。历史上为南来北往必经之路，是著名的手工业与贸易中心，现有铁路通往古姆和德黑兰，还是公路交通中心。伊斯法罕附近为农畜产品的主要市场，市区以多花园与清真寺等辉煌建筑物而闻名世界，长期为轻工业中心，纺织工业居全国首位，包括棉毛纺织与丝织，还有果干、造纸、榨油、火柴等工厂。伊斯法罕的手工艺品举世闻名，有银器、铜器、陶器、地毯业等，也十分重视发展重工业，有伊朗第一个钢铁厂，还有石油化工、炼油、水泥等工厂及兵工厂等。另外，伊朗主要的核设施也建在这里。

伊斯法罕不仅风景优美，拥有 11—19 世纪的各种伊斯兰风格建筑，而且作为“丝绸之路”的南路要站，更是东西方商贸的集中地。南来北往的商客都汇集于此，各种商品也琳琅满目，当时的伊斯法罕富甲天下，所以民间有“伊斯法罕半天下”的美称。

喀布尔

在古代，喀布尔是东西方通商要道“丝绸之路”上的重要城镇，也是东西方文化交流的中心。1773 年杜兰尼王朝统一阿富汗后定都于此。

喀布尔地区适宜种植多种农作物和葡萄、杏、枣等果品。蔬菜种类较多，是全国最主要的蔬菜种植地。喀布尔附近的矿产资源非常丰富，已经开采的有煤、铁、锰、铜、石墨等。

喀布尔是一座山水相映的城市，市内古老的皇宫金碧辉煌，清真寺的尖顶在阳光下闪闪发光，城市房屋高低错落，道路宽阔。主要街道两旁都有小溪、泉水从山上引下，清澈见底。河北岸新城是主要商业区，并有皇宫、官邸和高级住宅。皇宫包括古尔罕纳宫、迪尔库沙宫、萨达拉特宫、蔷薇宫（今称“人民宫”）等。过去的达尔阿曼宫现在是议会和政府所在地。城市周围的山峰上屹立着当年抵御外侮的城墙，被称为“喀布尔的长城”。

喀布尔古迹很多，有公元初的墓碑、城堡遗址和伊斯兰教的尖塔、清真寺等，其中有著名的沙希杜沙姆施拉寺、巴卑尔的大理石陵墓、国王穆罕默德·纳迪尔·沙河的陵墓以及国家博物馆、考古博物馆和著名的喀布尔大学等高等院校。

坎大哈

坎大哈是阿富汗第二大城市，位于阿富汗南部，地理位置非常重要，北通首都喀布尔，往西可达阿富汗第三大城市赫拉特，而东距巴基斯坦边境只有100公里，位于喀布尔、赫拉特及奎达（属巴基斯坦）的公路交叉点，交通地位十分重要。同时，坎大哈处于勒齐斯坦沙漠东北端海拔1 000米的绿洲上，是坎大哈省省会，具有重要的战略意义。

坎大哈周围为灌溉农田，农产品主要有小麦、羊毛和水果，为工业发展提供了丰富的原料，农产品集散于此。工业有粮食、果品加工和棉毛纺织等。手工业以制毯著称。矿产品主要出产黄金和宝石，以此为主的手工工业也较为发达。这里有国际航空港，但主要用于国内航线。城中有阿赫美德沙（杜兰尼王朝）的陵墓，旁为赫尔盖·沙里夫清真寺，内藏穆罕默德圣袍。附近受阿尔干达布河水灌溉，盛产小麦、水稻、棉花、甘蔗、芝麻、烟草、水果等。

阿布扎比

阿布扎比是一个阿拉伯联合酋长国，同时该国的首府也命名为阿布扎比，面积73 060平方公里，人口约129万。阿布扎比城位于阿拉伯联合酋长国阿布扎比的中西边海岸，波斯湾的一个“T”字形岛屿上。

阿布扎比的经济严重依赖原油生产。1958年在海岸外约125千米、水深2 570米处的乌姆沙伊夫海底油田发现石油。石油通过海底输油管输送到该国以西约 32公里处的达斯岛。岛上建有阿布达比酋长国主要的近海油轮码头，并有简易机场、煤气液化厂和其他附属设施，1962 年起出口石油。陆上主要有穆尔班和布哈森等油田。开采中心在该国中部，距海岸 40～65 公里。有输油管与西北面赞奈山的海岸终点站相连。其他近海油田有扎库姆沙洲（阿布扎比城西北），有海底输油管通往达斯岛和乌姆达勒赫（阿布扎比城北）。全国石油总蕴藏量约占世界总藏量的10%。

阿布扎比国际机场在21世纪初急速扩张，扎伊德港是主要的运输中心，也是该市主要的货柜港。市内设有多所大学，包括阿拉伯联合大公国大学（1976年）、阿布扎比大学（2003年）和索邦学院分校（2006年），这所分校提供符合巴黎索邦学术标准的法语课程。

迪拜

迪拜实在是个十分矛盾的城市。建在一片一望无垠的大沙漠，但却绿树成荫、鸟语花香，

城市的天空格外的蔚蓝和清澈，朵朵白云可以看得格外清晰。所以说迪拜是矛盾的，最最没有生命的黄沙和最最生机勃勃的绿林、最最古老的宗教和最最现代的建筑都融合在了一起。

迪拜拥有世界上第一家七星级酒店、全球最大的购物中心、世界最大的室内滑雪场，源源不断的石油和重要的贸易港口地位给迪拜带来了巨额的财富，如今的迪拜已成了奢华的代名词。除了各种奢侈品、名牌汽车，这里的建筑也处处显示着蓬勃发展的迪拜丝毫不掩饰的雄心。据统计，迪拜近年来用于工程建设的资金高达 1 000 亿美元，而据世界银行的估计，整个伊拉克的重建资金也只有 530 亿美元。全球 1/5 的起重机在这里运转，共有 25 万建筑工人在这里工作。在资金源源不断地注入及奇思妙想的创造下，几十年前还只是沙漠边上一个小港的迪拜，如今吸引了来自全球的建筑设计师，他们创造了最大的人工岛—— 棕榈岛。这里正在成为世界顶尖建筑设计师的天堂，如今的迪拜也正在变成一个世界艺术建筑的大都会。世界上许多著名的建筑师都云集到迪拜这座沙漠中的城市，并设计了各种前卫的博物馆和大厦。

伊斯坦布尔

伊斯坦布尔之所以闻名于世，主要原因之一是其得天独厚的地理位置。伊斯坦布尔位于亚洲大陆最西端的黑海与地中海之间，有一条至关重要的“黄金水道”，它把亚洲和欧洲大陆分割开来，其中间部分是马尔马拉海，南端为达达尼尔海峡，北端为博斯普鲁斯（伊斯坦布尔）海峡，总称黑海海峡。此“黄金水道”是黑海通向外界的咽喉要地，伊斯坦布尔就坐落在博斯普鲁斯海峡的南端。

最能说明伊斯坦布尔是东西方文化、艺术交汇点的名胜古迹是阿亚索菲亚博物馆、苏丹阿赫梅特清真寺和托普卡珀博物馆。

风光秀丽、古迹繁多、交通便利、商业发达，使伊斯坦布尔成为一座世界著名的旅游城市，也是欧亚两大洲共有的一颗明珠。

安卡拉

安卡拉位于小亚细亚半岛上安纳托利亚高原的西北部，海拔 900 米，濒临萨卡里亚河支流安卡拉河。安卡拉有 500 多万人口（2009 年），年最高气温 31℃，最低气温-4℃，是土耳其第二大城。西方原称其为“安哥拉”，1930 年土耳其政府更正为“安卡拉”。古城至少已有 3 000 年的历史，从罗马帝国、拜占庭帝国到奥斯曼帝国统治时期，都是重要的政治、军事或商业中心。1923 年成为土耳其共和国首都，为仅次于伊斯坦布尔的全国第二大工业中心，有酿酒、面粉、蔗糖、乳制品、水泥、毛纺、建筑材料、洗衣机等工厂。安卡拉位于土耳其交通运输中心，有东西行的铁路干线通全国主要城市和港口，另有多条公路通向各方；航空港保持与国内外的航空联系。安卡拉还保存着古堡等遗迹，素有“土耳其的心脏”之称。

安塔利亚

安塔利亚地处安塔利亚海湾翠绿的沿岸平原，东面是秀美的孔亚阿特海滩，西面是一望无际的拉拉沙滩，南濒清澈的地中海，北临郁郁葱葱的托罗斯山脉。安塔利亚的确是一个让人心旷神怡的度假天堂。

安塔利亚建于公元前 2 世纪，在奥斯曼帝国统治前，罗马、拜占庭和塞尔柱人都在此留下了许多历史古迹。

安塔利亚以北约 150 公里的布尔杜尔，以美丽的湖泊闻名全土耳其。风光明媚的布尔杜尔湖有优质的沙滩，是游泳爱好者的天堂，附近又是水上活动的理想场所。凯梅尔以南 15 公里的奥林博斯，曾是一个商业中心，城里有沟渠、浴场、剧场、神殿殿门等遗址。奥林博斯的西部和南部都有美丽的海滩，再往西就是米拉古城遗址。锡德是土耳其最著名的古城遗址之一，曾是一个古老的海港，现在已发展成为一个美丽的度假城。

安塔利亚船艇及消闲中心是土耳其国内最受欢迎的船艇中心，这里设备齐全，有许多的纪念品商店、咖啡座和餐馆。

在安塔利亚旅游的游客应该不会有太大的语言问题，因为 61%的土耳其人以英文为第二语言，而旅游业、餐馆业的服务人员都能以英语和游客沟通。

第 3 节　西亚著名旅游景区、景点

巴列维王宫

巴列维生前居住过的王宫有两处最有名，它们分别是萨德阿巴德王宫和古列斯坦王宫。

萨德阿巴德王宫位于德黑兰市北部山上，空气清新，环境优美，面积约 410 公顷，始建于凯加王朝，后为巴列维国王的夏宫，共有 18 处宫殿，包括国王、王后、王储、亲王的宫殿等。宫内陈设、装饰十分豪华，沙发、桌椅、窗帘、吊灯均从法国、英国、捷克、印度等国进口，地毯全部都是图案精美、做工精细的手织波斯地毯。宫内还陈列了各国元首、政府首脑赠送的各种贵重礼品，其中有不少我国的手工艺品。

伊斯兰革命胜利后，政府将其中的 7 处宫殿辟为博物馆、展览馆，对外开放，主要有白宫、绿宫、母亲宫、军事博物馆、自然历史博物馆、细密画博物馆、考古博物馆。

伊朗国家沙漠公园

著名的伊朗国家沙漠公园位于德黑兰东南部，始建于 1964 年，当时占地面积约 60.9 万公顷。一开始时是一座打猎场，1976 年被命名为“国家公园”，1978 年面积增加到 67 万公顷，但到 1982 年由于经济困难国家公园缩小到 42 万公顷，其实仅仅只有 25 万公顷为公园，其余的由德黑兰环保局管理。

伊朗沙漠虽然不具备生存的条件，但却独具一格，是世界上重要的沙漠旅游胜地之一。沙漠的夜间格外美丽，天空群星璀璨，四周万籁俱寂，置身此地就会为这里的奇特景色所陶醉，尤其对长年生活在熙熙攘攘的闹市中的人们来说，沙漠的夜色更具有强大的诱惑力。在沙漠里虽然没有秀丽的山水、鲜艳的花朵，但那一片片金黄色的沙漠和类似被烧焦的黑色山岳，与那耀眼夺目的盐碱地交错在一起，形成了一幅美丽独特的风光。此外，在伊朗国家沙漠公园里，还有一些客栈、沟渠、古城堡等历史古迹，这一切均说明，在历史上曾有不同的民族生活在沙漠边缘地区。

伊斯法罕皇家广场

伊斯法罕位于伊朗中部，为伊朗第二大城市，是伊斯法罕省省会，始建于公元前 6 世纪中期，多次成为王朝的首都。城市分为新老两城。老城分布在扎因河的北岸绿洲中，有众多名胜古迹，清真寺达 200 多座，还有著名的伊斯法罕皇家广场。

宽阔的广场由阿拔斯设计，建筑群的中心即“美丹”王侯广场，又称“美丹·纳奇·贾汗”，意为“世界的写照”。广场建于 1616 年，长方形，长 500 米，宽 150 米，坐落在新王宫与老商业中心的交汇处，供马球比赛、阅兵大典、隆重演出和其他仪式之用。广场四周拱廊环绕，每边拱廊各开一座雄伟的大门，分别是皇家清真寺大门、圣路得富拉清真寺大门、阿里加普宫大门和加萨里亚市场大门。拱廊外有一条运河围护。

伊斯法罕皇家广场在城市规划方面一反伊斯兰建筑的传统做法，以其设计独特、用途广泛和装饰华丽而独树一帜，广场上的主要建筑至今仍保存完好，已经被列入《世界遗产名录》。

地毯博物馆

地毯博物馆从外观仿佛一个手织地毯架。地毯博物馆呈八角形，为现代建筑，建于 1977 年。全馆共有两个大厅和一个宽敞的地下室，占地 3 400 平方米。展厅入口两旁有两个大玻璃柜，一个玻璃柜里陈设有地毯染色原料，如石榴皮、核桃壳、茜草、木樨草、靛青、钾矾等；另一个玻璃柜里陈设着手织地毯用具，如剪子、钩针和针排等。该馆展出 16—20 世纪伊朗各时期手织的精制和粗制地毯珍品 5 000 余件，1979 年开始对外开放。波斯地毯闻名于世，在原料选择、色泽调配、图案设计和编制技艺方面要求极严，堪称世界上最精细、最富装饰性、最有价值和质地最优的地毯之一。

伊朗地毯业自伊斯兰革命取得胜利后发展迅速，现已成为全国继石油之后的第二大出口商品，因此，地毯不仅代表着伊朗悠久浑厚的文化，而且也给伊朗带来了巨大的外汇收入。地毯博物馆里珍藏着许多昂贵、精美的地毯，有的地毯还是萨法维王朝和恺加王朝时期遗留下来的。

奥朝迪纪念塔

奥朝迪纪念塔位于德黑兰机场附近，建于 1971 年，是为纪念伊朗帝国成立 2 500 周年而建的，又名“自由纪念塔”，是德黑兰市的一个象征。夜色中的纪念塔在灯光的照耀下异常雄伟漂亮。奥朝迪纪念塔风格比较简洁，正面有 2 500 块各式石块，共 15 000 种不同形式，呈倒置“Y”形。建筑物高达 50 米，其中 18 米为地下层（地下层为展览厅），是完全用钢筋水泥浇灌而成的雄伟的塔式建筑，为古代建筑与伊斯兰建筑结合的产物。在西北和东南共有电梯可以通往每一层面，也可通达顶部以一览德黑兰市全景。围着纪念塔高速行驶的汽车很多。在地面上，除博物馆外，还有许多厅堂供举行各种活动之用，如艺术节等。其内还收藏有伊朗国各个时期的展品。

巴米扬大佛

巴米扬大佛是世界上第三高的大佛，距今已有 1500 多年的历史，曾经历 3 次劫难。很多国家的科学、文化、艺术和宗教界知名人士强烈呼吁，要注重保护这一人类历史文化遗产。但是，2001 年 3 月 12 日，大佛还是遭到了塔利班的残酷轰炸，爆炸声持续了三四天。

巴米扬佛像群位于阿富汗首都喀布尔西北的巴米扬镇东北郊不远的山崖处。这里遍布大小石窟 6 000 余座，石窟群中有 6 尊傍山而凿的佛像。其中两尊巨佛，一尊造于公元 5 世纪，高 55 米，着红色袈裟，名叫塞尔萨尔；一尊造于公元 1 世纪，高 38 米，身披蓝色袈裟，名叫沙玛玛。

但在多年的战乱中，塞尔萨尔和沙玛玛到 20 世纪 90 年代后期已是千疮百孔，佛像的头部也不复存在。2001 年 3 月，塔利班更是不顾联合国和世界各国的强烈反对，动用大炮、炸药及火箭筒等各种武器，摧毁了巴米扬包括塞尔萨尔和沙玛玛在内的所有佛像。

据介绍，为了避免再遭破坏，当地政府禁止从这里取走泥块，也严禁在这里埋地雷。虽然目前还没有修复的计划，但日本和印度等国政府已表示愿意出资帮助修复佛像。

阿莱因国家博物馆

阿莱因国家博物馆位于阿布扎比酋长国阿莱因绿洲西部边缘，是已故前总统谢赫·扎伊德·本·苏丹·阿勒纳哈扬担任东部地区最高长官的公馆和 1966 年担任酋长时的最初皇宫，后成为酋长驻东部地区代表的府邸。它也是当今阿布扎比王储穆罕默德的出生地，建于 1937 年，于 2001 年改成博物馆，并向公众开放。

宫殿分内外两个庭院。

外部庭院前院空地摆放着扎伊德到沙漠慰问贝多因人社区所驾驶的路虎汽车；右边有一个教室，里面摆有桌椅和黑板，是皇族孩子接受教育的场所。旁边是一个大接待室，可能是等候酋长召见的休息室。后院有一排二层楼，是很多间不同形式的会客厅，酋长用于招待国内外的贵宾；用于招待国内来宾的地方是用传统的地板坐垫布置；用于招待国外访客的则用西式家具布置；还有一个独立的女式寓所，用于招待酋长夫人的访客。旁边的咖啡室，可提供充满阿拉伯风情的各式饮料、椰枣和食物，能够及时满足宾客的需要。院内还有一个复制的接待宾客的大帐篷，展示了贝多因人生活风格，酋长可在这里会见来宾和重要客人，以展示阿拉伯风格的殷勤和慷慨。

内部庭院是扎伊德及家人的生活区，有一个住宅二层楼，楼上是扎伊德与大夫人的卧室和孩子们的房间，楼下是女孩房间和女性接待室；旁边是一些平房，有其他夫人的住房，亲戚的住房及储物间、厨房、佣人房等；院内有水井、花园、水榭。

大门右侧靠围墙的房间改为古迹文物展览和酋长血统世系图及扎伊德的哥哥、扎伊德、扎伊德 19 个儿子的肖像展。参观路径就是从展览开始，然后进入内部庭院，再进入外部庭院后院、再到前院。

阿布扎比滨海大道

阿布扎比有条著名的海滨大道，滨海大道长 10 多公里，大道旁不仅有高大的桉树、椰枣树和灌木树丛，还建有修整得各具风格的小花园、绿草地和喷水池，与路旁的湛蓝大海融成一片。每天早晨和傍晚，都有人在这里跑步锻炼和散步聊天。在节假日里，海滨大道、各个公园和市郊的绿草地是人们最好的去处之一。

在滨海大道旁的海面上，生长着一大片茂盛的树林，那便是阿布扎比著名的天然红树林，这是世界上最大的天然红树林区之一。红树林是生长在海洋里的森林，主要分布在热带地区。红树植物有 10 余种，有灌木也有乔木。红树林的树叶并不是红色的，而是绿色的，只因其树皮及木材呈红褐色而被称为红树。

红树有呼吸根，顾名思义，起呼吸作用，因为在沼泽化的环境中，土壤中空气极为缺乏，红树植物的呼吸根就成了海水的天然过滤器。这一大片天然的红树林引来了许多鸟类生物，并成为它们的栖息地，阿布扎比政府也特意设置了保护区，使枝繁叶茂的红树林在海岸形成了一道天然的绿色屏障。

棕榈岛

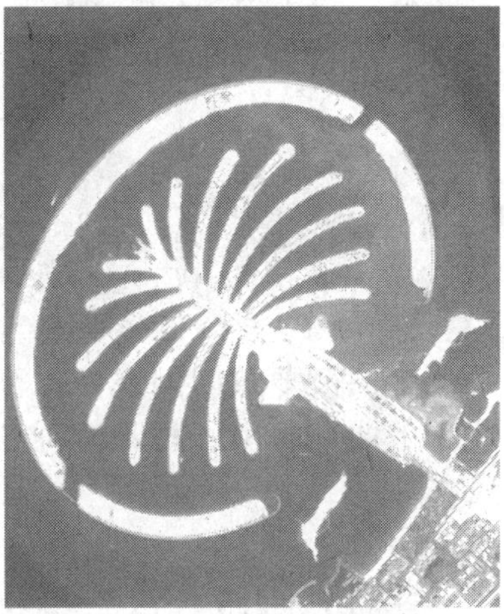

从高空俯瞰阿联酋的迪拜，依稀可见两棵巨大的棕榈树漂浮在蔚蓝色的海面上，仔细辨认，棕榈树竟是由一些错落有致、大小不一的岛屿组成的。除棕榈树外，还能看到由 300 个岛屿勾勒的一幅世界地图。缩小的法国以及美国佛罗里达州、俄亥俄州都包括在内，甚至连被冰雪覆盖的南极洲也出现在当地的炎炎烈日之下。

然而，这一派奇特景象并非大自然的鬼斧神工，它是迪拜雄心勃勃的人工岛计划—— 棕榈岛工程的一部分。这项计划耗资 140 亿美元，是世界上最大的人工岛。巨大的人工岛修建计划显示了迪拜誓与新加坡和香港竞争成为世界商业港中心、与拉斯维加斯竞争成为世界休闲之都的决心。

迪拜似乎是完美的旅游点，一年四季几乎都是阳光普照、沙滩优美、海水湛蓝，每年接待 500 万名游客。现在他们想让游客人数增加两倍，达到 1 500 万。

迪拜滑雪场

迪拜滑雪场是一座独特的雪山主题公园，占地 2.25 万平方米，全年覆盖真实的皑皑白雪，一年四季皆可享受雪中乐趣。

这里拥有 5 条在难度、高度和坡度上变化多端的滑雪道。其中最长的一条滑雪道有 400 米，高低落差达 60 米。无论男女老少，无论是初学者还是滑雪健将，都可以在这里找到属于自己的快乐。

对于许多居住在热带沙漠地区的阿拉伯人来说，这个用 6 000 吨雪建造的滑雪场使他们第一次感受到了冰雪的清凉。它已成为迪拜继世界最高塔和世界唯一的水下酒店之后又一旅游度假胜地。

迪拜室内滑雪场是世界上最大的室内滑雪场，耗资近 3 亿美元，面积相当于 3 个足球场，可容纳 1 500 人同时滑雪。在最高气温达 40℃的迪拜，这完全依赖于金钱的支持。

犹美拉赫清真寺

阿联酋有许许多多的清真寺，其中最引人注目的就是犹美拉赫清真寺。它是伊斯兰建筑上的典范，堪称经典。在迪拜，它也算得上是一座雄伟壮观的建筑。清真寺的外观乍看都差不多，犹美拉赫清真寺却蕴含了设计者的艺术品味和创作灵感。

这座雄伟壮观的清真寺是阿拉伯国家众多清真寺中最吸引人的一座，也是迪拜最常出现在宣传图片上的建筑物之一。白天，在日光下，清真寺圆顶上镶金的菠萝纹闪闪发光，高高在上的尖塔宣示着古兰经的庄严；晚上，皎洁的月光洒在它上面，带出一种幽静神秘的感觉，更是很好地凸显了伊斯兰教建筑圣洁优雅的艺术风格。

迪拜六国城

在阿联酋众多的景点中，有一座可以用气势磅礴来形容的著名购物中心，那就是迪拜六国城，又名“伊本·白图泰购物中心”。

这是以古代摩洛哥著名旅行家伊本·白图泰的名字命名的一家大型购物中心。之所以又叫“迪拜六国城”，是因为这里是根据伊本·白图泰曾游历过的6个拥有1 000年以上历史的文明古国而修建的，将全场分为6个区域，分别是中国、印度、波斯、埃及、突尼斯及安德鲁西亚，共6个“国家馆”，按各自的民族特色划分出6个风格迥异的购物环境，在不同国家的区域有完全不同的异域风情。

在六国城，不仅商品应有尽有，从极具民族特色的商品、工艺品到世界知名品牌的服饰、化妆品，都让人眼花缭乱；而且每个区域都有代表各国特色的景点，在此拍照留念已成为游客的必选项目之一。

迪拜地球群岛

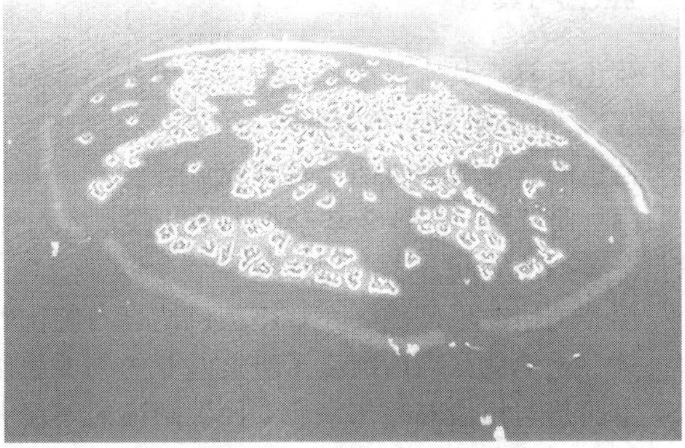

迪拜地球群岛又名“世界群岛”，位于迪拜海岸线沿岸，在迪拜早已闻名遐迩的迪拜久美拉棕榈岛和德拉棕榈岛之间，靠迪拜久美拉棕榈岛更近。

虽然名叫“世界群岛”，但它并不是按真实的世界地图来搭建的，相邻岛屿之间至少要隔着 50 米宽的海水。比如，“法国”和“西班牙”这样的岛屿间不提供陆路交通，完全依靠海上交通，以此确保各岛的独立性，更重要的是为了方便出售。

曾有人说过，如果说人工棕榈岛是把迪拜放到了世界地图上的话，那么，地球群岛则是把地图放到了迪拜上。

到迪拜旅游时，如果乘直升机，在高空俯瞰迪拜的海岸线，将是见证这些人类奇迹的最佳方式。

阿耳忒弥斯神庙

阿耳忒弥斯是古希腊神话中主掌狩猎与野兽的女神，后来被视为月神，在罗马神话中她又被称为戴安娜，是宙斯和利托的女儿。除了掌管狩猎，她还照顾女人分娩、保护少男少女，更是一位贞洁的处女，人们对她崇拜有加。但阿耳忒弥斯神殿并非用以祭祀这位女神，而是以弗所人为祭祀一位安那托利亚（小亚细亚）古老的女神而修建的，而这位安那托利亚的女神被以弗所人比做心目中的阿耳忒弥斯，因此神殿以阿耳忒弥斯的名字命名。

阿耳忒弥斯神庙属于柱式建筑。柱式建筑发源于古希腊，爱奥尼和多立克两种柱式代表着古希腊建筑最成熟的风格。18 世纪德国艺术史家温克尔曼在谈到希腊艺术杰作的普遍优点时曾经说，它“在于高贵的单纯和静穆的伟大”，而柱式建筑确实最能体现这一优点。阿耳忒弥斯神庙也属此类建筑，具有柱式建筑的基本特性。

阿耳忒弥斯神庙位于土耳其以弗所，濒临爱琴海，是土耳其著名的古代建筑遗迹，被评为“世界七大奇迹”之一。神庙 1869 年被发现，1982 年土耳其考古学者在遗址 3 米深处发掘到上百件重要文物，其中有纯金妇女塑像，金、象牙制作的项链、耳环、手镯等饰物。陈列在以弗所博物馆内的阿耳忒弥斯神塑像是一件价值无比的艺术瑰宝，神像比真人还高，面容慈祥，神情生动，形态逼真，雕刻艺术细腻传神，是至今发现的阿耳忒弥斯雕像中最古老、最完整的一个。

蓝色清真寺

蓝色清真寺其实是通称，得名于伊兹尼蓝磁砖的光彩，它真正的名称应该是“素檀何密清真寺”，位于伊斯坦布尔旧市街的中心。

蓝色清真寺的美有四个观察点。

第一是光线。穿过 260 个小窗的光线，溶入昏黄、呈圆形排列的玻璃灯光中，幻光明舞，像是个虚拟的空间。

第二是伊兹尼蓝磁砖。整座蓝色清真寺装饰着的 2 万片以上的伊兹尼蓝磁砖。

第三是地毯。寺内铺满了伊索匹亚的朝贡地毯。

第四是阿拉伯书写艺术。支撑大圆顶的 4 根大柱直径 5 米，槽纹明显，柱头的蓝底金字阿拉伯文和挂在柱身的黑底金字阿拉伯文，都很像艺术花纹。

圣索菲亚大教堂

公元 1453 年 6 月，奥斯曼土耳其苏丹穆罕默德攻入了君士坦丁堡，终于走进了他朝思暮想的圣索菲亚大教堂。他下令将教堂内所有拜占庭的壁画全部用灰浆遮盖住，所有基督教雕像也被搬出，并将大教堂改为清真寺，还在周围修建了 4 个高大的尖塔，这就是今天我们看到的圣索菲亚大教堂的面貌。

圣索菲亚大教堂的特别之处在于平面上采用了希腊式十字架的造型，在空间上，则创造性地采用了巨型的圆顶，而且室内没有用到柱子来支撑。更确切地说，君士坦丁大帝请来的数学工程师们发明出以拱门、扶壁、小圆顶等设计来支撑和分担穹隆重量的建筑方式，以便在窗间壁上安置又高又圆的圆顶，让人仰望天界的美好与神圣。由于地震和叛乱，圣索菲亚大教堂经历过数次重修，尤其是公元 532 年，查士丁尼大帝投入 1 万名工人、32 万两黄金，并花费 6 年光阴将圣索菲亚大教堂装饰得更为精巧、华美。神圣的教堂是当时的城市中心，而从统治者对教堂所投注的心力不难看出统治者借由对宗教的奉献从而达到夸示帝国的权力与财富、对周遭地区施予影响力的用心。圣索菲亚大教堂的大圆顶离地 55 米高，而且在 17 世纪圣彼得大教堂完成前，一直是世界上最大的教堂。

安卡拉古城

安卡拉市是安卡拉地区的中心，这一地区有非常肥沃的麦田，在东北方分布着广阔的森林。安卡拉是土耳其的首都，但并不是第一大城市。所有外国使节官邸、土耳其著名专上学府、政府枢纽机关等均集中于此。但与伊斯坦布尔相比，旅游名胜相对少一些。

土耳其首都安卡拉有很多高级餐厅，几乎能吃到全世界的菜肴。同时，这里也有许多提供既好吃又便宜的小餐厅，另有配带拼盘的酒，鱼肉类食物既新鲜又好吃。

安卡拉的夜生活非常丰富，除了常见的都市娱乐项目之外，游客还可欣赏到土耳其国家交响乐团以及歌剧、芭蕾舞剧等演出。这里演出的题材不仅包括取材于土耳其国内名著名作，而且还包括国外其他国家的经典之作。

黄金沙滩海岸

黄金沙滩海岸位于安塔利亚东部，广阔肥沃的平原与延绵无尽的沙滩并列，一直伸延至阿兰亚。这里曾是古代班菲利亚的重要城市贝鲁格（距安塔利亚 18 公里），西泰特人最初于公元前 1500 年前后在此定居。圣保罗最初宣教也始于此地。

卡帕多西亚石窟遗址

卡帕多西亚是由远古时代 5 座大火山喷发出来的熔岩构成的火山岩高原，面积近 4 000 平方公里。这里有火山岩切削成的几百座金字塔般的尖岩以及无数悬崖、深谷。山岩上和深谷中荒凉不毛，但在河谷两旁的悬崖上和地底下却建有成百上千座古老的岩穴教堂和不计其数的洞穴式住房。这些蔚为壮观的迷宫是什么时候开始兴建的，又是什么时候被废弃的，至今谁也说不清楚。加上各种建筑的造型奇妙和具有艺术特色，更使这一地区充满了神话色彩，人们称它为“神秘的卡帕多西亚”。

在卡帕多西亚至少能找到 1 000 座小教堂。在格雷梅山谷，实际上每一座小尖岩都被挖空，里面都含有一所教堂。岩石被巧妙地挖凿成带有穹顶、圆柱和拱门的十字形状；洞壁、穹顶和圆柱上，到处装饰有美不胜收的壁画。泽尔弗峡谷两边的悬崖上，也被凿成满是教堂的建筑，有礼拜堂、斋堂、厨房和卧室等，连祭坛、餐桌和家具都是石头制成的。在南部荒凉幽静的伊拉拉谷地，河流两岸的崖壁有 150 米高，上面密布着小教堂、神龛和修道室，绵延 10 公里。

1963 年，在卡帕多西亚的德林库尤村地底下，首次发现了地下城镇。它有一个井状入口，向下共有 8 层，借助梯子上下。里面建有无数的住宅、小教堂、厨房、水井和食品储藏室，还有 52 道通风管道及墓地和供逃跑用的地道，足可容纳上万家庭居住。时隔 2 年，同样规模的另一个地下迷宫在卡伊马澈附近被发掘，一条长 10 公里的地道连接着这两个地下城镇。在以后的 10 年中，一共发现了 63 处这样的地下城镇。

卡帕多西亚已成为土耳其的旅游胜地，来自世界各地的游客不辞长途跋涉之劳，前来欣赏山谷中的绝妙建筑。这些代表拜占庭艺术精华的稀世奇迹，是人类历史文化长廊中的瑰宝，令无数游客流连忘返。

第6章 东　　欧

第 1 节　东欧主要旅游国家

俄罗斯

俄罗斯联邦简称“俄罗斯”，领土面积约为 1 707 万平方公里，是世界上面积最大的国家，地域跨越欧亚两个大洲，与多个国家接壤。绵延的海岸线从北冰洋一直伸展到北太平洋，还包括了内陆海黑海和里海。俄语是俄罗斯的官方语言。首都莫斯科位于东欧平原，既是全国的政治、经济、文化中心，也是全国最大的综合性交通枢纽，还是机械工业和纺织工业中心。俄罗斯的气候复杂多样，大部分地区属于温带大陆性气候，北极圈以北属于寒带气候。西伯利亚地区纬度较高，气候寒冷，冬季漫长，但夏季日照时间长，气温和湿度适宜，利于针叶林生长。

作为前苏联主要加盟共和国，俄罗斯是一个十分有影响力的大国，特别是在由 10 个前苏联加盟共和国组成的独联体组织内。1991 年，苏联解体，俄罗斯继承苏联成为联合国安全理事会常任理事国，对安理会议案拥有否决权。

乌克兰

乌克兰位于欧洲东部，为前苏联加盟共和国。1991 年苏联解体后，乌克兰独立。乌克兰的总面积约为 60 万平方公里，是欧洲除俄罗斯外面积最大的国家。乌克兰东连俄罗斯，南接黑海，北与白俄罗斯毗邻，西与波兰、斯洛伐克、匈牙利、罗马尼亚和摩尔多瓦诸国相连。乌克兰东西长 1 316 公里，南北长 893 公里，最大山系为西部的喀尔巴阡山，最高峰戈尔维拉峰海拔 2 061 米，最长河流第聂伯河发源于俄罗斯，流经乌克兰河段长 981 公里。全国大部分地区为温带大陆性气候，克里米亚半岛南部为亚热带气候，1 月平均气温-7.4℃，7 月平均气温 19.6℃。乌克兰的地理位置十分重要，是欧洲联盟与独立国家联合体，特别是与俄罗斯地缘政治的交叉点。乌克兰人属于东斯拉夫族，人口约为 4 800 万，与俄罗斯人、白俄罗斯人血缘密切。

白俄罗斯

白俄罗斯共和国简称“白俄罗斯”，位于东欧平原西部，东邻俄罗斯，北、西北与拉脱维亚和立陶宛交界，西邻波兰，南接乌克兰。全国面积约 20.76 万平方公里，划分为 6 个州和具有独立行政区地位的首都明斯克市，人口约为 981 万。白俄罗斯共有 100 多个民族，其中 81.2%为白俄罗斯族，俄罗斯族占 11.4%，官方语言为白俄罗斯语和俄语。国民多信仰东正教，西北部一些地区信奉天主教及东正教与天主教的合并教派。白俄罗斯是个内陆国家，没有出海口，是欧亚两洲陆路交通的必经之路。欧亚大陆桥及与其平行的莫斯科—华沙国际公路横穿境内，因此白俄罗斯有“交通枢纽国”的美称。境内西北部多丘陵，东南部较平坦。

白俄罗斯有“万湖之国”的美称，约有湖泊 1.1 万个、大湖 4 000 个。最大的纳拉奇湖面积约为 79.6 平方公里，主要河流有第聂伯河、普里皮亚特河、西德维纳河、涅曼河和索日河，此外还有 2 万余条大小河流纵横交错。以距波罗的海远近不同，白俄罗斯分属大陆性气候和海洋性气候，1 月平均气温-6℃，7 月平均气温 18℃。

爱沙尼亚

爱沙尼亚共和国是东欧波罗的海三国之一，西向波罗的海，北向芬兰湾，南面和东面分别同拉脱维亚和俄罗斯接壤，西南濒里加湾，边界线长约 1 445 公里，海岸线长约 3 794 公里。属海洋性气候，冬季平均气温-5℃，夏季平均气温 16℃，年平均降水量 500～700 毫米。1991 年，在立陶宛宣布独立以后，爱沙尼亚也跟随独立，首都为塔林，国土面积约 45 200 平方公里，人口约 139.2 万（2007 年底）。爱沙尼亚 2/3 的人口为爱沙尼亚族，其余为前苏联统治时期迁入的移民，主要为俄罗斯族，境内也有一小部分芬兰族人。

爱沙尼亚语为官方语言，俄语也是重要语言，多数俄罗斯族人也通晓爱沙尼亚语，从 2007 年起，俄语学校逐步增设了爱沙尼亚语课程。

拉脱维亚

拉脱维亚共和国简称“拉脱维亚”，是一个位于东北欧的国家，前苏联加盟共和国之一，于 1991 年独立。拉脱维亚西邻波罗的海，与在其北方的爱沙尼亚及在其南方的立陶宛共同称为“波罗的海三国”，东方则与俄罗斯、白俄罗斯两国相邻。领土面积约为 64 589 平方公里，人口约 268.7 万，首都为里加。拉脱维亚境内平原、低地和低矮丘陵相间，3/4 地区在海拔 120 米以下，最高点海拔为 311 米。境内多湖泊和沼泽，面积超过 1 平方公里的湖泊有 140 个，较大的湖泊有卢班斯湖、拉兹纳湖、埃古列湖和布尔特涅克斯湖，森林约占全国面积的 1/3 以上。属海洋性气候向大陆性气候过渡的中间类型，夏季白天平均气温 23℃，夜晚平均气温 11℃；冬季沿海地区平均气温-3～-2℃，非沿海地区-7～-6℃。平均年降水量 633 毫米，湿度大，全年约有一半时间为雨雪天气。拉脱维亚的自然资源有泥炭及白云石、石英砂、石膏等建筑材料。

在两次世界大战之间（1918—1940），拉脱维亚将注意力从俄国转向西欧国家，建立了一个民主的议会制政府，拉脱维亚语成为拉脱维亚的官方语言。1991 年 9 月 6 日，俄罗斯承认拉脱维亚独立。1991 年 9 月 17 日，拉脱维亚作为独立国家加入联合国。1992—1994 年，所有俄罗斯军队撤离拉脱维亚。

2003 年 9 月 20 日，经由全国性的公投，拉脱维亚人投票决定加入欧盟，其会员国身份自 2004 年 5 月 1 日起生效。拉脱维亚还在 2004 年 3 月 29 日成为了北大西洋公约组织的会员国，在 2007 年 12 月 21 日成为申根公约国。

立陶宛

立陶宛共和国简称“立陶宛”，位于波罗的海东岸，北界拉脱维亚，东南邻白俄罗斯，西南是俄罗斯的加里宁格勒州和波兰。立陶宛面积约 65 300 平方公里，地势平坦，东部和西部丘陵起伏，平均海拔 200 米左右，为灰化土壤，主要河流有涅曼河，境内多湖泊。国境线总长约 1 644 公里，海岸线长约 90 公里，属海洋性向大陆性过渡气候，1 月平均气温-1℃，7 月平均气温 19℃。

立陶宛人口约335万（2008年12月），主要包括立陶宛族、俄罗斯族、波兰族、白俄罗斯族以及少量的乌克兰族、犹太族、拉脱维亚族和鞑靼族等。南部人口密度较高，城市人口占总人口的半数以上。主要宗教为天主教、东正教，其次是基督教新教、犹太教等。主要语言为立陶宛语和俄语，立陶宛语为官方语言。首都维尔纽斯，位于立陶宛东南部的内里斯河和维尔尼亚河汇合处，人口约54万人（2008年底），面积约394平方公里。

摩尔多瓦

摩尔多瓦共和国简称“摩尔多瓦”，位于欧洲巴尔干半岛东北部、多瑙河下游，东欧平原南部边缘地区，绝大部分国土介于普鲁特河和德涅斯特河之间。全国面积约33 800平方公里，东、北部与乌克兰接壤，西部隔普鲁特河与罗马尼亚毗邻，南部濒临黑海。摩尔多瓦曾是前苏联最西部的一个加盟共和国，南北长约350公里，东西宽约150公里，形如倒挂的葡萄串，是欧洲小国，首都是基希讷乌。摩尔多瓦的人口约357.27万，其中摩尔多瓦族占75.8%，乌克兰族占8.4%，俄罗斯族占5.9%，加告兹族占4.4%，罗马尼亚族占2.2%，保加利亚族占1.9%，茨冈族占0.4%，犹太族占0.1%，其他民族占0.9%。其官方语言为摩尔多瓦语，俄语为通用语，多数人信奉东正教。

摩尔多瓦共和国境内突出的地貌特点是丘陵和谷地纵横交错。境内有风景如画的丘陵、多岗平原、广袤草原和茂密森林。全国分为三个自然地理区域：森林区、森林草原区和草原区。高原、丘陵起伏的伯利兹平原、一望无际的摩尔多瓦南部草原和德涅斯特河下游低地，像阶梯一样由北向南朝多瑙河和黑海延伸。

摩尔多瓦属于温带大陆性气候。大西洋气旋向摩尔多瓦吹来大量湿润、温暖的空气，但有时也会送来充满水汽的地中海热浪，以致生成摩尔多瓦的夏季暴雨；从东南方向吹来的大量干燥气流又常常会引起干旱；而能够造成早秋或晚秋寒流的北极冷空气很少入侵摩尔多瓦。这种气候给人的感觉是：炎热漫长的夏季、温暖持久的秋季和不太冷的少雪的冬季。

第2节　东欧重要旅游城市

莫斯科

莫斯科是俄罗斯联邦的首都，也是俄罗斯的政治、经济、科学文化及交通中心。莫斯科建城于1147年，迄今已有800余年的历史，面积约1 081平方公里，市区东西长约30公里，南北长约40公里，人口约1 047.3万人。莫斯科是世界特大都市之一，也是欧洲最大的城市，还是欧洲人口最多的城市，占整个俄罗斯人口的1/7。市区被一条环城高速公路所包围，人们称之为“大环”，这条高速公路周长109公里，比北京的五环路还要长。

莫斯科地处俄罗斯欧洲部分中部，跨莫斯科河及其支流亚乌扎河两岸，与伏尔加流域的上游入口处相通，南部与图拉州接壤，西南部与卡卢加州为邻，西部与斯摩棱斯克州毗邻，西北和西部与特维尔州为邻，东北部与雅罗斯拉夫尔州接壤，北部和东北部与弗拉基米尔州为邻，东南部与梁赞州交界。

莫斯科地势平坦，仅西南部有捷普洛斯坦斯卡亚高地（最高点 253 米）。莫斯科属大陆性气候，年降水量 582 毫米，降雪量大，年平均积雪期长达 146 天（11 月初—次年 4 月中），冬季较长且天气阴暗，1 月平均气温-10.2℃（最低-42℃），7 月平均气温 18.1℃（最高 37℃）。全市绿化面积约占总面积的 1／3，是世界上绿化最好的城市之一。从飞机上俯瞰莫斯科，映入眼帘的是蓝天下葱绿的树丛和清沏透明的河湖，整个城市显得整洁干净。5 月和 9 月是最好的旅游季节。

莫斯科优美的自然环境给它的人民提供了很好的休息环境。在夏季，人们常在空闲时到公园或路边小憩，或是在郊外烧烤和游泳。

莫斯科极富民族特色的纪念品—— 套娃，几乎是莫斯科传统工艺品的象征。

参加晚会、观看演出尤其是看芭蕾舞剧时，莫斯科人习惯穿晚礼服，显得特别高贵。而在冰天雪地，姑娘们脚蹬长统靴，腿穿单丝袜，身着超短裙，外套一件大衣，则是莫斯科冬天一景。

莫斯科人善饮伏特加酒，用面包加盐的方式迎接贵宾，这是因为在古莫斯科盐很珍贵，只有款待宾客时才用，面包在当时代表着富裕和地位。一般将面包放在铺有精致刺绣方巾的托盘上，由主人献给尊贵的客人。客人先对面包示以亲吻，然后掰一小块，撒上点盐，品尝一下，表示感谢。

莫斯科是著名的旅游城市，名胜古迹众多。市内有 11 个自然森林区、98 个公园、800 多处街心花园，素有“森林中的首都”的美誉。红场、克里姆林宫一带为市中心。此外，市内的人文经典数目也非常之多。

圣彼得堡

圣彼得堡位于俄罗斯西北部，波罗的海沿岸，是列宁格勒州的首府，也是俄罗斯仅次于莫斯科的第二大城市。圣彼得堡约有 456 万人，主要为俄罗斯族（占 89.1%），其他还有乌克兰人（3%）、犹太人（2.1%）、白俄罗斯人（1.9%）和鞑靼人（0.9%）。其他居民占 3%，包括芬兰人、爱沙尼亚人、日耳曼人、波兰人、越南人、华人等。

圣彼得堡与欧洲其他城市最大差别在于，圣彼得堡的名称来自三个不同的起源：“圣”——源于拉丁文，意味“神圣的”；“彼得”—— 耶稣的弟子圣徒之名，在希腊语上解释为“石头”；“堡”——在德语或荷兰语中称为“城市”。如此一来，圣彼得堡的名称不但和彼得大帝之名互相吻合，还同时说明这个年轻的城市蕴涵着不凡的文化背景来源。它不但沿袭了德国及荷兰的文化传统，并且城市的象征意义和以圣徒彼得为守护神的古罗马紧紧相关。有趣的是，甚至圣彼得堡市徽——个左右交叉的海锚，也类似罗马梵蒂冈的徽章。

该市于 1703 年由俄国沙皇彼得一世下令建造，以该城的第一座建筑物——守涅瓦河河口的圣彼得保罗要塞命名。1914 年，第一次世界大战爆发后，俄国出现了反日耳曼情绪，沙皇政府遂将圣彼得堡改名为彼得格勒。其后，苏联成立，为纪念领导者列宁将市名改为列宁格勒。1991 年苏联解体后，经市民投票，恢复了圣彼得堡的旧名。

圣彼得堡位于芬兰湾东部，为大涅瓦河和小涅瓦河汇聚的三角洲地带，在 18 世纪初，这里还是一片沼泽。随着圣彼得堡市的建造，人工运河在市内纵横交错，这些运河是在叶卡捷琳娜二世时期开凿的，用以舒缓因芬兰湾水浅而倒灌进圣彼得堡的海水。圣彼得堡共有42个小岛，由423座桥梁连接圣彼得堡市。中心城区在大涅瓦河南岸，全市最繁华的涅夫斯基大街（涅瓦大街）横贯城区，海港、河港和各类工厂分布在外围的瓦西里耶夫岛区、彼得格勒区和维堡区，俄罗斯古典建筑群和名胜古迹比比皆是，如彼得罗巴甫洛夫斯克要塞、冬宫与皇宫广场、夏花园—夏宫、海军总部大厦、圣伊萨克大教堂、十二月党人广场、斯莫尔尼宫……涅瓦河哺育了灿烂辉煌的俄罗斯文化，使圣彼得堡成为著名的科学文化城，罗蒙诺索夫、门捷列夫、普希金、果戈里等许多杰出的科学家、文学家都曾在这里生活和工作过，城内拥有数以百计的科研机构、数十所高等院校以及众多博物馆和图书馆、影剧院等。

索契

索契位于俄罗斯的黑海沿岸，宽40～60公里，东西长约145公里，是俄罗斯最狭长的城市。其道路和楼房均依山势而建，在这里乘车观光，最能体会峰回路转的视觉愉悦。得益于依山傍海的独特地理条件，索契成为地球最北端唯一的亚热带气候区。大高加索山脉阻挡了北方的冷空气，黑海又像巨大的“暖水袋”一样散发热量，使索契终年温暖湿润，一年有2/3的日子艳阳高照，很多疗养院都设有日光浴室、冬季花园和被太阳晒得暖洋洋的冬季海水泳池。

索契是俄罗斯最大的疗养地，80%的面积是自然保护区，生长着3 000多种植物。当地居民骄傲地说，在这样的天然氧吧里，没有什么比深呼吸更令人惬意。这里的主要疗养资源是接近40℃的硫化氢温泉，具有调节神经系统、促进新陈代谢以及治疗心血管病、皮肤病等疾病的奇效。苏联作家尼古拉·奥斯特洛夫斯基在这里写成了《钢铁是怎样炼成的》。

索契的旅游资源非常丰富，最受欢迎的是克拉斯纳亚波良纳雪山。它距市区只有85公里，是滑雪和体验高山伞降的好地方。市内的坚得拉利植物园，不仅能够观赏珍奇植物，还能饱览意式和英式园林的风采。索契有500多家餐厅，俄式大餐、土耳其烤肉、高加索风味任凭选择。索契的纪念品很实用，是刻着“索契”字样的竹筒杯和竹鞋拔。

在危地马拉举行的国际奥委会第119次全会上，索契打败两个候选城市奥地利的萨尔茨堡和韩国的平昌，成为2014年冬季奥运会的举办城市，世人将拭目以待。

基辅

基辅在乌克兰中北部，为乌克兰首都，是乌克兰的政治、经济、文化中心，位于第聂伯河中游两岸及其最大支流普里皮亚季河与杰斯纳河汇合处附近。基辅始建于5世纪下半叶，公元9—13世纪为第一个俄罗斯国家基辅罗斯的都城和中心，有“俄国城市之母”之称。基辅于1793年并入俄国，自古为贸易要冲，19世纪末成为俄国西南部重要商业城市和甜菜制糖中心。1917年俄国十月革命成功，基辅遂于翌年成为独立的乌克兰国家首都。1934年乌克兰首都由哈尔科夫迁此。1941年被纳粹德军占领，1943年苏军重临解放基辅。第二次世界大战后，苏联政府授予基辅以“英雄城市”的称号和金星勋章、列宁勋章，表扬该市人民在战争中的勇敢精神。

基辅面积约777平方千米，人口约260万，属温和的大陆性气候，1月份平均气温-5.8℃，

7 月份平均气温 19.5℃，平均年降水量 622 毫米。全市分为 10 个行政区。市中心处于高岸上的旧城区，第聂伯河蜿蜒而过，保留着旧街道格局，拥有全市大部分历史建筑，包括以壁画闻名的索菲亚大教堂，基辅—彼切尔斯克修道院、威杜比次克修道院和安德烈耶夫教堂等。旧城北侧原为贸易和犹太人区，后有河港；南侧为政府机关所在地；东郊设有国际机场，河运直达黑海，市内建有地下铁路。城市西部地势较高，东部低平、宽阔。河两岸之间有公路和铁路桥相连接。该市接近顿巴斯和第聂伯河沿岸钢铁基地，周围是富饶的农业区，机械制造业和轻工业发达。机械制造业门类较多，大多与运输业相联系，还有机床、仪器、化工和机械等。轻工业有照相机、食品、编织品等。化学工业和印刷出版业也很发达。

基辅文化传统悠久，在医学和控制论研究方面成就突出。全市设有 20 所高等学校和 200 多个科研机构，还有近 300 所中学、80 所成人夜校和许多专业技术学校。高等学校以国立基辅大学最为有名，它成立于 1834 年 9 月 16 日，现有学生 2 万余名。早在 20 世纪 50 年代，基辅大学就有不少中国留学生。基辅的福利设施有综合和专科医院、幼儿园、疗养院和儿童度假营等，还建有 1 000 多个图书馆、近 30 座博物馆及历史名人故居。

1993 年 12 月 13 日，基辅与北京结为友好城市。

敖德萨

位于乌克兰南部的敖德萨是黑海沿岸最大的港口城市和工业、科学、文化及旅游中心，也是敖德萨州首府。敖德萨气候怡人，温度与湿度适中，由于天然海港常年不冻，故水路运输占重要地位，被誉为“黑海明珠”。它同世界 60 个国家的 200 多个港口有来往，曾承担着前苏联 50%以上的对外贸易货运任务。城市面积 160 平方公里，人口 106 万。敖德萨建于 1415 年，原是鞑靼人的一个居民点，称“卡吉贝伊”，1795 年起改称今名，1805 年为诺沃罗西斯克边疆区行政中心。

敖德萨的城市设计形成于叶卡捷琳娜二世时代，效仿彼得大帝兴建的圣彼得堡，修建了这座“通向黑海的窗口”。从这里可以乘船到达罗马尼亚、阿尔巴尼亚、保加利亚、法国、意大利、希腊、土耳其等国。敖德萨是苏联的机器制造业中心之一，机械制造、石油加工、木材加工、建材工业、化学工业、食品工业和轻工业发达。

敖德萨是乌克兰最美丽的城市之一，是驰名世界的旅游和疗养胜地。城市建筑新颖而雄伟，风格各异。从市中心半圆广场通向海边的“波将金”纪念石阶共有 192 级，宽达 30 米，这是为纪念 1905 年的波将金军舰起义而命名的。海滨林荫道两侧有 19 世纪建的沃伦佐夫宫、波托茨基宫、市杜马、新旧证券交易所等。此外还有泥疗地，到这里可以进行泥疗、盐水疗、海水与人造矿泉水浴疗以及海水浴、日光浴和空气浴等。和海港大街并行的林荫大道，更是让游客驻足留连，宏伟的路边建筑、建筑上的雕塑，无不显现古人的智慧。

乌克兰的官方语言为乌克兰语，但敖德萨人喜欢讲俄语。自古以来，敖德萨一直都是国际贸易城市，到处呈现出繁荣景象，同时又充满祥和、自由、惬意的氛围。

敖德萨是座大学城，是乌克兰重要的文化中心，全国重要的著名高等学府均集中于此，包括音乐学院、美术学院、海洋大学、医学院、体育学院、理工大学等，散发着浓郁的欧洲文化气息，是乌克兰人的文化圣地。

雅尔塔

雅尔塔是乌克兰著名的疗养城市，位于克里木半岛南岸，是黑海上游艇的主要停靠站之一，七条国际国内旅游航线穿过该市。机场位于 79 公里外的克里米亚首府辛菲罗波尔，是世界闻名的历史古城，建于 12 世纪，人口约有 77 100，属地中海式气候，温暖、干燥。年平均温度 13℃，7 月份平均温度 24℃，1 月份平均温度 3.8℃。

“雅尔塔”一词源出于希腊文“雅洛斯”，意为“海岸”。相传很久以前，几艘希腊船只驶离君士坦丁，在黑海航行数日遭遇风暴，迷失方向。船员们在绝望之际突然看到一缕霞光从东方喷射而出，现出绿岸青山，于是欢呼“Ялос”（音“雅洛斯”），此后，希腊人即把他们登岸的村庄称为“雅洛斯”，雅尔塔由此得名。

雅尔塔背山面海，气候宜人，盛产葡萄和亚热带水果。工业以食品加工（如葡萄酒等）为主，设有葡萄研究所和乌克兰气候疗养研究所。第二次世界大战期间（1945 年 2 月 4—11 日）美、苏、英三国首脑罗斯福、斯大林和邱吉尔在此举行会议，就战后世界格局问题签订了著名的《雅尔塔协定》，史称“雅尔塔会议”。

雅尔塔还是文人墨客荟萃之地。普希金、托尔斯泰、高尔基、斯坦尼斯拉夫斯基等文艺巨匠都多次来到这里。俄国著名作家契诃夫在此养病期间，写下了不少巨著。

明斯克

明斯克是白俄罗斯的首都，位于欧洲东部，是白俄罗斯的政治、经济和文化中心，也是明斯克州的首府，位于第聂伯河上游支流斯维斯洛奇河畔，面积约 159 平方千米，人口约 150 万。明斯克的地形较为平坦，间有丘陵和高地。这里属温和的大陆性气候，由于明斯克纬度较高，冬季不像人们想象的那么冷，1 月份平均气温 5℃左右，到了夏天也不热，7 月份平均气温 18℃，年降水量为 500～700 毫米。因此，明斯克被公认为最适合居住的城市之一。

明斯克在 14 世纪属立陶宛，后归波兰，1793 年又被俄国占领。历来是联系波罗的海沿岸与莫斯科、喀山等城市的贸易中心，市名意为“交易之镇”。19 世纪 70 年代成为铁路干线交汇点后，城市商业和手工业得以发展，工业产值占白俄罗斯 1/4 以上，主要工业部门为机械制造业、轻工业和食品工业，其中以汽车（载重车和自卸车）、轮式拖拉机、精密机床制造最为突出。明斯克是重要的铁路、空运枢纽，有多条公路通往多个城市。它也是全国的文教和印刷中心，市内设有白俄罗斯科学院、白俄罗斯大学等高等院校及数座博物馆，此外还有著名的马戏团、歌剧院和芭蕾舞院。市中心为行政、文化、商业区，东部为工厂区并有文教和科研机构，西南部为铁路枢纽和轻工业区。

明斯克至今已有近千年的历史，却很难见到有几百年历史的老建筑。这是因为，在 20 世纪 40 年代，这座城市的历史被德国法西斯拦腰斩断。在第二次世界大战期间长达 3 年的沦陷中，明斯克几乎成为一片废墟。战争结束后，明斯克人以斯韦斯洛奇河为中轴，在废墟上重新建起了这座城市。城内建造了许多宽畅的大街和公园。市中心的老街道被完全拆除，新街道纵横交错，仿若棋盘，市内还建立了许多新的代表性建筑。1984 年明斯克地铁开通，1989 年一个新的飞机场起用。

在明斯克，处处可以感受到这座城市对和平的珍惜和对战争的憎恶。斯韦斯洛奇河中心有一座自然形成的、方圆 20 多米的小岛，20 世纪 90 年代，白俄罗斯著名的雕塑家在岛上创作了一组群雕，用于纪念在 80 年代苏联入侵阿富汗时阵亡的白俄罗斯将士。人们把这座原本无名的小岛称做“泪岛”，每逢苏联从阿富汗撤军的纪念日，这里都会举行悼念仪式。在明斯克的郊外，还有一座“光荣之丘”，那是在 1995 年为纪念第二次世界大战胜利 50 周年，白俄罗斯政府用从全国各地采集而来的泥土堆积而成的一座 30 米高的小山。

明斯克是一座伤痕累累的城市，除了战争之外，最严重的伤害莫过于 1986 年的切尔诺贝利核电站泄漏事故。直到今天，白俄罗斯仍然没能从切尔诺贝利的阴影中解脱出来，在白俄罗斯境内，仍然有好几处“无人区”。

塔林

塔林始建于 1248 年丹麦王国统治时期，1991 年恢复独立后成为爱沙尼亚共和国的首都。塔林市位于爱沙尼亚西北部，濒临波罗的海，历史上曾一度是连接中东欧和南北欧的交通要冲，被誉为“欧洲的十字路口”。塔林港是爱沙尼亚最大的港口。这里的气候受海洋影响明显，春季凉爽少雨，夏秋季温暖湿润，冬季寒冷多雪，年均气温 4.7℃。塔林共分 8 个区，总面积约 158.3 平方公里，2006 年全市人口约 39.9 万。

塔尔图

塔尔图曾称“尤里耶夫”，濒临埃迈厄吉河，是重要的河港和铁路枢纽城市，人口约 11.1 万，13—16 世纪曾加入汉萨同盟。塔尔图是爱沙尼亚的第二大城市，也是重要的大学城，设有多所大学、爱沙尼亚农业科学院及艺术、动物、地质博物馆等。

里加

里加是拉脱维亚的首都，全国的政治、经济、文化中心，波罗的海里加湾的大海港、渔港。里加位于道加瓦河注入里加湾的交汇处，距海约 15 千米，面积约 302.8 平方千米，人口约 92 万，是三个波罗的海国家（立陶宛、拉脱维亚、爱沙尼亚）中最大的一个城市，又是波罗的海国家主要的政治、经济、文化、教育和工商业中心。里加市人口中，拉脱维亚人占 45%，俄罗斯人占 45%，其余为白俄罗斯人和乌克兰人，大部分是更正教（新教）路德会信徒。

里加最早为利弗人的居民点，公元 1201 年建为要塞，1282 年参加汉萨同盟，成为波罗的海最重要的贸易中心。其历史上曾受德国和瑞典统治，18 世纪前期并入俄国。此后，里加成为俄国西北部的重要港口和贸易中心，18 世纪发展成为海港。1918 年 11 月 18 日，拉脱维亚在经历了 700 多年的外国统治之后宣布独立，定都里加。

里加是拉脱维亚最重要的工业城市，主要工业部门为机械制造业，生产电气化铁路车辆、电车、内燃机车、船舶和摩托车等，电器、仪表、化工、纺织和食品工业亦较发达。同时，里加也是重要的商港和渔船队基地，铁路通莫斯科、圣彼得堡和塔林等地，航空线与全国各地相连。里加市内有拉脱维亚科学院和多所大学，多 13—19 世纪的古迹，海滨为著名的疗养胜地。

维尔纽斯

维尔纽斯位于立陶宛东南部、维尔尼亚河和内里斯河的汇合处，距离白俄罗斯边界约 40 公里，距离波罗的海和立陶宛主要海港克莱佩达约 312 公里，是立陶宛的主要经济中心，也是波罗的海国家最大的金融中心之一。虽然该市仅拥有立陶宛 15%的人口，该市的 GDP 却占立陶宛的 35%。

维尔纽斯市的面积约为 402 平方公里，拥有约 54 万人口，其中包括 57.8%的立陶宛人、18.7%的波兰人、14%的俄罗斯人、4%的白俄罗斯人、1.3%的乌克兰人及 0.5%的犹太人，其余人属于其他国籍。气候类型介于大陆性气候与海洋性气候之间，年平均气温 6.1℃，1 月平均气温-4.9℃，7 月平均气温 17.0℃，年平均降水量月 661 毫米。维尔纽斯夏季炎热，整天的气温都超过 30℃，这时该市的夜生活相当活跃，户外酒吧和咖啡馆非常普遍；冬季非常寒冷，气温很少在 0℃以上，在 1 月和 2 月，气温低于-25℃并不罕见。在寒冷的冬季，维尔纽斯的河流和附近的湖泊都会封冻，一项流行的消遣活动就是冰上钓鱼，钓鱼者在冰上凿出一个洞，然后用带饵的鱼钩钓鱼。

维尔纽斯是一座世界性大都市，拥有变化多样的建筑，有 40 多座教堂。立陶宛宣布独立以后，这里涌现出大量餐馆、旅馆和博物馆，维尔纽斯居民获得了世界上最好客的名声。

该城拥有典型的中世纪城镇的格局，环绕市政厅发展起来。主干道 Pilies 街将宫殿与市政厅连接起来。从这里向外放射出许多狭窄、弯曲的街道，两边布满教堂、店铺、手工作坊、贵族府邸和隐蔽的庭院。

其旧城的规模较大，面积达 3.6 平方公里，是欧洲最大的旧城之一，市内最有价值的历史文化遗迹都集中于此。旧城内有将近 1 500 座建筑物，分别建于几个世纪，形成不同建筑风格交相辉映的壮丽辉煌的艺术效果。尽管维尔纽斯以巴洛克式建筑著称，但这里也有许多哥特式（如圣安娜教堂）、文艺复兴式、新古典主义（如主教座堂）和其他风格的建筑。该市最重要的地标是位于小丘上的格底敏城堡和山下的座堂广场，形成一组错落有致的壮观建筑群，控制着进入维尔纽斯古城的门户。由于具有独特魅力，维尔纽斯旧城在 1994 年被联合国教科文组织列为“世界遗产”。

由于维尔纽斯是一个多元化的城市，该市也是一个多种宗教并存的城市。维尔纽斯是立陶宛的天主教中心，总主教座堂和主要的教会机构都设在该市。这里有一大批活跃的开放教堂，还有附属的修道院和教会学校。教堂建筑的式样包括哥特式、文艺复兴式、巴洛克式和新古典主义风格，每一种风格的实例都能在维尔纽斯旧城中找到。维尔纽斯的教会建筑被认为是波兰巴洛克运动的主要中心之一。此外，自从 1596 年布列斯特教会合并会议以后，东仪天主教就在维尔纽斯存在，著名的巴西勒门就是东方礼仪修道院的一部分。

基希讷乌

基希讷乌是东欧国家摩尔多瓦的首都，也是该国的工业与商业中心及最大的城市，位于德涅斯特河右岸支流贝克河畔。全市总面积约 565 平方公里，约有 70 万人口，其中有 70%

的人口是罗马尼亚人，13%是俄罗斯人。1991 年 8 月 27 日，摩尔多瓦独立，将首都基什尼奥夫恢复其原名“基希讷乌”。基希讷乌始建于 1466 年，原来是比萨拉比亚修道院镇，早期被斯特凡三世（大公）统治，后归入土耳其，1812 年并入俄国。20 世纪初，基希讷乌修筑铁路后，与西欧、黑海港口及俄国中部各州的联系加强。基希讷乌从 1918 年起归属罗马尼亚，1940 年随比萨拉比亚并入苏联，成为苏联摩尔达维亚加盟共和国首都。

基希讷乌的中世纪老城建在贝克河谷地，新城建在沿河阶地上。这里属温带大陆性气候，郊区园艺业十分发达。因为盛产葡萄和葡萄酒，摩尔多瓦被称为“葡萄之乡”，在摩尔多瓦共和国的国徽上就雕刻着一串串的葡萄。

关于葡萄还有一个古老的传说。在很久以前，摩尔多瓦城堡被土耳其人围困了很长时间，城堡内的战士为了保卫城堡，与敌人英勇战斗，由于水断粮绝，战士们身体虚弱已经无力作战了，眼看城堡就要被敌人占领。就在这时候，有一群白鹳从远方向城堡飞来，它们的嘴里都衔着一串葡萄。白鹳衔来的葡萄使战士们解除了饥渴，最后他们终于打退了围城的敌人。直到今天，在摩尔多瓦生产的葡萄酒的酒瓶上，都印有嘴叼一串葡萄的白鹳的商标。该市以葡萄酒酿造、食品加工、化学工业、机器制造、建筑建材、金属加工和轻工等工业为主，生产的葡萄酒和水果罐头十分有名。

基希讷乌是一座白色城市，在城市的大街小巷里，到处可以看见掩映在绿荫丛中的白色建筑，这些白色建筑都是用摩尔多瓦境内盛产的石灰石为材料建成的。洁白的建筑与翠绿的树木交相辉映，使基希讷乌显示出一派生机与活力。城市街道呈棋盘状，列宁大街和普希金大街是城中的主要街道。市内保留着许多古迹，有钟楼、凯旋门、主教堂、圣母圣诞教堂等。在沙俄时代，普希金曾因写了热爱自由的诗篇而被流放到当时是边远地区——摩尔多瓦，在这里普希金与十二月党人有过密切往来，在基希讷乌有普希金的故居。此外，基希讷乌还是摩尔多瓦的科学与文化中心，建有摩尔多瓦科学院以及土壤、葡萄酒酿造、园艺等研究所和基希讷乌大学，1955 年又创建了摩尔多瓦歌剧舞剧院。

第 3 节　东欧著名旅游景区、景点

克里姆林宫

克里姆林宫位于莫斯科市中心，是俄罗斯的标志之一。在克里姆林宫周围是红场和教堂广场等一组规模宏大、设计精美巧妙的建筑群，此外，还有建于公元 18 世纪的枢密院大厦以及建于公元 19 世纪的大克里姆林宫和兵器陈列馆等。每一座建筑都蕴含着俄罗斯人民无与伦比的智慧，是世界建筑史上不可多得的杰作。克里姆林宫内保存有俄罗斯铸造艺术的杰作：重达 40 吨的“炮王”和 202 吨的“钟王”。克里姆林宫因此成为俄罗斯备受珍视的文化遗产。

克里姆林宫整体平面呈不等边三角形，面积 27.5 万平方

米，周长 2 公里多，始建于 1156 年，原为苏兹达里大公爵尤里·多尔哥鲁的庄园，有木造小城堡，称“捷吉涅茨”。1367 年在城堡原址上修建白石墙，随后又在城墙周围建造塔楼。几经修缮扩建，20 座塔楼参差错落地分布在三角形宫墙的三边。1935 年在斯巴斯克塔、尼古拉塔、特罗伊茨克塔、鲍罗维茨塔和沃多夫塔等塔楼各装有大小不一的五角星，以红水晶石和金属框镶制而成，内置 5 000 瓦功率照明灯，红光闪闪，昼夜遥遥可见。

俄罗斯谚语这样形容雄伟庄严的克里姆林宫：“莫斯科大地上，唯见克里姆林宫高耸；克里姆林宫上，唯见遥遥苍穹。”克里姆林宫是俄罗斯世俗和宗教的文化遗产，它既是政治中心，又是公元 14—17 世纪俄罗斯东正教的活动中心。这里过去是统治俄国的多代君王的皇宫，十月革命后是苏联最高权力机关和政府的所在地，今天又是俄罗斯的总统府（议会和政府现已迁出克里姆林宫）。可以说，从公元 13 世纪起，克里姆林宫就与俄罗斯所有重大政治事件密切相关，它见证了俄罗斯从一个莫斯科大公国发展至今日横跨欧亚大陆的强大国家的全部历史。

克里姆林宫的教堂建筑也很有特色。宫内有一个教堂广场，广场四周围绕着 4 座教堂：十二使徒教堂、圣母升天教堂、天使报喜教堂及圣弥额尔教堂。但最美的教堂要数位于红场的有“用石头描绘的童话”之称的圣瓦西里大教堂。它于伊凡四世时创建，由 9 座参差不齐的高塔组成，中间最高的方形塔高达 17 米。虽然这 9 座塔的式样、色彩均不相同，但却十分和谐。更难得的是，它与克里姆林宫的大小宫殿、教堂搭配出一种特别的情调，为整个克里姆林宫增色不少。据说此教堂落成时，伊凡四世在惊叹之余，为防止设计者设计出更完美的建筑，竟下令挖掉了他的眼睛。

宫墙内，林木葱郁，花草繁茂，教堂耸峙，殿宇轩昂，政府大厦拔地而起，各种博物馆穿插其间。宗教建筑群中首推巍峨壮观的圣母升天大教堂，建于 15 世纪后期，其山字形拱门和金色圆塔，带有俄罗斯东北部的风格，一直是沙皇举行加冕大礼的地方。稍晚于圣母升天大教堂建成的天使报喜教堂，造型美观，顶端有 9 个金色圆顶，是皇族子孙洗礼与结婚之地。大天使教堂兴建于 16 世纪初叶，是彼得大帝以前莫斯科公国历代帝王的墓地。

81 米高的伊凡大钟楼是克里姆林宫中最高的建筑物。建于 16 世纪初叶，原为三层，1600 年增至五层，冠以金顶，从第三层往上逐渐变小，外貌呈八面棱体层叠状。每一棱面的拱形窗口都置有自鸣钟。1532—1543 年，在其北又建四层立方体钟塔楼。1624 年夏，用白石修建了菲拉特列特钟塔楼。现在将其下层用做克里姆林宫博物馆，展出金、银器皿和其他物品。所有钟塔楼共有 21 座大钟、30 多座小钟。若沿伊凡大帝钟塔楼的台阶而上，登入塔楼之顶，莫斯科全景可一览无余。

克里姆林宫北角是古兵工厂，现为兵器陈列馆；西角是武器宫，现为武器博物馆。

乌棱宫是克里姆林宫中最古老的宫殿之一，建于 1487—1491 年。它在克里姆林宫的宫殿建筑中最具特色，沙皇宝座即设置于此。

大克里姆林宫是克里姆林宫的主体宫殿，坐落在克里姆林宫西南部，1839—1849 年建造，为二层楼建筑，楼上有露台环绕。宫殿正中是饰有各种花纹图案的阁楼，上有高出主建筑物的紫铜圆顶，并立有旗杆，节日时即升上国旗。第一层正面大厅全用大理石、孔雀石装饰，陈列有青铜制品、精致瓷器和 19 世纪的家具；二层有格奥尔基耶夫大厅、弗拉基米尔大厅和叶卡捷琳娜大厅。苏联解体前，大厅主席台正中立着列宁塑像。大厅正面有 18 根圆柱，柱顶均塑有雕像。苏联解体前，大克里姆林宫是苏联政府、苏共中央和社会团体举行会议的场所。

苏维埃政权成立后，克里姆林宫内又新建了几座白色大楼，有一座曾是斯大林办公的地方。1959—1961 年建起的克里姆林宫大会堂，是一座大理石和玻璃结构的现代化建筑，有 800 套房间，其中以有 6 000 个座位的会议厅和有 2 500 个座位的宴会厅最为宏伟。国家重要的文娱活动常在这里举行，从而有“苏联第二大剧院”之称。1967 年，克里姆林宫的花园里立起列宁全身塑像。克里姆林宫里的大片公园和古迹对外开放，游客络绎不绝。

著名的克里姆林宫钟声，源于斯巴斯克塔楼上的自鸣钟，是 1851—1852 年安装的，与天文台的校时钟相连，报时最准。斯巴达克塔楼高 67.3 米，下面的大门是进入克里姆林宫的主要通道。

克里姆林宫的西面是亚历山大花园和无名烈士墓。新修建的马涅什地下商场和广场在风格上与花园浑然一体，喷泉、雕塑随处可见。无名烈士墓十分庄严肃穆，修建于 1967 年胜利节前，是为纪念在第二次世界大战中牺牲的烈士而建的。墓碑上的长明火自点燃之时起一直燃烧到今天。墓碑上刻着：“你的名字无人知晓，你的功绩永世长存。”

参观克里姆林宫，需经过库塔菲娅塔楼。首先看到是会议大厦，这是一座现代化的建筑，有 6 000 个座位，内部装饰豪华气派，除开会外，也是高水平的演出场所。

再向前走，就会看到炮王和钟王。炮王已有 400 多年的历史，炮重 40 吨，炮口直径 0.92 米。炮前堆着四个炮弹，每个重 2 吨，炮架上有精美的浮雕，有沙皇费多尔的像。由于太重太大，从未使用过。

钟王重 202 吨，高 6.14 米，直径 6.60 米，比北京的永乐大钟还重四倍半。花了 2 年时间于 1735 年铸成，钟上铸有沙皇阿列克谢伊、皇后安娜的像以及神像等。

钟王旁边是白石头建成的伊万大帝钟楼，高达 81 米，过去是莫斯科的最高点。楼内悬挂着十几个大小古钟。每当敲响时，很远都能听到。

再往前走，就是莫斯科最古老的广场——教堂广场。白石头教堂是圣母升天教堂，历代大公和沙皇都在这里进行加冕礼。此教堂建于 1480 年，由意大利建筑师修建。

广场的右边是天使报喜教堂，又名“布拉戈维先斯基”，靠近莫斯科河畔，规模不大，却最具魅力，是皇宫家用礼拜堂，也是举行皇族婚礼的地方，里面保留着俄罗斯最古老的圣像壁画。

大克里姆林宫是历代沙皇的皇宫，圆顶上插着一面白蓝红三色的俄罗斯国旗，现在这里是总统办公的地方。

再往前，是兵器馆和钻石馆，实际上是俄国历代沙皇贵重物品阵列馆，建于 1851 年，过去曾是制造和存放兵器的地方。馆内著名的藏品有王冠、纯金权杖、权标、伊凡雷帝的象牙宝座、沙皇阿列克谢伊的钻石宝库以及叶卡捷琳娜二世的婚礼长裙、镶满宝石的马鞍和马刀，还有一本 17 世纪的《圣经》，银制封皮上镶有 3 017 颗宝石等，件件价值连城。

红场

红场位于莫斯科市中心，原是苏联重要节日举行群众集会和阅兵的地方。红场辟于 15 世纪末，17 世纪后半期取今名，平面呈长方形，面积约 4 公顷。红场的西侧是克里姆林宫，北面为国立历史博物馆，东侧为百货大楼，南部为瓦西里布拉仁教堂，临莫斯科河。列宁墓位于靠宫墙一面的中部，墓上为检阅台，两旁为观礼台。

红场的国际知名度虽然很高，可面积却只有天安门广场的 1/5 左右。红场是莫斯科历史的见证，也是莫斯科人的骄傲。

列宁墓

列宁墓的后面与克里姆林宫红墙之间有 12 块墓碑，分别为斯大林、勃列日涅夫、安德罗波夫、契尔年科、捷尔任斯基等前苏联政治家。斯大林的遗体最初也在列宁墓里，1962 年 10 月 31 日移出，葬在列宁墓的后面。

列宁墓坐落在红场西侧、克里姆林宫墙正前方。其设计者是阿·舒舍夫（1873—1949），1924 年 1 月 27 日建成，最初是木结构，1930 年改用花岗石和大理石建造。列宁墓一半在地下，一半露出地面，体表是阶梯状的 3 个立方体，采用黑、红两色大理石和花岗石建成。陵墓总体积为 5 800 立方米，内部容积为 2 400 立方米。墓前刻有俄文“列宁”字样的碑石净重 60 吨。墓顶是平台，平台两翼是可容纳万人的观礼台。沿黑色大理石台阶而下，可进入陵墓中心的悼念大厅。列宁安详地躺在铺有红色党旗和国旗的水晶棺内，身穿黄色上衣，胸前佩戴一枚红旗勋章，脸和手都由特制的灯光照着，显得清晰而安详。距列宁墓不远，有列宁博物馆，里面珍藏有列宁的遗物和列宁的传记等。

列宁墓上层修建有主席台，每当重要仪式时，领导人就站在列宁墓上观礼指挥。

阿尔巴特街

阿尔巴特街是莫斯科市中心的一条著名步行街，紧邻莫斯科河，是莫斯科的象征之一。在第二次世界大战中几座建筑物毁于纳粹炮弹。阿尔巴特街曾是艺人和画家荟萃的天堂，保存有许多古色古香的建筑。直到今天，我们还能在人行街道发现房主的名字，如托尔斯泰、加加林等，普希金故居也坐落在阿尔巴特街 53 号。

在 1917 年俄国革命以前，在阿尔巴特大街有 203 家商店和食品店，那时阿尔巴特大街也是莫斯科的文化中心，拥有 5 万人口的阿尔巴特大街有四家电影院、华丽的瓦可堂果夫戏剧院及其戏剧学校和音乐学校。如今阿尔巴特地区有大型的超市、娱乐中心、餐厅及游乐市场。而书店、古玩店、珠宝店则主要集中在老阿尔巴特街。阿尔巴特街的小店铺一家挨一家，商品种类极其繁多，如暖和的护耳皮帽，精心编制的大草鞋，琳琅满目的耳环、坠子，各种古怪的护身符，别致的小包，印有明星头像的T恤衫，年代久远的宣传画，古董，雕塑，绘有俄罗斯历届领导人形象的玩偶套娃，等等。街头作画的艺人是阿尔巴特街上一道不灭的风景。

奥斯坦基诺庄园

奥斯坦基诺庄园位于奥斯坦基诺村，是谢列梅捷沃的庄园，建于1791—1798年，1918年改为宫殿博物馆，最初为农奴建筑师建造。建筑群中心是一幢全木结构的三层楼房，具有典型的俄罗斯风格。正中有舞台、观众厅、休息厅、化妆室和机械完好的18世纪剧场，左侧有意大利厅、埃及厅，内有大量的艺术品和18世纪的华丽家具。为了取得良好的音乐效果，全部是木制结构。外面用彩色灰泥和人造大理石做饰面，所以，除了木地板外，反尔看不到木头。宫殿外面是一个大公园，庄园的后面就是莫斯科最大的植物园，而前面则是红色的特罗伊茨教堂。

冬宫

冬宫坐落在圣彼得堡宫殿广场上，原为俄国沙皇的皇宫，十月革命后辟为圣彼得堡国立艾尔米塔奇博物馆的一部分。现在的冬宫一般被称为“艾尔米塔什国立美术馆”，它和中国的故宫、法国的卢浮宫、英国的大英博物馆、美国的大都会博物馆并称为世界五大博物馆，以古文字学研究和欧洲绘画艺术品闻名世界。

冬宫由意大利著名建筑师拉斯特雷利设计，是18世纪中叶俄国巴洛克式建筑的杰出典范。冬宫初建于1754—1762年，1837年被大火焚毁，1838—1839年重建。第二次世界大战期间又遭到破坏，战后修复。这是一座三层楼房，长约230米，宽约140米，高约22米，呈封闭式长方形，占地9万平方米，建筑面积超过4.6万平方米。最初冬宫共有1 050个房间、117个阶梯、1 886扇门，1 945扇窗户，飞檐总长近2公里。冬宫的四面各具特色，但内部的设计和装饰风格则严格统一。

冬宫的亚历山大柱于1830—1839年建成，以纪念1812年亚历山大一世率俄军战胜拿破仑军队这一伟绩。亚历山大纪念柱高约47.5米、直径约4米、重约600吨，用整块花岗石制成，不用任何支撑，只靠自身重量屹立在基石上，它的顶尖上是手持十字架的天使，天使双脚踩着一条蛇，这是战胜敌人的象征。

冬宫面向涅瓦河，中央稍微突出，有3道拱形铁门，入口处立有阿特拉斯巨神群像。宫殿四周有两排廊柱，雄伟壮观。宫殿装饰华丽，许多大厅用俄国宝石——孔雀石、碧玉、玛瑙制品装饰，如孔雀大厅就用了2吨多孔雀石，拼花地板用了9种贵重木材。御座大厅（乔治大厅）的御座背后，有用4.5万颗彩石镶嵌成的一幅地图，色彩缤纷，气派堂皇。

夏宫

俄罗斯夏宫又称“彼得宫”，坐落在芬兰湾南岸的森林中，距市区约29公里，始建于1714年，建筑豪华壮丽，被誉为“俄罗斯的凡尔赛宫”。

夏宫是圣彼得堡的早期建筑。18世纪初，俄国沙皇彼得大帝下令兴建夏宫，其外貌简朴庄重，内部装饰华贵。当时的许多大型舞会、宫廷庆典等活动都在这里举行，彼得大帝生前每年必来此度夏。1934年以后，夏宫辟为民俗史博物馆。夏宫的代表性建筑是一座双层楼的宫殿，当年彼得大帝住在一楼，他的妻子叶卡捷琳娜一世（彼得大帝的第二个妻子）住在二楼，楼上装饰极为华丽，舞厅的圆柱之间，都以威尼斯的镜子做装饰。

夏宫分为上花园和下花园，大宫殿在上花园，内外装饰极其华丽，两翼均有镀金穹顶，宫内有庆典厅堂、礼宴厅堂和皇家宫室。大宫殿前是被称做“大瀑布”的喷泉群。这里共有37座金色雕像、29座潜浮雕、150个小雕像、64个喷泉及2座梯形瀑布。在喷泉群一个大半圆形水池的中央，耸立着大力士参孙与狮子搏斗的雕像，这就是著名的隆姆松喷泉，塑像高约3米，重约5吨。

俄罗斯博物馆

俄罗斯博物馆位于圣彼得堡，旧称“米哈伊洛夫宫”，是世界著名的历史博物馆。博物馆创建于1895年，于1898年对公众开放，馆内收藏着许多宝贵的俄国艺术品。

俄罗斯博物馆是俄罗斯实用艺术品收藏最多的博物馆。该馆约有3.5万件展品，是世界上藏品最丰富的博物馆之一，共藏有瓷器、玻璃器皿、陶瓷品、贵金属和有色金属制品、纺织品、宗教服饰、家具、木刻和骨雕、古代圣像、油画、俄罗斯雕塑家和素描版画家的作品大全、装饰实用艺术作品等。

这所博物馆的藏品主要是由米哈伊洛夫宫的藏品和沙皇郊区行宫及彼得堡显贵——尤苏波夫、舒瓦洛夫和舍列梅季耶夫家族的实用艺术作品构成的。博物馆里保存着从彼得一世到尼古拉二世沙皇家族的不少物品。

实用艺术藏品中最丰富的是瓷器，约占该馆藏品总数的2/3。它囊括了从维诺格拉多夫时期起的俄国瓷器发展各个阶段的代表作品。这里收藏的维诺格拉多夫瓷器直到今天都是世界上最丰富的，这些瓷器主要由尼古拉·尼古拉耶维奇·罗曼诺夫公爵提供。博物馆的藏品中还有从伊丽莎白·彼得罗夫娜到尼古拉二世沙皇的餐具，尽管不是全部。博物馆中还收藏着沙皇瓷器厂的作品以及加德纳、科尔尼洛夫、库兹涅佐夫、波波夫和萨夫罗诺夫等多名大师的作品。

博物馆收藏的俄罗斯艺术玻璃作品门类俱全、水平高超。如18世纪的优秀作品，曾经属于彼得一世、安娜·约安诺夫娜、叶卡捷琳娜二世及其他俄国统治者的物品，还有为1812年卫国战争而创作的优秀藏品。

米·亚·弗鲁别利的大量作品提供了丰富的陶瓷制品和乌釉陶器饰品，由弗鲁别利制作的头一批壁炉特别引人注目。

艺术织物中最珍贵的是披肩、金线编织的丝巾、宗教服饰及彼得堡壁毯，其中最著名的就是“波尔塔瓦大会战”壁毯。

家具部分收藏的主要是米哈伊洛夫宫白厅和其他厅的家具和装饰风格。这里展出的是从彼得罗夫时期起各个时期的家具。

喀山大教堂

喀山大教堂是根据沃罗尼欣的设计，建于1801—1811年，位于涅瓦大街，专为存放俄罗斯东正教的重要圣物喀山圣母像而建造，并因此而得名。这个建筑的平面呈十字形中间上方是一个圆筒形的顶楼，顶楼上是一个端正的圆顶。半圆形的柱廊由94根圆柱组成，面向大街，环抱广场。柱廊前面矗立着俄军统帅库图佐夫纪念碑和俄国陆军元帅纪念碑。教堂里有库图佐夫墓和1812年打败拿破仑的胜利品。它的外貌具有当时典型的帝国风格特征。大教堂正门两侧有造型严谨的古典式柱廊向外延伸，宏伟壮观，形成一个半圆形广场教堂，柱廊的后面露出高达70 米的教堂圆顶。教堂前的广场上有一座花岗岩喷泉，还有两位俄国统帅库图佐夫和巴克莱·德·托利纪念像。

喀山大教堂竣工后，里面供奉俄罗斯最灵验的喀山圣母像，现在喀山圣母像保存在美国的博物馆内。喀山教堂内安葬着俄罗斯著名元帅库图佐夫的骨灰，他墓碑两边挂满了库图佐夫在俄法战争攻陷城市的市旗和钥匙，教堂的前方有著名雕塑家阿格诺夫雕刻的库图佐夫的雕塑，在他旁边是与其同期的元帅巴克来·德·托利的雕塑。

建筑师在设计这座教堂时遇到不少困难。根据东正教教规，圣堂必须面向东方，因而教堂往往是侧面对着主要大街。建筑师们巧妙地采取了把侧面设计得十分壮观的方法解决了这一难题。因为人们一看气度非凡的柱廊，就忽视了这不是教堂的正面。这种处理方法极其大胆，富有特色。

高大的圆顶居中耸立在一排排圆柱上空，圆顶有70米高。大教堂正面的浮雕、北面柱廊上的雕刻、殿内装饰和油画均出自名家之手。喀山大教堂的内部不大像一般的教堂，而更像一座宫殿。它明亮、轻快，以柱列分隔的长形主堂高大宽敞，中央穹顶辉煌华丽，仰视可见一幅圣母图，周边饰以圣经人物雕刻和水彩壁画。

1932 年起，喀山大教堂被辟为国家宗教与无神论历史博物馆。这是世界上第一个以说明宗教历史、宣传无神论为目的的博物馆。馆内收藏涉及人类历史上存在过的各种宗教的展品，多达 17 万件以上。其中展出的一些反映人类原始宗教信仰的崇拜物和反映现代宗教信仰的崇拜物是迄今世界上独一无二的。在“东方宗教”部可以见到佛教和道教的陈列品。其中最有趣的要算俄国汉学家阿列克塞耶夫于 1906—1907 年间收集的中国民间年画，共 1 000 幅，这是世界上最好的中国年画整套藏品之一。该博物馆所设图书馆是苏联国内宗教史文献、无神论史类和宗教学研究著述藏书最多的图书馆，曾作为中心机构向其他加盟共和国的博物馆提供指导。

大理石宫

大理石宫是圣彼得堡的著名建筑，建于 18 世纪，位于涅瓦河畔，面对战神广场。建筑共分三层，外表为银灰色，显得格外庄严，由建筑师 A・里纳尔迪设计建造。

大理石宫上面两层是由巨大的科林斯大理石柱连接起来的，相对于整个建筑物 22 米的高度而言，12.5 米高的石柱就决定了宫殿正面的结构及它们之间的比例，因此，石柱（从厚墙中突出来的）和隔开宫殿正面的壁柱表现出一种古典主义的端庄。大理石宫的正面建造得很适度，而结构组织和立体的建筑却让人感到严整而宏伟。但与它们不可分割的那些带有地域特色的细腻装饰也起了不小的作用，暗灰色、粉红色、白色、蓝色——色彩的渐变使宫殿具有一种特殊的魅力。

二楼的一部分是大理石宫的正房，它们以列厅的形式沿着正面和侧面分布。宫殿里最靓丽的房间就是大理石厅，它把正厅和朝向涅瓦河的内室列厅连接到一起。现在这是有上下两层窗户的大厅，但在里纳尔迪时代它只有一层窗户，大厅上面的第三层是一套房间。

大理石厅的墙壁在与下面一层等高的位置镶上了不同颜色的天然石头，装饰了镀金的铜饰和白色大理石浮雕镶板，第二层装饰有人造大理石。

大理石厅的石头陈设让人惊叹的不仅是色彩多样、装饰华美，更重要的是它制作工艺的完美和搭配布置中的协调。最昂贵和最鲜艳的石头都用来突出主要的装饰部件（壁柱、门窗），还用来做半浮雕的边框。石头一律装饰成中性的灰色作为背景。

在装饰大理石厅时，里纳尔迪非常注意雕塑装饰，这在很多方面决定了他的艺术形象体系。最初大厅里的浮雕是《卡米尔从高卢人手里解放罗马》和《雷古儿从罗马返回的路上被迦太基人俘虏》，它们由白色大理石雕刻而成，嵌上金色的边框，放在大厅西墙中部的窗间墙壁上。东墙中部的窗间墙壁上是大理石浮雕《狄安娜和安基苗恩》。

此外，还有舒宾厅、拉科厅以及包满天鹅绒的大厅与宫殿建筑中占有特殊位置的正门楼梯相连。传统意义上的前厅在大理石宫里是不存在的，它实际上是客人由正门进入宫殿必须经过的楼梯台。

大理石宫的正门楼梯非常特别，在俄罗斯建筑中无与伦比，它在里纳尔迪作品中也是独一无二的。正门楼梯的位置虽然在中心，但它却不直接通向正厅，而是冲破了一个封闭的房间链条。现在可以游览所有的大厅，这在以前是不允许的。

正门楼梯由六段楼梯组成，彼此之间成直角。前三段楼梯盖有圆柱形拱门，通向第二层；后三段楼梯通向第三层。第二层是主要的楼层：它有三个半圆形的大窗户，从三层的窗户和屋顶窗也有光线射进来，而一楼的楼梯厅只有两扇窗户，光线很弱。这种光照突出了从房间色彩暗淡的下层逐渐向明亮部分（二、三层）的过渡，这和宫殿正面的色彩变化很类似。正门楼梯的基本色调是由灰色的大理石确定的：门贴脸、门侧面的圆柱、壁龛的镶边、屋檐、楼梯阳台、楼梯柱塔的壁柱和圆柱都由大理石制成。

独立广场

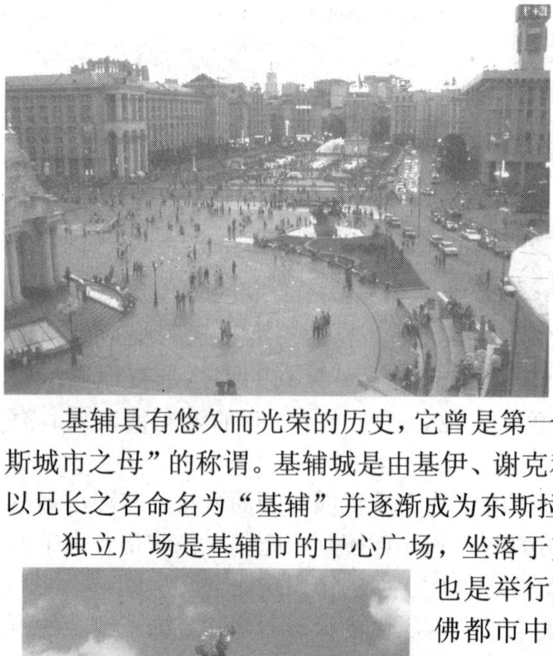

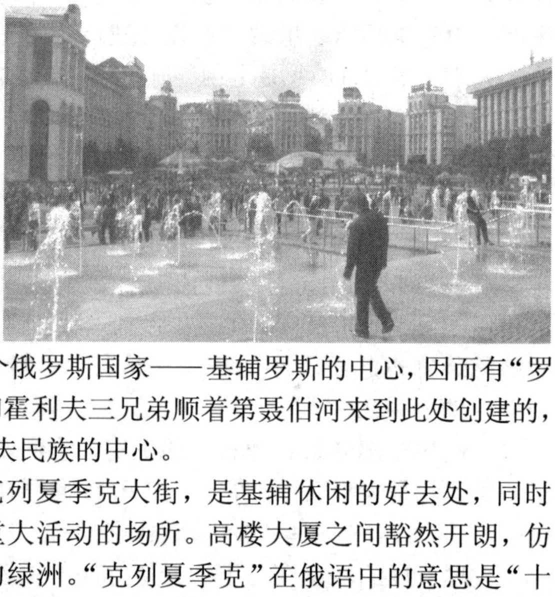

基辅具有悠久而光荣的历史，它曾是第一个俄罗斯国家——基辅罗斯的中心，因而有“罗斯城市之母”的称谓。基辅城是由基伊、谢克和霍利夫三兄弟顺着第聂伯河来到此处创建的，以兄长之名命名为“基辅”并逐渐成为东斯拉夫民族的中心。

独立广场是基辅市的中心广场，坐落于克列夏季克大街，是基辅休闲的好去处，同时也是举行重大活动的场所。高楼大厦之间豁然开朗，仿佛都市中的绿洲。“克列夏季克”在俄语中的意思是“十字形的”。根据传说，这里原是森林边的一块空地，河流交错纵横，因而得名。克列夏季克大街是在第二次世界大战后按照战前的模式原样修复的，大街横穿广场。在周末和节假日的时候克列夏季克大街就改成了步行街了。沿街排列着邮局、银行、商店、书店、报刊亭等，游客所需要的物品，在这里一应俱全。

一进入独立广场，首先映入眼帘的是象征着独立的纪念柱，不远处是基辅最好的酒店之一——乌克兰酒店。身后是7座围合成弧形的建筑群，风格统一，非常别致。而与这个弧形建筑群相吻合的是乌克兰酒店前的弧形的玻璃建筑，真是现代与古典的统一。

克列夏季克大道的北边，有一条与之平行的弗拉基米尔大道。它可谓浓缩了基辅历史的大道，安德烈教堂、历史博物馆、索菲亚大教堂、金门都分布于这条大道上。此外，还有一条名为谢甫琴科的大道。这三条道路交错在一起，形成“L”字形。

广场上随处可见喷泉和雕塑，广场的下面是一个大型地下商城，它一直由克列夏季克大街的端部一直延续到独立广场下面。

2001 年 8 月 24 日是乌克兰独立 10 周年纪念日，为庆祝这一盛大节日，乌克兰有关部门对独立广场进行了大规模整修。2002 年 1 月，经过数月整修的乌克兰独立广场重新与游客见面。整饰一新的广场增添了许多新雕塑，它们表现了乌克兰的历史、文化和传统。广场上的和平柱顶上有一个被和平鸽环绕且不断旋转的地球仪，象征着世界和平。

金门

金门是古代基辅城的正门，11 世纪前半叶，按照雅罗斯拉夫大公的指令建筑周围的城墙，并摹仿君士坦丁堡的模式，建成了这座金门。当时门扇和门楼上的教堂、圆顶装饰有镀金的铜箔，从远方观看金光闪耀，无比辉煌，金门因此得名。金门高 12 米，宽 6.4 米，颇为壮观。修建金门在当时有两个作用：一是作为当时基辅最主要的城门，二是防御外敌入侵。

1240 年，蒙古军入侵时，金门遭到毁坏。据说，拔都汗当年就是从此门进城的。

1983 年，金门遗址经整修后辟为博物馆，对游客开放，馆内收藏着城墙的再现图和发掘出来的的文物。从楼顶瞭望观看，风景最佳。

索菲亚大教堂

乌克兰国家建筑历史文化保护区索菲亚博物馆位于首都基辅的中心，占地 5 公顷，这里坐落着建于 11—18 世纪的古建筑群。在文化保护区内，最著名、最宝贵的建筑当属索菲亚大教堂，该建筑于 1990 年被世界教科文组织列为“世界文化遗产”，索菲亚大教堂属于基辅古罗斯时期的建筑。公元 9 世纪，乌克兰民族的第一个国家基辅罗斯崛起，基辅罗斯是东欧平原上最早出现的文明古国之一，在弗拉基米尔大公及其子雅罗斯拉夫统治时期，基辅罗斯的人口达到 500 余万，疆界空前广阔，成了当时欧洲最大的国家。弗拉基米尔父子统治时期，基辅罗斯的政治、经济和社会生活繁荣昌盛，由此奠定了今天俄罗斯、乌克兰共同的文化基础。公元 988 年，弗拉基米尔娶拜占

庭帝国的安娜公主为妻，正是这一年，这一地区经圣·法拉蒂米洗礼后基督化，宣布基督教为国教。所以，今天俄罗斯的国徽上带有拜占庭文化的标记——双头鹰。历代沙皇也以拜占庭文化的继承人自居。所以，从沙俄时代直至苏联时期，乃至今天的俄罗斯，基辅罗斯一直被奉为俄罗斯历史的发端，基辅城也被称为“俄罗斯诸城之母”。

正是在这样的一个背景下，为庆祝古罗斯军队战胜突厥佩切涅格人和颂扬基督教，智者雅罗斯拉夫于 1017 年（或 1037 年）在雅罗斯拉夫城的中心建立了这个时期主要的、中世纪拜占庭风格的东正教教堂——索菲亚大教堂，教堂长 37 米，宽 55 米，高 29 米。“索菲亚”是希腊语“智慧”的意思，索菲亚教堂的名字取自拜占庭的圣索菲亚大教堂。圣索菲亚大教堂是希腊教派的象征物，它的圆顶与罗马万神殿的圆顶大小相同，只是罗马万神殿的圆顶建在圆形围墙上，而拜占庭的索菲亚教堂则是在方形底座上加盖圆顶。罗斯的索菲亚教堂由希腊工匠和罗斯建筑师共同完成，设计以拜占庭风格为主，兼融罗斯建筑的传统情调：该教堂将拜占庭教堂的一头型格局改变成错落有致的五头型，四周的墙壁由砖砌成。希腊工匠将砌墙、建筑拱顶的技巧、石结构建筑的工艺和装饰教堂的马赛克制作方法传播给罗斯人。11 世纪中叶，精通拜占庭石建筑、圣像画和镶嵌壁画技术的罗斯教堂建筑师脱颖而出，他们逐渐取代希腊工匠，成为教堂的主要设计师。教堂建成后，在其周围建了一些石庙以及贵族宫殿、居民区等。索菲亚大教堂建成后，很快成为基辅罗斯的宗教、政治和文化中心。罗斯的大主教住持于此，大公在这里接见外国使节，签订国际条约。据编年史记载，这里还是斯拉夫民族的第一个图书馆。

安德烈街

乌克兰首都基辅有一条著名的文化街，也是基辅最漂亮的街道，因位于山坡上，紧靠安德烈教堂，又称“安德烈斜坡”。来自全乌克兰各地的手工艺者在此出售自己的作品，如油画、套娃、披肩、木雕、首饰等。这里浓厚的文化气息吸引了众多国内外游客前来游览购物。街道两边有石阶，可以观赏到商业区和第聂伯河的美景。

基辅洞窟大修道院

基辅洞窟大修道院是包括乌克兰和俄罗斯在内的古代罗斯的重要宗教圣地和学术中心，位于第聂伯河旁边的树林之中，是东斯拉夫历史最悠久的修道院。作为俄罗斯东正教的发源地，每年都有很多观光客和不计其数的巡礼者前来礼拜、参观。这里充满了圣俗两界并存的不可思议的神秘气氛。

1051 年，希腊僧侣安东尼奥斯和费奥多西开始在河岸旁的洞窟内修行。修行的僧人们在洞内祈祷，并继续挖掘，最后被埋在洞内，所以这个修道院就按照其原意“洞窟”而命名。洞窟曾用做防御工事，内建有教堂、墓地和经房；洞窟上的地面建筑是一座以高达 97 米的、以钟楼为主体的大教堂。寺院中修士曾编写多种著作，尤以 11—12 世纪编纂的《系纪年事录》最为珍贵，是研究基辅罗斯历史的重要资料。

苏联时代，洞窟大修道院曾作为“历史纪念碑的建筑群”而辟为博物馆，从 1988 年开始重新开放，现为俄罗斯东正教乌克兰分部所在地。

修道院由约 7 公里长的围墙包围着，分南北两部分，北部有博物馆和主教堂，南部是地下墓室。修道院的主要入口处绘有三位一体的壁画。进门后，左侧是游览办公室、通向中部庭院的通道、特色文物展室和圣像展厅等；右侧是事务处和小型展厅。通道前耸立着一座高达 97 米的大钟楼，登上 239 级台阶，便可将修道院全景一览无余。大钟楼前的广场中央，是修道院的主教堂圣母安息大教堂。它建于 11 世纪，在第二次世界大战中曾被破坏，现仍为战后残存遗迹。

博物馆和教会围绕着大教堂，南侧还有一座瞭望台。从那里拾阶而下，便可到达地下室。

卫国战争历史博物馆

在乌克兰首都基辅神圣的母亲山上，有一座规模庞大的纪念 1941—1945 年苏联卫国战争的历史博物馆。从基辅圆顶大修道院一直向南走，在排列着战车和导弹的小丘的道路上走大约 10 分钟便可到达卫国战争历史博物馆。

博物馆分三层：第一层讲述法西斯德国的战败史；第二层陈列苏联红军的胜利成果；第三层是功勋堂，里面刻满在卫国战争中立下不朽功勋的将士的名字。馆内陈列着从苏联的角度审视的第二次世界大战始末的展品，有许多照片、文献等。成为纳粹牺牲品的犹太人展览令人心痛。总的来说，这个展馆很令人感动。

波将金石阶

苏联电影史上最有名的一位导演爱森斯坦曾导演过一部名叫《战舰“波将金号”》的电影。影片以 1905 年第一次俄国革命的高潮时发生的“波将金号”水兵事件为背景，其中出现了敖德萨的这段石阶的镜头，给人印象极为深刻：暴动的水兵面无表情地排着队，缓缓走下石阶。四处逃亡的市民中弹倒地，石阶上洒满了鲜血。人们还经常会回想起带着哭声的婴儿车的悲惨画面。

这段石阶建于 1837—1841 年。最有意思的是，从上面只能看到舞场，而从下面只能看到一节节的石阶。信步而行或许不会感觉到，最上面的一段有 12.5 米宽，而最下面的一段有 21.6 米宽，越往下走就会越开阔。这样从下面仰视，便会有一种富丽堂皇和稳重安全的感觉。

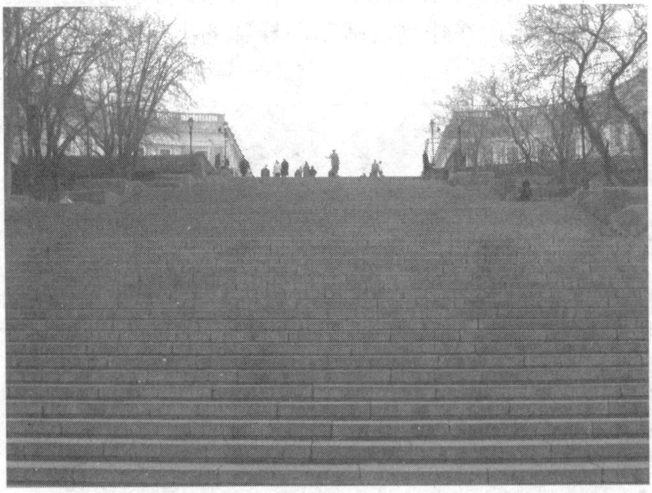

十八、马桑德拉葡萄酒厂

克里米亚半岛属于乌克兰，位于乌克兰南部，东临俄罗斯的高加索，东南方向是亚速海，南面和西面是黑海，这里是著名的黑海海岸休息疗养胜地。海和山的气候结合治疗法，只有到了克里米亚半岛的游客才能享受到。在克里米亚半岛南岸，现代葡萄酒的生产以马桑德拉中央葡萄酒厂为中心，由于得天独厚的气候条件，这里盛产甜葡萄酒。

马桑德拉酒厂位于滨海大街舶船处对面。首先，在进入酒厂前，要购买门票。大约每天下午出售 4 次，所以最好提前购买。时间一到，大家就聚集到酒厂的地下室。在那里可以聆听酿造所工作人员充满感情的介绍，还可以品尝 9 种葡萄酒和白兰地，并配以饼干等小点心。克里米亚葡萄酒口味清淡甘甜，品酒顺序按酒精度数和甜度由低到高依次品尝，口感越甜的葡萄酒，酒精度数也越高。全程品尝完毕大约 45 分钟。

利瓦季亚宫

利瓦季亚宫是 1910—1911 年在旧宫的基础上翻建起来的一座豪华宫殿，曾经是末代沙皇尼古拉二世的夏宫。1945 年 2 月，苏、美、英三国首脑斯大林、罗斯福、丘吉尔在这里举行会议，讨论第二次世界大战后的世界格局问题、德国战后处理问题、苏联对日军参战等议

题，并签署了著名的《雅尔塔协定》。在这个不平等的协议中，苏、美、英三国领导人还背着中国，作出了严重损害中国主权的决定，其中包括苏军对中国旅顺军港的租借权。

利瓦季亚宫坐山面海，景致格外秀丽。宫殿四周的庭院修整得十分别致，花团锦簇，绿树成荫。殿堂内极尽富贵奢华，可以想象出当年这里曾经有过的奢华的皇家生活。在庭院内还建有一座尼古拉二世家用的教堂，尼古拉二世曾经在这里做过临终弥撒。

进入宫殿的一层，首先映入人们眼帘的就是著名的谈判圆桌，看到它，眼前即刻浮现出当年谈判的情景，令人有身临其境之感。

走下去还有罗斯福总统当年下榻时的卧室、餐厅、会客厅等，再加上珍贵的历史照片和文字介绍等，更加衬托出了当时的气氛。上到二层，全部是关于尼古拉皇帝一家的展览，陈列着他们当年使用的家具、生活用品以及他们的字画等，虽然已是隔世，却是栩栩如生，不由得令人心生物是人非的感叹。

燕子堡

燕子堡位于克里木半岛雅尔塔海边的峭壁上，仿佛是出现在童话中的土耳其古堡。燕子堡建于 1912 年，是德国富豪在圣托多尔海角悬崖上修建的一座风光秀丽的宫殿，故而成为代表雅尔塔的著名观光景点，也是克里木的象征。

1927 年雅尔塔发生大地震，除堡顶的尖端掉入大海外，城堡几乎无损坏，但是第二次的 9 级地震使城堡的柱子产生了很深的裂缝。直到 1967 年人们才重修燕子堡。现在这里的内部已经成为一家高级的意大利餐厅。

阿卢普卡宫

阿卢普卡宫曾是沙俄时代市政官米哈伊尔·沃龙佑夫伯爵的豪华宫殿，如今是乌克兰克里米亚的疗养胜地。阿卢普卡宫位于黑海岸，距雅尔塔约 17 公里，距塞瓦斯托波尔约 70 公里，其规模在这一带仅次于雅尔塔。

它位于一个半圆形盆地，海岸陡峭，海滨浴场在岩林之间，满铺砾石。艾彼特里山壁立为屏，挡住北方寒流，因此气候适宜，山谷幽静，阳光充足，空气明净清新，特别适宜于结核病患者，因而肺结核疗养院和休养所较集中。这里有上下两个公园，上公园从世界各地搜集了 200 多种珍贵植物，苍翠葱秀，绿盖成荫。园中的曲径，镶砌着阿卢普卡彩石，斑斓夺目。园中有池沼和岩洞。下公园多地质特异景观，怪石突兀，错落于海滩之上，在阳光下显得五彩缤纷。19 世纪建造的沃龙佐夫宫处于两个公园之间，以建筑华美驰名，系用阿普卢卡彩石镶砌而成，仿哥特式，有房间 150 间，并有塔楼、炮楼和模仿艾彼特里山锯齿形山峰的垛口，酷似中世纪城堡。宫南朝浩瀚大海，有摩尔式的大门和“雄狮露台”，在其宽阔的台阶两旁，有 6 座大理石石狮。现宫殿已辟为艺术博物馆，展品有绘画、陶器和家具。

胜利广场

胜利广场的胜利女神纪念碑高 141.8 米，象征卫国战争 1 418 个战斗的日日夜夜。三棱形的碑身，每个棱面上用浮雕板表现了莫斯科等 12 个英雄城市周围的战斗情景。纪念碑的下面是神奇勇士格奥尔基手持长矛刺杀毒蛇的雕像。前面是 5 层阶梯式台阶，每一层代表战争的一年。

广场右侧是一组大型喷泉，左侧是常胜圣格奥尔基大教堂，金顶白墙。纪念碑的后面是一个扇形环抱的中央博物馆。大厅内有 6 幅大圆立体画面，描绘了莫斯科保卫战、列宁格勒反围困战、斯大林格勒战役、攻克柏林等著名战役。荣誉厅的墙上，刻满了英雄的名字。纪念礼品中有中国人民解放军和张万年上将赠送的礼品。

广场的后面，有露天的展览，展品有各种火炮、坦克、飞机等实物。另一侧还有舰艇的展示，军事强国的实力可窥一斑。整个胜利公园绿树环抱，风景优美。

别洛韦日国家森林公园

别洛韦日国家森林公园面积约为 8.76 万公顷，是欧洲最大的平原森林，被联合国教科文组织列为“80 项人类遗产”之一。林区景观优美，植物、动物种类繁多，许多为世界珍稀品种，夏季为旅游、度假的最佳季节。林中野牛为欧洲最大的动物，属世上稀品，壮者体长 3.5 米，高 2 米，重 1 吨，寿命 25~30 年。1914 年曾多达 700 头，第一次世界大战期间被猎绝。1946 年从波兰运进 5 头繁殖，现已达 300 多头。20 世纪 50 年代，森林公园中心的村庄维斯库利建成前苏联国家领导人的官邸。1991 年 12 月 8 日，俄罗斯、乌克兰和白俄罗斯三个加盟共和国领导人叶利钦、克拉夫丘克和舒什克维奇在这里签署了宣告苏联解体的《成立独联体协议》。

圣灵主教大教堂

圣灵主教大教堂是明斯克东正教重要的活动中心，始建于 1633 年，1642 年完工，属巴洛克建筑风格。这里最初是天主教女修道院的主教堂，1860 年转为东正教教堂，1870 年教堂开设圣灵修士修道院。1918 年，修道院被关闭，圣灵大教堂的礼拜活动也被禁止，教堂变为消防队训练场地，随后被改为档案馆。1943 年，教堂开始恢复东正教礼拜活动，所属修道院也予以恢复。1947 年，教堂顶部安放东正教大十字架。20 世纪 50 年代上半期，教堂内部曾进行过一次维修。70 年代末到 80 年代初，对教堂进行了最后一次修葺并保持至今。教堂中供奉着一些宗教珍品，如明斯克圣母圣像等。

卡德里奥尔格公园

卡德里奥尔格公园又叫“叶卡捷琳堡公园”，它是沙俄彼得大帝下令建立的。公园附近有 1960 年建立的露天歌咏场，它是欧洲最出色的音乐场之一，其造型别具一格：舞台呈抛物线形，背对大海，可容纳 3 万人同台演唱；听众席设在临海的天然半圆形台坛上，能容纳 15 万名听众。公园里有一尊高达 16 米的青铜天使像，是爱沙尼亚雕刻家阿达姆在 1902 年的作品，相传这是为悼念 1893 年触礁沉没的俄国战舰“美人鱼”号而建的。

塔林老城

1997 年，塔林老城被联合国教科文组织公布为“世界文化遗产”之一，就是因为这里保留了绝大部分的中世纪建筑。13 世纪中叶，塔林老城区被分为上城和下城两部分，上城是上流社会、宗教阶层和封建权贵的聚集地，著名城堡托姆别阿就坐落在上城。下城是商人和手工业者的居住地，这里有拉科雅广场，广场上矗立着一座八面棱体的塔楼—— 市政大楼，楼顶端威然屹立着老托马斯守护神的雕像，它是塔林城的象征。

圣彼得教堂

拉脱维亚圣彼得教堂在文献中第一次出现是在 1209 年，它是波罗的海沿岸地区哥特式建筑最好的实例。1408—1409 年，罗斯托克的一位建筑师修建了祭坛的部分，这个工程持续到 1456 年。1473 年整个教堂重修。然而，教堂的尖塔部分是最多灾多难的部分，1666 年第一次倒塌后，又经历了几次大火的焚毁，最后一次发生在 1941 年圣彼得纪念日。1971 年教堂重建，从观景台上游客可以俯瞰里加的全貌。教堂内还可举行各种各样的音乐会和展览。

伦代尔城堡

伦代尔城堡位于欧洲小国拉脱维亚，是昔日拉脱维亚公爵的夏日行宫，混合了多个国家的建筑风格。公爵在 1736 年开始建筑这座城堡，动用了 1 000 名工匠，目的是要扩展他的事业，展示其无可比拟的权势。伦代尔城堡一共有大小 40 多个房间，苏联时期，这里被辟为寄宿学校，现在则是拉脱维亚国家宴会厅的场所。建筑伦代尔城堡集合了当时欧洲各地最优秀的室内装饰人才，因此可以看到，雕梁是欧洲洛可可式，塑花装饰是德国式，镶釉是荷兰式，花园则有法国凡尔赛宫的缩影，可以说这是一座集众家之长的殿堂。

维尔纽斯历史中心

维尔纽斯历史中心面积约 3.6 平方公里，该地区保留了几乎所有的欧洲建筑风格，城内天主教、东正教、犹太教、伊斯兰教等不同教派寺庙共存，形成了独特的城市景观。1994 年 12 月，联合国教科文组织将维尔纽斯老城区列入《世界文化遗产名录》。

1323年立陶宛大公国定都在维尔纽斯。维尔纽斯城区由老城和新城两部分构成。老城地处市中心，面积200公顷。其地形是一个小丘，丘上屹立着格基明纳斯红色八角形古堡，堡上有一座三层楼高的古塔。站在古塔上举目远眺，整个城市的美景尽收眼底，在地势微微起伏的城市四周，几条河流蜿蜒流淌，宛若玉带轻舞。老城区荟萃了100多座不同时代、不同风格的古建筑，这些古建筑造型优美、古朴典雅，其中最有代表性的是圣安娜教堂。圣安娜教堂布局匀称，色调和谐，被誉为哥特式建筑艺苑中的明珠。新城是环绕着老城发展起来的，用白砖建造的思塔卡列尼斯、日尔姆纳斯和拉兹季纳伊等新区紧紧簇拥着市中心。随着城市的发展，市中心已移到内里斯河左岸。内里斯河两岸绿树成荫，五彩缤纷的花坛草坪点缀着街头巷尾，令人赏心悦目。

考纳斯城堡

考纳斯城堡建于13世纪，是立陶宛最早的防御工事，而且是立陶宛全境内唯一的有双层墙保护的要塞，初建时墙体厚2米，高13米。1362年十字军入侵考纳斯，连续围攻城堡3个星期，终于突破防守，并毁掉了城墙。1368年城堡重建，结构更为坚固。城堡原有4个堡垒，但涅里斯河水泛滥，将其冲毁，并导致其北部的城墙崩溃。

地下酒城

克里科瓦地下大酒窖，亦有“地下酒城”之称，距摩尔多瓦首都基希讷乌市仅十几公里，驱车前往，沿途映入眼帘的是一望无际的丘陵和排列整齐的郁郁葱葱的葡萄树，路两侧每隔几米远就停有一辆小型货车，车上车下排列着整整齐齐的装有白兰地及葡萄酒的塑料小桶，据翻译介绍，这是当地农民自产自销的葡萄酒及白兰地，非常便宜，但却货真价实。

几乎所有参观者看到如此浩大的地下岩石工程，都禁不住要问，这座地下酒城是怎么形成的？原来这里的山岩是三四百万年前形成的沉积岩，是一种很好的建筑材料。100多年前，克里科瓦是一个地下采石场，形成无数相连的地下坑道。从1953年起，这里改建成了酒窖。当时，由于国家建设需要大量石料，人们凿山取石，形成了许多空荡废弃的地下隧道。酿酒专家发现，隧道中的石头具有吸湿的特性，这些地下坑道能保持 12℃的恒温和 97%的恒湿，最适于葡萄酒的陈酿和高品质酒的储藏，便利用这些隧道建成了地下酒城。

酒窖的总面积约 64 平方公里，总长度达 120 多公里，平均深度为 50～80 米，四通八达，宽可容两辆卡车并行。呈网络状的一条条隧道，灯光明亮，均以摩尔多瓦和世界的名酒命名，如“少女醉街”、“卡贝尔内街”、“雷司令街”、“拿破仑街”等。每条街道两边都排列着大酒桶。若不是各条街道都有交通符号和指示灯，参观者很容易迷失在这酒的迷宫中。

地下酒城容纳了两个生产近 10 种葡萄酒和 4 种香槟酒的酒厂，还有一个酒博物馆。大酒窖最宝贵的地方是“酒珍品馆”，这里珍藏了 648 种 150 万瓶保存年限已超过半个世纪的各类名酒，所有这些酒都按酒龄分类陈列在隧道两侧。年代最久远的是耶路撒冷 1902 年生产的一瓶白兰地和捷克于同年生产的一瓶健身酒，曾经有个外国人想以 10 万美元买下这瓶白兰地酒，但主人也没有割爱。据说，这里生产的一种“卡贝尔内”红葡萄酒还有排除人体内放射性物质的功效，在切尔诺贝利核电站事故发生后，乌克兰和白俄罗斯人大量抢购这种酒，使之一度脱销。这里还有产自中国的“丰收”牌葡萄酒。地下酒城还设有风格不同的几个品酒厅及贵宾室、餐厅、厨房和供客人下榻的房间等一系列生活、服务、娱乐等辅助设施。

酒窖里设有风格不同的几个品酒厅，品酒是参观大酒窖必不可少和最欢快的节目。多年来，这里共接待过 100 多个国家的元首、政府首脑和社会名流。参观酒窖的游客可在品酒厅内一边听介绍，一边品尝美酒。独联体的首脑会议也曾在这里凭借葡萄酒的魅力消除分歧，化解矛盾，达成一致。1966 年 10 月 8 日，第一个进入太空的宇航员加加林曾到这里欢度了一个通宵，临行前他留言道：“你们的功勋配得上荣获一屋子的勋章，如果地球上的勋章还不够，我可以从别的星球为你们摘取。”

第7章 西　　欧

第1节　西欧主要旅游国家

英国

英国位于欧洲西部，为大西洋岛国，由大不列颠岛（包括英格兰、苏格兰、威尔士）、北爱尔兰和一些小岛组成。英国隔北海、英吉利海峡（拉芒什海峡）等与欧洲大陆相望。北部的苏格兰为山地，到处牛羊成群；南部的英格兰原野风光迷人；西部的威尔士以崎岖的山岭和河谷著名。

论国土，英国不算太大，从苏格兰最北端的小村庄到英格兰西南端的兰兹角，直线距离还不到1 000公里。加上海岸曲折，英国任何地点距海都不超过120公里。但是在这不算大的国土上，地形却丰富多彩。东南多为平原丘陵，西北部则分布着山地和高原。最有名的山脉是奔宁山，它纵贯南北200多公里，号称“英国的脊梁”，但最高的山峰却在苏格兰，叫“本尼维斯”，海拔1 343米，差不多有泰山那么高。最长的河流塞文河，源于威尔士，全长354公里。这条河有着喇叭口似的河口湾，每当大潮涌现时，激浪滔天，海水向河口倒灌，蔚为壮观。英国国土狭小，却对世界有着了莫大的影响力，过去曾是庞大帝国的中枢，因此英语通行全球。

英国是个美丽的国家，文物古迹比比皆是，自然风景秀丽壮观，旅游资源丰富。许多城市，如“万城之花”伦敦，“北方雅典”爱丁堡，大学城牛津、剑桥，古色古香的约克城，莎翁故乡斯特拉特福都是享有世界声誉的旅游名城。英国还辟有湖区等几十座国家公园和风景保护区。目前，被联合国列入“世界文化和自然遗产”的名胜古迹和天然景观就有14处，即伦敦塔、威斯敏斯特宫（国会大厦）、布伦海姆宫、坎特伯雷主教堂、巴斯城、索尔兹伯里郊区的巨石阵等遗迹、铁桥峡、方廷斯修道院及园林、达勒姆的大教堂和古城堡、哈德良长城、圭内斯的城堡群、苏格兰的圣基尔达群岛、北爱兰的“巨人之路”和太平洋上的英国属地享德森珊瑚岛，它们各有特色，都是极受游客青睐的观光热点。喜爱自然山水的游客千万不能错过英格兰湖区、苏格兰高地和威尔士兵国家公园的天地精华。

英国是典型的绅士淑女之乡，生活保守且讲传统，却也是尊重个人自由和思想宽容的民族。英国最吸引游客的地方在于它多样性的景观特色：英格兰——典雅秀丽；苏格兰——苍劲豪迈；威尔士——古朴自然；北爱尔兰——神秘沧桑。看书、喝茶、足球和园艺是英国人最喜爱的休闲方式。

爱尔兰

爱尔兰岛古为凯尔特人居住地。12 世纪下半叶，英国入侵爱尔兰，1541 年英王亨利成为爱尔兰君主，1801 年爱尔兰并入英国，成立不列颠及爱尔兰联合王国。1912 年爱尔兰一分为二，北方6郡仍属英国，南部26郡成立自由邦。1937年爱尔兰自由邦宣布成立独立的共和国，1948年脱离英联邦。目前北爱尔兰仍为英国所统治。

爱尔兰以绿色著称，素有“翡翠岛国”之称。走入翡翠岛国，你才会体察绿色对于生活的重要。漫步在城市街头，沿街飘荡着爱尔兰音乐的音符，人们在爱尔兰咖啡的陪伴下显得格外的闲适。爱尔兰绿得让人不敢怠慢，一片国土被一种色彩尽染是何等的壮观，绵延的山脉、广袤的平原、静谧的乡村、喧嚣的城市，一切的一切都被这种色彩所浸漫了，然后共鸣出生命的张力。

爱尔兰是个和平、宁静的国家，自然景观非常美丽迷人。爱尔兰的海岸线超过 1 448 千米，蔚为壮观。西面环绕着壮丽的大西洋，而东面则是爱尔兰海。高耸的悬崖、清新的海水、天然的沙滩和各种水上活动，除了这些，爱尔兰的渔村还提供世界上最美味的海鲜。境内的香侬河长约 344 千米，是不列颠群岛最长的河流，也是欧洲最美丽的河流之一，它以其壮丽的风景、丰富的野生动物和众多美丽的村庄成为大自然热爱者的天堂，喜欢划船和钟情宁静生活的人定会爱上这条河流。巴仑的风景相当吸引人，它独特的地貌包括数英里的石灰层、蜿蜒的河流、湖泊、迷宫般的洞穴、丰富的文化遗产、爱尔兰 70%以上的植物群、500 多个圆形堡垒和 80 多个新石器时代墓地。巨人堤奇特的新月形地形其实是由火山爆发后冷却的岩浆形成的，但爱尔兰的传说则讲述了一个完全不同的神话故事。

荷兰

荷兰在日耳曼语中叫“尼德兰”，意为“低地之国”，因其国土有一半以上低于或几乎水平于海平面而得名。为了生存和发展，荷兰人竭力保护原本不大的国土，避免在海水涨潮时遭“灭顶之灾”。他们长期与海搏斗，围海造田。早在 13 世纪就筑堤坝、拦海水，再用风动水车抽干围堰内的水。几百年来荷兰修筑的拦海堤坝长达 1 800 公里，增加土地面积 60 多万公顷。如今荷兰约 20%的国土是人工填海造出来的。镌刻在荷兰国徽上的“坚持不懈”字样，恰如其分地刻画了荷兰人民的民族性格。由于地低土潮，荷兰人接受了法国高卢人发明的木鞋，并在几百年的历史中赋予其典型的荷兰特色。花卉是荷兰的支柱性产业，全国共有 1.1 亿平方米的温室用于种植鲜花和蔬菜，因而享有“欧洲花园”的美称。荷兰把美丽送到世界各个角落，花卉出口占国际花卉市场的 40%～50%。荷兰旅游服务业也相当完善，境内约有 300 多个地方旅游局，提供旅游服务。地方旅游局相当容易辨认，挂有“VVV”招牌的建筑物就是他们的办公室。在阿姆斯特丹史基浦国际机场内的出境大厅就有一个地方旅游局办公室。地方旅游局提供的旅游服务包括预订旅馆、向导解说及出售当地城镇地图等。荷兰是一个著名的旅游国度，被称为“风车王国”、“花卉之国”，由风车、木屐、郁金香所串起的如织美景，带给人们无数的梦幻与想象。

荷兰还是一个大博物馆，它是世界博物馆密度最大的国家，全国有 600 多座博物馆可供对历史或文化感兴趣的游客参观。这些博物馆内汇集了古代的绘画、玩具、铜、钱盒、陶器、冰鞋等文物。

来到荷兰，只需到阿姆斯特丹一游，就可将从古典到现代的“各式各样的荷兰”尽收眼底。荷兰的钻石世界驰名，考斯特钻石厂则是世界上最著名的钻石厂之一，维多利亚女皇皇冠上的钻石便是在这里切割打磨出来的，光凭这一点，就足以让所有的女人兴奋不已了。

比利时

比利时是欧洲大陆完美的缩影：旧大陆的魔力、极佳的烹饪技术、黄金海滨和森林美景，尤以滑铁卢古战场名扬世界。中世纪的比利时是一个南来北往的贸易必经之地，它逐渐成为欧洲最重要并最繁荣的地方，被誉为“西欧的十字路口”。同时，由于位于德国、荷兰和法国三大强势文化之交，德意志的坚毅、尼德兰的冷静和法兰西的热情便在此过渡成比利时特有的乐观、独立。

同时，这里也拥有著名的文化艺术城市。安特卫普是画家鲁本斯的故乡，市内的教堂和博物馆都陈列着鲁本斯的作品；布吕赫的运河和别致的建筑使它有“北方威尼斯”之称。此外，比利时也是音乐、漫画、电影爱好者的天堂，这里每年都会举办音乐节、漫画节及电影节。目前，多个国际组织，如欧洲共同体、北约总部等又为这个国家，尤其是布鲁塞尔增色不少。首都布鲁塞尔不仅有闻名于世的滑铁卢古战场，同时也是众多国际机构的驻地。布鲁日有“欧洲最美丽的风景城市”之称，其精巧的建筑和布满全市的运河，每年吸引着200多万来自欧洲和世界各地的游客。南部的山城那慕尔有许多别具风格的城堡。

比利时拥有长约65公里的海岸线，宽阔的海滩上布满细沙；著名的阿登山高地的丘陵和森林是享受大自然的胜地，也是冬季滑雪的好地方；斯巴是有名的矿泉水产地和温泉疗养地。天然的地理优势使比利时成为西欧的“十字路口”。历届政府因地制宜，大力发展交通和航运，并以此带动了商业和外贸的繁荣，为国家经济的发展奠定了坚实的基础。比利时是世界上第一个在全部高速公路设置照明路灯的国家。比利时铁路网的密度在世界上首屈一指，而且早在10多年前就已全部实现了电气化。

法国

法国位于欧洲西部，西北隔英吉利海峡（拉芒什海峡）与英国相望，西南边境有比利牛斯山脉，东部边境有阿尔卑斯山脉，主要河流有卢瓦尔河、罗讷河和塞纳河等。大部分居民信奉天主教。国内通用法语，旅游机构也用英语服务。

六角形外围轮廓的法国，连接了南欧的拉丁风情和北欧的丰富特色。法国拥有悠久的历史、具有丰富文化内涵的名胜古迹及乡野风光。诺曼底连绵的绿色农田、不列塔尼崎岖海岸美景、世界花都巴黎、勃根地和波尔多两块肥沃的葡萄园地、地中海的田园之乡普罗旺斯……吸引着各地的旅游者。法国有20多处风景名胜被联合国列入“世界文化和自然遗产”，如以卢浮宫和圣母院为中心的巴黎塞纳河滨、凡尔赛宫、枫丹白露、斯特拉斯堡、圣米歇尔山、尚博尔城堡等。集法国美食、时尚、艺术、建筑成就于一身的巴黎，光是三大知名美术馆——卢浮宫、奥塞美术馆、蓬皮杜艺术中心，就可以游览一两星期。素有“世界花都”之称的巴黎仅博物馆就有70多个，还有众多的名胜古迹、教堂广场。

从17世纪开始，法国的古典文学迎来了辉煌时期，相继出现了莫里哀、司汤达、巴尔扎克、大仲马、雨果、福楼拜、小仲马、左拉、莫泊桑、罗曼•罗兰等文学巨匠。他们的许多作品已成为世界文学的瑰宝。其中的《巴黎圣母院》、《红与黑》、《高老头》、《基督山伯爵》、《悲惨世界》和《约翰•克利斯朵夫》等，已被翻译成多国文字，在全世界广为流传。近现代，法国的艺术在继承传统的基础上颇有创新，不但出现了罗丹这样的雕塑艺术大师，也出现了像莫奈和马蒂斯等印象派、野兽派的代表人物。从17世纪开始，法国在工业设计、艺术设计领域的世界领先地位早为世界所承认。有关实用美术、建筑、时装设计、工业设计专业的学校也早已凭借其“法国制造”的商业硕果而闻名海外。戛纳国际电影节是世界五大电影节之一，每年5月在法国东南部海滨小城戛纳举行，它是世界上最早、最大的国际电影节之一，为期两周左右。

摩纳哥

摩纳哥是地中海边峭壁上的公国，北、东、西三面都与法国接壤，是世界上海岸线最短的国家，面积仅 1.9 平方公里，居民仅有 3 万余人，堪称世界“袖珍国”。摩纳哥依山傍海，景色宜人，犹如一个五彩缤纷的海滨公园。摩纳哥属于典型的地中海式气候，全年有 300 多天阳光普照，拥有丰富的旅游资源，是众人向往旅游的袖珍王国。游客可到摩纳哥城参观王宫、大教堂、海洋博物馆和水族馆，也可去蒙特卡洛一睹世界最奢华的赌场；而峰威区有著名的格蕾丝王妃玫瑰园，园内种植了 4 500 多株玫瑰，其中 150 余种出自名家之手。

赌博业是摩纳哥的经济命脉。蒙特卡洛赌场是世界公认的“第一赌场”，每天吸引着数以万计的游客来此一博。按照摩纳哥的法律，本国人不准赌博，最受欢迎的当然是观光客。

摩纳哥人将最接近赛车运动原始状态的一种比赛形式保留到了现在：他们让赛车行驶在蒙特卡洛市的大街小巷，摩纳哥人总会站在自家阳台上观看的 F1 大赛。从 1929 年举办第一次大奖赛，到现在已经 81 年了，但这条顺时针行进的蒙特卡洛赛道却依然如故，几乎没作过任何修改。它全长 3.340 公里，是 F1 赛道中最短的一条。摩纳哥最知名的餐厅多设在酒店内或海滨。

第 2 节　西欧重要旅游城市

伦敦

伦敦是英国第一大城市及第一大港，欧洲最大的都会区之一兼世界三大金融中心之一。伦敦约有人口 751 万，面积约 1 577 平方公里，是世界十大都市之一，自 18 世纪起它一直是世界上最重要的政治、经济、文化、艺术和娱乐中心之一。从 2 000 多年前罗马人成立这座城市起，伦敦一直在世界上具有极大的影响力。城市的核心地区伦敦市，仍保持着自中世纪起就划分好的界限。然而，自 19 世纪起，“伦敦”这个名称同时也代表围绕着伦敦市开发的周遭地区。这些卫星城市构成了伦敦的都会区和大伦敦区。从 19 世纪初到 20 世纪初，作为世界性帝国——大英帝国的首都，伦敦因在其于政治、经济、人文文化、科技发明等领域上的卓越成就，而成为全世界最大的都市。

伦敦是一个非常多元化的大都市，其居民来自世界各地，具有多元的种族、宗教和文化，城市中使用的语言超过 300 种。同时，伦敦还是世界闻名的旅游胜地，拥有数量众多的名胜景点与博物馆等。伦敦的主要景点有白金汉宫、唐宁街 10 号、大英博物馆、威斯敏斯特宫、伦敦塔、海德公园、格林尼治天文台、福尔摩斯博物馆等。

塞缪尔•约翰逊说过："厌倦伦敦，就是厌倦生活。"在伦敦旅行十分便利，一张旅行卡便可跑遍全城，游览城内的风景名胜。白天可以参观具有文化气息的博物馆与古迹；累了可随便找个公园小憩一下，或是喝个悠闲的英式下午茶；到了夜晚，无论是音乐歌舞、各式戏剧、音乐会、酒馆还是夜总会，都能让人兴奋。从声誉鹊起的牛津街到鳞次栉比的品牌店，从不知疲倦的卡姆登市集到浪漫温馨的诺丁山，在伦敦的每一天都能让人感到惊喜。

泰晤士河两岸，气势磅礴的议会大厦与熠熠生辉的伦敦眼交相辉映；圣保罗大教堂的穹顶与特拉法加广场上纳尔逊将军的铜像遥遥相望；当考文园里好奇的人群目睹一幕幕匪夷所思的街头杂耍时，大英博物馆的藏品却在默默地阐述着人类文明。"雾都"早已因各种环保措施而一去不返，即使阴雨绵绵，街头的时尚男女也会让伦敦显得亮丽夺目，而英航伦敦眼、伦敦市政厅等标新立异的建筑，更展现出现代伦敦的全新面孔。

巴黎

法国首都巴黎是"世界上十大名城"之一。它位于法国北部巴黎盆地的中央，横跨塞纳河两岸。巴黎有小巴黎、大巴黎之分。小巴黎指大环城公路以内的巴黎城区，面积约105平方米公里，人口200多万；大巴黎包括城区周围的七个省，面积约12 000平方公里，人口约1 000万，几乎占全国人口的1/5。巴黎是法国最大的城市，也是世界人口最多的大都市之一。

巴黎建都已有1 400多年的历史，而城市自身的历史已有2 000多年。人们漫游这座城市，所留下的最深刻的印象是：它既保留着许多闻名世界的历史遗迹，又有许多宏伟壮丽的现代化建筑，不愧"世界花都"之称。这座美丽的城市不仅是法国的政治、文化、经济和交通中心，而且是著名的旅游胜地。巴黎有70多个博物馆、众多的名胜古迹和教堂广场。

巴黎以其圆顶教堂、凯旋门、伟大的宫殿、雄伟的广场、皇家公园及每晚数以百万的闪烁灯火而成为法国的中心。300米高的埃菲尔铁塔，在100多年前被人斥为"可惜的与无用的"，后来它才被友好地接受，并成为巴黎的象征。

在巴黎旅游的行程从巴黎圣母院开始，一块小小的石碑标志着这个国家的中心。巴黎人依然走在19世纪的碎石路上，在这条大道的沿线，点缀着这些名字：协和广场、凯旋门、卢浮宫、巴黎圣母院……大多数游客心中向往的，是一个古老而浪漫的巴黎，也就是沿着卢浮宫—香榭丽舍大街—协和广场—凯旋门这条完美的中轴线开始他们的旅行。的确，巴黎是个极具历史感的城市，这里的名胜古迹足以让人流连忘返。与这些经典古迹并存的，又是另一个巴黎，一个充满前卫与波西米亚气息的巴黎。巴黎人是幸运的，这是一个艺术与历史交织的城市，大街繁华，小巷里则留有文化遗韵。

美丽的巴黎是建筑艺术的代表，它是古城保护的楷模、文化环境的典范、生态文明的样板。在巴黎城市的各个社区中，到处可以看到博物馆、影剧院、花园、喷泉和雕塑，文化氛围非常好。巴黎人的文化生活丰富多彩，娱乐形式文雅，艺术气息很浓。巴黎人之所以文雅，正像朱自清在他的《欧游杂记》中所说："从前人说'六朝'卖菜佣都有烟水气，巴黎人谁身上大概都长着一两根雅骨吧。"巴黎人雅，因为他们"几乎像呼吸空气一样呼吸着艺术气，自然而然就雅起来了"。

巴黎真的是一个得天独厚的城市，仅市区内就有很多历史古迹与建筑美景可供游览，当然法国美食更是让人赞不绝口，这是一个拥有浪漫、充满感性且不乏物质享受的城市。

阿姆斯特丹

阿姆斯特丹是荷兰的首都，也是荷兰最大的城市，人口约 73 万。中世纪初这里仅是个渔村，12—15 世纪因开展东方贸易而成为欧洲重要的贸易港口。17 世纪的荷兰曾经是称雄海上的殖民国家，这里曾是荷兰两大殖民公司荷兰东印度公司和荷兰西印度公司的基地。18 世纪后经济萧条，发展几乎停滞。19 世纪初，阿姆斯特丹成为荷兰王国的首都，但只是王宫所在地，政府机构多数设在海牙。荷兰约 1/4 的国土在海平面以下，阿姆斯特丹是一座地势低于海平面 1～5 米的“水下城市”，城里河网密布，有“北方威尼斯”之称。以前整个城市的房屋都是以木桩打基，城市就像架在无数个木桩之上。

阿姆斯特丹是座水城，河网交错，河道纵横。有大小 165 条人工开凿或修整的运河道。河道上泊有 2 000 多家“船屋”，虽然是船屋但设施齐全。乘玻璃船游览阿姆斯特丹才能真正体会水城的独特韵味。游船穿行在河道间，河道两旁是典型的荷兰传统民居建筑。特点是房子正面和窗户都是细长的，这是因为当时房产税是按门面的面积征收的，精明的荷兰人为了节省税金都尽量减少正面的面积。由于门面狭小所以装饰的心思都放在了屋顶的山墙上。仔细观察会发现各家的山墙都不同。由于门窄，大型家具物品需从窗户进去，为此房上设有突出的吊钩。阿姆斯特丹著名的运河有皇帝运河、王子运河和绅士运河等。

水坝广场，也叫“多姆广场”，是阿姆斯特丹的市中心广场。因 1270 年阿姆斯特河上的第一个水坝修建于此而得名。广场中间白色的国家纪念碑建于 1956 年，以纪念第二次世界大战中的牺牲者。广场对面是荷兰王宫，旁边是大教堂，为荷兰历代君王加冕登基的地方。广场周围地区是阿姆斯特丹繁华的商业区。

利物浦

利物浦是英格兰西北部著名的港口城市，同时也是一支足球俱乐部的名称。利物浦被评选为 2008 年的“欧洲文化之都”。利物浦拥有悠久的历史，是中国人最早居住的英国城市之一，建有英国第一个唐人街，它和我国上海是友好城市。利物浦大学接受中国学生已有多年历史，英国的第一份中文报纸是由利物浦大学的中国学生于 1944 年创刊的，名为《华早报》。

利物浦是国家旅游局认定的英国最佳旅游城市，每年都吸引数百万观光客来到海滨参观重建的阿尔伯特港。利物浦还是最著名的安特里国家大赛——赛马运动的发祥地。站在城市制高点远望，城市中央地带有一片红砖建筑，非常醒目。这个维多利亚建筑是利物浦的第一个红砖建筑，如今已经成为那个时期新大学的象征。英语中的“Redbrick”一词与这段历史有关，指英国 19 世纪末用红砖建造的在伦敦以外的城市大学。英国国教大教堂位于圣詹姆斯墓园所在的山丘上，从这里可以俯瞰整个利物浦市的市容，它是自宗教改革之后唯一一座建在北英格兰的国教教堂，也是英国国内规模最大的国教教堂，教堂内设有可容纳4000人的礼拜堂。利物浦博物馆以考古学、民族学、自然史、天文学等主题为中心，收藏了来自世界各地的100余万件文物资料，尤其是以日常生活用具为主的风俗历史馆以及收藏各式各样的陶艺品展最受欢迎。

巴斯

巴斯位于英格兰西南部，邻近威尔士，集英格兰的古典秀美与威尔士的淳朴自然于一身，被誉为“英国最干净的城市”。巴斯风光秀丽，历史悠久，有许多被列为“世界遗产”的名胜古迹和自然风景。名满天下的温泉浴室遗址令人追思古罗马帝国的辉煌；以皇家新月楼为代表，18世纪乔治王时代古建筑群巍然矗立，守护着那份让人神往的古老和沧桑；静谧安逸的雅芳河缓缓流淌，述说着巴斯历史的源远流长。

巴斯的悠久历史可以追溯到公元前860年，当时的王子布拉杜德因患麻风病被流放于此，偶然落入当地的热泥塘中却意外治愈了麻风病，布拉杜德登基后便建立了这座城市。公元1世纪，凯撒大帝的铁骑横扫欧亚，强大的罗马人入侵英国，被这里优美的风光和天然的温泉所吸引，便将此地取名“巴斯”（浴池之意），在这里广修精美豪华的浴池和神庙建筑，使巴斯成为举世瞩目的温泉度假胜地，现在的罗马浴室博物馆就是当时众多温泉浴池中的经典之作。18世纪后，著名的设计师约翰•伍德对巴斯进行了完整的设计，使这里成为英国国内屈指可数的旅游观光胜地，世界各国的游客都慕名来此寻求快乐和健康。

到巴斯旅游，不但可以欣赏豪华典雅的古罗马浴池，还可以在罗马建筑风格的露天泳池中戏水畅游，在仿罗马式的古浴室内沐浴净身，舒服惬意地泡一泡澡、蒸一蒸桑拿，再喝上一杯巴斯特有的“泉水咖啡”，正所谓“温泉水滑洗凝脂，咖啡味醇意悠长”，巴斯就是这样一个永远让人觉得轻松惬意的城市。

爱丁堡

爱丁堡是英国北部城市，苏格兰的首府、经济和文化中心，位于苏格兰中部低地、福斯湾的南岸，面积约260平方公里。爱丁堡于1329年建市，1437—1707年为苏格兰王国首都，18世纪时已成为欧洲文化、艺术、哲学和科学中心。市有1583年建立的爱丁堡大学，还有古城堡、大教堂、宫殿、艺术陈列馆等名胜古迹。广场上有各种纪念碑，国家图书馆藏有大量书籍和名人手稿，旅游业兴盛，是英国仅次于伦敦的旅游城市。

爱丁堡是一个历史悠久、风景秀丽的文化城市，依山傍水，地貌多姿，素有“北方雅典”之称，也是苏格兰医疗、司法、银行保险、核能及电子研究的中心。该市人口约44万，有“欧洲最美丽城市”之誉。

在爱丁堡，徒步便可前往市中心及其他主要景点。在正中间的大路，是以北桥路为代表的街道。而几乎与之垂直相交的则是由爱丁堡城堡到圣十字架宫的皇家麦尔大道。这两条主干线将爱丁堡大致分为4个区域：1区是西北区，繁华的市中心；2区是西南区，大学、住宅区与剧场等娱乐施设多集中于此；3区是圣十字架宫一带；4区是卡尔顿山周边地区，由此可俯视整个爱丁堡市。

格拉斯广场在古代是一处行刑场，其历史浸满了鲜血。不过，现在这里已成为爱丁堡最漂亮、最现代的地区之一，因而备受瞩目。广场位于爱丁堡城堡背后，与普林西斯大街风格各异。这里有餐厅及夜总会，还有许多颇具气质的小店散布其间，可以买到各式礼物。王子街把爱丁堡分为新旧两城，北面分为新城，南面为旧城。新旧两城之间有一座长条山丘，天然壁垒分明。王子街素有“全球景色最佳的马路”之称，是爱丁堡最繁华的街道，店铺林立，全长不过 0.5 公里，许多华丽时尚的商店汇聚在街道旁。南侧则是一片青翠的绿地，东端尽头是王子街花园。古堡下的王子街花园风景如画，里面屹立着苏格兰著名文学家司各特的纪念塔。在花园的另一块绿地上，伫立着蜚声世界的苏格兰钟，其主要结构设于地下。

马赛

马赛是座有着 2 500 年历史的古城，也是法国第二大城市和最大的海港，还是全世界游客向往之地普罗旺斯的首府。马赛是一颗璀璨的“地中海的珍珠”，保留了 2 500 年的历史原貌，还有欢乐的居民及丰富的文化遗产。来到马赛，可以探索这里 111 个历史街区，感受闲适的生活步调，参观各类博物馆及壮丽的卡朗格峡湾。

马赛港分老港和新港：老港在城市的港湾，如今成了游艇的码头；新港在城市的西面，在欧洲仅次于荷兰的鹿特丹港，是第二大港口。我们所熟知的《马赛曲》即诞生于此，它同时还是几千年来东方货品输入西方世界的重镇，所以马赛城弥漫着混杂的异国气息。伊斯兰教、天主教等不同信仰和文化在这里交流融合，充满了自由与享乐的气息。

初到马赛，可能会觉得这个城市有些不起眼，没有经过规划的街道，人行道边的涂鸦让人觉得整个城市慵懒随意而又杂乱无序。但是马赛又是清凉甜美的，马赛旧港内，那一溜白帆和流水中颤动的影子、高阔的蓝天、码头上的法文招贴、婴儿车中的漂亮宝贝和他们娴雅悠然的母亲，都在提醒你，这里是普罗旺斯的马赛，是包容了浓郁的地中海风情和浪漫的法国气质的极致之地。马赛每年接待游客达 300 万人次以上，是法国接待游客人数最多的城市之一。

波尔多

波尔多是法国西南部的一个港口城市，旅游资源丰富，有许多风景优美且保存完好的中世纪城堡。它有着悠久的历史和文化，拥有保存完好的 18 世纪的建筑文化遗产，产生过著名思想家蒙田、孟德斯鸠等。波尔多市区 18 世纪的古典建筑群呈现出和谐的布局，建筑群中不乏保持完善的壮丽建筑，大部分都已列入联合国的《世界遗产名录》。节庆的气氛，高质量的生活环境，顶级葡萄酒、美食，文化与精品购物等，所有观光的元素，都可以在这里找到。波尔多坐落在加伦河的南岸，是一个很传统的法国城市，它那碧水蓝天、得天独厚的自然环境，在法国首屈一指。繁忙的港口贸易，又使得它多了很多和外界交流的商机，足以让这里的人过得富足。

波尔多处于典型的地中海气候区，夏季炎热干燥，冬天温和多雨，最适合葡萄生长。受常年阳光的眷顾，波尔多形成了大片的葡萄庄园，葡萄酒更是享誉全世界。喜欢吃西餐的人们可能不知道波尔多这个城市，却很少有人不知道波尔多的红酒。波尔多人是泡在红酒里长大的，波尔多是一个生在味蕾上的城市，因此也被称为“世界葡萄酒之都”，每两年一度，波尔多酒协会都会举办盛大的国际酒展。维克多•雨果说：“这是一座奇特的城市，原始的，也许还是独特的，把凡尔赛和安特卫普两个城市融合在一起，您就得到了波尔多。”

戛纳

戛纳是法国东南部城市，欧洲著名的旅游胜地和国际名流社交集会的场所，因国际电影节而闻名于世。戛纳位于尼斯西南约 26 公里处，濒临地中海。这里海水蔚蓝、棕榈葱翠、气候温和、风光明媚，与尼斯和蒙特卡洛并称为“南欧三大游览中心”。戛纳拥有世界上最洁白漂亮的海滩，海滨建有游泳场，是度假的好去处。棕榈树海滨大道沿海岸伸展，道旁多豪华旅馆。

戛纳和其他蓝色海岸地区的闲适安静不同，它虽然也拥有蔚蓝迷人的海岸线和法国南部明亮阳光下的棕榈树，但戛纳更像是一个社交不断的城市。每年 2 月有金合欢节，5 月有国际电影节，另外还有国际赛船节、国际音乐唱片节、含羞草节等。一年中，无论什么时候来戛纳，总会在这里遇到大型活动。当然，在诸多活动中，令戛纳蜚声全球的还是每年 5 月为期两周的国际电影节。戛纳电影节被誉为“电影界的奥运会”，它颁发的金棕榈大奖被公认为电影界最高荣誉之一。电影节的建筑群坐落在 500 米长的海滩上，其中包括 25 个电影院和放映室，中心是 6 层高的电影节宫。

尼斯

尼斯是地中海沿岸、法国南部的城市，位于普罗旺斯—阿尔卑斯—蔚蓝海岸大区，为滨海阿尔卑斯省首府，是法国仅次于巴黎的第二大旅游胜地，也是全欧洲最具魅力的黄金海岸。尼斯是欧洲主要旅游中心之一，也是蔚蓝海岸地区的首选度假胜地。尼斯有丰富的文化遗产，如博物馆、罗马遗迹以及世界一流的歌剧院，同时将普罗旺斯风格融合在大街小巷。尼斯四季鲜花常开，各式美丽的鲜花装饰在街头巷尾和阳台上，漫步其中恍若身处花团锦簇的童话世界。

尼斯被人称为“世界富豪聚集的中心”。海边豪华别墅、比比皆是的昂贵商店和艺术气息的交织使尼斯形成富丽堂皇与典雅优美的独特美。尼斯城分为三个主要部分：第一部分是老城和港口，很有意大利特色，餐厅、夜总会和美术馆映衬着古朴的老城墙；第二部分是 19 世纪所建造的城中区，也就是在英格兰散步道后面的区域；第三个部分是可眺望城市北方的希米耶区，此为罗马人和维多利亚女王的最爱。

斯特拉斯堡

斯特拉斯堡位于法国东端，与德国隔莱茵河相望，是法国阿尔萨斯大区和下莱茵省的首府。自古罗马时代开始，斯特拉斯堡一直都是欧洲的贸易及政治中心，在法国经济、文化和学术上都占有重要地位。身为欧洲理事会和欧洲议会的所在地，现代化的欧洲办公大楼前面插满了欧盟国家的旗帜，赋予斯特拉斯堡不同于其他欧洲城市的风采。

2000 年来，位于德法边境的斯特拉斯堡在德法之间数度易手，成为了欧洲两大民族恩恩怨怨的见证。却也正因为此，在斯特拉斯堡，本来彼此相邻却又泾渭分明的德意志和法兰西两个民族的文化难得地融合在一起。走在斯特拉斯堡街头，单凭对欧洲语言、建筑风格的认识，是分不清自己身处何方的，连大街小巷都用德、法两种语言命名。更为有趣的是，1790 年在这个德法混血的城市，后来成为法国国歌并让骄傲的法国人热血沸腾的《马赛曲》第一次被唱响。而当年的《马赛曲》原名为《莱茵军团战歌》，要不是后来进军巴黎的马赛军团把这首歌带进巴黎，并顺手牵羊地以自己的城市给它冠名，或许莱茵河对岸的德国倒更有理由把它作为自己的国歌呢。斯特拉斯堡具有的这种双重文化，使得它成为战后欧州委员会、欧洲议会、欧洲人权法院的首选之地。最近，初出茅庐的欧洲联军把司令部设在了这里。同时，斯特拉斯堡还是培养高级公务员的法国行政学院所在地。

斯特拉斯堡是巴黎之外唯一拥有国家剧院的法国城市。这里每年举行法国最大的现代音乐节。斯特拉斯堡的轻轨是欧洲最现代、最时尚的轻轨，也成为该市的一道城市景观。斯特拉斯堡之所以吸引游客，就在于它古老的城区及历史。虽然在第二次世界大战时，斯特拉斯堡严重毁损，但以大教堂为中心的旧城却幸免于难，仍然保留了狭长的石板道及昔日的运河遗迹，漫步在半木半石的德式房屋建筑群中，感觉时光似乎停留在中古时代。斯特拉斯堡的历史中心位于伊尔河两条支流环绕的大岛，这一区域拥有中世纪以来的大量精美建筑。

布鲁塞尔

布鲁塞尔不仅是比利时的首都，也时常被称为“欧洲的首都”。这里是欧盟和北大西洋公约组织总部所在地，同时还有其他 700 多个国际组织和 100 多个外交使团在这里设立总部或办事处，也因为这个原因，布鲁塞尔的居民中有 27%是外国人，是一个真正意义上的国际城市。

布鲁塞尔是一座让人感到悠闲放松、舒服自如的城市，有人也许会因为它在欧洲的政治地位误解了它的风格，然而它远不是人们想象的那般刻板、乏味，不然哪座城市会把“撒尿小童”（比利时小英雄于连的雕像）誉为城市形象大使？谁又会把一种啤酒命名为“即刻死亡”？又有哪个城市会把古怪搞笑的大探险家丁丁刻画为全球家喻户晓的漫画形象？当你走在布鲁塞尔大街上，你会发现这座充满活力且欧洲风情十足的“欧洲之都”并非有名无实。这里的欧式建筑散发着前卫的艺术气息；随处可见的专业时尚的服装设计作坊可以满足客人独特而挑剔的品味。整个城市中充盈着细腻的文化，几乎每过一个街角都是一幅独特的卡通主题壁画，这些生动的画作与周边的景致自然巧妙地融合在一起，辉映成趣，令人产生置身于童话王国的错觉。当地的酒吧是游客绝不能错过的，它们总是推陈出新，用最棒的新产品吸引人们一品佳酿。

鹿特丹

鹿特丹是荷兰第二大城市，也是欧洲最大的海港，甚至曾是世界上最大的海港，它连接着欧、美、亚、非、澳五大洲的港口，素有“欧洲门户”之称。鹿特丹位于欧洲莱茵河与马斯河汇合处，距北海约 25 公里，有新水道与北海相连。港区水域深广，内河航船可通行无阻，外港深水码头可停泊巨型货轮和超级油轮。

1940 年 5 月 14 日，德国空军对这座城市狂轰滥炸，城市变成了一片废墟。第二次世界大战结束后，鹿特丹人民积极重建城市。现在的鹿特丹已不再是满目疮痍，如今已成为荷兰重要的旅游城市。鹿特丹的旅游业非常发达，拥有港口、博物馆及其他众多观光景点。登上高达 185 米的被称为“欧洲桅杆”的高塔，可鸟瞰全市。该塔建于 1960 年，是为了迎接当年在鹿特丹举办的花展而建的，每年来此游览的参观者逾 30 万人，该建筑也是鹿特丹的象征和荷兰的一个著名景点。

鹿特丹遭受轰炸后，尽管很多著名的建筑物如市政厅、圣劳伦斯教堂等都遭到了不同程度的毁坏，不过现在这些建筑已经恢复了历史原貌，并且也都成为了鹿特丹著名的景点。在老城区，许多街道路面是用石头铺成的，保留数百年前的风貌。

鹿特丹是一座位于马斯河沿岸的城市，市内河道很多，有各种各样的船只停泊在河边。在建筑物近旁、在河畔、在桥边，荷兰独特的风车随处可见，构成一幅幅如画的景色。

海牙

海牙是荷兰第三大城市，也是中央政府所在地。这里最初是荷兰贵族们的狩猎地，13 世纪成为皇家行宫，后来成为总督的驻地。1580 年荷兰最早的议会会议在这里的“内院”宫殿中举行，后来海牙逐渐发展成为荷兰的政治中心。19 世纪初，荷兰的首都迁往阿姆斯特丹，但皇家官邸、议会、首相府和中央各部仍设在这里。海牙历来以市容美丽、环境幽静著称，当地建筑兼有荷兰和德国风格，被称为“欧洲最大最美丽的村庄”。

海牙的著名建筑和平宫坐落在市郊，它建于 1907—1913 年，由各国政府出资捐造，象征协力缔造和平之意，现为联合国国际法院所在地。议会在市中心，每年 9 月的第三个星期二，荷兰女王要亲临主持议会新年度的开幕式，届时，全市将举行庆典活动。海牙市郊有一座面积仅约 1.8 万平方公里的微型“城市”，数以千计的“居民”都是寸把高的“小人”，这就是赫赫有名的马都拉丹“模型城”。城内汇集了荷兰国内 120 多座著名建筑和名胜古迹。许多模型还能自动运转。“模型城”建于 1952 年，是马都拉夫妇为纪念他们在第二次世界大战中牺牲的儿子而出资建造的，作为献给荷兰儿童的一件礼物。“模型城”有自己的城徽，市长由当今荷兰女王贝娅特丽克丝担任，市议会议员由海牙 30 名海牙小学生组成。1972 年，马都拉丹被“荷兰城市联盟”接纳为正式会员，成为世界上最小的城市。

海牙市内有很多绿意盎然的公园，如海牙森林、史黑菲尼根森林等，最适合在晴朗无云的好天气里徜徉其间。每年 7 至 9 月是西布尔克公园的玫瑰肆意绽放的季节，来到这里，游客可以看到各种色彩缤纷且冠上名人姓名的玫瑰。在车站租辆自行车四处遨游是个不错的选择，此外还可以用徒步配合电车的方式，随心所欲地体会海牙之美。每年 6 月 15 日前后，这里还要举办闻名世界的荷兰音乐节和芭蕾舞节。

这是一个充满绿意和弥漫着沉静气息的城市，同时也有着寻常的一面：喧嚣的传统市场、浪漫的海滩及热闹的赌场。从海牙市内搭公共电车只需 10 分钟就可抵达北海沿岸的休闲区。傍海而建的宫殿式大饭店，自古代起即是上流社会的社交场所。四周有娱乐场所和剧院以及名牌商品完备的购物街等，可充分享受舒适的休闲生活。

第 3 节　西欧著名旅游景区、景点

白金汉宫

白金汉宫是英国的王宫，建造在威斯敏斯特城内，位于伦敦詹姆士公园的西边，1703 年为白金汉公爵所建，因而得名。1837 年维多利亚女王即位后，白金汉宫正式成为王宫，此后白金汉宫一直是英国王室的府邸。1847 年，白金汉宫左右两翼被连接起来，正门道路，即大理石拱道迁至今址。1863 年始成为英国历代君主的寝宫，集办公与居家功能于一身。伊丽莎白二世是在此生活最久的女王。

皇宫是一座四层正方体灰色建筑物，悬挂着王室徽章的庄严的正门，是英皇权力的中心地，四周围上栏杆，宫殿前面的广场有很多雕像以及由爱德华七世扩建完成的维多利亚女王纪念堂，胜利女神金像站在高高的大理石台上，金光闪闪，维多利亚女王像上的金色天使，代表皇室希望能再创造维多利亚时代的辉煌。宫内有典礼厅、音乐厅、宴会厅、画廊等 600 余间厅室，占地广阔的御花园更是花团锦簇、美不胜收。若皇宫正上方飘扬着英国皇帝旗帜，则表示女王仍在宫中；如果没有的话，那就代表女王外出。

白金汉宫现有三处对外开放：一为禁卫军的换岗仪式，白金汉宫的皇家卫队每年 4 至 9 月时上午 11:30—12:00 都会举行的换岗仪式，其他月份每隔一天于 11:30 举行一次，在军乐和口令声中，作各种列队表演，并举枪互致敬礼，一派王室气象，常常吸引路人和游客围观。在每年的 8、9 月间都对外开放。二为位于宫殿南侧的女王美术馆，馆内收藏王室的艺术珍品，1962 年起对公众开放。三为皇家马厩。

威斯敏斯特教堂

威斯敏斯特教堂始建于公元 960 年，位于英国伦敦泰晤士河畔威斯敏斯特区的议会广场，毗邻议会大厦和唐宁街 10 号首相官邸。威斯敏斯特教堂在英国享有至高无上的地位，它是英国王室专属的礼拜堂，1066 年以来几乎是所有英国国王的加冕教堂、王室婚礼教堂，王室的一切重大仪式都在这里举行。在 16—18 世纪，威斯敏斯特是与牛津、剑桥齐名的学术中心，英文版《圣经》就是在这里翻译完成的。教堂墓地中埋葬着英国历代国王和历史上各个领域中最杰出的伟人，因此威斯敏斯特教堂也被称为“荣誉的塔尖”。

这是一座典型的哥特式建筑，廊柱高大凝重，雕刻精致优美，彩色玻璃华美绚丽，高耸的尖顶、钟楼显得巍峨挺拔，被认为是英国哥特式建筑中的杰作。但经过 13—16 世纪历代国王的不断改建、扩建，实际上已经成为各种建筑风格的大杂烩。在 19 世纪的最后一次修整中，设计师大胆拆除了一些非哥特式构件和艺术作品，使得教堂部分恢复了哥特式风格的原貌。

伦敦塔

伦敦塔始建于 1078 年，历史上它既做过王宫，也做过法院，后来又是一座监狱。伦敦塔占地约 7.2 公顷，周围用巨石筑成一道厚实的城墙。城墙上有许多炮台、箭楼，四周是一条又宽又深的护城河。从 1107 年诺曼征服伦敦后，伦敦塔成了国王行辕总署和兵营。从 1140 年到 17 世纪，该塔一直是英国历代国王的主要住处。英国暴君詹姆斯一世在塔内被处死之后，伦敦塔就成了监禁犯人的牢狱和刑场。这一用途产生了一条短语“Sent to the Tower”，意思是“入狱”。

伦敦塔现在已经成了对外开放的博物馆。塔内有个珍宝馆，参观者可以看到英国历代国王的王冠、王室珍藏的金银珠宝。伦敦古堡中还有一些身体肥胖、称为“渡乌”的大乌鸦，有专人饲养。伦敦塔有千年的历史，堪称伦敦最悠久的古迹，游客每年达 200 万人。在出入口处可以看到两名身着古老的都铎王朝制服的禁卫，这些“古老卫士”成了游客欣赏和摄影的对象。

大英博物馆

大英博物馆又名“不列颠博物馆”，位于英国伦敦新牛津大街北面的大罗素广场，建成于 1753 年，1759 年 1 月 15 日起正式对公众开放，是世界上历史最悠久、规模最宏伟的综合性博物馆，也是世界上规模最大、最著名的博物馆之一。博物馆收藏了世界各地的许多文物和图书珍品，藏品之丰富、种类之繁多，为全世界博物馆所罕见。目前博物馆拥有藏品 600 多万件。由于空间的限制，目前还有大批藏品未能公开展出。大英博物馆包括埃及文物馆、希腊罗马文物馆、西亚文物馆、欧洲中世纪文物馆和东方艺术文物馆。其中以埃及文物馆、希腊罗马文物馆和东方艺术文物馆的藏品最引人注目，所收藏的古罗马遗迹、古希腊雕像和古埃及木乃伊闻名于世。

塔桥

伦敦塔桥是一座吊桥，最初为一木桥，后改为石桥，现在是一座拥有 6 条车道的水泥结构桥。河中的两座桥基高 7.6 米，相距 76 米，桥基上建有两座高耸的方形主塔，为花岗岩和钢铁结构的方形五层塔，高 40 多米，每座主塔上建有白色大理石屋顶和五个小尖塔，远看仿佛两顶王冠。两塔之间的跨度为 60 多米，塔基和两岸用钢缆吊桥相连。

伦敦塔桥是泰晤士河上最著名，也是最壮观的桥梁。它面朝泰晤士河出海口，凡是从海上回来进入伦敦的船只，首先看到的塔桥的雄姿。游客可在塔桥上步行浏览，不予收费。参观塔桥可从北边的塔桥乘电梯上去，观看大桥的结构工程，然后从大桥的高空通道上走过泰晤士河，饱览泰晤士河及两岸的秀丽景色。假若遇上“薄雾锁桥”，景观更为一绝，“雾锁塔桥”是伦敦胜景之一。从桥上或河畔，可以望见停在不远处河上的英国军舰“贝尔法斯特”号，这是第二次世界大战以来英国保留得最完整的军舰。

海德公园

海德公园是英国最大的皇家公园，位于伦敦市中心的威斯敏斯特教堂地区，占地 360 多英亩，原属威斯敏斯特教堂产业。18 世纪前这里是英王的狩鹿场。16 世纪，英王亨利八世将之用做王室的公园。查理一世执政期间，海德公园曾向公众开放。1851 年，维多利亚女王首次在这里举办伦敦国际博览会。现在这里是人们举行各种政治集会和其他群众活动的场所，有著名的“演讲者之角”。

巨石阵

巨石阵是英国最著名的史前建筑遗迹，它的建造起因和方法在考古界至今仍是个不解之谜。巨石阵也叫做“圆形石林”，位于英国离伦敦大约 120 公里一个叫做“埃姆斯伯里”的地方。巨石阵由几十块巨石围成一个大圆圈，其中一些石块足有 6 米之高。据估计，圆形石林已经在这个一马平川的平原上矗立了几千年。整个巨石阵的结构是由环状列石及环状沟所组成，环状沟的直径将近 100 米，在距离巨石阵入口处外侧约 30 米的地方，有一块被称为“席尔”的石头单独立在地上，如果从环状沟向这块石头望去，刚好是夏至当天太阳升起的位置，因此部分学者认为古人用巨石阵来记录太阳的运行。

巨人之路

在英国北爱尔兰的安特里姆平原边缘的岬角，沿着海岸悬崖的山脚下，由 3.7 万多根六边形、五边形、四边形的石柱组成的贾恩茨考斯韦角从大海中伸出来，从峭壁伸至海面，数千年如一日地屹立在大海之滨，被称为“巨人之路”。

巨人之路海岸包括低潮区、峭壁及通向峭壁顶端的道路和一块高地，峭壁平均高度为 100 米。巨人之路是这条海岸线上最具有特色的景点。这 3.7 万多根大小均匀的玄武岩石柱聚集成一条绵延数千米的堤道，形状很规则，看起来好像是人工凿成的。大量的玄武岩石柱排列在一起，形成壮观的玄武岩石柱林。它们井然有序、美轮美奂的造型和磅礴的气势令人叹为观止。巨人之路是一项伟大的世界自然奇观。

温莎城堡

温莎城堡位于伦敦西北约 30 公里的泰晤士河畔一座 100 英尺高的山冈上，是英国众多古堡中至今仍有人居住的最大城堡，也是吸引游客最多的一座城堡。

温莎城堡修建至今已有 900 余年，它几经社会变迁，曾经历过许多历史事件，如克伦威尔的“掘地运动”和 1688 年的君主立宪，更早的英王约翰还在这里签署了著名的《大宪章》。在 20 世纪，这里还发生了轰动一时的风流轶事：英王爱德华八世曾两度在此向离婚的美国平民沃里斯•辛普森夫人求婚，搞得朝野之间沸沸扬扬，最后为了与她结婚，爱德华八世于 1936 年被迫逊位，出走英伦三岛，被其弟乔治六世国王封为温莎公爵，直至 1972 年其灵柩才重返温莎城堡。这使温莎城堡再次名声大噪。

巴黎凯旋门

凯旋门坐落在巴黎市中心戴高乐将军广场的中央，是法国为纪念拿破仑 1806 年 2 月在奥斯特里茨战役中大败俄、奥联军而建的。12 条大街以凯旋门为中心，向四周辐射，气势磅礴，形似星光四射。凯旋门工程由建筑师夏尔格兰设计，1806 年 8 月奠基，历时 30 个寒暑，于 1836 年 7 月落成。凯旋门高 49.54 米，宽 44.82 米，厚 22.21 米。它四面有门，中心拱门宽 14.6 米，门楼以两座高墩为支柱，中间有电梯上下。在拱形圆顶之上有三层围廊，最高一层是陈列室，这里展示着有关凯旋门的各种历史文物以及拿破仑生平事迹的图片；第二层收藏着各种法国勋章、奖章；最低一层则是凯旋门的警卫处和会计室。

凡尔赛宫

凡尔赛宫位于巴黎南郊约 18 公里处的凡尔赛镇，它曾是法国历代国王的王宫，是举世闻名的西方古典主义建筑的杰出代表，被联合国教科文组织列为“世界文化遗产的重点文物”。凡尔赛宫主体长 707 米，中间是正宫，两翼为南宫、北宫，共有 700 多间大小厅室。厅室内富丽堂皇、雍容华贵，四壁装饰有十分珍贵的雕塑和油画作品，室内配有特等家具，陈设着各种名贵古玩。凡尔赛宫外花园设计得典雅而精致，是凡尔赛宫的组成部分。园中拥有众多的花圃、林木、雕像及美丽的喷泉，风景如画，十分迷人，堪称欧式园林的典范。它与卢浮宫和埃菲尔铁塔一样，是各国访问者及游客必到之处。

巴黎圣母院

巴黎圣母院是一座哥特式风格的教堂，是古老巴黎的象征。它矗立在塞纳河中西堤岛的东南端，位于整个巴黎城的中心。它的地位、历史价值无与伦比，是历史上最为辉煌的建筑之一。巴黎圣母院始建于 1163 年，是巴黎大主教莫里斯•德•苏利决定兴建的，整座教堂在 1345 年才全部建成，历时 180 多年。圣母院的正外立面风格独特，结构严谨，看上去十分雄伟庄严。它被壁柱纵向分隔为三大块；三条装饰带又将它横向划分为三部分，其中，最下面有三个内凹的门洞。门洞上方是所谓的“国王廊”，上有分别代表以色列和犹太国历代国王的 28 尊雕塑。1793 年，大革命中的巴黎人民误将其认做他们痛恨的法国国王的像而将它们捣毁。但是后来，雕像又重新被复原并放回原位。教堂内部极为朴素，几乎没有什么装饰。曾经有许多重大的典礼在这里举行，如宣读 1945 年第二次世界大战胜利的赞美诗，又如 1970 年法国总统戴高乐将军的葬礼等。巴黎圣母院是一座石头建筑，在世界建筑史上地位超群，被誉为“由巨大石头组成的交响乐”。

卢浮宫

卢浮宫是世界上最古老、最大、最著名的博物馆之一，位于巴黎市中心塞纳河右畔、巴黎歌剧院广场南侧。卢浮宫原是一座中世纪城堡，早在 16 世纪，法王弗朗索瓦一世决定在原城堡的基础上建造新的王宫，此后经过 9 位君主的不断扩建，历时 300 余年，形成这座宏伟辉煌的宫殿建筑群。1793 年 8 月 10 日，在推翻君主制的周年纪念日时，法国“国民公会”决定把昔日的皇宫辟为国立美术博物馆，同年 11 月 18 日，卢浮宫博物馆正式向公众开放。其全部工程于 1857 年完成。

卢浮宫占地面积（含草坪）约为 45 公顷，建筑物占地面积约为 4.8 公顷。它的整体建筑呈“U”形，分为新、老两部分，老的建于路易十四时期，新的建于拿破仑时代。宫前的金字塔形玻璃入口，是华人建筑大师贝聿铭设计的。在卢浮宫“口”字形正殿的西侧，伸展出两个侧厅，中间的空地即为卡鲁赛广场。卢浮宫的东侧有长列柱廊，建筑巍峨壮丽。其画廊长达 900 英尺，藏有大量 17 世纪及欧洲文艺复兴期间许多艺术家的作品，馆藏品达 40 万件。卢浮宫美术博物馆分为六大部分：古希腊及古罗马艺术馆、东方艺术馆、古埃及艺术馆、珍宝馆、雕塑馆、绘画馆。展览按不同流派、学派和时代划分。一层展出雕刻，二层展出油画，三层则展出素描和彩粉画。

埃菲尔铁塔

埃菲尔铁塔位于巴黎市中心塞纳河南岸，是世界上第一座钢铁结构的高塔，被视为巴黎的象征。埃菲尔铁塔因由法国著名建筑师斯塔夫~埃菲尔设计建造而得名，建于1887—1889年，塔高300余米，塔身重达9 000吨。分三层：第一层平台距地面57米，设商店和餐厅；第二层平台高115米，设有咖啡馆；第三层平台高达276米，供游客远眺。塔底部面积1万平方米，在第三层处建筑结构猛然收缩，直指苍穹。从一侧望去，像倒写的字母“Y”。该塔由1.8万余个组成部件和250多万个铆钉构成，可乘电梯或徒步登至塔顶。入夜，塔顶发出转动着的彩色探照灯光，以防飞机碰撞。塔旁竖立着长方形白色大理石柱，柱顶安放斯塔夫・埃菲尔镀金头像，他的一生杰作累累，遍布世界，但使他名扬四海的还是这座以他名字命名的铁塔。用他自己的话说，埃菲尔铁塔“把我淹没了，好像我一生只是建造了它”。当初，法国政府虽然决定在巴黎建造一座世界上最高的大铁塔，但提供的资金只是所需费用的1/5。埃菲尔为实现他的设计，曾将他的建筑工程公司和全部财产抵押给银行作为工程投资。

香榭丽舍大街

香榭丽舍大街东起协和广场，西至星形广场，全长约1 800米，街道最宽处约120米，是横贯巴黎且最具特色、最繁华的街道之一。在法文中“香榭丽舍”是“田园乐土”的意思。过去，这里曾是一片低洼潮湿的空地。17世纪路易十四在位时，曾在这里植树造林，使之成为专供宫廷贵族游乐的禁区。后来，图勒里公园的东西轴线向西延伸，在这里建成了近1公里长的林荫道，以后又加扩展，1709年才将其命名为香榭丽舍大街。大街以南北走向的隆布万街为界，分成风格迥异的东西两段。幽静的东段体现了田园风光，长约700米，一排排梧桐苍翠欲滴，街心花园夹在万木丛中时隐时现。东端的星形广场中央有巍峨雄伟、遐迩闻名的凯旋门。大街附近有波旁宫、玛德琳娜大教堂，还有图勒里公园、卢浮宫、市府大厦和爱丽舍宫等名胜古迹。西段长1 100多米，西端的协和广场是巴黎的另一个交通要冲。法国的一些重大节日如7月14日国庆阅兵式、新年联欢都在这条著名的街道上举行。

协和广场

协和广场位于巴黎市中心，塞纳河北岸，香榭丽舍大街东端，始建于1775年，于1840年形成了现在的规模，面积约8.4万平方米。“协和广场”这个名字有着一段并不合谐，甚至血腥的历史。协和广场原名为“路易十五广场”，中间铸造有路易十五的骑马雕像，显示其在位时期的权势。但在 1789 年法国大革命时期，雕像被革命人民推倒，并改建了断头台，易名为“革命广场”。国王路易十六及其王后就是在这里被送上了断头台，其后也亦有数千人在此被处决。传说当年由于这里血腥味太浓，以至于一群牛从这里经过时都嘎然止步，不欲经过此地而改道绕行了。直到广场被重建，为了纪念战争年代的结束并满足人民祈望和平的愿望，“革命广场”更名为“协和广场”。

枫丹白露宫

枫丹白露宫是法国最大的王宫之一，在法国北部法兰西岛地区赛纳—马恩省的枫丹白露，从 12 世纪起就用做法国国王狩猎时的行宫。“枫丹白露”的法文原义为“美丽的泉水”。枫丹白露风景绮丽、森林茂盛、古迹众多，是著名的旅游胜地。最美的是弗朗索瓦一世的画廊，室内有众多的寓意画、水果装饰品、花环彩带和丰富的石膏花饰、雕塑品，是带意大利风格的法国文艺复兴式艺术的典范。这座 16 世纪的宫殿，直到 19 世纪它的修缮扩建工作都未停止过，各个时期的建筑风格都在这里留下了痕迹，众多著名的建筑家和艺术家参与了这座法国历代帝王行宫的建设。

布鲁塞尔大广场

布鲁塞尔大广场地处布鲁塞尔市中心，是欧洲最美的广场之一。广场长不到百米，宽仅三四十米左右，整个地面由清一色的花岗石铺就，四周又以哥特式、文艺复兴式、路易十四式等风格迥异的建筑环绕，错落有致，风光独秀。

广场侧面的天鹅咖啡馆是一座别具一格又独有意义的建筑。这座五层楼房原为一家旅馆，大门上装饰一只展翅欲飞的白天鹅，天鹅纯白高雅、华贵大方，具有无限的美感。1845 年 2 月，马克思从巴黎迁居布鲁塞尔时就住在旅馆中。雄姿勃勃的布鲁塞尔市政厅与天鹅咖啡馆栉比相邻。这座典型的哥特式建筑始建于 1402 年，历经 78 个春秋，直到 1480 年才竣工。厅内装饰美妙绝伦，巧夺天工。在这里，不同时期、不同国度的历史名人画像济济一堂，有比利时的著名君主，有统治过布鲁塞尔的西班牙、荷兰、法国等国君主的画像，当然还有拿破仑的画像。大厅犹如一座博物馆，展示出比利时民族史的风云变幻。

两年一度的“大广场鲜花地毯节”已成为布鲁塞尔市民的一大盛事。地毯节之际，广场上人山人海，广场中心被五颜六色的鲜花铺成一块巨大的长方形“地毯”，“地毯”中间设置三个圆形喷泉，落珠溅玉般地折射出璀璨的光波，构成了“鲜花地毯”奇美的图案。“鲜花地毯”由一百多万朵秋海棠组成，这些色彩艳丽的海棠花均来自距布鲁塞尔约 100 公里的根特地区的乡村田野，由花农精心采集，连夜运往布鲁塞尔，再由花匠们仔细编织，汇成了花的海洋。

于连像

誉满全球的“布鲁塞尔第一公民”塑像，矗立在布鲁塞尔大广场中。这是一座栩栩如生的男孩铜像，名叫于连。他的头发卷曲蓬松，小鼻子向上翘起，光着浑圆的屁股，旁若无人地撒出一道弧形“尿流”。其状其貌，楚楚动人，可笑又可爱。塑像下与喷泉相连，所以小于连的“尿”永不枯竭。狂欢节时，小于连便改“尿”啤酒一天，游客争相抢饮，独有情趣。

关于于连的故事，留有诸种传说：有的说他在强盗放火时，一泡尿灭了火星拯救了全城；有的说外国入侵者企图炸毁城市时，小于连挺身而出，撒尿浇熄了导火线，自己中箭身亡；有的说他专爱站在楼顶向出殡人撒尿，激怒了过路的女神，罚他永远撒尿。1698 年，巴伐利亚总督路过这里，念他赤身站在刺骨的寒风中，便赐给他金丝礼服穿戴。此举引来游客们的纷纷效仿，他们争先把具有本民族特色的服装赠给小于连，以致他的衣服多得要专设一个博物馆来收藏。其中就有中国赠送的两套，一套是中国人民解放军军装；另一套是 1979 年布鲁塞尔千年大庆时北京派人专程赠送的汉族对襟小裤褂一套，每逢 10 月 1 日，小于连就穿上此装，一副可爱的姿容。

尚博尔城堡

尚博尔城堡也称“香堡”，坐落在法国卢瓦尔河左岸约 5 千米外的科松镇，占地 5 225 公顷，是法国文艺复兴时期的旷世杰作，被誉为“世界奇迹”之一。它在一片浩瀚的林海中，以美妙无比的想象力把中世纪的传统风格与意大利式的古典结构融为一体。

这里最初是个狩猎场，后被弗朗索瓦一世看中，于 1519 年在此修建了尚博尔城堡。弗朗索瓦一世是一个英明有为的君主，受到当时文艺复兴的影响，决定在这个自己及许多贵族都喜欢的地方修建城堡。为此，他专门把著名画家达·芬奇请到宫廷设计了城堡草图。15 年后，城堡的主体建成时，弗朗索瓦一世去世了，而工程到 150 年后的路易十六时期才全部完成。城堡占地广阔，一半是花园，一半是森林，为此国王购下了附近的大片土地。附近无边的森林与从这里蜿蜒流过的卢瓦尔河一起构成了它特有的风光，是当时全法国野生动物最多的地区之一，因而成为贵族们狩猎的黄金地段。昔日王亲贵戚狩猎之地如今成了尚博尔公园，它是欧洲最大的公园。

尚博尔城堡从正面看，是一个中央聚集了许多修长小塔的组合体，两边各一个大角堡使它显得稳固。尚博尔的最高处距地面 128 米，是城堡的主楼；四个角堡为小圆堡，围着主楼。城堡内共有 440 间房、365 个壁炉，每天点一个壁炉，每个壁炉一年只用一次。

圣米歇尔山

被誉为“西方名胜”的圣米歇尔山位于法国诺曼底和布列塔尼之间，坐落在巨大沙洲中部的岩石小岛上。岛的顶部是哥特式建筑本笃会修道院，透过高大城墙，可一览海湾全景。这座修道院建于 11—16 世纪，是非凡技艺之杰作，与周围独特的自然环境融为一体。圣米歇尔山的历史可以追溯到公元 708 年。据说，当时一位来自阿弗郎什小镇的红衣主教奥贝梦见大天使圣米歇尔，圣米歇尔示意他建造一座建筑物以显示其伟大。奥贝的教堂如今只剩下一面墙，向人们诉说着圣米歇尔山名字的来历。

圣米歇尔山从布列塔尼海岸望去如同一个童话世界：周围是碧洋白沙，教堂钟楼尖顶上舒展着巨翼的天使，圣米歇尔的金像如同一个明亮的光点与日争辉。圣米歇尔山与其称它为一座山，不如说是一个小丘，因为它的最大高度也只有 76 米，但由于它处于大海前的空旷沙地上，四周既无树木又无房屋，因此显得比实际高度要高得多。

阿道尔夫大桥

在将卢森堡市一分为二的佩特罗斯大峡谷上，有建于不同时期的 110 多座大小桥梁，这些桥梁连接着卢森堡的老城和新城，也为佩特罗斯大峡谷增添了一道美丽风景。阿道尔夫大桥是这 110 多座桥梁中造型和规模都十分引人注目的一座，这座几乎出现在每张佩特罗斯大峡谷风景照上的大桥，已成为卢森堡市的标志物。该桥连接新、旧两市区，而支撑桥梁的拱门左右对称，非常壮观，是欧洲地区杰出的建筑物之一。阿道尔夫大桥

是俯瞰佩特罗斯大峡谷风景的最佳视点，站在桥上向下望去，大峡谷中树木茂盛，水流不息，幽深静谧。而阿道尔夫大桥一端的卢森堡老市区，也可从桥上一览无余，老市区的大公国宫殿、卢森堡圣母院等欧洲古建筑的尖顶，都显得格外醒目。阿道尔夫大桥从 1900 年开始兴建，历时 3 年完工，其桥拱是世界上最大的石拱，桥拱横跨佩特罗斯大峡谷，和桥拱两侧分别建造的 4 个由小至大的拱门形桥洞一起，支撑着 153 米长的宽阔桥面。阿道尔夫大桥桥面可容 6 条车道，两边还各设有人行道，供游客观光远眺。

第8章　北　　欧

第1节　北欧主要旅游国家

挪威

挪威国名原意是“通往北方之路”，传说古代北欧人来往斯堪的纳维亚半岛，有一条沿岛北部海岸的“北路”，挪威因此而得名。挪威是欧洲山脉最多的国家之一，高原、山地、冰川约占国土面积的75%。挪威领土南北狭长，海岸线异常曲折，沿海岛屿多达15万个，故被称为“万岛之国”。漫长的海岸线，被北海的浪涛割成锯齿状。窄如细指的水流挤出一条道路，从峡湾注入内陆的山岳中，无数的大小瀑布奔腾而下。这无穷尽的曲折峡湾和无数的冰河遗迹所构成的壮阔的峡湾风光是狂野而宁静的挪威灵魂。长200公里、深1 300米的松娜峡湾是世界上最长、最深的峡湾，是举世无双的景观。首都奥斯陆拥有港湾海景，有极富特色的雕塑和建筑；悠闲的路人，洋溢着北欧人特有的直爽豪放；更有著名的海盗船博物馆，展有两艘世界上保护得最好的建于公元9世纪的木制海盗船。

挪威地处偏北，其最南点（北纬约58°）比中国最北点（不到北纬54°）还要北。北极圈横穿挪威北部，北部一些城市到了6、7月份根本没有夜晚，可以看到午夜的太阳及美丽的北极光。5月17日是挪威国庆节，成千上万的人穿着民族服装欢度佳节，从少女到老妇几乎都是背带式拖地长裙，红色、白色、黑色、绿色，在厚厚的毛呢或棉布上绣着鲜艳的花朵和图案。

挪威的三文鱼非常新鲜，北欧海域所产的三文鱼质量值得信赖。黄澄澄的山羊乳酪是另一项特产。银质的精雕细镂制品，是挪威引以为荣的传统技术。挪威有名的特产还有裘皮。

芬兰

芬兰地处欧洲东北角，有1/3的区域处于北极圈内，与冰岛同属世界上最北的国家。芬兰被誉为“千湖之国”：拥有逾55 000个湖泊和无数池塘。芬兰地处斯堪的纳维亚半岛，冬季长而酷寒，夏季短而温暖。沿岸受大西洋暖流影响，气候较温和，一年四季空气清新纯净，自然环境整洁优雅。旅游以6至9月较为适合。在北极圈内有极昼、极夜的现象，远来的游客们首先要做的一件“大事”是都要把双脚横跨在北纬66°33′的北极线上拍一张照片留念。

桑拿浴号称芬兰的国粹。芬兰有句谚语：“先建桑拿，再搭房屋。”桑拿是为数不多的进入世界语言范畴的芬兰词汇之一。芬兰桑拿室完全用木材建造，其中一定包括蒸汽房、洗澡间和更衣室。芬兰全国有不同大小桑拿室上百万间，平均每三个人就拥有一间桑拿房，密度是全球之冠。对到芬兰旅游的人来说，如果没有洗过桑拿，就等于没到过芬兰。

1927年芬兰的儿童故事大王玛尔库斯在电台讲故事时说，圣诞老人和两万头驯鹿就住在芬兰和苏联分界的拉普兰省“耳朵山”上，正是因为有“耳朵”，圣诞老人才能在北极听到世界上所有孩子的心声。他的这种颇有感染力的浪漫推理获得了世人认可，从此，故事中的“耳朵山”就成了圣诞老人的故乡。

如果想要一个由滑雪、划船、远足和音乐节等各种活动组成的动感假期，芬兰无疑是明智之选；但同时芬兰也能提供在躁动的现代生活中越来越稀有的东西：空间、平和、宁静和时间。

瑞典

瑞典位于北欧斯堪的纳维亚半岛东部，东濒波罗的海，西南临北海。全国地势自西北向东南倾斜，北部为诺尔兰高原，全国最高峰凯布纳山海拔 2 123 米，南部及沿海多为平原或丘陵。瑞典主要的河流有约塔河、达尔河、翁厄曼河，湖泊众多，约有 9.2 万个，最大的维纳恩湖面积约 5 585 平方公里，居欧洲第三。瑞典约 15%的土地在北极圈内，但受大西洋暖流影响，冬季不太寒冷，大部分地区属温带针叶林气候，最南部属温带阔叶林气候。

瑞典作为一个重要的旅游目的地在发展国际旅游中有着许多优势。首先，瑞典地广人稀，风光秀丽，有着大面积的未遭破坏的大自然，这种旅游资源对关心环境、注意生态的游客而言颇具吸引力。其二是独特的文化遗产，瑞典虽然地处欧洲，但那里的文化传统、语言文字、风土人情与欧洲大陆国家有着很大的差异，十分独特。其三是环境优美清洁，社会安定祥和，这和许多西欧或东欧国家的情况形成强烈对比。而且，这个国家旅游基础设施和旅游服务设施完备，状态良好，运行可靠，也颇受入境游客的欢迎。

斯德哥尔摩和哥德堡是接待海外游客最多的城市，其次是达拉纳、瓦姆兰和瑙波顿（在最北部的拉普兰地区）。从游客吸引物来看，游客在瑞典首选目的地是首都斯德哥尔摩；哥德堡的吸引力在于其提供各种各样水上活动的西部沿海岛屿；北部拉普曼地区地处北极，堪称欧洲保存最完好的自然原始状态，是各种户外冒险性活动（如山地远足、垂钓、漂流、山地和越野滑雪、狗拉雪撬等）的理想境地。那里的麋鹿、漂亮的手工艺品和具有强烈地方特色的文化传统使游客流连忘返。诺贝尔纪念馆建于 1975 年，位于卡尔斯库加市，馆址在白桦山庄。白桦山庄不是诺贝尔出生的旧居，而是他结束海外漂泊生涯回到祖国的定居之地，馆里珍藏着诺贝尔生前活动的照片及他获得的各种技术发明专利证书和金质奖章，他的遗嘱也保存在这里。

丹麦

丹麦位于欧洲北部波罗的海至北海的出口处，是西欧、北欧陆上交通的枢纽，被人们称为“西北欧桥梁”。丹麦南部与德国接壤，西濒北海，北与挪威和瑞典隔海相望。全境地势低平，平均海拔约 30 米。境内多湖泊河流，最长河流为古曾河，最大湖泊是阿里湖。丹麦是斯堪的纳维亚半岛最小的岛国，但却是举世闻名的旅游胜地。它由日德兰半岛、西兰岛、菲英岛等 406 个岛屿组成：日德兰半岛有列为“世界遗产”的海盗遗迹耶林；西兰岛是首都哥本哈根、赫尔辛格、腓特烈堡等古迹的所在地；夹在日德兰半岛和西兰岛之间的菲英岛被称做：“丹麦的花园”，丹麦最著名的作家安徒生就诞生在菲英岛上的欧登塞。

丹麦还孕育了作家卡尔•尼尔森、原子物理学家尼尔斯•玻尔、雕刻家托尔森、神学家克尔凯郭尔、舞蹈家布农维尔与建筑家雅科布森等世界文化名人和科学家。20 世纪共有 12 位丹麦人获得了诺贝尔奖。丹麦在天文学、生物学、环境学、气象学、解剖学研究、免疫学、光速计算、电磁、血清研究和核物理研究等领域处于世界领先地位。丹麦奉行使每个社会成员在文化方面得到发展的文化方针，鼓励地方发展文化事业。

在丹麦，没有人养鸟。鸟儿只循着生态规律繁衍生长。但无论走到哪里，人们都可以欣赏到鸟的种种乐趣。喂鸟在丹麦是一种风尚。无论是炎夏还是寒冬，在鸟儿集中的广场、公园，每天都能见到喂鸟的人，尤以老人和儿童为多。在丹麦，琥珀是最美的东西。丹麦是世界上第一个发现琥珀的国家。作为琥珀的发源地，丹麦人开辟了世界历史上有名的琥珀贸易之路，丹麦人骄傲地称之为“琥珀之路”。

第2节 北欧重要旅游城市

奥斯陆

挪威首都奥斯陆位于国土南部，坐落在奥斯陆峡湾北端的山丘上，面对大海，背靠山峦，城市布局整齐、风格独特、环境幽雅。奥斯陆四周有山有水，大部分地区仍保持着天然状态，西郊有露天博物馆，保存有挪威古代的文物。市内的马里达尔湖是城市用水的重要水源。

奥斯陆是欧洲著名的历史古城，始建于公元1050年，从1814年起成为挪威首都。城市濒临曲折迂回的奥斯陆湾，背倚巍峨耸立的霍尔门科伦山，苍山绿海相辉映，使城市既有海滨都市的旖旎风光，又有因依托高山密林而具备的雄浑气势。

漫步在奥斯陆市区，在城市临海的地方，有一座古代与现代建筑风格巧妙结合的大型建筑物，这就是奥斯陆市政厅。大厅前面的广场有花圃、喷泉，造型别致，富有公园格调。在市政厅附近，有著名的国家剧院和历史悠久的挪威王宫。与这些建筑物相距不远的是城市最繁华的市中心地区。在这里人们可以观赏到欧洲都市的繁荣景象，欣赏博物馆陈列的珍贵艺术品，游览大教堂的古建筑群。

奥斯陆的西郊集中了奥斯陆城市风貌的精华。在西郊风景区，有一个美丽的福罗尼尔公园，绿树成荫，花草遍地，尤以独特的姿态优美的雕塑群闻名。自古以来，挪威人都喜爱雕塑，特别是人体雕塑。无论是在公共场所，还是在私人居室，都要摆上几尊雕塑佳品，供人欣赏。市内最大的弗洛格纳公园布局独特，建筑精巧，园内的维格兰雕塑公园更是声名远扬。这里有150组雕塑，形态逼真，变化多姿。在奥斯陆，各种各样的雕塑随处可见，简直是一个雕塑的世界。

霍尔门科伦山位于富罗尼尔公园的背后，沿着盘山公路可以驱车抵达山顶。在山上极目远望，无边的林海笼罩着一座座山头，悠悠浮动的白云缠绕着山山岭岭。远方的山麓处有许多小湖在阳光下闪耀着翠蓝色的光辉，宛如碧毯上嵌镶着的颗颗珍珠。冬季，这里冰雪覆盖，银白一片，是举世闻名的滑雪胜地。

卑尔根

卑尔根是挪威第二大城市，是挪威西南海岸的港口、航运和商业中心。这儿有自然历史、渔业和工艺艺术博物馆，还有建于十二三世纪的圣玛丽大教堂及王宫等古迹。因其峡湾地形适合大型船舶操作，令卑尔根成为欧洲其中一个最大的邮轮港之一。卑尔根曾获选为“欧洲文化之都”。

城中最古老的地方是位于北方的瓦根湾，是一个旧城区，拥有很多古老的木屋，大约于18 世纪早期建成，即 1702 年大火后重建的木屋，风格比较像火灾前的中世纪风格。而圣玛丽教堂就是卑尔根最古老的建筑物，部份建筑于 1130 年建成。

从著名景点露天鱼市场再往下走就是购物区。购物区在 1916 年的大火后重建，建筑具有现代艺术性和功能性，环绕在位于中间的托加曼尼根广场。某几个部分的白色木屋，分别位于中心广场附近，是一个很古雅的地区，大部分的建筑物于 1900 年左右建成，具有新古典主义风格。

游客一定不能错过登上弗洛扬山的吊车旅程，从那里可以看见壮丽的卑尔根市和七大山的景观。在弗洛扬山，你也可以走到不少地方，看到平时不能看到的景色。这里的水族馆、企鹅和鱼都相当出名。

赫尔辛基

芬兰首都赫尔辛基濒临波罗的海，是一座古典美与现代文明融为一体的都市，既体现出欧洲古城的浪漫情调，又充满国际化大都市的韵味。同时，她又是一座都市建筑与自然风光巧妙结合在一起的花园城。在大海的衬托下，无论夏日海碧天蓝，还是冬季流冰遍浮，这座港口城市总是显那么美丽洁净，被世人赞美为“波罗的海的女儿”。在赫尔辛基的海港市场上，有一尊名叫“波罗的海的女儿”的铜像，是赫尔辛基的象征。

与其他欧洲都市相比，赫尔辛基是一座年轻城市，但她的建筑却融贯了传统的民族浪漫主义风格与现代流行趋势。多姿多彩的建筑分布在城市的各个角落，在它们当中不仅可以观赏到“新古典派”和“新艺术派”的杰作，也能够欣赏到富有北欧情趣的雕塑和街景，使人感受到一种超凡脱俗的宁静美。作为文化之城，赫尔辛基拥有全国最大的图书馆和博物馆。

赫尔辛基是欧洲夏季旅游胜地，尤其在夏至前后的白夜期间，由于地处高纬度，太阳只落下 1 个小时，但气温不高，气候凉爽，港口外几个小岛更是游泳的好地方。但冬季常为阴天，太阳仅在空中持续几个小时，可是由于大西洋暖流的影响，气候并不寒冷，比北京晴空万里的冬日要暖和得多。桑拿浴是芬兰人发明的，几乎每家在郊外的湖边都有自己的桑拿屋。

赫尔辛基最著名的建筑群要属位于市中心参议院广场上的赫尔辛基大教堂及其周围淡黄色的新古典主义风格的建筑。数百级台阶上的白色教堂大圆顶巍然耸立，气宇非凡。广场前面，那造型精美、栩栩如生的雕像栉风沐雨，仿佛向人们展示它当年的风韵。

坐落在市区南部海湾6个岛屿上的芬兰城堡，原是一座海上军事要塞，1748—1788年瑞典统治时期建成，1808年成为俄国驻军地。要塞的中心区狼岛和库斯唐米埃岛上，构筑了复杂的明垒、暗堡、炮台、大炮、石墙、兵营和庭院，成为芬兰极富有特色的历史古迹。

坦佩雷

坦佩雷市位于芬兰西南部，距首都赫尔辛基约180公里，是芬兰第三大城市。坦佩雷位于奈西湖和比哈湖两大湖泊之间的狭长地带，满眼是瑰丽的景致，处处是可餐的秀色。由于两座湖泊之间的落差达18余米，其间约有1公里的流程在坦麦科斯基河形成急流，因此可以用于水利发电，坦佩雷最早的工业就是从这里发展起来的。

坦佩雷美丽的自然风光使它成为深受人们喜爱的旅游城市，市中心的沙洲角是坦佩雷的娱乐中心，那里耸立着芬兰最高的眺望塔奈辛内乌拉。塔高168米，乘高速电梯可直达塔顶，俯瞰市区全景，观览之余可在塔顶的旋转餐厅里享用一顿美餐。眺望塔的底层设有天文馆、水族馆和海豚馆。除游乐场外，沙洲角还有一个儿童动物园。

坦佩雷是芬兰的戏剧之都，1959年建造的带有旋转观众席的夏季露天剧院是每年8月戏剧节会演的中心。每年，坦佩雷都要举行戏剧节、爵士音乐节和电影节等丰富多彩的文化活动，吸引了不少的国外游客前来观赏。坦佩雷有各式各样的博物馆，芬兰唯一的列宁博物馆仍然保存至今，对游客开放。

图尔库

图尔库最初是由瑞典人所筑的城堡发展而来，从14世纪起，图尔库就成为芬兰的对外贸易中心。1812年，首都从图尔库迁往赫尔辛基。市区至今仍保留着许多古典幽雅的建筑，最为著名的是中世纪遗留下来的图尔库城堡和大教堂。

图尔库城堡建于1280年，是瑞典统治芬兰时期最重要的军事要塞，瑞典的14个国王都曾把这里当做行宫，如今是北欧保存最完好的大型城堡之一。图尔库大教堂是芬兰闻名遐迩的中世纪大教堂，始建于13世纪初期，也是当地最古老的建筑之一。

斯德哥尔摩

斯德哥尔摩是瑞典的首都，也是瑞典第一大城市。瑞典国家政府、国会及皇室的官方宫殿都设在此。斯德哥尔摩位于瑞典的东海岸、梅拉伦湖入海处，濒临波罗的海，风景秀丽，是著名的旅游胜地。市区分布在14座岛屿和一个半岛上，70余座桥梁将这些岛屿连为一体，因此享有“北方威尼斯”的美誉。

斯德哥尔摩由格姆拉斯坦（老城）城堡建筑发展而来，至今保留着许多历史建筑物，景色秀丽。中央车站、酒店及其他设施主要集中在格姆拉斯坦以北的诺鲁玛尔姆地区，东部为幽静的高档住宅区埃斯特尔玛尔姆，南部的索德玛尔姆街则是艺术家和年轻人聚集之处，使这里被称做“世界最美丽的首都”之一。走进旧城，很难不被统一的橙、黄色调深深吸引。当年与威尼斯贸易往来频繁的瑞典统治者深爱意大利风格，于是下令将旧城里的房舍一律以橙红、鹅黄为彩妆，造就了现在旧城统一的色调景观。

城中满布 16—19 世纪建筑的“老城”、陈设着皇家战舰“瓦萨号”的瓦萨博物馆和斯康森露天博物馆是外国游客来斯德哥尔摩的必到之处。斯康森博物馆是斯德哥尔摩市的一座露天民俗博物馆，是世界上同类博物馆中历史最悠久的一个，创建于 1891 年。斯康森博物馆从多种角度向人们展示昔日瑞典民俗生活。中国宫位于斯德哥尔摩郊区的名胜—— 皇后岛上，这是一座中国式宫殿与法国洛可式建筑的混合体，整个建筑呈弓形，宫门宫窗两侧的边框由中国式图案组成，以便于书写中国对联。室内陈设几乎均为中国式样，墙上挂满中国山水花鸟之类的画卷和书法条幅。

哥德堡

瑞典的首都是斯德哥尔摩，而最美丽的城市则是哥德堡。哥德堡坐落在瑞典的西海岸卡特加特海峡，是瑞典最大的河流—— 约塔河的出海口，是一座风光秀丽的海港城。哥德堡港终年不冻，成为瑞典和西欧之间的主要港埠，瑞典全国对外贸易的货物有相当部分是从这里起运的，整个城市终年呈现着一派繁忙的景象。哥德堡地处哥本哈根、奥斯陆和斯德哥尔摩三个北欧国家首都的中心，是北欧的咽喉要道。

哥德堡市区有一条条运河和一条条巴黎式林荫大道，还有十几座公园，运河网环城绕行，水色风光使城市平添姿容。人们最喜欢逛的是城堡公园，这里树木参天、绿草如茵、湖水如镜。哥德堡有北欧最大的游乐场，还有北欧最大的斯堪的纳维亚体育馆。这里还是瑞典西部地区的文化中心，建有哥德堡大学、哥德堡海洋学研究所及其他各种文化设施等。

哥德堡也是瑞典的旅游胜地之一。城市风光秀丽，并建有国际机场，每年吸引着数十万国内外游客云集于此，争睹此城中 17 世纪建造的皇家住宅、1699 年建造的旧市政府厅、18 世纪中叶建造的瑞典东印度公司及 1815 年建造的大教堂等名胜古迹。

乌普萨拉

乌普萨拉地处瑞典东部，位于斯德哥尔摩的正北方，濒临费利斯河和梅拉伦湖。城市四周有肥沃的田野、茂密的森林，景致优雅清新。

乌普萨拉曾为瑞典旧王朝的故都，12 世纪时，瑞典各公国经常在此召开会议。它也是当时著名的宗教圣地，北欧最古老的乌普萨拉教堂就建在此城。后来城市慢慢向邻近的一个渔村发展，至 13 世纪后半叶，此渔村已成为乌普萨拉新的商业和手工业中心。今日的乌普萨拉就是在这个基础上向四周扩展而成的。

城市还保留有不少著名历史建筑，如 1287 年始建的哥特式砖造大教堂、12 世纪建成的圣三一教堂、16 世纪建筑的城堡以及古斯塔夫一世等历史名人的陵墓。乌普萨拉现已成为世界上小有名气的文化城市。瑞典历史最悠久的大学——乌普萨拉大学就建于此地。乌普萨拉大学附设有众多研究所，其中有享誉世界的地震观测所，乌普萨拉城因此而名扬世界。这座城市还建有 10 多个博物馆，其中包括专门展出中国展品的中国瓷器馆和中国化石馆。

哥本哈根

哥本哈根是丹麦的首都，也是丹麦最大的城市及最大的港口，坐落于丹麦西兰岛东部，与瑞典的马尔默隔厄勒海峡相望。厄勒海峡大桥在 2000 年完工后，哥本哈根与瑞典的马尔默可通过车辆和铁路往来，促成了两地资源的互相交流，每年利用厄勒大桥的通勤人数在不断增长。此外大桥通车后也让两座城市之间形成了北欧地区最大的城市群。

哥本哈根市容美观、整洁，市内新兴的大工业企业和中世纪古老的建筑物交相辉映，使它既是现代化的都市，又具有古色古香的特色。在许多古建筑中，最有代表性的是一些古老的宫堡。坐落在市中心的克里斯蒂安堡年代最为久远。现在的克里斯蒂安堡是 1794 年被焚以后重建的。过去，它曾是丹麦国王的宫殿，现在成为议会和政府大厦所在地。建在厄勒海峡出口处岩石上的克伦堡宫是昔日守卫这座古城的一个军事要塞，至今还保存着当时修建的炮台和兵器。此外，现在丹麦国王居住的王宫——阿马林堡也颇负盛名。哥本哈根市政厅的钟楼，也常常挤满了好奇的来访者。因为那里有一座机件复杂、制作精巧的天文钟。据说，这座天文钟不仅走得极其准确，还能计算出太空星球的位置，能告诉人们一星期各天的名称、日子和公历的年月、星座的运行、太阳时、中欧时和恒星时等。这座天文钟是一个名叫奥尔森的锁匠花费了 40 年心血、耗费了巨资才造成的。

坐落在海滨公园、以安徒生童话《海的女儿》为原型的一尊美人鱼铜像，已成为哥本哈根的标志，同巴黎的铁塔、罗马的教堂和伦敦的吊桥一样，是具有代表性的城市名胜景点。

罗森堡也是哥本哈根的著名古迹，是建于公元 17 世纪克里斯钦五世时期的一座文艺复兴风格的王宫，整个城堡坐落在花木争艳的皇家公园内，收藏有历代国王遗存的宝石、王冠、壁毯等珍贵文物，现已辟为博物馆。

阿美林城堡是一座洛可可式建筑，拥有独特的八角形内院，是国王及王室亲属居住的地方，每天中午可以观赏到身着古式军服、手持兵器的卫兵交接班的庄严仪式。

哥本哈根市拥有 20 多座博物馆和 10 多个风格各异的公园。丹麦最大、收藏品最丰富的国立博物馆内陈列着冰河时期的化石、中世纪的家具及丹麦的风俗文物等，均是难得的珍品。著名的鹿园内，古木参天，草绿花红，成群的野鹿在林中自由追逐，富有神话般的仙境。园内还建有富有山野情趣的旅馆、餐厅，别有一番风味。

丹麦人热爱自然，由丹麦画家维格•维涅柏设计的旅游招贴画“鸭妈妈”，画的是一位警察阻断了所有交通以便让一只鸭妈妈带领小鸭子横过马路。有的人甚至极端到连苍蝇也不打，认为“它们也有生存的权利”。城中没有太高的建筑，风景秀丽。市政府为游客免费提供的自行车，由在车轮上做广告的公司提供财政支出。

奥胡斯

奥胡斯的名字源于古丹麦语，意思是“小河口”，因为奥胡斯正好位于奥胡斯河的河口上。奥胡斯的主要市区始建于公元 900 年，距今已有 1 000 多年的历史。奥胡斯是日德兰半岛的贸易重镇，也是连接挪威和丹麦等国其他城市的交通枢纽。由于它的地理位置以及当地居民对文化的爱好，奥胡斯一直是日德兰半岛的文化中心。

奥胡斯市是一座整洁、美丽的城市，具有典型的欧洲田园风光，楼房设计多样，形成一个个独特、新颖的建筑群。奥胡斯市的海滨是夏季的度假胜地，清凉的海风拂面吹来，令人心旷神怡。海面上白帆点点，游艇穿梭不停，吸引着世界各地的游客来此休闲度假。和丹麦其他城市一样，在奥胡斯保护得最好的建筑是教堂。其中最有名的教堂是位于市中心的圣—克莱门斯教堂。该教堂最老的部分建于 1197 年，在 1921 年维修时，又加了个塔尖。奥胡斯的老城区虽然街道比较狭窄，但却整洁，且环境优美，商店林立，充满北欧古城情调。

对于喜欢音乐的人来说，建于 1982 年的奥胡斯音乐厅是必须拜访的地方。在这里可以欣赏到奥胡斯交响乐团和歌剧院的精彩表演。每年一次的奥胡斯文化节是丹麦最有名的文化活动之一。届时，除奥胡斯音乐厅之外，奥胡斯的大街小巷、公园、广场到处都有丰富多彩的音乐会。

第 3 节　北欧著名旅游景区、景点

乌尔内斯木板教堂

基督教宗教建筑风格倾向于永久存在，所以西欧文明中木材通常不被作为建筑教堂的主要材料。但是在挪威，一些中世纪修建的结实的木结构教堂依然存在。在 11—13 世纪期间，挪威建起了 1 200 座左右的木结构教堂，现在只有 32 座遗存下来。由于这些教堂内部的一些圆木柱子很像帆船的桅杆，所以，它们被称为桅式教堂。教堂坐落于石基之上，石基支撑着底基木座，从底座上竖起的圆柱和支撑物，并加上屋顶就构成了教堂。教堂东部有一个长方形的圣坛，圣坛的两侧各有一个带有屋顶的敞廊。

乌尔内斯的波尔贡木教堂是一座古老的、优美的中世纪教堂，建于 11 世纪中叶。教堂坐落在林木葱郁的山麓前，一道不高的石块垒砌在围墙护卫着它。教堂上面有尖顶，尖顶上立着十字架，整座教堂的外部形制有些像东方寺庙。内壁上精美的壁画，在特有的昏暗中会唤起一种幽邃的感觉。

阿尔塔岩画

阿尔塔岩画位于挪威北部北极边缘的马克郡。它分布在 5 000 米长的临海斜坡上，共有 45 处。阿尔塔岩画内容十分丰富，有人物、动物、几何图形等，还有许多狩猎的场面。这些图画都有一定的象征意义，如鱼象征渔业发达，人的形象则被认为是消灭敌人的咒符。岩石画形成于公元前 4200 年至公元前 500 年之间。作者用石头或兽角制作的工具，先在花岗石的表面雕刻出轮廓线，然后涂上染料，也有一些画直接雕刻在岩石上。

阿尔塔米拉岩洞长 270 米，深邃曲折。超过 150 幅岩画集中在长 180 米、宽 9 米的入口处，多数是简单的风景画和动物画。图画写实、粗犷和重彩的手法，刻画出原始人所熟悉的动物形象（站、跑、卧、叫），栩栩如生。

松娜峡湾

距挪威第二大城市卑尔根不远的松娜峡湾全长约 204 公里，深约 1 300 米，号称世界上最长，最深的峡弯，被称为“峡湾之冠”。它包括奥兰峡湾和奈罗峡湾支流峡湾。前者面临风景秀丽的富拉姆山谷和世界上最陡峭的高山铁路支线——富拉姆铁路，后者则是具有全欧洲最狭窄水道的峡湾。从奥斯陆或卑尔根乘坐列车等交通工具便能很方便地到达这里，因而深受游

客青睐。峡湾内部有许多值得一看的景点，如世界铁路杰作之一——著名的弗洛姆铁路以及可直达古德旺根的轮渡观光等。有时能从船上看到附近的野生海豹。

维格兰雕塑公园

维格兰雕塑公园在挪威首都奥斯陆的西北角，是一座占地约50公顷的奇特公园。园内繁花绿茵，小溪淙淙，到处都矗立着造型优美、婀娜多姿的雕塑。公园有192座雕塑，总计有650个人物雕像。这些由铜、铁和花岗石制成的雕像，是维格兰20多年心血的结晶。园里有一条长达850米的中轴线，正门、石桥、喷泉、圆台阶、生死柱都位于该轴线上，主要雕像、浮雕分布其间。公园里所有雕像的中心思想，集中突出一个主题——人的生与死。如喷泉四壁的浮雕，从婴儿出世开始，经过童年、少年、青年、壮年、老年，直到死亡，反映人生的全过程。

里瑟峡湾

里瑟峡湾位于挪威南部海岸，全长约42公里，两岸巨岩耸立，而海拔约600米的巨石是里瑟峡湾最吸引游客眼球的壮观景象。这里被认为是古维京人祭祀的场所，石顶可容纳上百人，夏天是观海、晒太阳的绝佳场所。

霍尔门考伦山

霍尔门考伦山是挪威的滑雪圣地。它位于奥斯陆东北约13公里处，海拔约371米，风景优美。从1892年起，每年3月，世界闻名的滑雪大赛都在此举行。对广大滑雪爱好者来说，“霍尔门考伦”一词就如同奥林匹克之于体育运动员那样既亲切又神圣。如果从远处眺望奥斯陆城市的轮廓，你会看到霍尔门考伦跳雪台非常醒目地高高耸立在奥斯陆霍尔门考伦山上。它也是这项最具挪威特色的体育项目的非常生动、形象的标志。

圣诞老人村

罗瓦涅米被称为圣诞老人的故乡，闻名世界的圣诞老人村位于罗瓦涅米以北约8公里市郊边缘处的北极圈上，自成一隅。通过高高的牌坊入口，地上赫然可见一条粗白线，写着北纬66°33′。原来这线正是北极圈的分界线，这线以北的地方便属于北极范围。不少人在线上跳来跳去，在北极进进出出，很是有趣。圣诞老人村是一组木建筑群，包括有正门的尖顶、圣诞老人办公室、圣诞老人居所、鹿园等。每年源源不断的游客从世界各地涌向这里，为一睹圣诞老人的风采。在圣诞老人村的礼品店里，游客可以买到带有芬兰特色的礼品，还可以得到一张跨越北极圈的证书。

赫尔辛基大教堂

赫尔辛基大教堂建于 1852 年，出自德国建筑师恩格尔之手。大教堂矗立于游客聚集的参议院广场中心，教堂所在的高地高出海平面 80 多米。一眼望去，希腊廊柱支撑的乳白色教堂主体和淡绿色青铜圆顶部的钟楼十分醒目，宏伟的气势和精美的结构使其成为芬兰建筑史上的经典，也成为赫尔辛基市的地标性建筑。

赫尔辛基大教堂是一座路德派新教教堂，宏伟的建筑内有很多精美的壁画和雕塑。每当教堂钟声响起，整个广场都一片肃静，众多游客一同静静感受着这种唯有宗教才能带来的让心灵宁静的珍贵一刻。由于大教堂的特殊地位，芬兰情侣都希望在这里举行婚礼，为此甚至需要提前一年半预约。而北欧最好的大学之一——赫尔辛基大学的神学院毕业典礼，每年也都选择在这里举行。

岩石教堂

岩石教堂又名“坦佩利奥基奥教堂”，因建在天然岩石中而得名，这也是世界上唯一一座建在岩石中的教堂。岩石教堂位于赫尔辛基市中心坦佩利岩石广场，由建筑师苏玛林宁兄弟在 1969 年设计建造的。建造在掏空的岩石中的岩石教堂，上为圆顶，上顶部的玻璃屋顶以铜网架支撑，直径 24 米，外部墙壁以铜片镶饰，内壁则完全保持了天然的花岗岩石壁纹理，其余的壁面仍保有原始的岩石风味。教堂入口走廊为隧道状，入口处则涂以混凝土，整座教堂如同着陆的飞碟一般，独具趣味。芬兰人崇尚自然古朴的审美情趣在此得到了充分体现。岩石教堂内的中心区域有一个圣坛，与玻璃屋顶所射下的自然光芒相互辉映，尽显圣坛的神圣。

西贝柳斯纪念碑

在赫尔辛基的每条街上随处可见雕塑作品，然而最使芬兰人引以为自豪的则属芬兰著名作曲家西贝柳斯的纪念碑。这座纪念碑位于海边西贝柳斯公园的青松翠柏环抱之中，由600余根银白色不锈钢管组成，酷似一架巨型管风琴，成为这位伟大的民族音乐家不朽作品的象征。一个巨大的西贝柳斯金属头像嵌在一旁的赤色岩石上，生动地再现了这位作曲家英姿勃勃的形象。这座充满浪漫色彩的纪念碑是芬兰著名女雕塑家希尔图宁花费了6年的心血，于1967年西贝柳斯逝世10周年之际完成的杰作。它的小型复制品被作为国礼送到联合国大厦永久展出。

芬兰城堡

芬兰城堡建在赫尔辛基外海上的一串小岛上，是芬兰最为重要及著名的景点，也是赫尔辛基市外海上一颗璀璨的明珠。芬兰城堡建于250多年前，是世界上现存最大的海防军事要塞之一。宏伟的芬兰城堡占地约80公顷，其中保存有8公里长的城墙、105门大炮、290座机房和一系列相当知名的博物馆。博物馆包括介绍城市历史及建筑工事的芬兰城堡博物馆、展览瑞典统治时期文物的艾伦怀特博物馆、搜罗从19世纪以来旧玩具的玩具博物馆、陈列城堡不同时代重炮的海岸大炮博物馆和详述旧日海关工作与历史的海关博物馆。芬兰城堡博物馆还提供三种当地酿造的啤酒：“芬兰城堡光辉”、“芬兰城堡派对”和“赫尔辛基波特”，味道纯正独特，不可错过。岛上的船坞用传统的技艺建造了一艘古老的帆船。

伴侣岛露天博物馆

伴侣岛露天博物馆位于伴侣岛上，博物馆中有从芬兰各处移来的不同古老建筑，夏季甚至有穿着传统服装的工作人员示范民间手艺。伴侣岛市中心西面有一美丽小岛，当地居民每逢假期便前来散心，或在别致的餐厅中享受传统下午茶点。每年夏天这儿都有许多活动，如民族歌舞和外国艺术表演。特别是庆祝仲夏节时，成千上万的人聚集在这儿狂欢。

图尔库大教堂

图尔库大教堂是芬兰路德教的主教堂，也是芬兰最有名的中世纪大教堂。教堂始建于1229年，曾多次扩建，到14世纪末才形成目前的规模。推开教堂沉重的大门，首先看到

的是一个小型博物馆，陈列着大教堂中保存下来的一些文物。穿过博物馆，便进入教堂正厅，高大而狭长的大厅供人们做礼拜或听音乐会使用。座位的前方是一个圣坛，圣坛的后面是一幅大型精美壁画。与圣坛相对的大厅另一端是一组庞大的管风琴，其巧妙的排列组合乍看上去还以为是件雕塑艺术品。

16 世纪末，在大教堂的地下开始修建石棺和墓穴。因此，教堂内安葬有一些历史著名人物，其中最有名的是在芬兰度过晚年的瑞典国王埃里克十四世的配偶卡琳皇后。芬兰第一位主教的遗骸也保存在这里。大教堂曾多次被大火烧毁，但又多次被重建，现在人们所看到的海拔 101 米高的教堂钟楼就是 1827 年大火后重建的，它已成为图尔库的标志。

诺贝尔故居

诺贝尔故居坐落在瑞典中部卡尔斯库加市的白桦山庄，离斯德哥尔摩 200 多公里。这是一座乳白色的二层楼房，楼房前的绿草坪和四周的白桦林交相辉映，环境清幽。1894 年阿尔费雷德•诺贝尔结束了海外漂泊生涯回到祖国定居，在这里度过了他生命中最后两年的大部分时光。由于他当年在斯德哥尔摩出生的旧居如今已经矗立起高楼大厦，白桦山庄就成了唯一保存完整的诺贝尔故居。

纪念馆里保留着诺贝尔生前活动的照片、他获得的各种技术发明专利证书、金质奖章和遗嘱。诺贝尔因发明硝化甘油引爆剂、雷管、硝化甘油固体炸药和胶状炸药等，荣膺“炸药大王”的名声。1896 年 12 月 10 日，诺贝尔与世长辞，终年 63 岁。根据他的遗嘱，把折合 920 万美元的部分遗产作为奖励造福人类的科学工作者的基金。以这笔基金的利息，分设物理、化学、生理学或医学、文学、和平五种奖金，每年在诺贝尔的逝世日颁发一次，称为诺贝尔奖金。

斯德哥尔摩市政厅

斯德哥尔摩市政厅建于 1911 年，历时 12 年才完成，是瑞典建筑中最重要的作品之一。

建筑两边临水，巍然矗立着的塔楼，与沿水面展开的裙房形成强烈的对比，加上装饰性很强的纵向长条窗，整个建筑犹如一艘航行中的大船，宏伟壮丽。

瑞典人把斯德哥尔摩市政厅当做自己的骄傲，因为它不仅是这个国家乃至整个北欧的标志性建筑，还是每年举行诺贝尔晚宴的地方。一层的蓝厅，由于是举行诺贝尔晚宴的所在地而成为市政厅里最著名的房间。二层是斯德哥尔摩市议会大厅，最具特色且最漂亮的是大厅内船形的屋顶。

中国宫

中国宫位于瑞典斯德哥尔摩市郊的著名旅游胜地——皇后岛上。中国宫始建于1753年，是当时瑞典国王福雷德里克为庆祝王后乌尔里卡7月24日生日而建造的。中国宫初为本质结构，规模也小。10年后，国王下令以木石结构重新修建此宫，于1769年建成，20世纪50年代，又进行了大规模的翻修，遂成今日之貌。这是一座中国式宫殿与法国洛可可式建筑的融合体，兼有东方建筑的典雅与西方建筑的华丽。整个建筑呈弓形，宫顶仿中国宫殿装饰并刻以雕龙，但无琉璃瓦。

位居中央的主殿高两层，每层分为前后殿，各有5～6间房间，主殿左右各有一座侧殿，以回廊与主殿相连。宫门、宫窗两侧的边框由中国式图案组成，以便于书写对联。步入室内，所见陈设几乎均为中国传统样式，有瓷花瓶、漆盆、象牙宝塔、泥人、宫灯、文房四宝和茶具等，在这里甚至还可以一睹中国传统的算盘和木杆秤的风采，而四壁墙面上则挂满了中国山水、花鸟画，毛笔字条幅和画轴。

北海草堂

北海草堂是中国维新派领袖康有为当年在瑞典的居住地，位于斯德哥尔摩东南面的海滨小镇沙丘巴登。戊戌变法在中国遭到失败后，康有为流亡国外。他在做环球之行时曾到过瑞典，由于喜爱此地风物人情，于是他买下沙丘巴登地区的一个小岛，并于1909年在岛上建起中国式园林，取名“北海草堂”，赖以寄托他身在异国、缅怀故土的强烈情思。

瓦萨沉船博物馆

斯德哥尔摩共有各种各样的博物馆50多座，坐落在斯堪森岛上的瓦萨沉船博物馆是其中较有名气的一座。“瓦萨”是一艘古战船之名，它是奉瑞典国王古斯塔夫二世的旨意于 1625 年开始建造的。这艘战船本来是单层炮舰，可是，国王得知当时瑞典的海上强敌丹麦已拥有双层炮舰后，便不顾当时本国的技术条件，下令把炮舰改造成双层。1628 年 8 月 10 日，斯德哥尔摩海湾风和日丽，一艘旌旗招展、威武壮观的大型战舰在岸上人群的一片欢呼声中，扬帆起航。不料刚行驶数百米，一阵微风吹来，“瓦萨”号战舰摇晃了几下，竟立即连人带船沉入 30 多米深的海底。直到 1961 年，这艘在水底沉睡了 3 个多世纪的战船才重新露出水面，并在打捞沉船的现场建起了一座颇具规模的水上博物馆。

罗斯基勒大教堂

罗斯基勒大教堂是丹麦最杰出的建筑精品之一，这个砌着红砖、具有精美尖顶的大教堂给人留下了深刻的印象，令人难以忘怀。这个久负盛名的大教堂位于城市的中心，是罗斯基勒地区的主要旅游胜地。教堂旅游堪称是丹麦人自古就沿袭下来的一大传统。如今人们所看到的教堂是由大主教阿波萨隆于 12 世纪 70 年代开始创建的，自那以后，许多建筑风格迥异的门廊和小礼拜堂相继得以增建。如今，教堂展现了 800 年以来丹麦建筑艺术的最好范例。自 15 世纪早期开始，教堂就变成了皇室家族所厚爱的陵地，这里共埋葬了 39 位国王和王后，其中许多人都是藏于华丽而精美的石棺中的。

伊路利萨特冰湾

伊路利萨特冰湾位于格陵兰岛西岸、北极圈以北约 250 公里处。该冰湾是少数几个通过格陵兰冰灌入海的冰河出海口之一，也是世上最活跃的冰川之一。它以每年 35 000 立方米的速度增长，也就是相当于每年增长所有格陵兰岛冰的 10%，比南极洲以外的任何其他冰河都多。巨大的冰床和迅速移动的冰川发出独特的声音，又被冰山所覆盖，形成一个令人敬畏的自然现象。2004 年根据自然遗产评选标准，伊路利萨特冰湾被列入《世界遗产名录》。

菲登斯堡宫

1720 年，腓特烈四世国王下令在伊斯鲁姆湖畔兴建了菲登斯堡宫。这个名字的直译就是“和平城堡”，也有人称之为“和平宫”。该宫经过数次扩建，其建筑风格迥异多姿。从正门看去，菲登斯堡宫给人的印象是雅致、开放，像一座和平的农村庄园。从宫里可以看到丹麦第一大湖及伊斯鲁姆湖的绮丽风光。王宫花园以许多大理石雕塑和菩提树大道闻名。菲登斯堡宫是女王一家的夏宫。每年 3 月至 10 月，女王一家住在这里。7 月份女王通常到国外休假，因此，7 月份的王宫在下午 1—5 点对游客开放一部分。

第9章 中　　欧

第1节　中欧主要旅游国家

波兰

波兰全称“波兰共和国”，面积约31万多平方公里，人口约3 983万。波兰位于中欧东北部，北濒波罗的海，西邻德国，南界捷克、斯洛伐克，东北和东南与白俄罗斯和乌克兰、立陶宛相连，海岸线长约528公里。境内绝大部分为略有起伏的低平原（平均海拔173米），北低南高，北部多冰碛湖，南部有低丘陵，靠近捷边境为苏台德山和贝斯基德山，地势北低南高，中部下凹，海拔200米以下的平原约占全国面积的72%。全国主要山脉有喀尔巴阡山脉和苏台德山脉，较大河流有维斯瓦河（长约1 047公里）和奥得河（波兰境内长约742公里），全国约99.7%的国土属波罗的海流域，其中维斯瓦河流域占1/2，奥得河流域占1/3。国内最大的湖泊是希尼亚尔德维湖，面积约109.7平方公里。全境属于由海洋性向大陆性气候过渡的温带阔叶林气候，自西而东，自北而南，海洋性渐减，大陆性递增，年降水量450～800毫米，南部山区可超过1 000毫米，森林约占国土面积的28%。

捷克

捷克是“捷克共和国”的简称，是一个中欧地区的内陆国家，其前身为捷克斯洛伐克，但于1993年与斯洛伐克和平分离。捷克西临德国，东北与波兰接壤，东邻斯洛伐克，南连奥地利，被紧紧地包围在欧洲大陆的中间地带，领土面积约78 866平方公里，其中陆地面积约77 276平方公里，水域面积约1 590平方公里，由波希米亚、摩拉维亚和西里西亚3个部分组成。捷克处在三面隆起的四边形盆地，土地肥沃，北有克尔科诺谢山，南有舒玛瓦山，东部和东南部为平均海拔500～600米的捷克—摩拉维亚高原。盆地内大部分地区在海拔500米以下，有拉贝河平原、比尔森盆地、厄尔士山麓盆地和南捷克湖沼地带。伏尔塔瓦河最长，流经布拉格。易北河发源于捷克的拉贝河，可以通航。东部摩拉瓦河—奥得河上游河谷地区是捷克盆地与斯洛伐克山地之间地带，称为摩拉瓦河—奥得河走廊，自古就是北欧与南欧之间的通商要道。全国丘陵起伏，森林密布，风景秀丽。国土分为两大地理区，一为位于西半部的波希米亚高地，另一为位于东半部的喀尔巴阡山地，它由一系列东西走向的山脉组成。最高点是海拔为2 655米的格尔拉霍夫斯基峰。

捷克境内高地、丘陵和盆地相间，坡地有混交林和针叶林。矿产有煤、铁，铅、锌、银、铀等。在伏尔塔瓦河上建有大型水电站。

由于地理位置，捷克的气候也呈现出典型的温带大陆性。捷克的气候温和，温差较大，夏季温和多雨，气温多在25～33℃之间，冬季异常寒冷，气温常在-5～10℃之间。

到捷克旅游最好选择在4月中旬到6月中旬或者是8月中旬到10月中旬这两个时间段，气温比较温和，又不会被阴雨天气影响到心情。如果是在多雨的夏季出游，最好带上几件厚外套，以应对天气的变化。

斯洛伐克

斯洛伐克位于欧洲中部、原捷克斯洛伐克社会主义共和国的东部，自 1993 年 1 月 1 日起，斯洛伐克共和国成为独立主权国家，首都为布拉迪斯发。斯洛伐克北临波兰，东接乌克兰，南界匈牙利，西南与奥地利接壤，西连捷克，面积约 49 035 平方公里。

斯洛伐克地势北高南低，风景优美，气候宜人，历史文物景点多，旅游资源丰富。此外，斯洛伐克是世界上城堡数量最多的国家之一，从古城堡遗迹到保存完好的博物馆收集品一应俱全。内陆主要为西喀尔巴阡山脉所盘踞，西南和东南有小片平原。北部是西喀尔巴阡山脉较高的地带，大部分海拔 1 000～1 500 米，山地占据了国土的大部分地区。斯洛伐克属海洋性向大陆性气候过渡的温带气候，全国平均气温 9.8℃，最高气温 36.6℃，最低气温-26.8℃，年降水量 500～700 毫米，山区 1 000 毫米以上。斯洛伐克主要的河流有瓦赫河、赫朗河等，属多瑙河流域，森林面积约占全境 1/3，山地南坡为阔叶林，北坡为混交林和针叶林。

匈牙利

匈牙利的全称为“匈牙利共和国”，是一个位于欧洲中部的内陆国家，与它接壤的国家包括奥地利、斯洛伐克、乌克兰、罗马尼亚、塞尔维亚、克罗地亚和斯洛文尼亚。匈牙利的首都是布达佩斯，国花为天竺葵，面积约 93 030 平方公里，人口约 1 885 000，主要民族为匈牙利族，约占 98%，少数民族有斯洛伐克、罗马尼亚、克罗地亚、塞尔维亚、斯洛文尼亚、德意志和吉卜赛等族。匈牙利官方语言为匈牙利语，居民主要信奉天主教（66.2%）和基督教（17.9%）。从地区看，匈牙利东北部与西部气候判别比较明显，由于东北部更靠近内陆，所以大陆性气候特征更加明显，夏季多雨、高温，冬季干燥、寒冷；西部地区由于受地中海式气候与大西洋暖流的影响，夏季自不必说，冬季也比东北部地区暖和。匈牙利全年平均气温 9～11℃。夏季平均气温 21℃，冬季-1℃，山区-4℃。春、夏、秋三季温暖而多雨，温度适宜，是一年中的旅游黄金季节。

匈牙利是欧洲内陆国家，位于多瑙河冲积平原，与我国黑龙江省中部地区的纬度一样。匈牙利依山傍水，西部是阿尔卑斯山脉，东北部是喀尔巴阡山脉。两座著名的山脉从西向东北连成一线，把匈牙利环抱其中，犹如一道天然屏障，为匈牙利挡住来自欧洲三个方向的强风侵袭。著名的欧洲第二大河多瑙河从斯洛伐克南部流入匈牙利，在北部的维谢格拉德转变南下，恰好把匈牙利一截两半，分成东、西两部分。河的东部是一望无际的平原，由多瑙河支流蒂萨河冲积而成，面积约为 5 万平方公里，是匈牙利的粮仓。在前地质时期，这里曾是一片浩瀚的湖泊，后来由于地壳运动，湖水从切断的喀尔巴阡山和巴尔干山流入黑海，于是湖泊干涸成为陆地，除了东部平原，匈牙利西北部有块盆地，一直延伸到奥地利的莱塔山地。盆地常年有充沛的雨水，土质肥沃，被称为小平原。

多瑙河西部是层层环抱的山地，山势不高，最高的凯凯什山峰海拔 1 015 米，著名的中欧大湖、享有“匈牙利海”之称的巴拉顿湖就位于此处，该湖面积约 600 平方公里，周围湖光山色，十分迷人，每年吸引着成千上万的游客。匈牙利北部山岭绵延，有起伏不平的山地，有匈牙利著名的林区。夏季，山林里泉水淙淙，潺潺不尽地流向山下，形成独特的山林美景。群山之中，还隐藏着沉睡了上千年的火山群，周围是肥沃的火山灰和高低不平的山谷带，匈牙利的葡萄产区、果树区就在这片山谷中。除此之外，匈牙利的主要矿产资源也大多分布在北部的丘陵和山地之中。

德国

德国位于欧洲西部，东邻波兰、捷克，南接奥地利、瑞士，西接荷兰、比利时、卢森堡、法国，北与丹麦相连，并邻北海和波罗的海与北欧国家隔海相望，是欧洲西部邻国最多的国家。德国国家政体为议会共和制，联邦总统为国家元首。联邦政府由联邦总理和联邦部长若干人组成，联邦总理为政府首脑。德国是世界第四大经济体，高度发达的工业国家，经济实力居欧洲首位。德国在第二次世界大战结束后分裂成两个国家，1990 年 10 月 3 日，冷战以来分裂了 41 年的德国再次统一，因此这一天被确定为德国国庆日。

德国边境线全长约 3 758 公里，从最南部的巴伐利亚州奥伯斯特道夫到最北边叙尔特岛上的里斯特，相距约 876 公里；从东端的萨克森州泰斯卡至西端的北莱茵—威斯特法伦州塞尔夫康特距离约 640 公里，全国总面积约 357 020 平方公里。地势北低南高，可分为四个地形区：北德平原，平均海拔不到 100 米；中德山地，由东西走向的高地块构成；西南部莱茵断裂谷地区，两旁是山地，谷壁陡峭；南部的巴伐利亚高原和阿尔卑斯山区，其间拜恩阿尔卑斯山脉的主峰祖格峰海拔 2 963 米，为全国最高峰。主要河流有莱茵河（流经境内约 865 公里）、易北河、威悉河、奥得河、多瑙河。较大湖泊有博登湖、基姆湖、阿莫尔湖、里茨湖。西北部海洋性气候较明显，往东、南部逐渐向大陆性气候过渡。平均气温 7 月 14～19℃，1 月−5～1℃，12 月至 3 月为冬季。阿尔卑斯山区冬季一直持续到 5 月，夏季平均为 20℃。德国年平均降水量 500～1 000 毫米，山地则更多。

德国的魅力在于它秀丽的山川风光、灿烂的文化古迹及独特的生活风貌。它有闻名世界的阿尔卑斯山之路、浪漫之路、多瑙河之路、古堡之路、葡萄园之路及童话之路；以法兰克福为中心可以游览海德堡等名城及德国中部和西部的名胜古迹，以汉堡为中心可以游览吕贝克等名城，以柏林为中心可以游览莱比锡、德累斯顿等名城和景点，以慕尼黑为中心可以游览奥格斯堡、浪漫之路及阿尔卑斯山风光。

奥地利

奥地利面积约 83 858 平方公里，是位于中欧南部的内陆国，东邻斯洛伐克和匈牙利，南接斯洛文尼亚和意大利，西连瑞士和列支敦士登，北与德国和捷克接壤，是欧洲重要的交通枢纽。山地约占奥地利全国面积的 70%。东阿尔卑斯山脉自西向东横贯全境，大格罗克纳山海拔 3 797 米，为全国最高峰。东北部是维也纳盆地，北部和东南部为丘陵、高原。多瑙河流经东北部境内，长约 350 公里，有与德国和瑞士共有的博登湖及奥匈边界的新锡德尔湖。奥地利属海洋性向大陆性过渡的温带阔叶林气候，年平均降水量约 700 毫米。

奥地利民族是个吃苦耐劳，并对其文化、历史有强烈自豪感的民族。谈到奥地利人的骄傲就不得不提及哈布斯堡王朝的光荣历史。在哈布斯堡将近 600 年的统治历史里，曾创造了繁荣、富裕与惊人的艺术成就，但好景不长，哈布斯堡的统治在 20 世纪初的民主潮流中悄然殁落。

奥地利的工业特点是国有化程度高，国有企业控制了 95%的基础工业和 85%以上的动力工业，其产值及职工人数均占其总数的 70%。主要工业部门是采矿、钢铁、机械制造、石油化工、电力、金属加工、汽车制造、纺织、服装、造纸、食品等，采矿业规模相对较小。钢铁工业在国民经济中占有重要地位。奥地利化学工业原料丰富，如木材、石油、天然气和煤焦油等，为化工业的发展提供了有利条件。主要化工产品有纤维素、氮肥和石化产品。汽车工业是奥地利机械制造业的又一主要部门，主要生产载重汽车、越野车、拖拉机、牵引车、装甲运输车及散件等。采矿业是奥地利的传统工业，主要开采铁矿、褐煤、钨、膏、菱镁矿、大理石、滑石、高岭土、石英，矿产主要有石墨和镁，另有褐煤、铁、石油和天然气等。奥地利森林、水力资源丰富，森林约占国土面积的 42%，有林场约 400 万公顷，木材蓄积量约 9.9 亿立方米。奥地利农业发达，机械化程度高，农产品自给有余。服务业从业人员约占劳动力总数的 56%，其中旅游业是最重要的服务行业，主要旅游点是蒂罗尔州、萨尔茨堡州、克恩顿州和维也纳市。奥地利对外贸易在经济中占重要地位，主要出口产品是钢铁、机械、交通工具、化工制品和食品。

瑞士

瑞士是位于欧洲中南部的多山内陆国，面积约 41 284 平方公里，人口约 741.84 万，东界奥地利、列支敦士登，南邻意大利，西接法国，北连德国，南北长约 220 公里，东西长约 348 公里。全境分为中南部的阿尔卑斯山脉（占总面积的 60%）、西北部的汝拉山脉（占 10%）、中部高原（占 30%）三个自然地形区，平均海拔约 1 350 米，最高点是接近意大利的杜富尔峰，海拔 4 634 米，最低点是位于提契诺州的马祖尔湖，海拔 193 米。瑞士是一个山国，山清水秀，其森林面积达 12 523 平方公里，约占全国面积的 30.3%。如果再加上农业、绿地面积，则全国一半以上的土地被绿地所覆盖。瑞士是欧洲大陆三大河流的发源地，有“欧洲水塔”之称，主要河流有莱茵河（在瑞士境内约 375 公里，是瑞士最大的河流）、阿尔河（在瑞士境内约 295 公里，是瑞士最长的内陆河）、罗纳河（在瑞士境内约 264 公里，是瑞士第二大内陆河）。瑞士共有湖泊 1 484 个，其中最大的是莱蒙湖（日内瓦湖），面积约 582 平方公里，最深处约 310 米。其他还有康斯坦茨湖、纽沙泰尔湖、马乔雷湖、四州湖、苏黎世湖等。瑞士的河湖面积达 1 726 平方公里，约占瑞士全国面积的 4.2%。

瑞士地处北温带，地域虽小，但各地气候差异很大。阿尔卑斯山由东向西伸展，形成了瑞士气候的分界线。阿尔卑斯山以北受温和潮湿的西欧海洋性气候和冬寒夏热的东欧大陆性气候的交替影响，变化较大。阿尔卑斯山以南则属地中海气候，全年气候宜人。瑞士年平均降雨量 1 500 毫米，但各地分布不均，年平均气温 8.6℃。在城市中，夏季气温可达 30℃，空气湿度适宜；冬季气温经常低于 0℃，时有下雪结冰的现象。

列支敦士登

在德语中，“列支敦士登”意即“发亮的石头”，曾是维也纳一个小镇的镇名，后被用做公爵姓氏。尽管列支敦士登公国的国土面积仅有 160 平方公里，抵不上中国一个大村镇的面积，尽管列支敦士登只有 3 万多人，但它已独立了近 300 年。

列支敦士登公国初建于 1719 年 1 月，为亲王封地。之后，德国、奥地利、瑞士便轮流成为列支敦士登的“保护国”。在第一次世界大战之后，列支敦士登与瑞士关系日益紧密，国防、货币等大权都交给瑞士联邦政府代管，并与瑞士一样，对外永久保持中立。

列支敦士登不仅有着令人称奇的国土面积，在其他许多方面，都给世界带来了惊讶。在这个没有独立货币的国家，邮票发行却闻名于世。国家最重要的机关不是法院、政府机构，而是邮票发行局。国库 20%的收入也是来源于邮票收入。邮票在该国的重要地位可见一斑。

尽管列支敦士登国土面积较小，但却是一个富有的国家。这里的工业已由起初的棉纺织业和假牙制造业发展到了精密仪器制造、化学工业等方面，列支敦士登所有的公司数目平均到每个国民，平均每人就有 1 个多公司。

第 2 节　中欧重要旅游城市

华沙

波兰的首都华沙建立于公元 13 世纪，位于欧洲北部平原的心脏地带，坐落在维斯瓦河中游两岸、维斯图拉河岸边水土丰饶的斜坡地上，横跨维斯图拉河两岸。华沙历史上一直是波兰的政治、行政中心，现为国家首都和主要省会城市。

1280 年马佐瓦亚公爵建立华沙，修建城堡以控制维斯图拉河渡口，这是华沙城开始发展的标志。1344 年华沙成为马佐瓦亚公国首都。15 世纪，历任公爵在华沙修建了自己的住宅，随着城市功能的迅速完善，华沙的政治地位也越发显赫。1596 年，波兰王城从克拉科夫迁移至华沙古城，从此华沙成为波兰的政治、文化中心。城市大兴土木，华沙即刻兴盛起来。1656 和 1702 年华沙两次被瑞典人摧毁，又两度重建。18 世纪末的华沙曾为欧洲最大的城市。

今天的华沙市依然保持着老城和新城的布局。各种历史纪念物、名胜古迹大都集中在老城区，特别是宏伟的宫殿、巨大的教堂以及各式各样的箭楼、城堡等，每年吸引着大批来自境外的游客。在新城区，现代化的高楼大厦一幢连着一幢，各种商店、餐馆、旅店、宾馆比比皆是。环境幽雅的居民住宅区，布局合理、生活便利、林木苍郁、花草广植，宛如花园一般。市内交通四通八达，井然有序。高等院校、科研机构、现代艺术馆、影剧院、体育场分布各区，充满生机。登上 230 米高的文化科学宫顶端，眺望四周，国际著名旅游城市华沙美景一览无余。

布拉格

布拉格是捷克共和国的首都和最大的城市，位于国境西部，坐落在拉贝河支流伏尔塔瓦河两岸，人口约 121 万，面积约 496 平方千米。布拉格为典型的中部大陆型气候，7 月平均气温 19.5℃，1 月平均气温–0.5℃，年降水量约 500 毫米，是一座美丽而古老的山城。伏尔塔瓦河像一条绿色的玉带，将城市分为两部分，沿河两岸陡立的山壁，渐渐消失在远方起伏的原野里。横跨在河上的 10 多座或古老或现代的大桥，雄伟壮观，将两部分市区协调巧妙地连为一体。耸立在市区的伯特日娜山，乔木葱郁，风景秀丽，是一处环境幽雅的休闲之地。

布拉格是一座著名的旅游城市，市内拥有为数众多的各个历史时期、各种风格的建筑，从罗马式、哥特式建筑、文艺复兴式、巴洛克式、洛可可式、新古典主义、新艺术运动风格到立体派和超现实主义，其中特别以巴洛克和哥特式建筑更占优势。布拉格建筑的顶部变化特别丰富，并且色彩极为绚丽夺目，因而拥有“千塔之城”、“金色城市”等美称，是欧洲最美丽的城市之一。1992 年，布拉格历史中心被联合国教科文组织列入《世界文化遗产名录》。

布拉格也是欧洲的文化重镇之一，历史上曾有众多音乐、文学等诸多领域的杰出人物，如作曲家莫扎特、斯美塔那、德沃夏克，作家弗兰兹·卡夫卡、哈维尔、米兰·昆德拉等人都曾在该城进行过创作活动，今天该市仍保持了浓郁的文化气氛，拥有众多的歌剧院、音乐厅、博物馆、美术馆、图书馆、电影院等文化机构以及层出不穷的年度文化活动。

布拉迪斯拉发

斯洛伐克首都布拉迪斯拉发是全国最大的内河港口和政治、经济、文化中心及石油化工业中心，位于多瑙河畔小喀尔巴阡山麓，邻近奥地利，面积约 368 平方公里。

布拉迪斯拉发历史悠久，古代曾为罗马帝国要塞。8 世纪，斯拉夫人部落在此定居，后隶属摩拉维亚王国，1291 年成为自由城。在以后的数百年中，它曾交替被德国和匈牙利王国侵占，1918 年正式回归捷克斯洛伐克共和国。1993 年 1 月 1 日，捷克和斯洛伐克联邦共和国分裂后，它成为独立的斯洛伐克共和国的首都。

布拉迪斯拉发由新、老两个城区组成。旧城区名胜古迹众多，其中最古老和最具有代表性的建筑当属布拉迪斯拉发城堡，亦称“杰云城堡”。在新城区，现代化的高层建筑鳞次栉比，气势如虹、横跨多瑙河的铁索大桥飞架南北。在桥南端，在数十米高的瞭望塔顶端的圆形自转咖啡馆内，游客可尽情饱览如诗如画的多瑙河风光——南面郁郁葱葱的森林尽头是匈牙利和奥地利的秀丽国土，北面蓝色的多瑙河则宛如自天而降横系在布拉迪斯拉发腰间的玉带。市内建有斯洛伐克科学院和大学城等文化机构。

布达佩斯

匈牙利首都布达佩斯大约有211万人口，城市面积约525平方公里。多瑙河将城市一分为二，河西岸称为“布达”，东岸称为“佩斯”。热闹繁华的佩斯是行政商业和文化中心，国会大厦及政府机构大都集中在这里。多瑙河在首都市区的长度约28公里，河身平均宽度300～400米，平均深度3～4米，最深处约10米。布达的皇宫、渔人堡，与对面佩斯的议会大厦遥相辉映，形成了一幅布达与佩斯最美丽的画面，迷人的夜景使人难以忘怀。布达佩斯人称“东欧的巴黎”和“多瑙河上的明珠”，被联合国教科文组织列为“珍贵的世界遗产”之一，曾经被法国人评为“世界上最安静的首都”。

德布勒森

德布勒森是匈牙利东部的一座城市，全国重要的经济和文化中心，是豪伊杜—比豪尔州首府，人口约20.4万。德布勒森当初是由小村落结合而成，公元10世纪前形成居民点，19世纪末开始发展工业。有铁路分别通布达佩斯及乌克兰、罗马尼亚。工业以机械制造、制药、食品加工为主，还有家具、陶器、制鞋等工业，有医科及农业大学。在匈牙利人占领现在的匈牙利前，一些不同部族曾在该区聚居。

塞格德

塞格德是匈牙利南部最重要的城市，位于蒂萨河和穆列什河的交汇处。这两条河历来在塞格德的发展历史中起着重要作用。古罗马人用毛洛什河运盐，蒂萨河则一直是一条重要的商业通道，把东喀尔巴阡山和匈牙利南部连接在一起。

由于两条河都“桀骜不驯”，塞格德在历史上连年遭受水灾的危害。1879年那次百年罕见的特大洪水几乎把所有的建筑物都扫荡一空，中世纪时的建筑物只留下了圣方济会的一个修道院和一个13世的纪教堂尖塔。如今河边树立的巨大不锈钢雕塑就是纪念塞格德人在欧洲各国的援助下抗洪救灾、重建家园的纪念碑。在纪念碑前树立的十几尊黑色石柱上，雕刻着曾经在抗洪中援助过他们的各国城市的名字，城中的“罗马大道”、“莫斯科大道”和“柏林大道”等街名也由此而来。

在塞格德城市重建的后几十年也出现了直线派风格建筑。1880年秋，塞格德的天主教信徒们许愿，要在业已破裂的大教堂原址上重建一座教堂，即多姆还愿大教堂。在伊丽莎白王后监护下进行的募捐一直进行到1913年，才捐到能动工的数额。由于第一次世界大战和后来爆发的世界经济危机，新罗马式还愿教堂在许愿后的50周年之际才落成，并以此纪念殉难者盖莱特。

距塞格德约30公里处，有一个匈牙利民族历史纪念公园，不但是匈牙利年轻人了解民族历史的地方，还是一个著名的旅游地。公园内陈列的一副气势磅礴、反映阿尔帕德大公率领匈牙利先民到此定居的历史画卷，吸引了来自世界各地的游客。

柏林

柏林是德国的首都，也是德国最大的城市，坐落在易北河支流施普雷河注入哈弗尔河的河口，总面积约 878 平方公里，现有居民约 340 万。柏林位于德国东北部，四面被勃兰登堡州环绕，北距波罗的海约 180 公里，南距捷克约 190 公里，扼东西欧交通要道，不仅是全国交通中心，也是欧洲非常重要的交通枢纽之一。柏林地势低平稍有起伏，平均海拔 35 米，地层属于沙质，施普雷河和大量湖泊、运河点缀其间，为柏林提供了丰富的地下水资源，同时也使柏林地区森林茂盛。自然最高点位于克罗伊茨堡，海拔 66 米。城市东端分布有米格尔湖等湖群，大湖泊成为城市的水源，有几大片森林分布其间。因多森林、湖泊被誉为“森林与湖泊之都”。柏林属于温带大陆性气候，但是西欧的暖湿气团使其冬季气候比较温暖，夏季则凉爽宜人，全年雨量分配均匀。

柏林市也是德国 16 个联州之一，因此也称为“柏林州”，和汉堡、不来梅三个城市同为德国的城市州。柏林早在 13 世纪时已成为贸易集镇，17 世纪发展成为地方性的政治、经济和文化中心。第二次世界大战前它是德国的首都和最大城市，战后，东、西柏林分道扬镳、各自发展。1990 年德国统一，柏林墙在这里倒塌，柏林结束了一个城市、两种制度的局面，重新成为德国的首都。

科隆

位于莱茵河畔的科隆市是德国的第四大城市，人口约 97 万。这是一座古老而美丽的城市，也是一座现代化气息极强的大都市。市中高楼大厦鳞次栉比，商店比比皆是，各种商品琳琅满目，是一座繁华的商业城市。

科隆还是一座以罗马式教堂和哥特式大教堂闻名于世的城市。屹立在莱茵河边的科隆大教堂高 157.31 米，有两座哥特式尖塔，北塔高 157.38 米，南塔高 157.31 米。科隆大教堂是目前世界上最高的双塔教堂，它已成为科隆市的象征和游客们向往的名胜之地。站在高高的塔顶上极目远望，莱茵河犹如一条白色的缎带从旁飘过。

慕尼黑

慕尼黑是德国巴伐利亚州的首府，人口约 130 万，是德国南部第一大城，全德国第三大城市。慕尼黑位于德国南部阿尔卑斯山北麓的伊萨尔河畔，距离阿尔卑斯山北麓仅约 45 千米，海拔高度约 520 米，是德国的经济、文化、科技和交通中心之一，也是欧洲最繁荣的城市之一。多瑙河的支流伊萨尔河沿西南—东北方向从城中穿过，是慕尼黑的主要河流，绵延 13.7 千米，城内众多的湖泊形成了无数的大小公园。慕尼黑同时又保留着原巴伐利亚王国都城的古朴风情，因此被人们称做“百万人的村庄”。

慕尼黑属大陆性气候，并且受到邻近的阿尔卑斯山的强烈影响。由于该市接近阿尔卑斯山脉的北坡，海拔高差大，降水量较大，经常会突降暴雨，昼夜及冬夏的温差非常之大。来自阿尔卑斯山上干热的焚风能在几小时内彻底改变温度，甚至在冬季也是如此。

慕尼黑的冬季是从 12 月持续到次年 3 月，相当寒冷，但很少降雪。最冷的月份是 1 月，平均气温-2℃。冬季至少会积雪 2 周时间。慕尼黑的夏季（5—9 月）比较温暖，最热的 7 月平均气温 19℃。

维也纳

维也纳是奥地利的首都，面积约 414.65 平方公里，人口约 170 万，是享誉世界的文化名城，既有“音乐之都”的盛誉，又有以精美绝伦、风格各异的建筑而赢得“建筑博览会”的美称。维也纳的新年音乐会已成为国际性的音乐盛会。维也纳还是多瑙河第一个流经的大城市，因此有“多瑙河的女神”之称。

由于维也纳的重要地位，它是拥有全奥地利最大交通和建筑面积的联邦州，约 11.3%的面积是建筑用地，约 11.1%为道路交通，约 2.2%为铁路轨道。维也纳也是奥地利绿化面积最大的联邦州，绿化面积达 117.76 平方公里，覆盖率 28.4%，河流和湖泊面积 19.1 平方公里，占 4.6%，仅次于布尔根兰州。维也纳也是奥地利种植葡萄的四个联邦州之一，葡萄园约占总面积的 1.7%。森林覆盖率约 16.6%，农业用地约占 15.8%。维也纳共分为 23 个行政区。

维也纳之所以能够成为中欧最重要和最大的城市之一，应当归功于它优越的地理位置。维也纳位于阿尔卑斯山东北麓和维也纳盆地西北部之间，维也纳是从多瑙河的南部发展起来的，现在拓展到了多瑙河的两岸，是东西向多瑙河航线和南北向琥珀之路的交叉点。

萨尔茨堡

萨尔茨堡是奥地利共和国萨尔茨堡州的首府，人口约 15 万，是继维也纳、格拉茨和林茨之后的奥地利第四大城市。萨尔茨堡位于奥地利的西部，在维也纳以西 300 公里，是阿尔卑斯山脉的门庭，南面是高山连绵，北面却是一马平川，最近的高峰是翁特峰，海拔 1 973 米，距离市中心仅约 5 公里。城市的建筑风格以巴洛克式为主，城市的历史相当悠久，据史料记载，萨尔茨堡是现今奥地利管辖地域内历史最悠久的城市。

萨尔茨堡是音乐天才莫扎特的出生地，莫扎特不到 36 年的短暂生命中超过一半的岁月是在萨尔茨堡度过的。萨尔茨堡也是指挥家赫伯特·冯·卡拉扬的故乡以及电影《音乐之声》的拍摄地。萨尔茨堡老城在 1996 年被联合国教科文组织列入《世界遗产名录》。

萨尔茨堡是一座山城，市内有多座原始的山丘，包括要塞山、蒙西斯山、莱恩山和卡布金纳山，是欧洲绿化覆盖率最高的中心城区。萨尔茨堡要塞坐落在要塞山上，是萨尔茨堡城市的标志，要塞长 250 米，最宽处 150 米，是中欧现存最大的一座要塞。总长 225 千米的萨尔茨河流经萨尔茨堡，它是地跨奥地利和德国的莱茵河的最长和水量最大的一条支流。

伯尔尼

伯尔尼是瑞士的首都，伯尔尼州首府，位于瑞士高原中央山地，莱茵河支流阿勒河在这里形成一个回环，现有人口 15 万左右。联邦政府与议会均设在此处，各国大使馆及一些国际机构也多聚集于此。伯尔尼旧城就建在河曲半岛上，现已扩大到河的两岸，有 7 座桥梁把两岸的旧城区与东岸新城区连接起来，伯尔尼气候温和湿润，冬暖夏凉。

伯尔尼于公元 1191 年建城，1848 年成为瑞士首都。初建伯尔尼的时候，统治者贝尔托德公爵突发奇想，决定出城去打猎，用猎获的第一只野兽作为城名。结果他首先打到了一头熊，从此伯尔尼的州徽、市徽皆以熊为图案，因而伯尔尼至今仍被称为“熊之城”。伯尔尼具有中世纪风貌，旧城建筑古朴，街道狭窄，高耸的塔楼、带有走廊的商店和街心竖立的彩色石刻喷泉等都吸引着游客。这座保护完好的古城，已被联合国教科文组织列为“世界文化遗产”。

伯尔尼更多程度上只能被称为一座“玲珑的城市”，而不像其他许多国家的首都那样气势辉煌、规模庞大。作为中立国的瑞士处处让人感受到静谧和安详，而伯尔尼则是这种静谧的最佳体现。精简的结构反映出纯朴的精神，温暖的乡村气息中萦绕着挥之不去的贵族化的高雅韵味，可以说伯尔尼是世界上最美丽的国都之一，整个城市就是一件玲珑的艺术品。经过历代巧匠的精心制作，那些堂皇的建筑物（中古式、哥德式、巴洛克式）都和谐地彼此依托，恍若一体，非其他任何地方所能企及。

伯尔尼还是瑞士传统钟表业的中心，许多世界名牌都诞生于此，这里还有欧洲最大的具有中世纪特色的购物区。

日内瓦

日内瓦是瑞士境内国际化程度最高的城市，位于西欧最大的湖泊——美丽的日内瓦湖之畔，法拉山和阿尔卑斯山近在眼前。市内，公园星罗棋布，湖畔鲜花遍地，美不胜收。

日内瓦是一个历史悠久的国际都市，以其深厚的人道主义传统、多彩多姿的文化活动、重大的会议和展览会、令人垂涎的美食、清新的市郊风景及众多的游览项目和体育设施而著称于世。

日内瓦整个城市与大自然巧妙地融为一体，人们在大自然中开展体育活动的方式多种多样：在罗纳河和莱蒙湖上游泳嬉戏；在郊外骑马、骑自行车或散步；在邻近的阿尔卑斯山区或法拉山区滑雪等。无论是攀登峭壁，还是在空中翱翔，或在湖中游泳，对热爱大自然、热爱运动的人来说，日内瓦实在是最理想的地方。

苏黎世

苏黎世是瑞士最大的城市、苏黎世州首府，也是全欧洲最富裕的城市之一。它位于阿尔卑斯山北部、苏黎世湖西北端、利马特河同苏黎世湖的河口。苏黎世约有人口 36.9 万。“苏黎世”在凯尔特语里的意思是“水乡”，早在 2 000 年前就已形成村落，中世纪时成为商业与行会中心，1218 年成立城邦，1351 年加入瑞士联邦。到十八九世纪，苏黎世已成为瑞士主要德语系民族的文化、教育和科学中心，许多著名的科学家，包括爱因斯坦和核物理创始人之一的沃尔弗冈·波里都在这里学习和工作过。由于地处交通要道，特别是纺织业的发展使得苏黎世成为欧洲重要的商业城市。如今苏黎世是瑞士非常重要的交通、金融、商业、文化中心城市。

市内有中世纪建造的教堂尖塔、古堡、喷泉，利马特河两岸有双塔罗马大教堂、修女院、菩提园等。苏黎世全年气候宜人，年降雨量 1 500 毫米，年平均气温 8.6℃。

瓦杜兹

瓦杜兹是欧洲袖珍小国列支敦士登的首都，全国政治、经济、文化和旅游的中心，人口 5 000 人（2003 年 6 月底），是全国第二大城市，位于莱茵河东岸，坐落在群山环抱的盆地中。

瓦杜兹原是一个古老的村镇，始建于 1322 年，1499 年毁于瑞士罗马帝国之战，16 世纪初重建，1866 年成为首都，市内有很多 17 至 18 世纪的建筑，古朴而典雅。瓦杜兹最著名的建筑是三姐妹山中保存完好的瓦杜兹城堡，它是这座城市的象征和骄傲。这座哥特式古堡始建于 9 世纪，是皇族住地也是一座举世闻名的私人收藏博物馆，馆内珍藏着历代大公收集的珍贵文物和艺术品，藏品之丰富仅有英女王可与之匹敌。

瓦杜兹到处流露出清新、宁静、整洁的气息，令人感到环境十分舒适。大部分建筑是平房，房前屋后栽花种草，树木成荫，朴素典雅，田园色彩浓厚，没有一国之都的感觉。即便是政府办公楼，也不过是一幢三层小楼，算是瓦杜兹的高层建筑了。由于建筑物不高，显得街道比较宽敞，而且街旁树木成行，一片浓荫，行人稀少，全无车马喧闹之声，也不见公共交通车，人们在街边散步，好似身处公园中。

瓦杜兹以印刷邮票闻名于世，深受世界集邮者喜爱，每年邮票的销售收入约占国民生产总值的 12%。市内引人注目的建筑是 1930 年建成的邮票博物馆，陈列的邮票之多在世界上屈指可数。这里展出了包括 1912 年以来国家印发的邮票和 1921 年加入万国邮政联盟后收集的各种邮票。这些文化艺术珍品使参观者流连忘返。

第 3 节　中欧著名旅游景区、景点

奥斯维辛集中营

奥斯维辛是波兰南部的一个小镇，第二次世界大战期间，纳粹德国在这里建立了最大的集中营，这个小镇因此闻名于世。当年纳粹德国奥斯维辛集中营管理局控制的地区面积达 40 平方公里，集中营内共有 3 个主要营地和 39 个小型的营地，分布在整个波兰南部的西里西亚地区。集中营内部壁垒森严，四周电网密布，设有哨所看台、绞刑架、毒气杀人浴室和焚尸炉，由奥斯维辛一号、奥斯维辛二号、奥斯维辛三号组成，是希特勒种族灭绝政策的执行地。在战后的纽伦堡审判中，奥斯维辛集中营的指挥官鲁道夫·胡斯供认，多达 300 万人（奥斯维辛集中营国家博物馆已经将

该数字修订为 110 万）死于该集中营。集中营内关押着来自德国、苏联、波兰、法国、奥地利、匈牙利、捷克斯洛伐克、荷兰、比利时、挪威、意大利、西班牙、中国等 30 多个国家的犹太人、吉普赛人、战俘、知识分子、抵抗组织成员、反社会分子、耶和华见证人和同性恋者。约 90%的受害者是欧洲各国的犹太人，大多数受害者是被毒气室的毒气齐克隆 B 杀害，其他死亡原因是苦役、疾病、个别处决及所谓的“医学实验”。奥斯维辛集中营是纳粹德国犯下滔天罪行的历史见证。

克拉科夫中央广场

克拉科夫中央广场号称是全欧洲最大的中世纪广场，也是克拉科夫最让人心动的地方，温馨又充满活力，精致且不失纯朴，许多人到克拉科夫就是特地为了感受波兰地道的地方风情。广场上砖红色的圣母玛利亚教堂是克拉科夫的标志，夕阳映照时，它散发出一种迷人的暖红。广场中央的纺织会馆现在已改为商场和博物馆，里头的摊位主要售卖琥珀、木盘餐具、波兰娃娃等各种波兰民俗手工艺品。

快到整点的时候，在广场散步和喝咖啡的人都会停下来，对教堂行注目礼——整点一到，教堂钟楼顶部的小窗户就会打开，一只金色的喇叭伸出来嘹亮地吹奏一段曲子，完了以后，吹奏者会向下面的人挥手，于是广场上就会传来人们愉快回应的欢呼和掌声。吹喇叭还有一段历史。8 世纪的鞑靼入侵在欧洲历史上是相当严重的事件，来自蒙古高原的游牧民族的铁蹄所到之处城毁人亡。居高临下的钟楼其实是一个瞭望哨，那喇叭声其实是警示人们敌兵来了。曾经有敌兵一箭射穿了吹奏者的咽喉，声音戛然而止。为纪念这个士兵，直到现在，那个整点响起的喇叭声也是突兀地终止在那一刻。这喇叭也许就是一个象征，象征此刻沐浴在暖阳中的美丽古城有着自己的沧桑和悲凉。

中央广场的注目焦点是中间白色文艺复兴式建筑纺织会馆，现在已改建为商场和博物馆。一楼出售各种波兰民俗艺品的摊位式商场是最受游客青睐的观光点，不论何时总是挤满选购琥珀饰品、餐具、波兰娃娃、手套毛衣的游客，也因为各摊位总是门庭若市，因此砍价的可能性不高，不过可以选择用美元或波兰币付款，信用卡也可接受。

维利奇卡盐矿博物馆

维利奇卡盐矿是波兰的瑰宝，位于波兰南部喀尔巴阡山北麓、克拉科夫市南15公里处，是欧洲最古老且现在仍在开采的一座富盐矿。这座开掘于公元11世纪的盐矿，至今已开采9层，1至3层已完全停止采盐，开辟为古盐矿博物馆，供游人参观。在这里，艺术天赋极高的矿工们和艺术家合作，巧妙地利用大小不同的空间，凿出一座座风格迥异的建筑，雕塑出栩栩如生的人物，把各种美丽的神话传说和故事呈现在游人面前。早在1978年，联合国教科文组织就把维利奇卡盐矿列入《世界文化遗产名录》，肯定和称赞其岩盐雕刻和辉煌的矿山艺术工程“在全世界都是非凡的”。

盐矿矿床长约4公里，宽约1.5公里，厚300～400米，巷道全长300多公里。迄今已开采了9层，深度约327米，共采盐约2 000万立方米。为了方便视察和参观，早在1744年就在矿井内兴修了楼梯通道。在离地面130多米深的盐道上建起了世界上罕见的供游客参观的游览胜地。那里建有博物馆、娱乐大厅，保留了原有的盐湖、祈祷堂和矿工们劳动场所的原貌。

该盐矿不仅可供游人参观，还可供某些疾病患者来此治疗。1964年在盐矿第5开采区211米深处开设了研究过敏性疾病的疗养所，1974年又在矿井下建成了一座疗养院，供呼吸道疾病患者疗养治病。

在日常生活中，人们接触的食盐是一盘散沙；走进维利奇卡盐矿后，盐却改变了模样。周围光滑的石壁都是盐，状似玻璃，坚如钢铁，令人称奇不已，难以置信。用手指摸一摸，再用舌尖舔一舔，断定有没有咸味，这几乎是所有第一次走进盐矿的人的本能反应，大概也是谁都不会忘记的第一印象。此外，还有崎岖不平的矿井巷道和巷道里暗淡的灯光、井下博物馆和 1944 年纳粹德国拟在盐矿中建立的地下兵工厂以及矿井深处颜色很浓的地下湖泊。这些地下湖泊都是盐水湖，水的密度大，人在水中不会下沉。矿工视湖水为圣水，禁止人们下水嬉戏，并且警告，如果有人亵渎圣水，他就会受到上帝的惩罚。

绕过地下盐湖，走进巷道。沿扶梯下行，进入金卡公主教堂。这是地下艺术殿堂最为壮观的地方，可容纳 400 余人。它始建于 1896 年，经过几代艺术家和能工巧匠的努力，直到 1963 年才大功告成。金卡公主的全身雕像立于主祭坛的正中，周围是与之有关的人物雕塑。教堂的四壁布满大小浮雕壁画，其中最著名的一幅壁画是仿制达・芬奇的《最后的晚餐》。

黄金巷

黄金巷在圣乔治教堂与玩具博物馆之间，拐进一条小巷后就能这个小屋林立的建筑群，宛如童话世界，是布拉格最富诗情画意的街道，黄金巷原本是仆人和工匠居住之处，后来因为聚集不少为国王炼金的术士，因而得名，然而在 19 世纪之后，逐渐变成贫民窟，20 世纪中期重新规划，将原本的房舍改为小店家，现在每家商店内可看到不同种类的纪念品和手工艺品，如 16 号的木制玩具、20 号的锡制布拉格小士兵、21 号的手绘衣服，19 号的外观最有看头，是花木扶疏的可爱花园小屋。

黄金巷之所以会有如此名声，是因为名作家卡夫卡曾居住于此。1916 年时捷克著名的文学家、当时只是一位银行小行员的卡夫卡，因喜欢这里的环境，以每月 20 克朗租了这里门牌为 22 号的房子作为工作室，并在此默默完成了当时不为人知的作品《乡村医生》和《致科学院的报告》。

布拉格历史中心

布拉格建立于公元 9 世纪，位于波希米亚中心地区，伏尔塔瓦河与易北河交汇处上游的一个河流转弯处。布拉格是西欧与斯拉夫世界之间进行交流的门户，还是早期许多条商路的交叉点。历史上的布拉格是艺术、贸易、宗教中心，现为捷克的首都。

公元 870 年，人们在伏尔塔瓦河北岸一个小丘上建起了城堡，在河的上游一处突出地带修筑了第二座城堡，也就是费塞拉德城堡。10 世纪起，两座城堡间的地区得以开发。到了普热美斯王朝时期，布拉格已成为重要商业中心，波希米亚首府和主教中心。12 世纪布拉格得到扩展，13 世纪时政治经济处于繁荣时期，这时建筑活动异常繁忙，修建起大批哥特式纪念建筑。14 世纪，在波希米亚国王兼神圣罗马帝国皇帝查理四世统治期间，布拉格变得生气勃勃。17 世纪，巴洛克风格建筑曾风靡一时，19 世纪末，特别是在犹太区，大量的建筑遭到拆除，现代建筑堂而皇之地代替了原有建筑。由于布拉格拒绝接受工业化发展，第二次世界大战期间，它的大部分地区幸免于难。

除了布拉格城堡和邻近的霍拉卡尼地区以外，历史中心是围绕三个重点地段发展起来的：河北岸山丘上的小城、河南岸平原上的旧城和新城。自中世纪以来，河两岸保留了不规则的曲折布局，狭长的瓦茨拉夫广场坐落在新城，它的历史可以追寻到 14 世纪，它是布拉格的焦点。今天，塔楼的废墟还能显现出已遭毁坏的城堡布局。

整个城市建筑壮丽宏大，整个城市艺术景观包含了从罗马时代到现代的各种艺术风格，其中，尤以数量众多的中世纪构造巴洛克式杰作与哥特式艺术精品相互辉映。皇宫、教堂、修道院、带拱顶的房屋和花园表现出罕见的紧凑感。站在装饰着雄伟雕像的查理大桥四外望去，景色格外赏心悦目。布拉格向世人展示出从中世纪开始的城市扩建过程。从 14 世纪起，由于布拉格在中欧的政治、经济、社会和文化发展方面发挥了重要作用，它的丰富多彩的建筑和艺术传统为大多数中欧和东欧国家的城市发展提供了榜样。城市及其建筑质量赢得了公认的国际声誉。布拉格在中欧基督教发展史上起着举足轻重的作用，并且吸引了欧洲各地的建筑师和艺术家。从查理四世时起，布拉格一直是中欧地区发展领先的文化、知识中心。

克鲁姆洛夫

南波西米亚的迷人小镇克鲁姆洛夫是世界上最美的几座城市之一，该城市于 1992 年被联合国教科文组织列为“世界文化遗产”。这座现在只有 14 100 名居民的小镇坐落于捷克南部的波希米亚地区，距捷克首都布拉格约 160 公里。该城在 13 世纪时由于地处一条重要的贸易通道上而逐渐繁盛。大部分建筑建于 14—17 世纪之间，多为哥特式和巴洛克式风格。整个小镇被流经该处的马蹄铁形的、宽阔蜿蜒的伏尔塔瓦河环抱着，而著名的克鲁姆洛夫城堡则建在河的对岸，风采依然。登高远眺，以城堡为中心的中世纪城市一望无边，令人惊叹。1992 年，联合国教科文组织宣布授予它“世界文化和自然双重遗产”的头衔。

在小镇的外围，可以看到色调有点俗丽的古堡塔，这是镇上最高的建筑，也是克鲁姆洛夫最明显的坐标，它是捷克仅次于布拉格古堡的第二大古堡。位列《联合国教科文组织名单》里的世界遗产——石板街、流水、桥堤构成了古镇的一切。说故事的人每隔 2 个小时便带着一批游客，踩着同样的步伐重复着同样的话语，讲述几百年来这座古镇留下的丰功伟绩和错综复杂的关系图表。古堡是文艺复兴艺术与洛可可艺术的结晶，内部装潢富丽堂皇，地板上躺着的大熊标本、展列室里的黄金马车、满墙的胜利旗帜和家族标记，都是诉不尽的千秋往事。古堡的花园是憩息的好地方。登上古堡最高城塔整个小镇就在眼下，河岸四周的房屋，一律用橙黄色的屋瓦，屋顶曲线轻轻舒展，错落有致，中间便是高耸的教堂。

赫鲁波古堡

南波希米亚地区拥有众多中世纪古堡，其中最美、最不能错过的就是距离契斯凯布达札维约 10 公里的赫鲁波卡古堡。这座古堡建于 13 世纪，原本是栋哥特式建筑，16 世纪时因应流行改为文艺复兴式及巴洛克式风格，最后成了酷似英国温莎城堡的现貌，充满了童话故事中城堡的梦幻色彩，白色的外观非常引人注目。城堡共有 141 个房间，其中约有 30 间开放参观。城堡内部的装饰极其华丽，搜罗了中世纪欧洲各地的古董精品，还有许多精巧细腻的木雕，非常值得一看。

布拉迪斯拉发城堡

布拉迪斯拉发城堡高居老城旁多瑙河山区上岸边的一座丘陵上，是座四四方方的建筑。它最初是古罗马城堡，最古老的部分于公元13世纪重建，新的部分则是玛丽亚·特瑞莎为她最心爱的女儿建造的。15世纪为抵御胡斯的抢劫加固了城堡，后来的匈牙利国王又下令在城堡中间建设高大的宫殿作为王宫。1811年宫殿曾被喝醉的士兵烧毁。1953—1968年重建，如今一半的建筑被辟为斯洛伐克国家博物馆。现在，城堡内设有历史博物馆和音乐博物馆。由于城堡所在的地势较高，游客可以在建筑主体外围的丘陵上俯瞰多瑙河及整座城市。

巴尔代约夫

巴尔代约夫是沙尔什上游地区的中心，位于斯洛伐克东北部托普拉河右岸地区的丘陵地带，海拔约277米，被称做“斯洛伐克的戈特城”。由于其杰出的城市布局、精美的建筑、传统的艺术和悠久的文化历史在1950年成为城市保护地区。

巴尔代约夫的防御城墙，包括大部分的城门和棱堡依然屹立在旧城池的中央，得到了完好的保护。市中心是一个市政广场，周围是旧的市政厅和著名的圣埃迪鸠斯教堂。市政广场周围所有的建筑都被恢复为典雅中世纪的风貌。这里有许多文艺复兴式和哥特式建筑，多数是两层，还带有顶层阁楼。部分建筑还粉刷着精美的壁画。

巴尔代约夫的历史悠久，11世纪以后，巴尔代约夫的居民是沿着南北方向的商线定居的，逐步获得了城市自治权，城市迅速发展起来，贸易往来、农业耕种和手工业成为

经济支柱。1376 年，巴尔代约夫周围开始修建城墙、棱堡和基本的城镇规划，其中包括城外的一个长方形的市场。在市政广场的北边是罗马哥特式建筑风格的圣埃迪鸠斯教堂，竣工于 1464 年，是斯洛伐克东部最典型的后哥特式风格建筑之一。周围有 11 所作为附属建筑物的圣坛。教堂内部和外部许多绘制精美的后哥特式和文艺复兴早期风格的壁画、大量的手工艺制品、木长凳都完好地保留了下来。市政厅建于 15 世纪初期，离圣埃迪鸠斯教堂只有一墙之隔，是后哥特式和文艺复兴早期风格的混合体。它也是斯洛伐克第一座文艺复兴时期风格的建筑。这里是市政决策机关，同时也是城市经济、社会和文化生活的中心。市政厅是一座两层楼的建筑，一层是长方形的大厅，中心走廊可以出租；二层是办公区，用于处理政务、保存文档，二层还是城市的金库。1903 年，市政厅变成了博物馆，这是斯洛伐克最古老的博物馆。

斯洛伐克岩洞

斯洛伐克也是洞穴探险爱好者的好去处。这里的岩洞大多为山石岩洞，少数为冰川岩洞。在奥切蒂那有极为罕见的文石洞，对公众开放的同类山洞，世界上只有 3 个。多拍辛斯基冰洞连同斯洛伐克喀斯特岩洞一起被联合国教科文组织列入《世界遗产名录》。斯洛伐克拥有中欧面积最大的喀斯特地形，全国约有 1 300 处泉水，23 个自然度假中心用水、泥和天气进行治疗。最受欢迎的几个景点有特垒森城堡、切汶尼门城堡、奥拉瓦城堡、波切尼斯城堡和贝特里亚庄园。

链子桥

链子桥于 1839 年开始兴建，1849 年完成，是连接布达与佩斯间九座大桥中最古老、最壮美的桥梁。布达佩斯的九座大桥自北向南分别是：新佩斯铁路桥－阿尔帕德桥－玛尔吉特桥－链子桥－伊莉莎白桥－自由桥－裴多菲桥－拉吉马纽什桥－厄塞哥得铁路桥，其中的拉吉马纽什桥于 1995 年 11 月建成。有些较宽的桥面可通行电车，而布达佩斯的桥面由于比多瑙河面高出许多，因此并不像俄罗斯圣彼得堡的桥梁那样可以在中央开启。第二次大战期间，德军为了巩固他们在城堡山上的堡垒，将桥梁全部炸毁，历经战后的重建，链子桥在完工后的 100 年即 1949 年重新通行。桥的布达一端有垂直缆车可登上城堡。

巴拉顿湖

巴拉顿湖是中欧最大湖泊，呈狭长条状，在匈牙利中部。巴拉顿湖从西南到东北长约 80 公里，宽 1.5～15 公里，面积约 596 平方公里。佐洛河是注入该湖水量最大的河流，多余水量从东端水闸泄出。匈牙利人自豪地把巴拉顿湖称为“匈牙利海”。巴拉顿湖湖水沿东岸希欧渠流入多瑙河。北岸的蒂哈尼半岛深深地伸入湖心，几乎把湖面分割成两半。半岛高出水面约百米，岛上道路崎岖，古木参天，景色幽静秀丽。蒂哈尼半岛是巴拉顿湖上景色最美的地方，从半岛顶端可眺望湖区全貌。

这里原有 5 个南北向的小湖，在风、雨、冰的侵蚀作用下，逐渐连成一片。四围有一条狭窄的沉积岩，北岸是岩石丘陵，西北陶波茨拉湾地区多玄武岩山貌，是 700 万年前火山喷发的遗迹，湖南面是沙土和黄土平地。湖区气候属大陆性，5—10 月天气温暖，阳光充足；夏天温度 24～28℃；冬天湖面结冰，厚达 20 厘米。南面的黄土地带土地肥沃。西北面火山土宜种葡萄，盛产名酒。1960 年开始发展旅游业，南岸的希欧福克和北岸的巴拉顿菲赖德现已成为著名旅游胜地。古老的蒂哈尼镇以博物馆和生物站吸引广大游客。

博物馆岛

博物馆岛在柏林市中心，由新博物馆、国家画廊、佩加蒙博物馆、博德博物馆组成，其中以佩加蒙博物馆所收藏的大型建筑物部分最具盛名。博物馆岛街道整洁，绿树成荫，空气清新，风景优美。岛上的主要建筑基本上都是博物馆，这里展出了许多古巴比伦、埃及、波斯等地的文物。佩加蒙是公元前 3 世纪小亚细亚一个王国的首都。在第二次世界大战中，博物馆岛遭到了极大的破坏，战后进行了大规模的重建工作。

包豪斯档案、设计博物馆是一处有关包豪斯学派档案展览及研究包豪斯学校的设计、建筑及艺术的博物馆。包豪斯学派是建筑设计的派别之一，1919 年由沃尔特·克罗皮尤斯创立于魏玛，它综合了功能建筑和抽象艺术革新使用建筑材料，在设计上注重实用装饰并综合应用技术、工艺和设计美学，以不区分纯美术和实用美术为其纲领。此博物馆于 1964 年由沃尔特·克罗皮尤斯设计，并于 1979 年对公众开放。档案室、图书馆、演讲室及行政办公室位于大楼北面，而南面则有四个展览厅。

布罗汗博物馆是一处集青春艺术风格、装饰派艺术及功能主义于一身的州立博物馆，专门收集和研究新艺术、装饰派艺术及功能主义的历史资料。装饰艺术和绘画是两个主要涉及的对象。通过精心挑选的玻璃物品、陶瓷、银及金属作品、家具、地毯、灯饰等，博物馆引进了新艺术及功能主义建筑。

手工艺博物馆是德国同类型博物馆中历史最悠久的，虽在第二次世界大战中遭到严重破坏，但还拥有一些世界

上最珍贵的欧洲手工艺品。博物馆位于屈尔特尔弗朗及正在修建中的科派尼克城堡。手工艺博物馆收藏艺术历史里古典时期后的物品，包括丝绸和服饰、镶板及家具、玻璃、象牙及瓷制器皿等。在屈尔特尔弗朗的博物馆大楼约有7 000平方米，介绍由中世纪至新艺术年代手工艺的发展及差异。在地库的新收藏系列展出了20世纪的手工艺品及一些工业产品，后者比一些个别的手工艺品更能反映现今的生活方式。

工业设计收藏系列博物馆本是柏林工业设计学院的一个参考系列。20世纪日常文化博物馆由1973年成立的德国手工艺联会的资料记录活动发展而成。最初建馆的一个目的是记录德国手工艺联会的历史，另一目标则是研究大量生产的物品的历史及其美的一面以及20世纪的日常文化发展。博物馆于1986年搬进了位于柏林的马丁－克罗皮斯博现址，此后它便成为了手工艺联会档案、20世纪日常文化博物馆。博物馆视自己为一间文化历史博物馆，它包含设计史、科技史、思想系统史、社会史、艺术史及感知史。此外，柏林博物馆还包括两处目录博物馆：比勒费尔德和达姆施塔德博物馆。

世界遗产报告中指出："柏林博物馆是推进现代博物馆建筑设计最好的说明，是启蒙时代的一种社会现象，并影响了法国革命。"这座博物馆是城市的象征，也是想象变成实体的最好例证。

柏林墙

柏林墙是指环绕西柏林的一道围墙。东德（民主德国）政府根据人民议院1961年8月12日通过的法令，于8月12、13日夜间修筑了这道墙，目的是制止东德居民包括熟练技工大量流入西德（联邦德国）。柏林墙原为铁蒺藜围成的路障，后改筑成2米高、顶上拉着带刺铁丝网的混凝土墙，在正式的交叉路口和沿线的观察塔楼上设置警卫。1970年，虽然东、西德之间的关系有所改善，东德政府还是把柏林墙加高到3米以阻止居民逃向西德。到1980年，围墙、电网和堡垒总长达1 369千米。除筑墙外还严格限制西柏林与东德之间的人口流动。后根据东、西德政府1971年12月20日签署的协议，限制略有放宽。1989年下半年，东欧各国政局剧变。东德在向德国西部移民浪潮的冲击下，于同年11月9日，将存在28年零3个月的柏林墙推倒，促进了德国的统一。

柏林墙与朝鲜半岛上的"三八"水泥墙一样，均为第二次世界大战的产物，又都为水泥所筑，可称得上是欧亚大陆上的两面"姊妹墙"。

柏林大教堂

柏林大教堂原为霍亨索伦王室的宫廷大教堂，也是霍亨索伦王朝的纪念碑，在它的穹顶下长眠着霍亨索伦家族的 90 多名成员。威廉二世皇帝非常重视这座教堂，将其作为新教教堂同罗马天主教教堂、彼得大教堂并列。柏林大教堂建立于 1904 年，内部修饰得富丽豪华，墓室中有 95 个豪华石棺的大教堂在第二次世界大战中和战后都遭到了严重的毁坏，后来于 1975—1993 年得以重新修复，但对其原有装饰进行了简化。

柏林大教堂是在旧的大教堂拆除之后，为霍亨索伦王族所建的宫廷及纪念教堂。不顾当时人们的反对，柏林大教堂按照威廉二世的愿望，建起了一座装饰华丽、带有意大利文艺复兴时期风格的圆顶。教堂的拱顶不仅仅是对罗马圣彼得大教堂的简单模仿，它使教堂的内部显得明亮而宽敞，这与教堂阴森冷峻的外表形成鲜明的对比。

科隆大教堂

科隆大教堂占地面积约 8 000 平方米，建筑面积约 6 000 平方米，东西长 144.55 米，南北宽 86.25 米。主体部分约有 135 米高，大门两边的两座尖塔高达 157.38 米，像两把锋利的宝剑，直插云霄，大教堂的四周还有许多小尖塔。科隆大教堂是世界上最高的哥特式双顶教堂。它以法国兰斯主教堂和亚眠主教堂为范本，是德国第一座完全按照法国哥特式建筑盛期式样建造的教堂。考古发掘表明，在今天科隆大教堂高高耸立的地方，曾存在过一座罗马式的神殿，围绕它的是富裕商人的豪宅。第一座基督教堂建于公元 320 年，当时的洗礼盆在今天的大教堂内还可以看到。

科隆大教堂工程规模浩大，始建于 1248 年，一直到 1880 年建成，至今仍保存着成千上万张设计图，其建筑期长达 632 年，堪称世界之最，它先后的建筑者都持有同样的信仰，而且绝对忠诚于原定计划。除了它自身特有的价值和其包含的艺术价值外，它还表现了欧洲天主教的力量和耐力。它在第二次世界大战中被破坏，在以后的几年内被完好地修复。

自从科隆大教堂被列入《世界遗产名录》，这里成为著名的游览胜地，游客们来到著名的科隆大教堂旁，由衷的赞叹声不绝于耳。这座用磨光大理石砌成的大教堂，其内外雕刻物皆似鬼斧神工之作；教堂里森然罗列的高大石柱、鲜艳缤纷的彩色玻璃、精致的拱廊式屋顶及凌空升腾的双塔皆气势傲然。登至 150 多米的塔顶，俯瞰市区，科隆美景一览无遗。科隆大教堂的巍峨壮观令所有游客叹为观止。

莱茵河

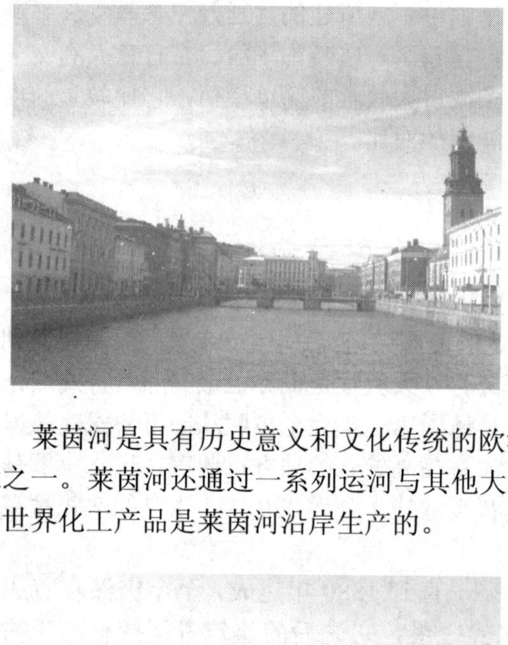

西欧第一大河莱茵河，是德国最长的河流，莱茵河流经德国的部分长 865 公里，流域面积占德国总面积的 40%，是德国的摇篮。莱茵河发源于瑞士境内的阿尔卑斯山北麓，西北流经列支敦士登、奥地利、法国、德国和荷兰，最后在鹿特丹附近注入北海，全长 1 320 公里。自 1815 年维也纳会议开始，它成为国际航运水道，远至瑞士—德国边境上的莱茵费尔登，通航长约 869 公里，其中大约 700 公里可以行驶万吨海轮，流域面积超过 22 万平方公里。

莱茵河是具有历史意义和文化传统的欧洲大河之一，也是世界上最重要的工业运输大动脉之一。莱茵河还通过一系列运河与其他大河连接，构成一个四通八达的水运网。现有 1/5 的世界化工产品是莱茵河沿岸生产的。

沿途风景最美的一段是中游的莱茵河河谷段，从德国的美因兹到科布伦茨。这里河道蜿蜒曲折，河水清澈见底。人们坐在白色的游艇之上，极目远望，碧绿的葡萄园层次有序地排列在两岸，一座座以桁架建筑引人注目的小城和 50 多座古堡、宫殿遗址点缀在青山绿水之中。一段段古老的传说不时把人们的思绪带向遥远的过去，人们深深地陶醉在这充满浪漫情趣的多姿多彩的莱茵河美景之中。

为了保护自然风景的原貌，莱茵河河谷段没有架设桥梁，往来两岸都靠轮渡。两岸风景有点像中国的三峡，但山没有三峡高、陡。沿河两岸山坡上遍布葡萄园，点缀着无数罗马时代的古堡。欧洲还没有哪一段大河流域风光能像这一段 50 公里长的莱茵河中游那样，荟萃了如此密集的、有几百年历史的自然与人文浑然一体的景观。

德累斯顿易北河谷

德累斯顿易北河谷位于德国德累斯顿，为易北河流域的一部分，是文化地理景观的名称，包含了文化与自然地景，2004 年 7 月由联合国教科文组织指定为“世界文化遗产”，并于 2005 年 7 月授予官方证明，2009 年 6 月 25 日因新建工程破坏景观而被除名。易北河谷所在地政府为解决交通问题坚持在该世界遗产地的中心地带修建桥梁。易北河谷也成为自《世界遗产名录》创立以来，继阿曼阿拉伯羚羊保护区之后第二个下榜的景观。

慕尼黑奥运村

1972 年慕尼黑奥运会上，发生了以色列运动员被恐怖分子杀害的严重政治恐怖事件，史称“慕尼黑惨案”。流血事件震惊了体育界人士，促使后来各届奥运会加强了安全保卫工作。惨案发生后，以色列代表团出于安全原因提前回国。1972 年 9 月 6 日，奥运会停赛一天。因此本届奥运会也顺延至 9 月 11 日结束，这在奥运会史上还是第一次。

在 1972 年第 20 届慕尼黑奥运会上首次出现了奥运吉祥物，它是名叫“瓦尔迪”的德国纯种小猎狗——一只短腿长身的德国猎犬，是夏季奥运会历史上第一个官方奥运吉祥物，代表了运动员坚韧、坚持和敏捷的特性。“瓦尔迪”被生产成为各种形式和尺寸的纪念品，如长毛绒、塑料玩具、海报、纽扣等。此后，吉祥物便成了奥运会的传统。不过，吉祥物用在商品和广告上必须经过国际奥委会或举办国奥委会的同意。

麦塞尔化石遗址

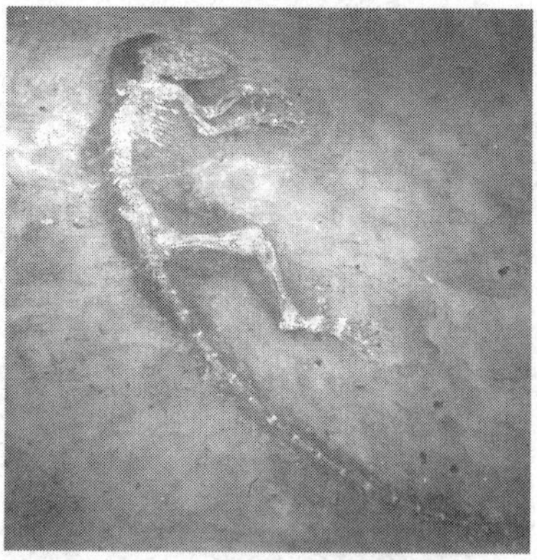

麦塞尔化石遗址位于法兰克福南部。该遗址的北部以一条铁路线为界，南部和西部属工商业地带，东部则是大片的森林。自1859年到1971年，这里的矿石开采一直十分活跃。后来管理部门主张将废弃物填进麦塞尔遗址的深坑中，这种情况持续到1991年黑森州政府收购此地用以长远的科学研究。同年6月14日，此地被列为“文化遗址保护区”，1995年被联合国教科文组织列为“世界文化遗产”。

麦塞尔化石遗址占地面积约为70公顷，南北长约1 000米，东西宽约700米。以前开放的化石坑最深处可达地下60米，而油页岩及其伴随的沉淀物可由此向下延伸120～130米。该遗址包括一个古代湖床沉积遗迹。如今深坑的部分斜坡上种植了树木，坑内东部有一个小型湖泊。

目前发现麦塞尔有30多种植物化石遗迹。动物化石最早是在1875年发现的，是一块鳄鱼化石。在这之后陆续出土了包括有袋动物在内的40多种动物化石，其他还有穿山甲、食蚁动物、奇蹄类动物、啮齿类动物化石等。麦塞尔化石遗址发掘出的无脊椎昆虫化石数不胜数，其中大部分是各种各样的甲虫化石。令人叹为观止的是有些化石竟然能将昆虫原先的金属光泽保留下来。

为了让公众更好地了解麦塞尔化石遗址的价值，并对游客观赏化石加以必要指导，文化顾问委员会计划在麦塞尔化石坑边缘建立一个永久展示台，但由于技术原因，目前尚未付诸实施。好在这一地区现在有3个博物馆长期向人们展示麦塞尔化石遗址的化石。

麦塞尔化石遗址最显著的特征是动植物的许多微细的组织结构，如绒毛、羽毛等都清晰可辨，实属奇观。第三纪下层的动植物遗迹在遗址中得到了较好的保护，该遗址保存下来的化石种类，在质量上都是首屈一指的，而且其数量也很可观，迄今为止已出土了成千上万件化石标本。但令人担忧的是，由于过度开采，麦塞尔化石遗址已遭到较大的破坏。人们对化石资源及其保护的重要性还持有不同观点，加上该遗址位于城市化程度很高的法兰克福主要地区，人口密度很大，所以，保护麦塞尔化石遗址任重而道远。

维也纳国家歌剧院

维也纳国家歌剧院坐落在维也纳老城环行大道上，原是皇家宫廷剧院，其前身是17世纪维也纳城堡广场木结构的包厢剧院，是世界上最著名的歌剧院之一，也是“音乐之都”维也纳的主要象征，素有“世界歌剧中心”之称。维也纳国家歌剧院由奥地利著名建筑师西克斯鲍和谬尔设计督造，于1869年5月15日建成开幕，首场演出的是莫扎特的歌剧《唐·璜》。1918年宫廷剧院变为国有，称为“国家歌剧院”。在第二次世界大战末期，英美盟军对德、奥进行大规模轰炸时，维也纳国家歌剧院遭到严重破坏，只剩下几处断壁残垣。战后，歌剧院的重建工作历时8年，耗费1亿美元。1955年11月5日重新开幕，演出了贝多芬的歌剧《费得里奥》。

整个剧院的面积约9 000平方米，观众席共有六层，楼上楼下共有1 642个座椅，背后还有567个站位，三层还有100多个包厢。剧场正中是舞台，总面积为1 508平方米，包括三部分：前台、侧台和后台。舞台总高度为53米，深度为50米。舞台能自动回旋、升降、横向开阖。乐池也很宽大，可容纳110人的乐队。歌剧院拥有2个芭蕾舞练习厅、3个剧团练习厅、1个364平方米的彩排舞台、10个独唱演员练习室、1个大型风琴室和几十个演员化妆室。

国家歌剧院是一座高大的方形罗马式建筑，是仿照意大利文艺复兴时期大剧院的式样，全部采用意大利生产的浅黄色大理石修成的。正面高大的门楼有5个拱形大门，楼上有5个拱形窗户，窗口上立着5尊歌剧女神的青铜雕像，分别代表歌剧中的英雄主义、戏剧、想象、艺术和爱情。在门楼顶上，两边矗立的是骑在天马上的戏剧之神的青铜塑像。门楼内的墙壁上画的是莫扎特的最后一部歌剧《魔笛》中的精彩场面。修复后的剧院设备已全部实现现代化，更加适应歌剧的演出。这里可以同时向50个国家或地区的电台和9个电视台转播演出实况。

在休息大厅和走廊的墙壁上挂着许多油画，画的是最有成就的音乐家的最优秀的歌剧中的最精彩场面，有韦伯的《魔弹射手》，莫扎特的《费加罗的婚礼》、《魔笛》、《唐·璜》，贝多芬的《费得里奥》，罗西尼的《塞尔维亚理发师》等。在每幅壁画的上端还竖立着音乐家本人的金色头像。

在靠近主梯的回廊上端还有海顿、舒伯特、勃拉姆斯、瓦格纳、施特劳斯父子等音乐巨匠以及维也纳国家歌剧院历任剧院经理如马勒、理查德·施特劳斯等人的半身塑像。

霍夫堡宫殿

霍夫堡宫殿是位于奥地利首都维也纳的宫殿建筑。哈布斯堡王朝正是在这里统治着庞大的奥匈帝国。在霍夫堡皇宫长达700年的历史中，记载着玛丽亚·特蕾莎女皇开明统治的帝国盛世，记载着约瑟夫二世继承母业大刀阔斧实行改革的辉煌业绩。当然也记载了弗兰茨·约瑟夫一世皇帝为了平息和拿破仑的纷争而下嫁女儿的耻辱，还记载了在弗兰茨·约瑟夫一世皇帝统治下多民族国家奥匈帝国由盛而衰的景象。霍夫堡还是法国王后玛丽·安托瓦内特出生的地方。霍夫堡宫殿曾经是哈布斯堡王朝奥匈帝国皇帝的冬宫，现在则是奥地利的总统官邸所在地。

直到如今，霍夫堡仍然是联邦共和国总统的办公地。霍夫堡皇宫的历史一直可以追溯到1279年，每一代皇帝几乎都对自己的宫殿做了改建或扩建。因此，霍夫堡皇宫是欧洲各种建筑风格的见证人。无论是哥特式、文艺复兴式、巴洛克式、洛可可式，还是上纪末的仿古典式风格，霍夫堡皇宫都把它们汇集在一起。如今，霍夫堡皇宫的占地面积24万平方米，有18栋楼房、54个出口、19座庭院和2 900间房间，素有“城中之城”的美名。

多瑙河

多瑙河在欧洲仅次于伏尔加河，是欧洲第二长河。它发源于德国西南部的黑林山东坡，自西向东流经奥地利、斯洛伐克、匈牙利、克罗地亚、塞尔维亚、保加利亚、罗马尼亚、乌克兰，在乌克兰中南部注入黑海。它流经9个国家，是世界上干流流经国家最多的河流。支流延伸至瑞士、波兰、意大利、波斯尼亚—黑塞哥维那、捷克以及斯洛文尼亚、摩尔多瓦等7国，最后在罗马尼亚东部的苏利纳注入黑海，全长约2 850千米，流域面积约81.7万平方公里，河口年平均流量约 6 430 立方米/秒，年平均径流量约 2 030 亿立方米/秒。

多瑙河在中欧和东南欧的拓居移民和政治变革等方面都发挥过极其重要的作用。它两岸排列的城堡和要塞形成了帝国之间的疆界；而其水道却充当了各国间的商业通衢。在 20 世纪，它继续发挥作为贸易大动脉的作用。多瑙河已被利用生产水电，沿岸城市（包括一些国家首都，如奥地利的维也纳、斯洛伐克的布拉迪斯拉发、匈牙利的布达佩斯和塞尔维亚的贝尔格勒）都靠它发展经济。

金色大厅

金色大厅全称为“维也纳音乐协会金色大厅”，是世界著名的音乐厅。金色大厅并非一座独立的建筑，而是音乐之友协会大楼的一部分，该建筑物中有多个音乐厅，除金色大厅外，还包括勃拉姆斯厅和莫扎特厅等演出大厅及办公室。金色大厅是维也纳音乐生活的支点，也是维也纳爱乐乐团的常年演出场地。维也纳新年音乐会按照传统都会在这里举行，每年通过电视转播将该大厅金碧辉煌的装饰和无与伦比的音响效果展现在全世界的观众面前。

举行维也纳新年音乐会的金色大厅曾令全世界无数音乐爱好者神往，也正是金色大厅孕育了维也纳爱乐乐队。说起来，这座大厅也有 100 多年的历史了。它落成于 1870 年，正式的名称应该叫做“音乐协会大厅”，由建筑大师奥菲尔·汉森设计。

大厅内共有 1 654 个座位和大约 300 个站位，金碧辉煌的建筑风格和华丽璀璨的音响效果使其无愧于“金色大厅”的美称。自大厅落成那天起，维也纳爱乐乐团就在这里“安营扎寨”。与阿姆斯特丹的音乐大会堂和纽约卡内基音乐厅相比，这里的确是狭长了些，然而它的声音流动性特别好。在这里，弦乐器与木管乐器、木管乐器与铜管乐器的平衡达到了巧妙无比的境界。也正因如此，每年一度的新年音乐会才能带给全世界音乐爱好者难以忘怀的视听享受。

金色大厅的屋顶为平顶镶板，两侧有楼厅和音乐女神的雕像。这些具有美学意义的装

饰物使原本直接撞击到墙壁上的乐音有延长和舒缓的作用。金色大厅的木质地板和墙壁就像是小提琴的共鸣箱一样，使乐队演奏的声音在厅内振动和回旋，余音袅袅。金色大厅的确称得上是世界上音响效果最出色的音乐厅之一。

金色大厅在新年这一天总是花团锦簇，充满春的气息。这些鲜花都来自意大利的“阳光之城”圣雷莫，是意大利人民送给维也纳新年音乐会最好的贺礼。维也纳的园艺师们，包括各界的退休人员，都前来参加会场的布置工作。每一年主题花束的品种和色调都有所不同，因此在卫星电视转播时，细心的电视同行们总会询问一下花的颜色，避免在设计电视字幕时叠加上相同颜色的标题，影响观众的收视效果。

金色大厅也见证了中国民乐走向世界的历程。自 1998 年中国民乐乐团第一次在此演出并引起巨大反响后，中国民乐开始在世界范围内广泛传播。维也纳新年音乐会世界闻名，1993 年新年音乐会上有 30 多个国家和地区通过电视卫星收看实况广播，收看人数达 10 亿以上。

厅内有收藏馆，馆分两室，一间是展览室，定期举行收藏品展览，供人参观。一间是档案室，一边的书架上放满大量历代手写的、木刻的、铅印的音乐书籍和乐谱；另一边是一排铁箱，藏有音乐大师的乐稿、书信和其他手迹，其中有舒伯特的手稿《未完成交响曲》等。屋子中间是一长排桌子，供研究者查阅资料之用。档案室原为勃拉姆斯的办公室，他临终前一再嘱咐，要把他珍藏的几千册音乐书籍和乐谱全部捐献给档案室。

另外，在金色大厅演出的每场交响乐末尾的保留曲目都是施特劳斯的《拉德斯基进行曲》。

霍亨萨尔茨堡

霍亨萨尔茨堡是萨尔茨堡市的标志，是中欧地区规模最大的一座古城堡，历经 900 多年风雨，仍巍峨挺拔地耸立在旧市区 100 多米高的丘陵上。

城堡从 1077 年开始建造，1861 年完成。城堡内有街道，四周是又高又厚的城墙，曾是历代萨尔茨堡市主教的居住地。整座城堡面积十分广阔，有庭院和多座建筑物，如大主教举行盛大宗教仪式的厅堂、音乐厅、主教居室、兵器馆、囚犯馆、中世纪刑具展览馆等。在城内的还有一座布鲁克博物馆，陈列了中世纪的艺术珍品，令人叹为观止。

日内瓦湖

日内瓦湖是欧洲阿尔卑斯山区最大的湖泊，由罗纳冰川形成，湖域呈新月形，湖的凹处朝南。罗纳冰川消融后，形成罗纳河，是吐纳日内瓦湖水的主要河流。日内瓦湖面积约 581 平方公里，位于瑞士西南部和法国东南部之间，其中 347 平方公里属瑞士，234 平方公里属法国。日内瓦湖长约 72 公里，平均宽约 8 公里，最大宽度为 13.5 公里。全湖可明显分为两部分：格朗湖和珀蒂湖，湖水清澈、湛蓝。水面上下波动明显，湖水自此岸至彼岸有节奏地往返动荡。湖滨曾发现史前人类遗址，古罗马时代称“勒曼努斯湖”，16 世纪改今名，但 18 世纪末又称“莱蒙湖”，北岸是葡萄酒生产地区。日内瓦与洛桑为最大的湖滨城市，沿湖多游览胜地，其中有瑞士的蒙特勒、沃韦，法国的托农莱班及埃维昂莱班。

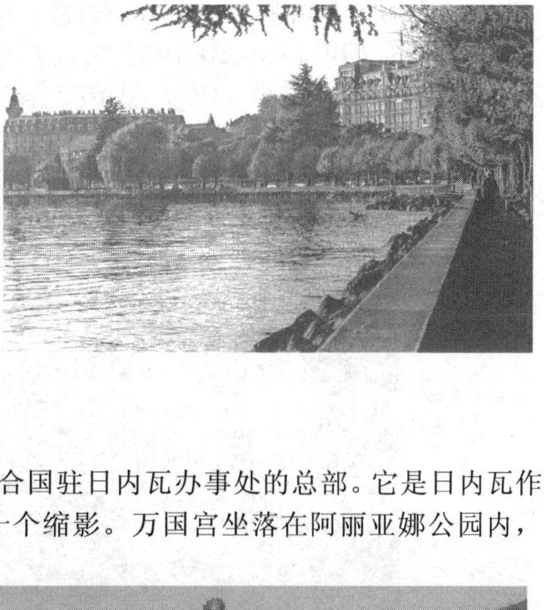

万国宫

万国宫过去是国际联盟所在地，如今是联合国驻日内瓦办事处的总部。它是日内瓦作为一个国际城市的象征，也是世界近代史的一个缩影。万国宫坐落在阿丽亚娜公园内，阿丽亚娜公园地处日内瓦湖右岸的丘陵地带上，占地面积约 25 公顷（约合 375 亩）。站在园内高处可以俯瞰日内瓦湖，遥望欧洲最高峰勃朗峰。这座公园原为勒维利奥家族的私产，居斯塔夫・勒维利奥是这一家族的最后一代，他是一位作家，也是艺术品收藏家，他的母亲叫阿丽亚娜。当他母亲亡故以后，他把园子取名为“阿丽亚娜”，以表示对母亲的怀念。园中还有一个阿丽亚娜博物馆，是勒维利奥为存放他所收藏的来自中国和日本的大量瓷器而建造的。

万国宫于 1929 年由国际联盟着手兴建，当时曾有 360 名设计师参与设计。国际联盟挑选了 5 名最佳建筑师，历时 7 年，大厦于 1936 年落成。建成后的国际联盟大厦——万国宫，占地面积约 18 600 平方米，整个建筑面积比著名的凡尔赛宫还要大。

联合国成立以后，将其驻日内瓦办事处设在万国宫。据统计，目前已有 140 个国家在日内瓦设有驻联合国日内瓦办事处常设代表团，其中有 61 个国家有常设裁军代表团，另有 8 个国家和地区有常设观察员。万国宫里有 3 000 多名工作人员，为会议提供各方面的服务工作。1969 年，联合国决定扩建万国宫，由秘书长吴丹奠基，在万国宫北侧动工兴建新翼。为了使新翼能与老楼的建筑风格和阿丽亚娜公园的自然环境相协调，同时又能符合实际的需要，由英、法、意三国的建筑师组成的设计委员会仔细选择了设计方案，并采用现代化的建筑材料和技术，历时 5 年方始建成。1973 年，联合国秘书长瓦尔德海姆主持落成典礼。新建的楼翼设计新颖、造型优美，与原来的国际联盟大厦十分和谐地融合在一起，新建的楼翼通过一条空中走廊与老楼相衔接。无论从它的线条、高度或是整个外形来看，它同万国官的老楼都相配得体，可以说是珠联璧合、相得益彰。在办事处内，只有事先得到联合国驻日内瓦办事处主任的授权，才可以实施瑞士的刑法和民事法律。在日内瓦市内，这里俨然成了国中之国。

扩建后的万国官共有 50 个门，总长度约 575 米，占地面积约 32 600 平方米，共有办公室 1 600 个和大小会议室 34 个，总的空间容量约 820 000 立方米，楼面面积约 32 000 平方米。

奥林匹克博物馆

奥林匹克博物馆位于洛桑莱蒙湖畔，1993 年建成。博物馆门口排放着希腊艺术立柱，燃烧着奥运之火。展厅约 3 400 平方米，藏有与奥运会有关的各类艺术品、纪念品，包括邮票、火炬、奥运会张贴画、纪念币、奖章和绘画等。馆内电影厅放映介绍奥林匹克百年发展史、历届夏季和冬季奥运会盛况的影片，深受游客欢迎。该馆还有一个世界一流的研究中心，设有图书馆、录像部、图片室和资料中心，拥有最先进的声、光、电和多媒体视听设备，经常举办各种展览、报告会、讨论会。据统计，60%以上的游客来自国外。该馆每年财政预算约为 1 000 万瑞士法郎。

西庸古堡

西庸古堡是瑞士最负盛名的古迹之一，位于日内瓦湖的东端由巨石组成的小半岛上。此处早在青铜器时代就有人居住，后来罗马人在此安营扎寨，修筑防御工事。西庸半岛在几经易主之后，于 12—13 世纪之间经过大规模扩建后，基本形成现在人们看到的集军事防御、仓储、牢狱、教堂和贵族宫廷等功能于一体的封闭式封建古堡。自 1536 年起，古堡被伯尔尼人所占有，1798 年沃州起义后，古堡转入沃州政府名下。古堡所处位置正好一边依山，一边临水，是历史上瑞士各地通往意大利的一条走廊。历代统治者便在此派兵驻守，如同扼住咽喉，以控制南来北往，征收捐税。借助于保存完好的 12 世纪的建筑图纸，西庸古堡 19 世纪末进行的最后一次 修缮工作得以顺利进行。

宗教改革国际纪念碑

在日内瓦大学的后面，沿古城墙的遗址有一面巨大的墙，即为宗教改革国际纪念碑，又称“宗教改革者墙”。

该纪念碑高约 7 米，长 100 多米，是 1909 年为纪念宗教改革运动的先躯人物加尔文诞辰 400 周年而修建的。为了建造纪念碑，当时曾专门成立了宗教改革国际纪念碑委员会，并在全世界范国内举办设计竞赛。委员会经过反复评选，最后选定了瑞士洛桑市 4 名建筑师的联合设计方案，历时 8 年，于 1917 年始告建成。

宗教改革国际纪念碑规模宏大，记载的内容十分丰富。墙的上方，从左到右刻有一行拉丁文大字“黑暗过去是光明”。墙的正中央，有四个高大的人物雕像并排而立，从左起依次是法海尔、加尔文、拜兹和诺克斯。两边另有六个稍小一点的人物雕像，都是 16 世纪在欧洲各地积极宣扬并致力于宗教改革的著名人物。除了大型的浮雕像外，墙的下部另有 8 幅小型浮雕图案和文字说明。这堵宗教改革国际纪念碑再现了 16 世纪欧洲宗教改革运动的场面，也记述了日内瓦之所以成为“新教的罗马”的由来与始末。

莱茵瀑布

莱茵瀑布位于瑞士沙夫豪森州和苏黎世州交界处的莱茵河上，是欧洲最大的瀑布。瀑布最宽处约 150 米，最大落差约 21 米，水深约 13 米，夏季平均流量约为 700 立方米每秒。

莱茵瀑布已有 1 万多年历史。2 万年前，此地尚无瀑布，后因冰川活动和莱茵河改道，形成了现在的景象。

小城英特拉根属伯尔尼州，距离伯尔尼市约 50 公里，地处图恩湖和布里茵茨湖之间，是瑞士著名的风景区之一。这里群山环抱，绿色草场广阔开敞，瑞士著名的少女峰终年白雪冠顶，倒映于绿色湖中，远山近水，湖光潋滟，置身此地，如在画中。

英特拉根的固定居民只有 13 000 人左右，但每到夏季，便游客云集，餐厅满座，停车场也都十分紧张。城内最繁华的大街名叫“霍赫街”，维多利亚风格的酒店、餐馆、商店等都云集此处。霍赫街绿荫夹道，走向笔直，长约 1.5 公里，是一个理想的散步场所。街上还有马拉车可供游客乘坐兜风，坐在车里遥望少女峰的容姿，真令人流连忘返。

瓦杜兹城堡

瓦杜兹城堡建于公元 12 世纪，是最古老的皇室家族的住宅之一，它是列支敦士登人引以为豪的地标。公元 1699 年，约翰·亚当·安德烈亚斯王子买下了施伦博格的土地，他于公元 1712 年占有了瓦杜兹郡。公元 1719 年，这块土地被划归列支敦士登皇室公国的所有。自 1938 年后，王侯家族一直居住在列支教士登的瓦杜兹城堡。

瓦杜兹邮票博物馆

瓦杜兹以印刷邮票闻名于世，深受世界集邮者喜爱，每年邮票的销售收入占国民生产总值的 12%。市内引人注目的建筑是 1930 年建成的邮票博物馆，陈列的邮票之多在世界上首屈一指。这里展出了包括 1912 年以来国家印发的邮票和 1921 年加入万国邮政联盟后收集的各种邮票。这些文化艺术珍品使游客流连忘返。

阿尔卑斯山

阿尔卑斯山是欧洲中南部的大山脉，是一条不甚连贯的山系中的一小段，该山系自北非阿特拉斯延伸，穿过南欧和南亚，直到喜马拉雅山脉。阿尔卑斯山脉从亚热带地中海海岸法国的尼斯附近向北延伸至日内瓦湖，然后再向东伸展至多瑙河上的维也纳。阿尔卑斯山脉横穿法国、意大利、瑞士、德国、奥地利和斯洛文尼亚六个国家的部分地区。

阿尔卑斯山脉长约 1 200 公里，最宽处达 201 公里以上，是欧洲最高大的山脉，也是西欧自然地理区域中最显要的景观；位于欧洲南部，呈弧形，东西延伸；平均海拔 3 000 米左右，最高峰勃朗峰海拔 4 810 米；山势雄伟，风景幽美，许多高峰终年积雪；晶莹的雪峰、浓密的树林和清澈的山间流水共同组成了阿尔卑斯山脉迷人的风光。欧洲许多大河都发源于此，水力资源丰富，为旅游、度假、疗养胜地。

虽然阿尔卑斯山脉并不像其他第三纪时期隆起的山脉如喜马拉雅山脉、安地斯山脉和落基山脉等那样高大，然而它对说明重大地理现象却很重要。阿尔卑斯山脊将欧洲隔离成几个区域，是许多欧洲大河和多瑙河许多支流的发源地。从阿尔卑斯山脉流出的水最终注入北海、地中海、亚得里亚海和黑海。由于其弧一般的形状，阿尔卑斯山脉将欧洲西海岸的海洋性气候带与法国、意大利和西巴尔干诸国的地中海地区隔开。

经过多个世纪演变出来的与众不同的阿尔卑斯型畜牧经济，自 19 世纪以来已有改变，这里以当地原料和发展水电为基础已兴办起工业。阿尔卑斯山脉已经成为数百万欧洲人和其他世界各地观光客的夏季和冬季游乐场。阿尔卑斯山脉脆弱的自然和生态环境受到如此巨大的人流冲击，已成为世界上受威胁最严重的山脉之一。

阿尔卑斯山脉是中欧温带大陆性气候和南欧亚热带气候的分界线，山地气候冬凉夏暖。海拔每升高 200 米，温度约下降 1℃，在海拔 2 000 米处年平均气温为 0 ℃。整个阿尔卑斯山脉湿度很大，年降水量为 1 200～2 000 毫米，海拔 3 000 米左右为最大降水带。边缘地区年降水量和山脉内部年降水量差异很大。海拔 3 200 米以上为终年积雪区。阿尔卑斯山区常有焚风出现，引起冰雪迅速融化或雪崩而造成灾害。阿尔卑斯山脉是欧洲许多河流的发源地和分水岭。多瑙河、莱茵河、波河、罗讷河都发源于此。山地河流上游水流湍急，水力资源丰富，有利于发电。此外，此地栖息着各种动植物，代表有阿尔卑斯大角山羊、山兔、雷鸟、小羚羊和土拨鼠等。

第10章 南 欧

第 1 节　南欧主要旅游国家

意大利

意大利是著名的旅游国家，它有独特的城市风貌、优美的自然风光，也有可资炫耀的历史和文化，一直以来就是全世界最热门的旅游胜地之一。意大利位于欧洲南部，国土大部分分布在欧洲伸入地中海的亚平宁半岛上，形状狭长，西部是撒丁王国的旧地撒丁岛，南部的西西里岛是意大利另一个大的岛屿，把这个岛和意大利本土连在一起看，恰像一只脚在踢球。从罗马时代起，意大利就占据着举足轻重的地位，曾经是欧洲有史以来最大帝国的中心。

公元 14—15 世纪，意大利文艺空前繁荣，成为欧洲“文艺复兴”运动的发源地，但丁、达·芬奇、米开朗基罗、拉斐尔、伽利略等文化与科学巨匠对人类文化的进步作出了无可比拟的贡献。如今，在意大利各地都可见到精心保存下来的古罗马时代的宏伟建筑和文艺复兴时代的绘画、雕刻、古迹及文物。意大利丰厚的文化艺术遗产是国家的瑰宝，也是发展旅游业取之不尽、用之不竭的源泉。

意大利地理位置优越，气候宜人。它有漫长的海岸线，有白雪皑皑的阿尔卑斯山，有似银色飘带的波河、台伯河，有明珠般平静如镜的湖泊，有蜘蛛网似的四通八达的铁路、公路，有无数的飞机场、港口、码头。意大利的首都罗马是古罗马帝国的发源地，从公元 8 世纪起就是天主教的中心，现在则是全国政治、文化和交通的中心。其他著名的城市还有米兰、威尼斯、佛罗伦萨、那不勒斯、都灵、热那亚、巴勒莫等。意大利境内还有两个主权袖珍国——梵帝冈教皇国和圣马利诺，也是人们来此旅游必去的地方。号称世界八大古迹之一的科洛塞奥竞技场、君士坦丁大帝凯旋门、比萨斜塔、庞贝古城、多曼达特地区和体现人类祖先活动的岩画——瓦尔卡莫尼岩画等，都是值得一去的观光胜地。杜奥莫大教堂、斯卡拉歌剧院、圣玛丽亚修道院、普雷拉画廊、科莫湖、西尼约里亚宫、佛罗伦萨教堂、乔托钟楼、八角形的圣乔万尼洗礼堂、皮蒂宫、乌菲尔博物馆和旧桥，都会使人流连忘返。人们常说，意大利有看不完的古迹、听不完的音乐、踢不完的足球、尝不完的佳肴。得天独厚的地理位置和气候条件、四通八达的海陆空交通网、与旅游资源配套的服务设施及渗透在人民生活各个层面的文化内涵，每年都吸引着数以千万的外国游客前往意大利旅游观光。

葡萄牙

葡萄牙位于欧洲伊比利亚半岛西部，濒临大西洋，是欧洲古国之一。葡萄牙长期受罗马人、日耳曼人和摩尔人统治，15—16 世纪开始向海外扩张，先后在非洲、亚洲、美洲建立了大量殖民地，成为海上强国，1580 年被西班牙吞并，1703 年沦为英国的附属国，1820 年葡萄牙立宪主义者发动革命驱逐英军。1932 年，萨拉查就任总理，在葡萄牙建立了法西斯独裁统治。1974 年 4 月 25 日，一批中下级军官发动政变，推翻了统治葡萄牙 40 多年的法西斯独裁政权，开始民主化进程。1986 年 2 月举行总统选举，苏亚雷斯当选为葡萄牙60年来第一位文人总统。

葡萄牙山清水秀、风景如画，古堡、宫殿、博物馆等古建筑随处可见，西南两侧有800多公里海岸线，有很多细沙海滩，大部分地区为地中海气候。旅游业是葡萄牙外汇收入的重要来源和弥补外贸赤字的重要手段。葡萄牙现拥有各类旅馆3 000多所，主要旅游胜地有阿尔加维、里斯本、法罗、波尔图、马德拉岛等，每年接待的外国游客都超过其人口总数。葡萄牙人热爱大自然，热爱花草树木。葡萄牙的花木色泽艳丽，即使在冬季，也到处可见红花绿叶。葡萄牙人还将其对自然的强烈感情倾注于海洋，他们认为海不仅是自然的一部分，而且异于其他的大自然，如同母亲一般，是儿女们依赖的臂弯。所以，海对葡萄牙人有着永恒的吸引力。葡萄牙有丰富的动植物资源，北部地区主要是各种松树、橡树以及海洋地带的大量海生松林；野生动物有野山羊、野猪、鹿、狼和猞狸。葡萄牙海洋捕捞业较发达，以捕捞沙丁鱼、金枪鱼和鳕鱼为主。

葡萄牙是世界上主要的葡萄酒生产国之一，北部的波尔图是著名的葡萄酒产地。爱喝葡萄酒是葡萄牙人的一种嗜好，特别是波尔图酒，不论是成年人还是儿童，用餐时都要喝上几杯，它被葡萄牙人视为恢复体力的补酒。葡萄牙的西红柿酱闻名欧洲，是欧洲市场的最大供应者。葡萄牙是向海外移民较多的国家，移民率居欧洲之首。移民大部分流向美洲，以巴西为最多，20世纪60年代后，移民转向西欧工业发达国家。葡萄牙从2006年起把7月26日定为祖父母日，国民这一天要尽量与祖父母在一起，以发扬敬老爱老之优良风气。

西班牙

西班牙位于欧洲西南部伊比利亚半岛，西邻葡萄牙，东北与法国、安道尔接壤，北临比斯开湾，南隔直布罗陀海峡与非洲的摩洛哥相望，东面和东南面濒临地中海，海岸线长约7 800公里。西班牙境内多山，是欧洲高山国家之一。西班牙的首都马德里是欧洲历史文化名城，众多名胜古迹和博物馆遍布全城。巴塞罗那是西班牙第二大城市，也是地中海西岸重要的港口，集历史文化景观和海滩风光于一体。西班牙著名的旅游胜地有马德里、巴塞罗那、塞维利亚、太阳海岸、美丽海岸等。旅游业是西班牙经济的重要支柱，也是外汇收入的主要来源之一。西班牙自然、人文风光优美，全国有40处景点被联合国教科文组织世界遗产委员会列入名录，是世界遗产最多的国家之一。

西班牙拥有十分优越的旅游资源，其大部分国土气候温和，山清水秀，阳光明媚，风景绮丽。在蜿蜒曲折的海岸线上，遍布着天然的海滨浴场，其中有闻名遐迩的三大海滨旅游区。位于西班牙南部绵延百余公里的“金色海岸”是各国日光浴爱好者无限仰慕的旅游胜地；而以“幸福岛”闻名的加那利群岛，不仅以其壮丽的火山景观吸引了无数慕名而来的游客，更由于其热带风光，终年阳光明媚，令游人向往；以“地中海浴池”而誉满全球的巴利阿里群岛的山光水色、海天辉映更是令人流连忘返。西班牙拥有许多王宫、教堂和城堡，其中有10多个古迹被联合国教科文组织列为重点保护的文化遗产，如圣地亚哥-德孔波斯特拉市（圣地亚哥市）的圣马丁·皮纳里奥大教堂。马德里附近的耶斯科略修道院、阿维拉的古城墙、塞哥维亚古老的水道桥、科尔多瓦的大清真寺、格拉纳达的阿尔罕布拉宫、巴塞罗那的格尔公园和艺术家朱拉之家以及建于古罗马时期埃库莱斯灯塔，这些都是代表西班牙古文明的宝贵遗产。去西班牙旅游可以按着巴利阿里群岛旅游区—东南旅游区—东北旅游区—中西部旅游区—西北旅游区五个区的方向进行观光游览。

在西班牙还有许多古老、独特的民族文化传统和别具一格的民族文化娱乐活动，其中包括闻名于世的西班牙斗牛、热情奔放的西班牙舞蹈以及各种各样的风俗习惯、民族节日（如马德里的鸽子节、加泰罗尼亚地区的马约尔节、巴伦西亚的法雅节、潘普洛纳城的关牛节等），都能使来自异国他乡的游客感受到西班牙特有的风情趣。西班牙一年一度的奔牛节的正式名称为“圣·费尔明节”，圣·费尔明是西班牙东北部纳瓦拉省省会潘普洛纳市的保护神。奔牛节的起源与西班牙斗牛传统有直接关联。据说当初对潘普洛纳人来说，要将 6 头高大的公牛从城郊的牛棚赶进城里的斗牛场是件非常困难的事情。17 世纪时，某些旁观者突发奇想，斗胆跑到公牛前，将牛激怒，诱使其冲入斗牛场。后来，这种习俗就演变成了奔牛节。

希腊

希腊位于巴尔干半岛最南端，西南濒临爱奥尼亚海，东临爱琴海，南隔地中海与非洲大陆相望。希腊境内多半岛、岛屿，岛屿总面积约 2.5 万平方公里，最大的半岛是伯罗奔尼撒半岛，最大的岛屿为克里特岛。希腊境内多山，奥林匹斯山在希腊神话中被认为是诸神寓居之所，海拔 2 917 米，是全国最高峰。希腊是一个美丽的国家，海岸线长约 1.5 万公里，3 000 多个岛屿星罗棋布于爱琴海和地中海中。这里港湾交错，岛上风光旖旎，阳光明媚充足，海滩沙软潮平。

希腊是欧洲文明的发祥地，创造过灿烂的古代文明，在音乐、数学、哲学、文学、建筑、雕刻等方面都曾取得过巨大成就。公元前 2800—前 1400 年，克里特岛和伯罗奔尼撒半岛先后出现了米诺斯文化和迈锡尼文化；公元前 800 年形成了数以百计的独立城邦，雅典、斯巴达、底比斯等是其中最发达的城邦；公元前 5 世纪为希腊鼎盛时期。希腊文明有 5 000 年的历史，在漫长的年代里创造了光辉灿烂的古典文化，为今人留下了大量宝贵的文化遗产。

古希腊科学文化是古埃及、古巴比伦、古印度及其他东方文化与希腊科学文化相交汇、融合的产物。希腊被认为是欧洲文化的发源地，在其 13 万平方公里的疆域内，到处是历史悠久的古迹，随处可见价值连城的文物。希腊最著名的古迹就是克里特岛上的米诺斯迷宫。雅典卫城是古代希腊文化的标志，也是现代希腊人的骄傲。希腊不乏名胜古迹，如雅典卫城、德尔菲太阳神殿、奥林匹亚古运动场建筑群、阿波罗宗教城、埃皮达夫罗斯露天剧场、维尔吉纳马其顿王墓等。“访古”是到希腊旅游的重要内容，可以到克里特岛和伯罗奔尼撒半岛体验爱琴文化；也可以到阿提卡半岛、雅典、斯巴达考察古化城邦文化，追忆逝去的繁华；也可以去首都雅典观看巴特农神庙和守护神雅典娜的纯金塑像，而要了解拜占庭文化，则最好去马其顿地区和塞萨洛尼基。

希腊素以空气清新、气候宜人著称。这里山海掩映，阳光璀璨，植物常青，遍地都是橄榄、香蕉、葡萄等果木，百里香、金雀花、日光兰开满谷地，是一个极受游客青睐的旅游胜地。每年 4—6 月、9—10 月是最适合到希腊旅游的时间。希腊的自然景观多种多样，为游客提供了大量各具特色的旅游项目。在北希腊，有众多设施齐备的滑雪胜地；在中希腊的山区，是喜爱登山的朋友的好场所。希腊的海岸线曲折，天然港湾和岛屿众多；平缓的沙滩、碧蓝的海水，造就了许多优雅的海滨浴场，这里是休养和进行水上运动的好地方。传说希腊有三件宝：阳光、海水和石头。这里四季阳光充沛，被称为“欧洲的阳台”。地中海悠久的海岸线勾画出最美的爱琴海，几乎遍地都是著名的文化遗址。

第 2 节　南欧重要旅游城市

里斯本

里斯本是葡萄牙共和国的首都，也是葡萄牙最大的海港城市，是欧洲大陆最西端的城市，因受大西洋暖流的影响，一年中大部分时间温暖如春，植物四季长青。里斯本城北为辛特拉山，城南临塔古斯河，距离大西洋不到 12 公里。里斯本全城分布在 7 座郁郁葱葱的岗峦上，塔古斯河流经城南入海，河口宽阔，一片汪洋，阳光普照时便金波粼粼。

里斯本市拥有许多富有历史文化价值的古建筑，如耸立在里斯本港入口处的圣耶鲁米教堂、与教堂相邻的圣耶鲁米修道院和塔古斯河入海口的贝伦塔等。1755 年，里斯本地区发生了一场大地震，城市遭到严重破坏，有 2/3 的房屋倒塌，6 万人丧生。今天的里斯本是在地震后的废墟上重新建立起来的。整个城市呈方格状布局，保持着古老城市的风格。那圣乔治城堡古朴幽雅，雄伟壮观；圣文森特—德佛拉教堂建筑精美，闻名遐迩；大大小小的巴洛克式房屋同现代化建筑群交相排列，彼此辉映；秀丽的公园，宽阔的广场，别致的纪念碑、纪念塔，遍布全城。许多马路用黑白石子铺成各式美丽的图案，各种交通工具在上面风驰电掣般驶过，别有一番情趣。街头巷尾，处处飞鸟啼鸣，鲜花吐香，花园水池中，天鹅在轻轻游荡，更是富有诗情画意。

在里斯本市旅游景点中，坐落在大西洋畔一座山巅上的圣乔治城堡，是全市的制高点之一。这里山崖隆起，谷地低陷，汹涌的大西洋波涛猛烈地冲击着陡峭的崖壁，发出雷鸣般的响声，使城堡显得更加气魄雄伟、地势险要、景胜地佳。站在城堡上，放目眺望，全城尽收眼底，市内高层建筑鳞次栉比，街道纵横交错，令人心旷神怡。在山上，人们还可以观赏各种旧式大炮，游览古战场遗址，缅怀城堡所经历的不平凡的岁月。葡萄牙人都说：“没有看过里斯本的人等于没有见过美景。”这座城市最好的大街位于太加斯河口（提荷河），太加斯河流向大西洋，并形成一个名为“槁之海”的内陆海，是世界上最壮丽的自然港口之一，以大航海家在此启航著称。

里斯本有许多纪念塔和纪念碑。位于大西洋岸边的贝伦塔，建于 16 世纪初期，涨潮时，似浮在水面上，景色动人。塔前的热罗尼莫斯修道院，是流行于 16 世纪初期的典型的曼努埃尔式建筑，气魄宏伟，雕刻华丽。院内有全国知名人士的墓地，葡萄牙航海家达·伽马和著名诗人卡摩安兹就长眠于此。附近的航海纪念碑造型优美、宏伟壮观，远看好像航行在万顷碧波中的巨型帆船。碑上的浮雕再现了当年葡萄牙航海家周游世界、搏击风浪的英雄壮举。广场的水泥地上，能工巧匠们制作的一幅巨大的世界地图，清晰地标出了葡萄牙航海家远航世界各地的年代、地点和航线，使游客对葡萄牙航海史一目了然。亨利纪念碑是一艘石刻的大帆船(亨利在 15 世纪对葡萄牙航海事业作出了重大贡献)，亨利像屹立在船头，四周站立着协助亨利的船长、地理学家、数学家、木工等人物雕像。

波尔图

坐落在多罗河河口的波尔图是葡萄牙的第二大城市，多罗河蜿蜒穿越整个城市，城中著名历史建筑众多。更为重要的是，波尔图是多罗河上游的葡萄酒集散地，品质甘醇的波尔图葡萄酒被誉为葡萄牙“第一大使”。由于未经天灾，城内建筑都有数百年历史，市内宫殿教堂、博物馆、画宫、纪念碑、雕塑群像比比皆是，有罗马式建筑的波尔图大教堂、僧侣塔，有著名的公共建筑水晶宫，还有克莱里科钟楼。和里斯本一样，波尔图也是一个很适合步行的城市，此外还可以乘坐有轨电车和小艇从不同角度游览这个城市。罗马式的波尔图大教堂、圣法兰西斯科教堂及波尔图市政厅等都值得一看。高 76 米的僧侣塔曾作为航船的引路航标，更是波尔图的象征，沿旋梯可到达钟楼顶部观景台俯瞰波尔图市。

英军在比利牛斯半岛战争中由此渡河击败法军，并于 1809 年占领波尔图。旧城建在丘陵的坡面上，市内有著名的 12 世纪罗马建筑风格的波尔图大教堂和早期哥特式圣马丁教堂以及圆柱山修道院和高 10 层（约 246 英尺）的僧侣塔。美丽的多罗河上有三座桥梁，其中路易斯一世桥为欧洲最大的拱形桥之一，长约 560 英尺，车道分高低两层，拱桥的造型与巴黎铁塔的底层大致相似，跨越多罗河两岸，气势十分宏伟。富有当地特色的铁、木结构的阳台，多罗河岸的花岗岩峭壁和繁茂的街心花园，构成了这座古城一幅绚丽的风情画。

罗马

意大利的首都和最大城市—— 罗马，是全国的政治、经济、文化和交通中心，它位于亚平宁半岛的中南部西侧，台伯河下游的丘陵平原上，西距第勒尼安海 25 公里。古城居北，新城在南。罗马教廷所在地—— 梵蒂冈位于古城区西北角。千百年来，人们对罗马备感熟悉和亲切，不少人总是对它怀有神秘之感和景仰之情，因为它曾是“世界帝国首都”，是一座创造过辉煌文明的古城。罗马建于公元前 700 多年，和中国历史文化名城苏州一样，已有 2 800 余年历史。罗马不是一天建成的，然而自建成的那一天起，它就是西方世界的中心。世界遗产委员会把罗马历史中心区列入《世界遗产名录》的理由是：“从传说的公元前 753 年建成之日起，罗马就同人类的历史紧密相连。它曾是统治地中海世界五个世纪之久的帝国的首都，后来又成为基督教世界的首都，今天仍然履行着这些重要的宗教和政治功能。”

罗马是一座艺术宝库、文化名城，“古城酷似一座巨型的露天历史博物馆”。在罗马古都遗址上，矗立着帝国元老院、凯旋门、纪功柱、万神殿和大竞技场等世界闻名的古迹；这里还有文艺复兴时期的许多精美建筑和艺术精品。此外，市政厅前台阶旁自古以来就安放在那里的兽笼、罗马城徽上的母狼形象以及这座城市名称的由来等，都是一些神奇的谜。占城区面积约40%的古罗马城多规模宏大的古代建筑，如弗拉维安半圆形剧场、科洛西姆大斗兽场、大杂技场、万神庙、戴克里先公共浴场等。其他著名景点还有许愿池、西班牙广场、威尼斯广场、拉特兰圣约翰大教堂、科洛塞竞技场、卡比托利欧广场、真理之口、新宫和波各赛美术馆等。

与强盛的国势相称，每个历史时期的罗马人都创造了辉煌灿烂的文化，音乐、美术、建筑、新的艺术样式和流派在罗马不断诞生、成长、传播，罗马的影响无远弗届。从古至今，几乎每个时代都争相在罗马身上留下属于自己的印记，并依附着这永恒之城获得了永生。据说 14 世纪的教皇格利高里在跟滞留不足三周的旅行者告别时说：“祝你一路顺风，再会！”对逗留好几个月的旅行者则说：“愿我们在罗马再相会。”意大利人说：“把 Roma 倒过来写成 Amor，正好是拉丁语‘爱’的意思。”游客不会觉得这是一个文字游戏，因为已被这座城市完全迷住了。

米兰

米兰是意大利西北方的大城，是米兰省的省会和伦巴第大区的首府，位于意大利人口最密集和发展最快速的伦巴第平原上。它也是欧洲南方的重要交通要点，历史相当悠久，以观光、时尚和建筑闻名。米兰是意大利一座有着悠久历史的文化名城，是许多天才人物的故乡和艺术的摇篮，在情调上充满了世纪末的凄美，蕴藏着哥特式建筑的最高杰作米兰大教堂和达·芬奇的名画《最后的晚餐》等数不清的历史遗产。米兰是世界时装业中心之一，其时装享誉全球，所谓的“米兰时尚”即世界流行的最尖端的代表，是理想的购物天堂。米兰还是意大利的工业中心，著名的菲亚特汽车就产自这里。

毫无疑问，米兰最著名的旅游景点就是大教堂，这座晚期哥特式建筑奇观以众多的尖塔、组雕、大理石尖顶和大理石台柱为主要特征。祭坛上面的钉子据说来自于钉过耶稣的十字架。大教堂的顶部是饱览米兰全景的最佳地点。附近的大教堂博物馆陈列着大教堂跨越6个世纪的编年史，收藏着许多艺术珍品，有趣的是，除此之外，这里还有许多赝品。

维多利亚二世拱廊是既古典又华丽的购物区，有许多酒吧及高级餐厅。回廊呈十字交叉，有象征美洲、亚洲、非洲、欧洲四大陆的镶嵌画。斯卡拉歌剧院位于拱廊的另一端，是声乐家们梦寐以求的表演舞台。圣玛丽亚·德·葛拉齐亚教堂内有达·芬奇的旷世巨作《最后的晚餐》。精品街内世界级设计师的作品尽集于此。米兰的娱乐设施完备，无论是风格各异的流行小店、时尚界的大品牌，还是经典的老式店铺。另外，位于城市中心的各类剧场、影院、俱乐部和香气四溢的餐厅也可以满足游客不同的需求。

佛罗伦萨

在“花之都”佛罗伦萨，走在狭窄的街道上，仿佛回到了辉煌的文艺复兴时代一样，还能听得到马蹄声。闪耀着文艺复兴时代光芒的建筑和绘画还保存在这里，无数艺术家、诗人受到 “花之都”美名的吸引来到这个城市并爱上了它。

在街上漫步，首先映入眼帘的是模仿百合花与九药的美第奇家族的徽章。谈及这座“花之都”，就必须要提到这个据说出身于药商、城市的保护人的美第奇家族。就是美第奇家族人发现了13岁的米开朗基罗，让他开始学习雕刻；还援助拉斐尔，终于使其艺术之花盛开。文艺复兴初期，为数众多的艺术家像闪耀的群星一样围绕在美第奇家族这个太阳周围。

圣母百花大教堂是佛罗伦萨的地标，外观以粉红色、绿色和奶油白三色的大理石砌成，展现着女性优雅、高贵的气质，故又被称为“花的圣母寺”。教堂是1296年开始建造的，中央的巨大圆顶是由著名建筑家布鲁内勒斯基所建造的第一座文艺复兴式圆顶，共花了14年的时间才完成，是文艺复兴时期圆顶建筑的楷模。米开朗基罗在计划设计圣彼得大教堂的圆顶时曾说过：“我可以盖个比圣母百花大教堂圆顶更大的圆顶，但绝无法及上它的美。”圣彼得教堂建造于1248年，佛罗伦萨人为了显示自己的地位，想把教堂的穹顶建为当时世界上最大的穹顶，尽管教堂完工的日期又因此被推迟了将近20年，但是这一切都是值得的。这座前后花了150多年时间，经过好几代人的努力才最后完工的大教堂已经成了佛罗伦萨的代名词。

米开朗基罗广场位于亚诺河对岸，是眺望佛罗伦萨的最佳地点，广场中央有米开朗基罗的大卫雕像复制品。学院美术馆藏有米开朗基罗的《大卫》、四座未完成的奴隶像、第二座《哀悼基督》和其他佛罗伦萨艺术家的作品。国立巴吉洛美术馆是佛土罗伦萨最伟大的雕像美术馆，因收藏 14—17 世纪托斯坎尼地区雕刻作品而闻名。

维罗纳

维罗纳位于意大利北部，是维尼托地区仅次于威尼斯的第二大城市，在拉丁语中意为“极高雅的城市”。维罗纳北靠阿尔卑斯山，西临经济重镇米兰，东接水城威尼斯，南通首都罗马，自古就是兵家必争的军事要塞，同时也是意大利和欧洲其他国家铁路、公路相连通的主要枢纽，因此有“意大利的门户”之称。

维罗纳有着悠久的历史，公元前 1 世纪就已经是古罗马帝国的一个重要驻防地，城中现有的古罗马建筑大多建于此时。现在，维罗纳城中心的交通干道依然保留着古罗马时代的网状结构，罗马时代的三条主要大道奥古斯图斯大道、高卢大道及波斯突米亚大道都要经过维罗纳，因此，维罗纳被视做意大利第二大的“古罗马化”城市。城内至今仍保存着许多古罗马时代、中世纪及文艺复兴时期的经典建筑，如著名的圆形竞技场、大圣泽诺大教堂和罗马剧场等。

维罗纳城内有一条起源于阿尔卑斯山脉的阿迪杰河，在城中形成“S”形，蜿蜒曲折，静谧安详，倒映着中世纪的古老城墙，美妙的风光和深厚的人文历史，使这里充满了迷人的魅力。但维罗纳最为世人瞩目的是因为这里是莎士比亚名著《罗密欧与朱丽叶》的爱情悲剧诞生的地方。这座自古充斥着战乱纷争的城市因为一段虚构的爱情故事而被视做爱情的象征和最适合婚嫁的地方，每年都有成千上万的恋人到此瞻仰罗密欧与朱丽叶故乡的风采，在他们约会的阳台下倾听那爱的誓言。

威尼斯城

素有“亚得里亚海明珠”之称的威尼斯四周环海，位于意大利东北部亚得里亚海滨的威纳托省。从地图上看，威尼斯仿佛一颗镶嵌在美妙长靴靴腰上的水晶，在亚得里亚海的波涛中熠熠生辉。这座世上独一无二的水上城市景色旖旎，风光独好，城内历史古迹比比皆是，是一座风景如画而又古韵十足的历史名城。威尼斯全市有117条大小河道相通，靠401座各式桥梁把它们连接起来。威尼斯水道是城市的马路，市内没有汽车和自行车，也没有交通指挥灯，船是市内唯一的交通工具。

威尼斯是一座美丽的城市，它建在最不可能建造城市的地方。这个面积不到7平方公里的城市，一度曾握有欧洲最强大的人力、物力和权势。14世纪前后，这里已经发展成为意大利最繁忙的港口城市，被誉为整个地中海最著名的集商业、贸易、旅游于一身的水上都市；14—15世纪是威尼斯的全盛时期，它成为了意大利最强大和最富有的海上“共和国”、地中海贸易中心之一。

威尼斯有毁于火中又重生的凤凰歌剧院、徐志摩笔下忧伤的叹息桥、伟大的文艺复兴和拜占庭式建筑、世界上最美的广场之一——圣马可广场、美得令人窒息的回廊。威尼斯是文艺复兴的一个重镇，产生过历史上最重要的画派之一——威尼斯画派，德国音乐大师理查德·瓦格纳在这里与世长辞。这个城市昔日的光荣与梦想通过保存得异常完好的建筑延续到今天，它独特的气氛令来到威尼斯的游客念念不舍，乐而忘返。

那不勒斯

那不勒斯又名“拿坡里”，是南意大利最大的城市，气候温暖，土地肥沃，还有优良的港口。意大利人曾说：“朝至那不勒斯，夕死可矣。”那不勒斯也因此遭致许多外国势力的侵扰，最早是希腊人，后又换成罗马人主宰此地，奥古斯都大帝最爱到此避寒，后来伦巴底人及拜占庭帝国分别统治过这里。

成为那不勒斯公国后，那不勒斯得到了自治的地位，但维持不了多久，那不勒斯再度易手于欧洲各皇室间，包括法兰西的安杰家族、西班牙阿拉贡王国、霍布斯堡、波旁王朝等，直到19世纪意大利统一，那不勒斯才结束这种命运。各民族为那不勒斯及南意大利带来不同的文化及生活痕迹，希腊、法国、西班牙的风格融合为一，特别是13—18世纪的欧洲品味，对这里影响深远，现今大多数的重要建筑、观光胜地也多建于此时。不过，那不勒斯人也没有失去自已的特色，十七八世纪的巴洛克时期，那不勒斯也发展了出自己的文化艺术体系，皇宫就是最重要的代表作。

那不勒斯皇宫位于那不勒斯市中心，是一栋米白色的三层建筑。以宫顶中间矗立的3层钟塔为中轴线，皇宫二、三层左右两侧的20扇窗户互相对称，一层则为左右对称的拱门。从对面的民意表决广场望去，整栋建筑质朴大气，格外开阔。1860年后，意大利国王就居住于皇宫。1925年，皇宫内设国家图书馆。除图书馆之外，皇宫中还有多处可参观之处。由于居住过多位要人，皇宫内部的装饰极其讲究。沿白色的楼梯上到二楼，便来到了历代国王的娱乐室——皇宫剧院。皇宫剧院中保留着国王的座位和其他古董摆设以及雕塑等装饰物。除皇宫剧院之外，几个介绍各代居住者生活方面的展室亦位于二楼。从二楼的露台可以看到远处的维苏威火山和那不勒斯港海景，十分美丽。

那不勒斯长期以来是罗马帝国和意大利南部的军事重镇和经济中心，市郊果树园艺业发达，港湾外围有传统的珊瑚、珍珠养殖业。那不勒斯是意大利南部的铁路、海运中心，意大利第一条铁路和第一条缆索铁路均在此建成，设有自由港区，建有全国最大海军基地。市内有五大古堡、古代宫殿、圣保罗教堂、罗马诗人佛吉尔之墓、仿古庞贝的博物馆、西西里王国时代（1224 年）创办的大学以及动物园、海洋水族馆与实验室和海军基地等。

马德里

西班牙首都马德里是欧洲著名的历史古城。马德里位于伊比利亚半岛中心，地处梅塞塔高原，是欧洲地势最高的首都。11 世纪前它是摩尔人的要塞，古称“马吉利特”，1561 年西班牙国王菲利普二世迁都于此。1936—1939 年西班牙内战时，曾在此进行过著名的马德里保卫战。

马德里是个相当适合步行漫游的城市，从太阳门往西至比列斯广场，或从大广场往王宫方向行走，沿途尽是艺术、文化宝藏，到处都是观光客在尽情浏览古迹、世界知名的博物馆及享受夜生活。东方宫和普拉多画宫是世界闻名的艺术殿堂。市内街心公园、喷泉众多，广场各具特色，如太阳门广场、中央广场、西班牙广场、哥伦布广场等。斗牛是久负盛名的娱乐活动，宾达斯斗牛场规模最大。马德里市内文物荟萃，有许多名胜古迹和世界闻名的绘画展览馆，如普拉多博物馆等。

马德里市内现代化的高楼大厦与风格迥异的古建筑摩肩并立、相映生辉，树林、草坪和各种造型别致的喷泉及雕有古代小亚细亚人尊崇的自然女神尼贝莱塑像的喷泉最引人入胜。宏伟的阿尔卡拉门坐落在阿尔卡拉街头的独立广场上，共有 5 道拱门，是马德里著名的古建筑之一。建于 1752 年的皇家美术学院收藏着牟利罗和戈雅等西班牙美术大师的名作。巍峨的塞万提斯纪念碑耸立在西班牙广场上，碑前有堂·吉诃德和桑科·潘扎的塑像，巨大的碑身倒映在前面的水池之中，碑两侧是葱郁的树木，有“马德里塔”之称的西班牙摩天大厦位于广场另一侧。

著名的马约尔广场位于市区西南，修建于 1619 年，呈长方形，西班牙国王菲利普三世骑马的塑像耸立在广场中央。不远处是太阳门广场，这里有历史上著名的太阳门遗址。市内还有建于 18 世纪中叶的王宫和西班牙国王接见外国贵宾及使臣的东方宫等宫殿建筑。

为1982年第12届世界杯足球锦标赛的电视转播而建的电视塔，是西班牙最高的建筑，高220米。同时，为方便数千名记者采访，市内最宽、交通流量最大的街道卡斯特利亚纳大街还修建了长156米、宽4米的高空人行通道。

巴塞罗那

巴塞罗那位于西班牙东北部地中海沿岸，依山傍海，地势雄伟，是伊比利亚半岛的门户，是西班牙第二大城市，也是世界上人口最稠密的城市之一。巴塞罗那是加泰罗尼亚的港口城市，是享誉世界的地中海风光旅游目的地和世界著名的历史文化名城，巴塞罗那港还是地中海沿岸最大的港口和最大的集装箱集散码头，是全国最大的综合性港口。巴塞罗那比马德里更为古老，在西班牙的大部分历史上它都是比马德里更为重要的城市，先是西哥人的首都，后来是巴塞罗那有权势的诸伯爵的领地，1137年成为加泰罗尼亚和阿拉贡联合王国的首府，此后便成为了一座极其富裕而显耀的城市。15世纪初期，巴塞罗那及其所辖地区被并入西班牙，自那以后马德里与巴塞罗那之间一直存在着激烈的竞争。作为这个国家名列前茅的海港、商业中心和工业城市，巴塞罗那日益繁荣。

带有哥特式风格的古老建筑与高楼大厦交相辉映，共同构成了巴塞罗那令人迷醉的天际线。格局凌乱的小巷子紧贴着新城区的边缘，古色古香的旧城区里会忽然冒出工业时代的烟囱。在巴塞罗那，这一切的不协调看起来都那么顺理成章。

当然，巴塞罗那最大的骄傲要属现代主义天才建筑师高迪的杰作，他令这颗“半岛明珠”更加光彩夺目。他的六件作品被列为“世界文化遗产”，这是绝无仅有的。巴塞罗那所在的加泰罗尼亚大区是西班牙最大的自治区。在发现新大陆之前，加泰罗尼亚以面向地中海的地利，成为强大的海洋国家。这是整个西班牙受罗马文化影响最大的地区，有独特的文化传统和自己的语言——加泰罗尼亚语。

塞维利亚

塞维利亚是西班牙南部一座重要而美丽的城市，坐落在瓜土尔吉维尔河右岸，是安达卢西亚自治区的首府，全国第四大城市，也是西班牙唯一有内河港口的城市。塞维利亚拥有2 000年的历史，是座典型的阿拉伯古城，建于公元前43年。这座城市历经沧桑，先后被罗马人、西哥特人和阿拉伯人占领并统治了约1000年。16—17世纪，塞维利亚成为世界第一大港。文学巨匠塞万提斯就是在这里的一所监狱里完成了他的不朽名著《堂・吉诃德》。

塞维利亚至今仍保留着古城风貌，这里有罗马式、哥特式、巴洛克式及文艺复兴式建筑和花园，享有“花园城市”的美称。而且这里自然风光秀丽，旅游业较发达，每年都吸引了成千上万的游客。作为犹太人的聚集地，其大教堂及吉拉达钟楼是塞维亚利最为雄伟的建筑，是仅次于梵帝冈圣彼得堡教堂的世界第二大天主教堂。

塞维利亚市内古迹颇多，著名的有拉希拉尔达砖塔，该塔于公元 519 年在原阿拉伯人清真寺废墟上重建而成，在塔的上方修建了装有 25 座钟的钟楼和巨大的圣像，大尖塔高 111.5 米。从各个方向入城的游客，只要凭这个高耸入云的大尖塔，就能辨别出塞维利亚城市中心的方位。同时，游客还可登至 70 米高处俯瞰全城。自古以来，该塔一直是塞维利亚市的象征。

塞维利亚是西班牙南部经济、贸易、旅游和文化重镇，该市的汽车、机械等工业较发达，这里生产的“雪莉”酒更是誉满全球。著名的“弗拉门戈舞”，也是从这个地区诞生和传播开来的。该区旅游业发达，横跨马拉加省的太阳海岸是西班牙四大旅游区之一。

雅典

雅典是希腊的首都，也是希腊最大的城市和工业中心，位于希腊半岛东南的阿蒂卡平原，西北和南面濒临科林斯湾和萨罗尼克湾，东、北、西三面环山，山麓地带接近城市边缘。此地山海掩映，阳光璀璨，素以欧洲文明的摇篮、丰富的历史遗迹而著称，清新的空气、宜人的气候也闻名于世。雅典建城至今已经有 5 000 多年的历史。公元前 8 世纪，爱奥尼亚人建成的雅典是古希腊城邦的盟主。

雅典是用智慧女神雅典娜的名字命名的历史古城。相传在古希腊，智慧女神雅典娜与海神波赛冬为争夺雅典的保护神地位，相持不下。后来，主神宙斯决定谁能给人类一件有用的东西，雅典城就归谁。海神赐给人类一匹象征战争的壮马，而智慧女神雅典娜则献给人类一颗枝叶繁茂、果实累累、象征和平的油橄榄树。人们渴望和平，不要战争，结果这座城归了女神雅典娜。从此，她成了雅典的保护神，雅典也因之得名。后来人们就把雅典视为“酷爱和平之城”。

古代雅典是西方文化的源泉，雅典人在艺术、哲学、法律、科学方面作出了杰出的贡献。公元前 5 世纪为雅典的极盛时期，出现了许多不朽的大师。大悲剧家欧里庇德斯，大喜剧家阿里斯托芬，哲学家苏格拉底、柏拉图、亚里士多德，历史学家希罗多德等都在这里诞生或居住过，这些光辉的名字照耀着人类文明的黎明。雅典是希腊的古文物中心，至今仍保存着很多古代文化遗址，仍能看出当年的雄伟气概。雅典的博物馆更是驰名世界。

雅典的著名建筑主要坐落在市内的三座小山上。约 339 米高的利卡维托斯山上建有国家图书馆、雅典科学院、雅典大学等；尼姆夫斯山上建有天文台、新王宫；举世闻名的帕特农神庙坐落在阿克罗波利斯山上。位于雅典市中心的希腊历史文物博物馆是雅典的另一重要建筑，这里陈列着公元前 4 000 年以来的大量文物、各种器具、精巧的金饰及人物雕像，生动地展现了希腊各个历史时期的灿烂文明，是古希腊史的一个缩影。

希腊是奥林匹克运动会的发源地。在古代，希腊人把体育竞赛看做是祭祀奥林匹斯山众神的一种节日活动。公元前 776 年，在距离雅典约 300 公里的伯罗奔尼撒半岛西部的奥林匹亚村举行了人类历史上最早的运动会，以后每四年举行一次。为纪念奥林匹亚运动会，1896 年在雅典举行了第 1 届奥林匹克运动会。此后，运动会虽改为轮流在其他国家举行，但仍沿用“奥林匹克”的名称，并且每一届的火炬都从雅典点燃。2004 年奥运会又重回雅典，在此隆重举行。

雅典位于东地中海各国航运与航空的中心，与外港比雷艾夫斯相距约 10 公里，几乎全国的进出口贸易都在这里进行。雅典市区已经连成了一片，市区的东北角是政治文化中心，西南及港口一带则是工商业区。城市饮水由东北部的马拉松水库供应，那里有罕见的大理石水库。

雅典是全世界旅游爱好者的度假胜地，蔚蓝的爱琴海千百年来涛声依旧，雅典的一砖一砾都闪烁着人类文明的光辉。

第 3 节　南欧著名旅游景区、景点

贝连塔

贝连塔建于 1520 年，是为纪念葡萄牙航海时代而建造的。塔有三层，在首层还有旧时的大炮和炮台，曾是很多航海家远征的出发点，其中包括哥伦布。高塔一面向海，三面与陆地相接，外形如一座葡式古堡，全用白色大理石建造，集哥特式与罗马式建筑特色于一身。塔中设有地下室，据说以前是囚禁贵族的地方。此塔不仅是见证葡萄牙曾经辉煌的历史遗迹，也是里斯本最得游客喜爱的一个风景点。贝连塔现已被联合国列为“重要世界遗产”之一。

马德拉群岛

马德拉有“大西洋明珠”的美誉，它位于非洲西北海岸之外，属亚热带气候，由含火山的群岛组成。马德拉群岛位于葡萄牙首都里斯本西南约 1 000 公里处，离摩洛哥的海岸线仅约 600 公里。它由两座有人居住的岛屿——马德拉岛和波尔图·桑塔岛、两座无人居住的岛——德瑟塔斯岛和萨尔瓦格斯岛组成，马德拉岛是其中最大的岛屿，面积占群岛总面积 93%。

由于特别的地理位置和群山地貌，这些海岛有着令人惊叹的温和气候。岛上有非常稳定的平均温度，夏季 22℃、冬季 16℃，并且湿度也保持在一个适度水平。海水温度也很温和，由于温暖海湾的影响，夏季海水呈现的平均温度是 22℃，冬季则为 18℃，可谓冬暖夏凉，非常适合旅游度假。

杰洛尼莫许修道院

位于太加斯河岸的杰洛尼莫许修道院是最能代表海权时代葡萄牙辉煌的建筑物，结合哥特式及文艺复兴式建筑的特色并加入曼纽尔风格而成。从大门往右边走可看亨利王子与基督十二门徒的雕塑，修道院的两翼则分别是著名诗人卡莫艾斯与探险家维斯科·达·加玛的坟墓。修道院内部的八角形回廊有着雕工精细的石雕，中庭是漂亮大方的玫瑰花园。

纳索艾许公园

纳索艾许公园是一座国家级公园，距里斯本市中心约 6 公里。这里曾经是 1998 年世博会的举办场地，该届世博会的主题是“海洋：未来的遗产”。在那届博览会结束后，政府投巨资将它改建成纳索艾许公园，这项工程也成为全欧洲最大的市区重建项目。这里的艺术王国水族馆被誉为“世界上最令人难忘的水族馆”。其他极具特色的景点包括现代赌场、水景园、观景塔、码头以及许多酒吧和餐馆，它们为游客提供户外座椅，在这里点一杯咖啡，观赏着独一无二的景致，将会非常惬意。这里有两座宛如巨帆的大楼，格外引人注目，其实它们只是公寓和办公大楼。游客来到这里可乘小火车游览，非常有意思。也可乘坐贯穿整个景区的缆车，缆车平行于河面，可以将沿途景色尽收眼底。

卡洛斯提·古尔班基安博物馆

卡洛斯提·古尔班基安博物馆里面展出了卡洛斯提·古尔班基安毕生的心血，展品精致，具有很高的价值，不愧是公认的葡萄牙最好的博物馆。卡洛斯提·古尔班基安于 1942 年 4 月迁到里斯本，之后近 13 年的人生都是在这里的艾维兹酒店度过的。这个极为成功的商人拥有巨额的财富，并且热爱艺术，喜欢收藏艺术品，这让他成为 20 世纪最杰出的艺术品收藏家之一。博物馆在卡洛斯提·古尔班基安诞生的 100 周年也就是 1969 年创办。卡洛斯提·古尔班基安一生大约有 6 000 件藏品，博物馆的常设展厅中展出了 1 000 件最具代表性的作品。

阿玛尔菲海岸

阿玛尔菲海岸地处意大利南部的山区，海边多是悬崖或嶙峋的山体，而让人不可思议的是这里的村民就将白色的房屋建在崎岖的山路之间。也许是因为此地的村民太懂得享受生活，住在这样的房屋里，总有一面窗正对着蔚蓝的大海，变幻的海景是家中最美的装饰画。从海上望去，这些白色小屋好像是一只只栖息在山石间的小鸟。屋后是当地人种的满山的柠檬、橄榄树和葡萄，黄的黄，紫的紫，颜色颇为好看。

阿玛尔菲海岸永远阳光普照，在沙滩边到处是晒日光浴的游客。阿玛尔菲的海水如天空般碧蓝、清澈，远远看去，真的是海天一色。不论是坐船沿着海岸线航行，还是坐在山上的小屋里往海上看，都能收获无限风景。离开海滩，走进小镇，又是一种享受。这里的小镇规模不大，人口不多，城里多是小街小巷，只容得下三四个人并排而行，到了晚上便人迹寥寥。

西西里岛

从地图上看，西西里岛是意大利那只伸向地中海的皮靴上的足球。它位于地中海的中心，辽阔而富饶，气候温暖，风景秀丽，盛产柑橘、柠檬和油橄榄。无论是东海岸，还是西海岸，到处都是果实累累的橘林、柠檬园和大片大片的橄榄树林，因此西西里岛被称为“金盆地”。

巴勒莫是西西里岛的第一大城，也是个地形险要的天然良港，歌德来此时曾称赞巴勒莫是“世界上最优美的海岬”。随着统治者改朝换代，巴勒莫历经多种不同宗教、文化的洗礼，因此市区建筑呈现截然不同的风貌。曾有一位地理学家这样形容巴勒莫：“凡见过这个城市的人，都会忍不住回头多看一眼。”这里的古迹建筑虽然没有金碧辉煌的傲人外观，但不论是何种风格，都和公园绿地、市街广场融为一体，丝毫不觉突兀。

比萨斜塔

比萨斜塔位于意大利托斯卡纳省比萨城北面的奇迹广场上。钟楼始建于1173年，设计原为垂直建造，但是在工程开始后不久便由于地基不均匀和土层松软而倾斜，1372年完工时，塔身倾斜向东南。比萨斜塔是比萨城的标志，1987年它和相邻的大教堂、洗礼堂、墓园一起因其对11—14世纪意大利建筑艺术的巨大影响，而被联合国教科文组织评选为“世界遗产”。几个世纪以来，钟楼的倾斜问题始终吸引着好奇的游客、艺术家和学者，使得比萨斜塔世界闻名。最新的挖掘结果表明，钟楼建造在了古代的海岸边缘，因此土质在建造时便已经沙化和下沉。1838 年的一次工程导致了比萨斜塔倾斜突然加速，人们不得不采取紧急维护措施。现在斜塔每年倾斜约 1 毫米。

罗马许愿池

罗马许愿池被誉为“世界最著名的喷泉”。许愿池总高约 25.9 米，宽约 19.8 米，是全球最大的巴洛克式喷泉，在电影《罗马假日》风靡全球后闻名世界。

池中有一个巨大的海神，驾驭着马车，四周环绕着西方神话中的诸神，神态不一，栩栩如生，诸神雕像的基座是一片看似零乱的海礁。

罗马有一个美丽的传说，只要背对喷泉从肩以上抛一枚硬币到水池里，就有机会再次访问罗马。很多游客在喷泉边排着队往里抛硬币就是被这座城市迷住了的证明。喷泉的名字“特雷维”是“三岔路”的意思，因为喷泉前面有三条道路向外延伸。

叹息桥

叹息桥建于 1603 年，因桥上死囚的叹息声而得名。叹息桥两端连接着威尼斯共和国总督府和威尼斯监狱，是古代由法院向监狱押送死囚的必经之路。叹息桥的造型属早期巴洛克式风格，桥呈房屋状，上部覆盖穹隆顶，封闭得很严实，只有向运河一侧有两个小窗。当犯人在总督府接受审判之后，重刑犯会被带到地牢中，在经过这座密不透风的桥时，只能透过小窗看见蓝天，想到从此失去了自由，囚犯便不自主地发出叹息之声。

来到威尼斯的人，一定要坐一次贡多拉；坐贡多拉的情侣，一定要经过叹息桥，且在桥下拥吻。叹息桥不同于威尼斯其他供行人穿越的桥，它虽也横过水面，但却高高悬在两栋楼宇之间。相传如果情侣能在桥下拥吻，爱情将会永恒。

圣马可广场

圣马可广场又被称为“威尼斯中心广场”，一直是威尼斯的政治、宗教和传统节日的

公共活动中心，它被拿破仑称为“世界上最美丽的客厅”。威尼斯共和国时期，圣马可广场的确就是威尼斯迎接外宾的最气派的迎宾大客厅。所有的外国船只都由圣马可湾缓缓驶进至此，第一个进入眼帘的即是由总督府侧面、广场入口和钟塔组构而成的华丽、雄伟的景致。下船后在广场入口有两根高高的柱子，一根上面是威尼斯的代表——飞狮，另一根上面则是威尼斯最早的守护神——圣狄奥多，这里是威尼斯城的迎宾入口。

圣马可广场东侧是圣马可大教堂和四角形钟楼，西侧是总督府和圣马可图书馆，广场有数以万计的鸽子及演奏乐队，时不时还有戴着奇异面具的小丑经过。

庞贝古城

庞贝古城是意大利西南沿海坎帕尼亚地区的一座古城，位于维苏威火山东南麓，西北距那不勒斯仅约 23 公里。庞贝古城历史悠久，公元 79 年 10 月 24 日维苏威火山喷发的一瞬间被火山灰埋在了地下，却因此而保留了大量古罗马帝国的建筑遗迹和艺术文物，成为了世界上最为著名的古城遗址之一。古城挖掘始于 1748 年，至 1960 年接近完成。

在庞贝出土的一幅壁画中有“没有任何东西可以永恒”这样的文字，可突如其来的灾难在毁灭了庞贝的同时也使得当时的古城风貌得以永生—— 能容纳近 2 万人的竞技场、100 多家酒吧、30 多家面包甜品店、可容纳 5 000 人的大剧院、铺着整块大石板的步行街、雕花石砌的水池和精美的壁画……这一切都因为一场灾难而躲过了岁月的侵袭。正如伟大的诗人歌德所说：“在世界上发生的诸多灾难中，还从未有过任何灾难像庞贝一样，它带给后人的是如此巨大的愉悦。”

出土后的庞贝古城东西长约 1 200 米，南北宽约 700 米，城内面积约 1.8 平方千米。城中有 7 扇城门、4 条大街，大街呈“井”字形纵横交错。主街宽 7 米，由石板铺就，沿街有排水沟。城内最宏伟的建筑物都集中在西南部一个长方形的公共广场四周，广场周围设有神庙、公共市场、市政中心大会堂等建筑物，这里是庞贝的政治、经济和宗教中心。广场的东南方是庞贝城政府所在地，东北方则是繁华的集贸市场。另外，城内还有公共浴池、体育馆和大小两座剧场，街市东边还有一个可容纳 1 万多名观众的圆形竞技场。

圣彼得大教堂

圣彼得大教堂是一座长方形的教堂，整栋建筑呈现出一个十字架的结构，造型非常传统而神圣。教堂最早建于公元 324 年，15 世纪时开始重建，在长达 120 年的重建过程中，意大利最优秀的建筑师布拉曼特、米开朗基罗、德拉 · 波尔塔和卡洛 · 马泰尔相继主持过设计和施工，终于在 1626 年完成了现在的模样。圣彼得教堂不仅是一座富丽堂皇、值得参观的建筑圣殿，它所拥有多达百件的艺术瑰宝，更被视为无价的资产。

圣彼得教堂简直是一座艺术宝库。屋顶和四壁都饰有以《圣经》为题材的绘画，不少是名家作品。最引人注意的雕刻艺术杰作主要有三件：一是米开朗基罗 24 岁时雕塑作品，圣母怀抱死去的儿子的悲痛感和对上帝意旨的顺从感在作品中表现得淋漓尽致；二是贝尔尼尼雕制的青铜华盖，它由 4 根螺旋形铜柱支撑，足有 5 层楼房那么高；三是圣彼得宝座，是贝尔尼尼设计的一件镀金的青铜宝座，宝座上方是光芒四射的荣耀龛及象牙饰物的木椅，椅背上有两个小天使，手持开启天国的钥匙和教皇三重冠。

除此三件艺术杰作外，站在米开朗基罗设计的穹隆顶下抬头向上望，你会感到大堂内的一切都显得如此渺小。教堂左侧的大门由皇家卫队守卫，他们身穿的别致制服 500 年不变，据说是米开朗基罗设计的，手中的长戟也是 15 世纪的样式。

米兰大教堂

意大利最著名的哥特式教堂是米兰大教堂，它是欧洲中世纪最大的教堂之一，14 世纪 80 年代动工，直至 19 世纪初才最终建成。教堂内部比较幽暗，外部全由光彩夺目的白色大理石筑成。高高的花窗、直立的扶壁及 135 座尖塔，都表现出向上的动势，塔顶上的雕像仿佛正要飞升。

米兰教堂融入了古希腊、罗马及多种民族的建筑风格。大厅内供奉着15世纪时米兰大主教的遗体，头部以白银筑就，躯体是大主教真身。教堂屋顶有一小孔，正午时分，阳光正射在地板南北向的金属条上，古人以此计时，称之为“太阳钟”。

教堂前的广场建于 1862 年。中央是意大利王国第一个国王维多利奥·埃玛努埃尔二世的骑马铜像。广场右侧的黄色建筑是新古典主义建筑风格的王宫，于 1778 年建成，现已辟为当代艺术博物馆。

在米兰大教堂广场左侧有维多利奥·埃玛努埃尔二世长廊，巨大的拱形建筑富丽堂皇，长廊内有装潢考究的金银首饰、时装、礼品店、餐馆，咖啡厅和书店。这里是米兰市民的休闲中心，到处可见休息的市民及观光客，常年都很热闹。穿过维多利奥·埃玛努埃尔二世长廊就可来到斯卡拉广场，广场上耸立着 L 达·芬奇的雕像。

古罗马废墟

意大利的古罗马废墟位于斗兽场之旁，是昔日古罗马帝国的中心，是现存面积最大的古

罗马废墟，原来建有无数的宫殿和建筑群，现在却只剩下颓垣败瓦，一片荒凉。附近还有一座君士坦丁大帝凯旋门，巴黎的凯旋门即按此仿制，其雕刻工艺十分精湛。

古罗马废墟中高耸的蒂奥斯库雷神庙，只剩下三根孑然兀立的石柱和光秃秃的庙墩基座；还有那萨图尔诺农神庙、维纳斯女神庙、罗莫洛神庙、恺撒神庙、和平神庙，也都剩下一根根斑驳脱榫的石梁和一堆堆歪七倒八的石柱，已经很难想像当时的繁华景象了。

没有流光溢彩，没有生机盎然，一切都是旧的，街道是旧的，房屋是旧的，整个古罗马废墟就像一件陈列在博物馆里的历史文物。

罗马斗兽场

罗马斗兽场位于罗马的威尼斯广场南面，是古罗马建筑的典型代表，也是古罗马帝国的象征。一座残破却很雄伟的椭圆形建筑物，就是古罗马斗兽场的废墟。这座于公元 72 年由 4 万名战俘用 8 年时间建起来的巨大建筑，虽然毁坏严重，残破不堪，但不愧为人类建筑史上的杰作。它的形状很像今天的体育场，近 50 米高的外围墙是用砖石砌成的三层石柱拱廊，周围有 80 个出入口，里面的阶梯式座位能同时容纳 5 万名观众。从外部看，这座罗马斗兽场由一系列 3 层的环形拱廊组成，最高的第 4 层是顶阁。斗兽场共有 3 层座位，下层、中层及上层，顶层还有一个只能站着的看台，这是给地位最低下的社会成员——女人、奴隶和穷人准备的。据记载，斗兽场竣工后，各种表演持续了 100 天，动用了 5 000 头狮子、老虎和其他猛兽，还有 3 000 名由奴隶、俘虏、罪犯和基督徒组成的角斗士。他们大部分都惨死在了斗兽场上。

撒丁岛

撒丁岛坐落于地中海中部，是一座庞大而孤立的岛屿。撒丁岛拥有独特的意大利文化，同时也是欧洲最古老的地区之一。撒丁岛相传因盛产沙丁鱼而得名，其地势崎岖多变，环岛海岸线曲折复杂。撒丁岛至今还保留着独特的传统节日——赛马节。撒丁岛上盛行饲养猪、羊等家畜，在内陆地区，还可以看到往日那些牧羊人的生活状况。当地居民将牛奶制成奶酪，加上自制的蜂蜜，涂在面包上食用。

撒丁岛是属于“靴子王国”的小岛，虽然知名度远不及西西里岛或托斯卡纳，但在欧洲，它确是皇室政要和明星们趋之若鹜的度假胜地，大概就是因为这是块美丽而淡泊的天堂之地。撒丁岛著名的休闲胜地要数东北方的翡翠海岸。在长达 80 公里左右的碧绿色海岸线上，排着一处处现代高级休闲场所，吸引了欧洲很多上流社会人士来此度假。虽然北部的海岸地带是豪华的休闲胜地，但内陆地区和一些小渔村却保持着以往的生活方式，并且继续守着自己特有的语言、食物和风俗习惯。

巴塞罗那大教堂

巴塞罗那大教堂又称“神圣家族大教堂”，是西班牙巴塞罗那的一座巨型哥特式教堂，始建于 1884 年，由建筑师安东尼奥·高迪所设计修建，这是他设计生涯晚期的作品，具有 19 世纪的新哥特式风格，但至今还未完工，是世界上唯一一个至今还在兴建中的天主教大教堂。巴塞罗那大教堂以其繁复的回廊、尖顶和拱形屋顶、讲道坛及唱诗班而著称于世，它巍峨壮观的形态更使它成为了巴塞罗那的标志性建筑。巴塞罗那圣保罗广场上有阶梯可通往教堂。

巴塞罗那大教堂是超越了一般意义的建筑，是巴塞罗那的象征。事实上，其建造过程本身就是一个传奇的故事。建筑师安东尼奥·高迪（1852—1926）以他的天才和执着，塑造了这座城市的生命。高迪的作品多在巴塞罗那，著名的有米拉公寓和贵尔公园等，而大教堂是他倾注了 40 多年心血的代表作。经过高迪与同时代几位艺术家的努力，巴塞罗那独特的城市气质得以淋漓尽致地体现。在这些光荣和梦想之中，巴塞罗那被称为“高迪的城市”。

阿尔罕布拉宫

阿尔罕布拉宫建于十三四世纪，为摩尔人作为要塞之用的宫殿，堪称西班牙的艺术瑰宝。阿尔罕布拉宫按照意译应该为“红堡”，是中世纪摩尔人统治者在西班牙建立的格拉纳达王国的宫殿。它由众多的院落组成，建筑在海拔 730 米高的地形险要的山丘上。宫殿的围墙东西长 200 米，南北长 200 米，高达 30 米。阿尔罕布拉宫建筑群形成于不同时期，虽然没有总的原始平面图，但却具有惊人的建筑一统性。这一建筑群使摩尔艺术达到了顶峰。

在阿尔罕布拉宫内众多的庭院中，以爱神木之院为最大，其院中水池倒映出的北廊倒影十分有名。宫殿内分为行政场所、活动仪式场所、王族居所三大部分，每一个空间既独立又相连，其布局巧妙高超。阿尔罕布拉宫的著名景点还有大使厅、两姊妹厅、狮子中庭及大浴场等。

马德里皇宫

马德里皇宫是仅次于凡尔赛宫和维也纳皇宫的欧洲第三大皇宫。它建于1738年，历时26年才完工，是世界上保存最完整且最精美的宫殿之一。皇宫外观呈正方形，类似于法国的卢浮宫，内部装潢则是意大利风格，极其富丽堂皇。宫内藏有无数的金银器皿、绘画、瓷器、壁毯及其他皇室用品。现在，该皇宫已被辟为博物院，供游人参观。皇宫对面是西班牙广场，中央矗立着《堂·吉诃德》的作者塞万提斯的纪念碑，纪念碑旁还有骑着马的堂·吉诃德和仆人桑丘的塑像。

哥伦布广场

凡是到西班牙马德里的人，都要去哥伦布广场看一看，瞻仰著名航海家哥伦布的纪念碑，去参观广场对面的哥伦布蜡人博物馆，去看看广场下面多姿多彩的马德里文化中心。

哥伦布广场百米见方，高出街面2米，像一座巨大的露天舞台，大街和广场一起构成了一个壮观的整体。用白色大理石雕成的哥伦布纪念碑高17米，纪念碑之上是哥伦布塑像。纪念碑正面向着西方，哥伦布塑像左手向前，正指向美洲大陆，脚下踩着地球仪，右手握的旗杆正好倚在刚刚“发现”的美洲大陆之上。纪念碑下端正方体的底座上，四面的浮雕精美绝伦，每一面雕塑都有一段动人的故事。朝北一面雕的是一艘船和一个地球仪，地球仪上刻着“哥伦布把新大陆献给卡斯蒂利亚莱昂国王”；向西的一面也就是正面雕塑的是当年天主教女王伊莎贝尔全力支持哥伦布，为他远航而献出珠宝首饰的动人场景。哥伦布的航海计划曾先后呈给葡萄牙、英国国王和威尼斯官员，均遭到拒绝。妻子去世后，哥伦布带着7岁的儿子来到西班牙，结识了圣玛丽亚修道院教士胡安·佩雷斯。在佩雷斯的引荐下，他见到了伊莎贝尔女王，他的航海计划才得以实施。

从哥伦布纪念碑的台阶进入地下，展现在眼前的是一个地下艺术宫殿。哥伦布广场上绿草如茵，数以百计的喷泉、瀑布被绚丽的灯光照得五光十色；地下文化活动中心的各个场所均昼夜开放，游人如织。地上地下相映成趣，使哥伦布广场成了一座名副其实的不夜城。

隆达斗牛场

隆达斗牛场是西班牙最古老的斗牛场，有 200 多年的历史，也是斗牛士们朝圣的地方，西班牙现今的斗牛方式就是在这座斗牛场诞生的。西班牙斗牛史上名气显赫的斗牛士，都曾在此与蛮牛进行生死博斗，200 多年来，这座斗牛场磨炼出无数英雄，所有的事迹全收藏在场内附设的博物馆中。

这里被斗牛士们视为“圣地”，重要的是它屹立百年的毅力累积出的权威与地位。从大门散发出新古典主义风格，就可看出斗牛场的不凡，场中的石砌围栏也是放眼全西班牙独一无二的，它甚至连开幕故事都独树一帜。1784 年 5 月 11 日，在一片庆贺落成的欢呼声中，斗牛场内的数排座位应声倒塌，经过抢修，隔年破天荒地二度举行了开幕仪式。

在过去，斗牛属于贵族专有的活动，参与活动的贵族骑着马进行斗牛，直到有位贵族技艺不精，被蛮牛冲撞得人仰马翻，在这命在旦夕的霎那，一个平民冲入场中挥帽引走了蛮牛，这一举动不仅为贵族解了围，也为隆达斗牛场开启了斗牛士下马斗牛的新时代。

丽池公园

丽池公园是马德里最著名的公园，17 世纪由菲利浦四世下令兴建，最开始是皇室成员的娱乐场所。公园占地约 350 英亩，种植的植物超过了 15 000 种千株，园内有许多重要的纪念碑。园里最美丽的要数著名的玻璃宫。另外，还有一座委拉斯盖兹宫。这两座宫殿均建于 19 世纪末，目前都已经辟为展览馆。

巴利阿里群岛

巴利阿里群岛是著名的旅游胜地，也是西地中海主要的旅游目的地。这里的小海湾和海滩相辅相成，形成了一处处迷人的夏季度假中心，而隐藏在各岛屿内陆地区的景点也以其特殊的魅力吸引着众多的游客。巴利阿里群岛由马约卡岛、梅诺卡岛和伊比萨与福门特拉岛这三座大岛和许多小岛组成，其中最有名的小岛是卡布雷拉岛，已被宣布为国家海陆公园。

令人赞叹的是，尽管游客如潮，几个主要岛屿依然保持着自己的个性。隐藏在24小时不停派对背后的是哥特式大教堂、石器时代的遗迹、渔村和无尽的橙园和橄榄园。

西班牙广场

西班牙广场位于意大利罗马三一教堂所在的山丘下，以登上教堂的西班牙阶梯而闻名。这座教堂由 1495 年查理八世下令建造，阶梯共有 137 阶，名称取自附近的西班牙大使馆，著名的电影《罗马假日》即在此拍摄。阶梯上特有的法国风味设计和广场上的一些英国咖啡馆，呈现出完全不同的氛围。西班牙广场上的咖啡馆是济慈、拜伦、雪莱等文人最爱的场所，广场中央有建筑巨匠贝尔尼尼所设计的巴洛克式喷水池，是夏日年轻人的避暑胜地。

穿行在西班牙广场上，感受着伟大的建筑艺术风格，体会哥特式和巴洛克建筑的和谐搭配，这是一种令人难忘的美的享受。无论是罗马的旅游淡旺季，无论何时来到西班牙广场，都可见到人潮如织，因此常常无法看到西班牙阶梯的全貌。

多尼亚纳国家公园

多尼亚纳国家公园位于西班牙南部瓜达尔基维尔河的右岸、大西洋的港湾地带。公园以生物物种的多样性著称。这里有独特的环礁湖、沼泽地、固定和移动的沙丘、丛林地和灌木地带；在此生活着五种濒危鸟类；此地还是地中海地区最大的鸟类蛋孵化地之一，是每年 50 多万只水禽的冬季栖息地。多尼亚纳国家公园有超过 700 年的历史，它原先是西班牙国王菲利普四世和菲利普五世及阿方索十三世所喜爱的狩猎保留区。该遗址是欧洲已知最大的也是保护最好的湿地之一。保护区内严禁打猎、灌溉、森林种植以及过度的旅游资源开发。

伊维萨岛

从最早的腓尼基时代到阿拉伯占领期，再到加泰罗尼亚时期，直到文艺复兴时期，伊维萨岛上留下了连续的历史痕迹，如萨・卡莱塔聚居地考古遗址和普伊格・德斯・墨林斯墓地遗址。完整无损的 16 世纪要塞是军事建筑工程和文艺复兴式建筑美学的历史见证。这种意大利—西班牙建筑模式对于新大陆城镇的建设与防御有特别深远的影响。伊维萨岛的高城是防御卫城的经典。城墙和城市的整体构造都以特别的方法加以保护。在修筑防御高墙的长期过程中并没有破坏城市的早期状况或街道模式，只是把它们合并统一为现在的面貌。

伊维萨地区的生物变异现象是一个展现深海生物和近海岸生物相互作用、相互影响的难得的例子。伊维萨岛海岸线的演化是波西多尼亚海草对沿海和海洋生态系统之间相互作用产生影响的最佳范例。该区内有丰富的波西多尼亚海草，它是整个地中海地区仅存的一种濒危植物，并且有很多的海洋生物以此为生。

雅典卫城

在希腊古代遗址中，最为有名的当属雅典卫城。雅典卫城，希腊语即为“阿克罗波利斯”，原意为“高丘上的城邦”。古代在此建有神庙，同时它又是城市防卫要塞。卫城由大量重要的建筑物组成，其中最为著名的帕特农神庙，坐落山上的最高处，在雅典的任何一处都可望见。帕特农神庙有“希腊国宝”之誉，已有约 4 000 年的历史，供奉着希腊神话中雅典的守护神，即智慧女神雅典娜。雅典娜女神雕像有 12 米高，由象牙和黄金制成，在昏暗的庙中金光闪烁。此雕像被罗马皇帝带往君士坦丁堡，从此下落不明。神殿长 228 米、宽 11 米、高 65 米，内外比例对称，每根巨柱均向内微斜，这种独特的设计在美学原理上矫正了视觉上的偏差，被认为是现存建筑中最具均衡美感的伟大建筑。神殿现今虽有些破败，但当年的雄姿却也依稀可辨，令人着迷。

伊瑞克提翁神庙位于帕特农神庙左侧，本为放置八圣徒遗骨的石殿，最吸引人之处是石殿的巨柱，设计成少女托柱石像，支撑着殿顶，宛似女神，造型栩栩如生，神态极为优美。传说这里是雅典娜女神和海神波塞冬为争做雅典保护神而斗智的地方。巨门位于登山顶入口处，全部以大理石筑成，十分宏伟。

胜利神殿在卫城前门南翼旁，是座小神殿，有记述众神与波斯人大战的雕刻。卫城博物馆主要收藏了雅典卫城及附近挖掘出的历史文物，陈列品中以雅典鼎盛时期，即帕特农神庙建造时期的文物最多。雅典娜古神庙的遗物也多有保留，由此可见昔日帕特农神庙的英姿。

第11章　北　　美

第 1 节　北美主要旅游国家

美国

美国除了本土 48 州外加上阿拉斯加和夏威夷，共 50 州，另有 1 个联邦直辖特区，领土 937 万平方公里，人口近 3 亿。领土的广大并不是造就美国今日世界霸主地位的唯一原因，而是一种自由、创新与宽容的精神成为美国的原动力。自从哥伦布发现新大陆以来，历经独立战争、废奴运动、西进开拓以及两次世界大战造成的移民风潮，形成了美国现在的多元文化。

美国幅员辽阔，地形复杂，东部大西洋沿岸多为平原丘陵，森林资源丰富，湖泊众多，重要的城市有首都华盛顿、纽约、波士顿、费城、迈阿密；中部的大平原是重要的农牧区，约 6 400 公里长的密西西比河纵贯南北，重要的城市有亚特兰大、芝加哥、休斯敦以及新奥尔良等。在大平原的西部大山区，有著名的科罗拉多大峡谷和黄石国家公园；靠太平洋的西海岸地区有风光绮旎、阳光灿烂的加里福尼亚州，旧金山和洛杉矶以及西海岸的重要城市西雅图。在北部近加拿大边界附近，有著名的五大湖游览区，其中最壮观的景点是尼亚加拉大瀑布。此外，位于美国西面太平洋上的夏威夷群岛也是全球闻名的度假胜地。

美国有丰富的旅游资源，是一个旅游业非常发达的国家，科罗拉多大峡谷的雄伟、尼亚加拉大瀑布的气势、好来坞的浪漫、迪斯尼乐园的童趣、赌城拉斯维加斯的辉煌等等都令人神往。美国幅员辽阔，地貌多彩多姿，气象万千，是集森林、湿地、湖泊、河流、草原、沙漠、高山、火山、峡谷、冰雪、海洋于一体的国家。现代的科学和文化，现代的生活方式，加上快捷方便的海陆空交通服务，使美国的旅游收入多年来一直稳居世界第一。

正因为美国自然资源的得天独厚，美国成为世界第一个创立国家公园的国家。比较有名的是黄石公园、优胜美地国家公园、大峡谷等。知名度不高但生态景观特殊的有红木国家公园、冰河国家公园、火山湖国家公园，也是喜好大自然的游客可参考的去处。东北新英格兰一带是欧洲殖民者最早开发的地区，人文景观具有十分浓厚的欧洲风味，秋天枫叶红时，格外漂亮，游客可来此享受北国秋天的气息。南部佛罗里达海滩则是度假胜地，可充分体验南美的拉丁风情。好莱坞大片中的西部草原和马克·吐温所描述的密西西比河风光，纯朴而美丽。纽约的现代气息、洛杉矶的好莱坞文化、旧金山的迷人海港、纽奥良的爵士音乐，拉斯维加斯的赌城，童话世界迪士尼，风靡全球的 NBA，无不体现着美国惊人的创造力和无所不包的文化元素。

加拿大

加拿大位于北美洲的北半部，总面积的 997 万平方公里，仅次于俄罗斯，是世界第二大国。人口 2 900 多万，是世界上平均人口密度最低的国家之一，每 3 人占有一平方公里的土地。89%的土地没有永久性居民点。南部约 5 000 公里与美国为邻，石油、矿产、木材、海产、水利资源十分丰富。加拿大四季分明，西面受太平洋季风的影响，四季宜人，春季郁金香花争艳，夏季阳光明媚，秋季枫叶层林尽染，冬季万里雪飘，极具风情。加拿大旅游的最佳季节是 5 月到 10 月，在这段时间可以体会加拿大独特的清凉夏季和枫叶艳红的秋天。加拿大最著名景点，如尼亚加拉瀑布、位于纽芬兰省圣约翰斯港的锡格纳尔山、位于新斯科舍省哈利法克斯的城堡山上的哈利法克斯城堡、多伦多电视塔、卡博特之路、芬迪国家公园等。

加拿大的观光资源大多集中在靠近太平洋的西岸和接近大西洋的东部。加拿大西岸的大城市主要有温哥华、维多利亚和班芙、捷士伯。东部则有尼亚加拉瀑布、多伦多、渥太华、蒙特利尔、魁北克和爱德华王子岛等著名的观光地点。东岸是加拿大的发祥地，有许多具有历史价值的建筑物或文物古迹，由于英法两国的文化影响，很多地方具有十足的欧洲风味。加拿大西部的落基山脉和东部的尼亚加拉瀑布都是令人惊奇的大自然的鬼斧神工。加拿大境内多枫树，每到秋天，满山遍野的枫叶或呈橘黄，或显嫣红，宛如一堆堆燃烧的篝火，因此加拿大素有“枫叶之国”的美誉。加拿大国旗上的枫叶代表了加拿大人。到加拿大西岸旅游，班芙国家公园不可不去，令人惊异到无法呼吸的冰河风貌、丰富的山林资源、壮丽的景观及热闹的班芙市区夜生活，总是吸引着一群又一群热爱户外活动的游客，这里是喜爱享受湖光山色者的乐园，在冬季，更是酷爱滑雪及冰钓者的天堂。温哥华成功地融合了乡村风貌及城市文明，广大的绿地、良好的治安、宁静与祥和的气氛，让很多游客念念不忘，一来再来。温哥华岛充满田园景致的维多利亚，素有“海与花园的城市”之称，而浪漫的海景及温和的气候，更让它成为退休者的天堂。5 月中旬至 9 月下旬时百花齐放的布查花园是维多利亚最著名的观光景点。介于加拿大与美国国界上的尼亚加拉瀑布，是世界上最壮丽雄伟的自然奇景之一，与南美洲的伊瓜苏瀑布及非洲的维多利亚瀑布并称为世界三大瀑布。

英语及法语都是加拿大的官方语言，虽然加拿大人大部分说英语，但也有些法语区的人不太愿意说英语，如魁北克省、曼尼托巴北部及安大略省都有法语区。然而魁北克的法语受英文影响极深，和法国人所讲的法语已不太相同；即使是加拿大英语也有其独特的腔调，有些地区的措辞更是独一无二。就如同邻居美国般，加拿大也是个有着众多移民族群的国家。不同的是，美国的移民总被鼓励以美国人自居，忘却他们原来的传统，但加拿大却致力于保留他们各自的文化、种族风格；除了原来的加拿大人，其他移民族群如华人、乌克兰人、葡萄牙人、印度人、德国人、波兰人等，都还是以他们原有的生活方式共存在这一大片土地上。加拿大在文化上的宽容，形成了它特殊的风情，也提供游客多样化的旅游环境。

第 2 节　北美重要旅游城市

波士顿

波士顿是美国马萨诸塞州的首府和最大城市，同时也是新英格兰地区最大的城市。波士顿位于美国东北部大西洋沿岸，于 1630 年建市，是美国最古老、最有文化价值的城市之一。在美国，波士顿有很多别称，如“美国雅典”、“豆豆城”、“宇宙的中心”、“山上的城”等。

将波士顿称做“美国历史的摇篮”一点也不为过。它是美国第一座城市，是掀起美国独立战争的地方，是教育文化古都，美国很多历史事件和重要人物都与波士顿有关，可以说波士顿在美国历史上一直扮演着重要角色。

1620 年，“五月花号”帆船从英国载来了第一代移民；1630 年 9 月 17 日，来自英国的清教徒移民创建了波士顿。两波移民分开建立的两个殖民地在 1691 年联合起来，形成了马萨诸塞湾。波士顿的早期欧洲移民最初根据这里的三座小山丘将城市命名为“三山城”；后来根据移民中一些杰出人物的家乡——英格兰波士顿（林肯郡）的名称重新命名。20 世纪 70 年代初，英国人试图通过征税全面控制 13 个殖民地，迫使波士顿人发动了美国革命。波士顿屠杀、波士顿倾茶事件以及美国革命几场早期的战役——列克星敦和康科德战役、邦克山战役和波士顿围城战，都发生在该市或附近的地方。1822 年，波士顿得到特许状，正式取得了城市身份。1630—1890 年，通过填平沼泽、海滨泥滩和码头之间的缝隙，波士顿的城市规模扩大了三倍。

波士顿是美国著名的旅游城市，近山临海，四季分明，风景优美，别具特色。除了美丽的自然景象，波士顿具有历史意义的景点也有很多，如彭加山纪念碑、老北教堂、法尼尔厅、葛兰奈莱墓地、波士顿图书馆等。

波士顿被誉为“美国雅典”，因为波士顿大都会区有超过 100 所大学，超过 25 万名大学生在此接受教育。哈佛大学、麻省理工学院等世界顶尖高等学府均设在波士顿。如今，很多游客也会选择参观这些知名学府，体会这里丰厚的学术人文气息。

旧金山

旧金山是美国与太平洋地区的主要贸易海港，素有“西海岸门户”之称。旧金山位于加州海岸一个狭长半岛的尖端，东临旧金山湾，西濒太平洋，北隔金门海峡和对岸的半岛相望，东边有海湾大桥与奥克兰相接，西边有金门大桥与北方的另一半岛相连。围绕着旧金山湾的大小城市与有“雾都”之称的旧金山合成所谓的湾区。湾区的南方有圣荷西和帕拉阿图等著名都市，斯坦福大学和硅谷即在此区；东方为伯克利大学所在地。整个湾区的交通四通八达，非常便利。

旧金山市中心街道呈格子状向东西、南北伸展，住宅区房屋密度很高，房屋盘山而建，街道迂回曲折，坡度较大，因而使用独特的交通工具——缆车，这成为旧金山一景。市中心不但是联合广场、中国城及日本城等风景名胜的集中地，也是进出渔人码头及其周边地区的必经之地。科伊特塔是一个高约 54 米的圆柱，为旧金山的地标之一。该塔建成于 1933 年，虽然瞭望台很狭窄又没屋顶，但因建造在山丘上，所以在塔上眺望，与 50 层高楼的视野一样辽阔，风景非常美丽。市场街和范尼斯大道的十字路口一带，称为市政中心。除了模仿美国首都华盛顿国会大厦兴建的市政厅之外，州政府、联邦政府也都集中于此。在市政厅内有美术馆和歌剧院，附近还有一座音乐厅。

从空中俯瞰旧金山，这座城市就像晶体管收音机的内部结构一样整洁：一块块精妙绝伦的维多利亚式建筑群、四四方方的公署、一片片的海滨美景、装饰精美的摩天大楼，还有那蜿蜒曲折的高速公路连绵伸向高耸入云的商业区。这样一幅美丽的画卷正是旧金山的真实写照。更值得一提的是旧金山不仅拥有迷人的外表，还是一个另人陶醉的文化混合体。它时时刻刻都张开着双臂，热情地迎接着来自全世界各地的朋友们。

芝加哥

芝加哥市位于美国伊利诺伊州的东北部、美国五大湖之一的密歇根湖西南岸。芝加哥不仅位置适中、交通方便，而且旅馆林立，拥有良好的会议设施，号称“世界主要的会议城”，它经常被民主党或共和党选做举行提名大会的场所。芝加哥城中心即卢普区位于芝加哥河河口一带，是最繁华的商业区，其面积仅占全市的 1%，却集中全市约 1/6 的从业人员。芝加哥市街道呈方格网状分布，风格各异的现代化高层建筑密集。高 443 米、110 层的西尔斯大厦为美国最高的建筑物，其他著名建筑还有高 346 米、80 层的标准石油大厦和高 343.5 米、100 层的汉科克中心大厦以及水塔广场大厦、第一国家银行大厦等。在卢普区西端，芝加哥河分为南、北两支。北支与密歇根湖之间的北区环境幽美，为高级住宅区，多各色文化娱乐设施；南支与密歇根湖之间的南区和南、北支流间的西区，主要为工业区，黑人聚居，多低标准住宅。芝加哥市内公园、绿地众多，占地近 5 000 公顷，滨湖“绿带”为市民主要游憩场所，其城郊还有大片森林保护地。

西尔斯大厦坐落在美国芝加哥市的密歇根湖滨。顶层上两根巨型天线直刺蓝天，深褐色的铝制外壁和青铜色的玻璃窗户在阳光下璀璨闪烁。大楼地上有 110 层，地下有 3 层，占地 11 984 万平方米。在第 103 层上设有瞭望台，乘坐特快电梯不到 1 分钟就可到达。在瞭望台上可俯视芝加哥市全景，观赏浩瀚的密歇根湖旖旎多姿的景色：碧波荡漾，水光粼粼，游艇如织，天水一色，真有“一柱擎天，俯视万有”之感。

海军码头是芝加哥有历史意义的建筑物，此处有 20.23 万平方米的公园、花园、商店、餐馆和各种具有吸引力的事物。游客可享受费里斯转轮和旋转木马的乐趣，参观芝加哥儿童博物馆、地平线舞台和乔比博普小餐馆及爵士乐厅。云门是一座位于芝加哥千禧公园的巨大雕塑，向公众开放展示后，已成为芝加哥新的城市地标。这款雕塑的主体造型类似于一个椭圆。市民们昵称其为“豆子”，因为这种描述似乎更加形象。云门远远看去就像是一滴水银，它采用抛光不锈钢外表制成，因此无须任何的花纹修饰即可将周围的景色映入其中，不同时间、不同角度所看到的“豆子”都是不同的。

来芝加哥的游客，最好多带几件衣服以适应此地气候多变的特点。如果 1 月份正好在大街碰上密歇根湖刮来的刺骨寒风，你就能体会到芝加哥“风城”这个称号的来源。

纽约

纽约市是美国最大的城市及第一大港口，也是世界第一大城市，位于纽约州东南部。一个多世纪以来，纽约市一直是世界上最重要的商业和金融中心。纽约市是一座全球化的大都市，也是世界级城市，并直接影响着全球的媒体、政治、教育、娱乐及时尚。纽约与英国伦敦、日本东京并称为世界三大国际都会。

纽约市坐落在世界上最大的都会区——大纽约都会区的心脏地带，是国际级的经济、金融、交通、艺术及传媒中心，更被视为都市文明的代表。此外由于联合国总部设于该市，因此纽约被世人誉为“世界之都”。纽约市还是众多世界级博物馆、画廊和演艺比赛场地的所在地，其已成为西半球的文化及娱乐中心之一。在20世纪初，纽约对外来移民来说是个崭新的天地，处处充满机会，因此纽约常被昵称为“大苹果”，便是取“好看、好吃，人人都想咬一口”之意。由于纽约有24小时运营的地铁和从不间断的人群，所以又被称为“不夜城”。

纽约也是世界上摩天大楼最多的城市，有35栋摩天大楼（200米以上），代表性的建筑有帝国大厦、克莱斯勒大厦、洛克菲勒中心等，纽约也因此有了“站着的城市”之称。纽约还是美国文化、艺术、音乐和出版中心，有众多的博物馆、美术馆、图书馆、科学研究机构和艺术中心，美国三大广播电视网和一些有影响的报刊、通讯社的总部都设在这里。

纽约市由五个区组成，分别是布朗克斯区、布鲁克林区、曼哈顿区、皇后区（昆斯区）和斯塔滕岛。曼哈顿是纽约市的中心区，总面积约57.91平方公里，占纽约市总面积的7%，人口约150万。纽约著名的百老汇、华尔街、帝国大厦、格林威治村、中央公园、联合国总部、大都会艺术博物馆、大都会歌剧院等名胜都集中在曼哈顿岛。这里银行、保险公司、交易所及大公司总部云集，是世界上就业密度最高的地区。纽约的商业中心——时代广场也被称为“世界的十字路口”。

游览皇后区就如同周游世界。各色各样的少数民族聚居地可让游客亲身体验各种文化。在阿斯托里亚，希腊餐馆与雅典的餐馆竞相媲美；在杰克逊高地的街道上，随处可见五颜六色的印度纱丽，而且西班牙语不绝于耳。皇后区还以汇集新秀及独具风格的艺术家和举办重要的体育赛事而著称。

斯塔滕岛是纽约市人口最少的一个区，尽管其面积是曼哈顿的2.5倍。它拥有众多的历史、文化胜地以及体育场馆和自然风光，乘坐斯塔滕岛渡轮是另一大享受。行程20分钟的免费渡轮每天摆渡往来于曼哈顿下城和斯塔滕岛之间，乘客可在其中一览无余地观看纽约港和自由女神像。

西雅图

西雅图位于普捷湾和约18英里长的华盛顿湖之间的一块窄小的土地上，普捷湾和华盛顿湖的水经过水道在西雅图市中心的北方交汇于联合湖中，多雨及有雾的时候西雅图看起来比美国其他城市更绿意盎然。西雅图附近的河流、森林、湖泊和田野非常富饶。一条离西雅图中心很近的运河连接华盛顿湖和普吉特海湾。在西雅图及其周围整年有很多帆船、滑雪、骑车、宿营和徒步旅行的机会。

西雅图最特别的地标就是太空针塔，位于西雅图的市中心，是为了1962年在西雅图举行的世界博览会所设计的，乘电梯41秒即可到达太空针塔的瞭望台。太空针塔高185米，它顶部的瞭望台和旋转餐厅能360°俯瞰西雅图的全景。其周围的博览会会址已被改造成为西雅图中心，至今依然是举办许多重要的民间和艺术大事的场地。其他著名的地标还有史密斯塔、派克市场、西雅图音乐体验馆、新西雅图中心图书馆和美国银行大厦等。

派克市场始建于1907年，其前身是一个农村集贸市场，如今已发展成重要的旅游胜地，每年举办200多场商业活动，展出190多种手工艺，设立120多个农产品摊位，拥有形形色色的街头表演艺人，吸引着来自四面八方的游客。

乘渡轮旅行是前往位于普吉特海湾一些著名风景名胜的主要交通方式。站在甲板上一边享受海风拂面的惬意，一边欣赏沿途景观如奥林匹亚山、瀑布山、西雅图城市风景和绿色海岸线等，别有一番情趣。轮渡公司可将乘客和他们的车辆从西雅图或附近的始发站载到瓦逊岛、凯特萨普半岛、圣璜群岛和加拿大等目的地。

华盛顿

美国首都华盛顿全称为“华盛顿哥伦比亚特区”，是为纪念美国开国元勋乔治•华盛顿和发现美洲新大陆的哥伦布而命名的。华盛顿在行政上由联邦政府直辖，不隶属任何一个州。华盛顿原是一片灌木丛生之地，只有一些村舍散落其间。1789 年，美国联邦政府正式成立，乔治•华盛顿当选为首任总统。当国会在纽约召开第一次会议时，建都选址问题引起了激烈的争吵，南北两方议员都想把首都设在本方境内。国会最后达成妥协，由总统华盛顿选定南北方的天然分界线——波托马克河畔长宽各为 16 公里的地区作为首都地址，并请法国工程师皮埃尔•查乐斯•朗方主持首都的总体规划和设计。新都尚未建成，华盛顿便于 1799 年去世。为了纪念他，这座新都在翌年建成时被命名为“华盛顿”。

华盛顿是美国的政治中心，白宫、国会、美国最高法院及绝大多数政府机构均设在这里。国会大厦建在被称为“国会山”的全城最高点上，它是华盛顿的象征。这座乳白色的建筑有一个圆顶主搂和相互连接的东、西两翼大楼，美国国会参、众两院都在国会大楼里办公。白宫是一座白色大理石圆形建筑，是华盛顿之后美国历届总统办公和居住的地方。椭圆形的美国总统办公室设在白宫西厢房内，南窗外边是著名的“玫瑰园”。白宫正楼南面的南草坪是“总统花园”，美国总统常在这里举行欢迎贵宾的仪式。国会大厦和白宫之间有“联邦三角”建筑群，其中包括联邦政府机构及国家美术馆、国家档案馆、泛美联盟、史密森国家博物馆和联邦储备大厦等。华盛顿面积最大的建筑是位于波托马克河河畔的美国国防部所在地——五角大楼。

华盛顿有许多纪念性建筑。离国会大厦不远的华盛顿纪念碑高 169 米，全部用白色大理石砌成，乘电梯登上顶端可将全市风光尽收眼底。杰弗逊纪念堂和林肯纪念堂等也都是美国著名的纪念性建筑物。

华盛顿还是美国的文化中心之一，全市有乔治敦大学、乔治•华盛顿大学等 9 所高等院校。创建于 1800 年的国会图书馆是驰名世界的文化设施，华盛顿歌剧院、美国国家交响乐团、肯尼迪艺术中心等都是美国著名的文化机构。此地有相当多的博物馆，国际女性艺术博物馆就是其中之一，还有美国国家艺术博物馆、自然历史博物馆、宇航博物馆等许多著名博物馆。

洛杉矶

一望无垠的沙滩和明媚的阳光、闻名遐迩的“电影王国”——好莱坞、引人入胜的迪士尼乐园、峰秀地灵的贝弗利山庄使洛杉矶成为一座举世闻名的“电影城”和“旅游城”。洛杉矶市区广阔，布局分散，整座城市以千千万万栋一家一户的小住宅为基础。绿荫丛中，鳞次栉比的庭院式建筑，色彩淡雅，造型精巧，风格各异，遍布于平地山丘上。市中心有十几幢数十层的高楼。高速公路与城市街道纵横交错、密如蛛网，四通八达。

洛杉矶是21世纪以来世界的文化首府，是具有奔放想象力头脑的栖居地。19世纪是巴黎的天下，20世纪属于纽约，而洛杉矶则将主宰21世纪，它是世界上最有价值的城市之一。与包括纽约在内的任何其他城市相比，洛杉矶拥有更多剧院，而且每年推出多达1 500场戏剧。洛杉矶有14所地方大学开设艺术及设计的高级课程，推动无数莘莘学子在一条充满想象力和创造力的路径上纵横驰骋，并且帮助他们开始下一代汽车、服饰、电影和装饰品的设计与创造。整个世界都涌向洛杉矶，在它的设计院校以及街头巷尾寻找创作灵感。洛杉矶是全美当代艺术作品第二大交易市场，150余所艺术画廊及为数众多的博物馆共同打造了一座当代艺术的殿堂。

在罗迪欧大道走走逛逛，本身就是一次难忘的经历——这里以高档的名牌服饰闻名于世，而且这里也是明星们偏爱的场所。好莱坞是美国电影事业的摇篮，在这里散步游客会有意想不到的惊喜，即使一个不起眼的拐角也可能有一段不同寻常的故事。这里遍布着极具影响力的城市建筑，如洛杉矶圣母玛利亚大教堂，雄伟庄严而又不失魅力。从那里再走过去几个街区，游客将会看到洛杉矶公认的标志性建筑——气势非凡的华特•迪士尼音乐大厅。

洛杉矶的夜生活之丰富在世界上首屈一指，在这里既可以观看顶级的演出节目，也可以光顾一些最为时尚的场所，它们都是城市中最有趣味的娱乐场所。洛杉矶夜生活中有一项被称做“耶诞巴士”的服务，就是夜间的巴士服务项目。它把好莱坞夜间机动车停放地点和娱乐中心之间的路线连接了起来，只需支付1美元，游客就能整晚搭乘着巴士游览洛杉矶最火爆的夜总会，如高地和阿瓦隆。

拉斯维加斯

拉斯维加斯是美国最大的赌城和娱乐城，是位于内华达州南部的一座沙漠城，西南距洛杉矶466公里。拉斯维加斯原本只是到加州路上的一个绿洲，周围则是一望无尽的沙漠。自从1830年西班牙的探险队发现此地并将这地方命名为“Vegas”（“丰美的草场”之意）后，这名字一直沿用至今。20世纪初，拉斯维加斯随联合太平洋铁路通达而逐渐兴起，于1905年建市。20世纪30年代，内华达州决定使赌博合法化，此令一出，市区的赌场纷纷成立，包括著名的查尔斯顿娱乐区和死谷国家博览馆，拉斯维加斯的赌城之名也就此传开。现在的拉斯维加斯已拥有全世界顶尖的度假酒店、世界一流的大型表演及高科技娱乐设施。

拉斯维加斯比其他任何城市都拥有更多的霓虹，有着各种难以想象的人造奇观。在著名的拉斯维加斯大道，游客可以看到勇士与海盗战斗的场面、一座正在喷发的火山或壮观的激光喷泉表演。在这里游客们可以感受到世界各地的风情，诸如神秘的埃及、亚瑟王国、罗马、威尼斯、蒙特卡洛、巴黎及热带风情。在这里可以享受全天候 24 小时不间断的娱乐、全世界最优秀的主厨奉上的美食以及众多的娱乐明星表演。如果这还不够，拉斯维加斯的市中心还附设了一个巨大的天幕，足可以覆盖五幢大楼。

除了赌场和娱乐场所，拉斯维加斯城郊则是以矿区和牧场居多，如规模颇大的内利斯空军基地、美国能源研究和开发局的内华达试验场等。此外，在自然景观及巨大工程方面，拉斯维加斯亦拥有科罗拉多河、大峡谷及胡佛水坝等闻名世界的景观。

亚特兰大

亚特兰大是美国佐治亚州首府和最大的工商业城市。亚特兰大位于美国东部，坐落在海拔 350 米的阿巴拉契亚山麓的台地上，是美国三大高地城市之一。它既是一座历史名城，也是一个新兴的工商业城市和文化、医疗卫生中心。1836 年，亚特兰大因作为铁路终点站而兴建，是南北战争（1861—1865）时南方军的战略要地，并毁于南北战争，后再重建，现已成为美国东南部陆空交通要地和金融中心。近 20 年来，随北方工商业和人口南迁，亚特兰大发展迅速，洛克希德飞机公司和可口可乐公司总部均设于此。

由于亚特兰大在南北战争期间是南方军的战略要地，所以这里有很多游览名胜是与内战有关的历史遗迹。在市东郊“石山公园”的山坡上，刻有南方军总司令李将军和南部邦联总统戴维斯等 3 人的大型雕像。位于闹市区陆桥下的“地下亚特兰大”是南北战争中唯一未被破坏的一段街道，经修复后留作纪念。

亚特兰大有许多公园，市内的格兰特公园是最大的公园之一，除花草、树木和雕塑外，还有现代化的动物园和专门为儿童开设的动物园。亚特兰大整座城市就像一座大花园，是美国著名的花园城市。春天，粉红色的山茱萸花开得娇艳美丽，与鲜艳的杜鹃花交相辉映，争奇斗艳，景色秀丽迷人。

温哥华

温哥华位于加拿大不列颠哥伦比亚省西南沿海的伯拉德湾和菲莎河口的三角洲之间，加、美边界北侧，是加拿大西岸最大的港口。温哥华背靠海岸山脉，面向乔治亚海峡。虽然纬度较高，但因有暖流经过，所以冬季一般不常降雪，港口不结冰。与加拿大其他地区不同，温哥华的夏季温度在 20℃左右，而冬季也很少低于 0℃。温哥华给人印象最深的是覆盖冰川的山脚下是众岛点缀的海湾，绿树成荫，风景如画，是一个富裕的绿色住宅城市。沿海岸线而筑的街道极富特色，市内设计集中，走在其中，感觉十分轻松惬意。温哥华是个空气新鲜的城市，卓越的生活品质令人称叹，盛行帆船、垂钓、远足运动。北部的西温哥华市和北温哥华市依山而建，山上的滑雪场积雪可覆盖数月，令冬季滑雪季节延长至初春。

怡人的气候和得天独厚的自然美景，使温哥华成为享乐主义者的乐园，多次被联合国评为“最适宜人类居住的城市”。温哥华居民中有着许多来自世界各地的移民，不论是何种族，在当地不会有人觉得你是外国人。温哥华地区包括温哥华及周边 17 个市，面积约 2 930 平方公里，总人口约 200 万，其中亚裔包括华人占 20%以上。温哥华外围四周尽是自然景致，乘车由大街出发，只需 30 分钟便可看见大平原。要想置身繁华市区，又想亲近大自然的话，温哥华便是一个不可不到的好地方。

温哥华旅游景点众多，包括史丹利公园—— 全球最大的城市公园、狮门大桥—— 加拿大最长的桥梁、加拿大广场—— 著名的“五帆”建筑、伊丽莎白皇后公园、格拉斯山、卡佩兰奴吊桥、唐人街（千禧门、孙中山花园）、韦斯勒滑雪场（2010 年冬奥会滑雪举办场）等。史丹利公园、格罗斯山、格兰维尔岛及瓦尼尔和伊丽莎白皇后公园离市中区只有十几钟的车程。占地 1 000 英亩的史丹利公园是一个自然公园，其中最吸引人的是温哥华水族馆，里面培植着一片亚马孙热带雨林和各种鱼类。白鲸和逆戟鲸的喂食时间是孩子们最高兴的时候。史丹利公园里还有一个动物园、一座玫瑰园、印第安人图腾柱展区及网球场。

多伦多

安大略省的首府多伦多是加拿大第一大城市，是加拿大文化、经济的发源地，也是交通要枢兼全国制造业的心脏。多伦多的对岸是美国的纽约州，闻名世界的尼亚加拉大瀑布距多伦多仅约 100 公里。多伦多是全球最多元化的都市之一，其丰富多彩的族裔特色令这座城市缤纷绚丽，绽放无穷魅力。在这里，49%的居民是来自全球各国共 100 多个民族的移民，140 多种语言汇集在这个北美大都市，共同谱写优美和谐的华丽乐章。由于这里的低犯罪率、怡人的环境和高质量的生活，多伦多被认为是全球最宜居的城市之一。

多伦多拥有傲人的城市风景线，包括全世界最高的独立建筑、现代奇观之一的加拿大国家电视塔、美丽迷人的安大略湖、延绵数里的湖滨走廊和众多世界著名的建筑设计师在此地留下的大手笔。多伦多不仅是个展现艺术的城市，它本身就是一件艺术品。坐落在市中心的安大略省美术馆是艺术爱好者的必到之处，而不拜访蜚声海内外的安大略省皇家博物馆，就不算到过多伦多，同样不容错过的还有多伦多室外艺术展及麦麦克加拿大艺术馆。对于勤学求知的人而言，多伦多的 125 家博物馆定会满足你的好奇心；如果有寻古探幽的雅兴，美轮美奂的卡萨罗马古堡一定会让你流连忘返；而约克堡则是 1812 年约克战役的古战场，也是现代多伦多市的诞生地，现已被列为国家级历史遗迹。

多伦多的公共绿地上共有 300 多万棵树，这个数字被政府官员们熟记于心，因为它们都是公共财产，每一棵都受到市政府保护。大多伦多地区有 2 万公顷公园绿地，包括绿化带、沙滩、自然保护区及一个音乐花园，市民和游客可以在此玩耍或小憩。与市中心南端遥遥相对的多伦多湖心岛上没有机动车通行，游客可租用自行车在岛屿之间自由穿行，或租条小船沿湖滨泛舟。

渥太华

渥太华是加拿大的首都和政治、文化中心，其独特的文化个性、优美的城市风光、闲适的生活情调，使渥太华不仅受到加拿大人民的钟情，而且成为全世界游客向往的观光城市之一。市内有渥太华河由西向东流过，将整个城市南北分开。南部居民是英国移民的后代，讲英语；北部居民多是法国移民后代，讲法语。里多河自南向北穿城而过，注

入城北的渥太华河。

渥太华既古典又时尚，主要的名胜集中在市中心，五步一座、十步一馆，最适合追求旅游质量的游客。坐落在渥太华河畔国会山麓的国会大厦是渥太华最有名的建筑物之一，犹如古堡的大厦是加拿大人自豪的民族象征，是他们缔造历史的地方。与大厦东南斜对的是联邦广场，广场上有纪念第一次世界大战、象征和平与自由的国家战事纪念碑。在纪念碑的周围，分布着具有现代建筑风格的渥太华市政府及一些金融机构。加拿大总督是殖民地时代英女皇的代表，时至今日，总督仍然是加拿大的最高元首。总督府是总督工作和居住的地方。宫殿式设计的官邸，保留着英国殖民地的色彩，尽显元首的气派。里多河原是为军事目的而修建的运河，现在已成为著名游乐中心。当年河上的水闸、水坝等石砌工程，现已成为历史性文物，夏季可在河上驾驶游艇，冬季则是世界上最大的天然滑冰场，长达 7.8 公里。在国会山倒影旁的维多利亚岛上，游客可以领略到地道的加拿大土著居民风情。徜徉于渥太华河畔，享受传统的本土饮食，投入土著的歌舞表演之中，犹如走进了世界大观园。

蒙特利尔

蒙特利尔坐落于加拿大渥太华河和圣劳伦斯河交汇处，是法国于 1642 年建立的殖民地，是加拿大 20 世纪 70 年代前最大的城市，现在则是加拿大第二大城市、魁北克省最大城市。该市是典型的英法双语城市，因为全市的哥特式教堂较多且法语居民占多数，体现出独特的法国文化底蕴，被认为是北美的“浪漫之都”。蒙特利尔是一个繁荣的国际大都市，同时也是加拿大历史最悠久的城市，具有浓郁的拉丁气息。

蒙特利尔是一座浪漫而世故甚至奢华的城市，人称“小巴黎”。蒙特利尔的皇家山顶是浏览蒙特利尔全城的极佳去处。放眼望去，圣劳伦斯河缓缓流淌，金色的哥特式尖顶在湖光山色中熠熠生辉，一片静谧中略带些许陈旧的气息，不由得让人生出些许沧桑感。

蒙特利尔最明显的文化特色集中地体现在古老的建筑风格上，具体地说是体现在众多教堂上。雄伟的圣约瑟夫大礼拜堂依皇家山而建，据说是用来祀奉加拿大的守护圣人——圣约瑟夫，完全是意大利文艺复兴时期的建筑特点。位于市中心的蒙特利尔圣母大教堂金碧辉煌，一踏进大门，就能使人浸入浪漫奢华与庄严肃穆的奇怪混合之中。

蒙特利尔“同性恋天堂”的地位在北美赫赫有名，蒙特利尔市政府还酝酿将这一名声扩展到全世界。蒙特利尔市政府的官方网站这样描述道：“作为加拿大最宽容和最开放的大都会之一，蒙特利尔的同性恋村庄也是世界上最大的同性恋聚集地，不管你从哪儿来到这里，这个村庄都会为男女同性恋提供像家一样安全、友好的和面向社区的生活方式。”

第3节　北美著名旅游景区、景点

白宫

白宫在1792年始建时是一栋灰色的沙石建筑，从1800年起允许公众参观。第三任总统杰弗逊吩咐每天早晨打开总统官邸房门，公民可以在不影响总统办公的前提下参观官邸，这是杰弗逊民主思想的一个具体体现。那时，前来参观的人不少，杰弗逊本人也会在某一休息时刻走出办公室，与素不相识的客人握握手，表示欢迎。1814年英军焚毁了这座建筑物，只留下了一付空架子。1817年重新修复时为了掩饰火烧过的痕迹，在灰色沙石上漆上了一层白色的油漆。此后这栋总统官邸一直被称为“白宫”。白宫西翼由西奥多•罗斯福总统主持，于1902年建成；东翼由富兰克林•罗斯福总统主持，于1941年建成。其中最主要的厅室是西翼内侧的椭圆形总统办公室。总统的大办公桌上放置着一条座右铭：“这里要负最后责任。”

根据“白宫支出由全体纳税人担负”的原则，白宫的一部分在规定时间内向全世界公民开放，因此成了游客观光的热点。白宫现在供游客参观的部分主要是白宫的东翼，包括底层的外宾接待室、瓷器室、金银器室和图书室，一楼的宴会厅、红厅、蓝厅、绿厅和东大厅。它是世界上唯一定期向公众开放的国家元首官邸。

自由女神像

自由女神像是法国1876年为纪念美国独立100周年赠送给美国的礼物。美国的自由女神像坐落于美国纽约州纽约市附近的自由岛上，是美国重要的观光景点。自由女神像重45万磅，高46米，底座高45米，其全称为“自由女神铜像国家纪念碑”，正式名称是“照耀世界的自由女神”。整座铜像以120吨钢铁为骨架，80吨铜片为外皮，30万只铆钉装配固定在支架上，铜像内部的钢铁支架是由建筑师维雷勃杜克和以建造巴黎埃菲尔铁塔闻名于世的法国工程师埃菲尔设计制作的。举世闻名的自由女神像，高高地耸立在纽约港口的自由岛上，象征着美国人民争取自由的崇高理想。女神双唇紧闭，头戴光芒四射的冠冕，身着古罗马长袍，右手高擎长达12米的火炬，左手紧抱一部象征《美国独立宣言》的书板，上面刻着《美国独立宣言》发表的日期“1776.7.4”字样。脚上残留着被挣断了的锁链，象征暴政统治已被推翻。花岗岩构筑的神像基座上，镌刻着美国女诗人埃玛•娜莎罗其的一首脍炙人口的诗：

送给我，
你那些疲乏的和贫困的挤在一起渴望自由呼吸的大众，
你那熙熙攘攘的岸上被遗弃的可怜的人群，
你那无家可归饱经风波的人们，
一齐送给我，我站在金门口，
高举自由的灯火。

华盛顿纪念碑

华盛顿纪念碑是为纪念美国首任总统乔治•华盛顿而建造的，它位于华盛顿市中心，在国会大厦、林肯纪念堂的轴线上，是一座大理石方尖碑。其底部面积为 39 平方米，高 169 米，纪念碑内有 50 层铁梯，也有 70 秒可达顶端的高速电梯，游客登顶后通过小窗可以眺望华盛顿全城、弗吉尼亚州、马里兰州和波托马克河。纪念碑内墙镶嵌着 188 块由私人、团体及全球各地捐赠的纪念石，其中一块刻有中文的纪念石是我国清政府赠送的。纪念碑的四周是碧草如茵的大草坪，这里经常会举行集会和游行。

华盛顿纪念碑是华盛顿市举目可见的第一地标、美国国家草坪的中心点，在总统官邸白宫的正南方向，它金字塔式的小尖顶是华盛顿的制高点。无论乘坐何交通工具，从任何方向来到华盛顿时，首先映入眼帘的就是这座用来纪念华盛顿伟业的纪念碑。这座华盛顿的标志建筑，整个碑身上没有一个字母，仿佛在告诉人们，华盛顿一生的伟业是难以用文字来描述的。

林肯纪念堂

林肯纪念堂被视为美国永恒的塑像及华盛顿市的标志，为纪念美国第 16 届总统亚伯拉罕•林肯而建。纪念堂位于在华盛顿国家大草坪西端、碧波如染的波托马克河东岸，是一座用通体洁白的花岗岩和大理石建造的古希腊神殿式纪念堂。纪念堂于 1914 年破土动工，完成于 1922 年。纪念堂气氛庄严，鼓舞人心，一座大理石林肯雕像放置在纪念馆正中央，他的手安放于椅子扶手两边，神情肃穆。雕像上方是一句题词：“林肯将永垂不朽，永存人民心中。”林肯纪念馆不仅是对这位已故总统的称颂，同时也是对整个国家人民的称颂。纪念堂南北两边石壁上铭刻着林肯的两篇著名演说，南墙上的是《自由的新生——葛底斯堡演说》全文；北墙上则是林肯 1865 年第二次总统就职仪式上的演说词，全文气势磅礴，充满情感。馆内 36 条圆柱代表林肯总统逝世时美国所划分的 36 个州。沿着纪念馆的阶梯往上走，绕到林肯雕像背面，就能看到美国国会大厦和华盛顿纪念塔的壮观景色，在池中还隐约能见华盛顿纪念塔的倒影。

1963 年 8 月 23 日，20 万人在林肯纪念堂东阶外至华盛顿纪念碑前举行和平集会，著名

的民权运动领袖黑人牧师马丁•路德•金在纪念堂东台阶上发表了《我有一个梦想》的著名演说。

好莱坞环球影城

好莱坞环球影城位于洛杉矶市区。20 世纪初，电影制片商在此发现了理想的拍片自然环境，便陆续集中到此，使这一块土地逐渐成为世界闻名的影城。好莱坞环球影城是一个再现电影场景的主题游乐园，在这里游客可以参观电影的制作过程，回顾经典影片片断。好莱坞环球影城的电车之旅惊险刺激，乘坐电车，一路上会遇到大地震、洪水、木桥坍塌、大白鲨追尾、与金刚对峙等种种意外，还会亲身体验影片《摩西过红海》、《速度与激情》中的街头赛车等情节，至于沿途经过的好莱坞电影中时常出现的世界各国布景，更令人产生熟悉之感。影城内有三个游览区，分别是电影车之旅、影城中心、娱乐中心。影城出入口旁还有一个 20 世纪 50 年代风格的购物区——宇宙城。区内名胜有“好莱坞碗”（天然圆形剧场）、“朝圣者”圆形剧场、希腊剧院、中国剧院、加利福尼亚艺术俱乐部等。许多好莱坞著名影星居住在附近的贝弗利山上。

金门大桥

金门大桥是世界上最著名的大桥之一，被誉为近代桥梁工程的一项奇迹。大桥雄峙于美国加利福尼亚州宽 1 900 多米的金门海峡之上。金门海峡为旧金山海湾入口处，两岸陡峻，航道水深。金门大桥的北端连接北加利福尼亚，南端连接旧金山半岛。大桥的巨形钢塔耸立在大桥南北两侧，其中高出水面部分为 227 米，相当于一座 70 层高的建筑物。塔的顶端用两根钢缆相连，钢缆中点下垂，几乎接近桥身，钢缆和桥身之间用一根根细钢绳连接起来。金门大桥包括从钢塔两端延伸出去的部分，全长达 2 000 米，为此，又分别在两侧修建了两座辅助钢塔，使桥形更加壮观。大桥的设计者是工程师约瑟夫•斯特劳斯，他的全身铜像安放在桥畔，铜像形象生动，神情自若。

金门大桥于 1933 年动工，1937 年 5 月竣工，用了 4 年时间和 10 多万吨钢材。整座大桥造型宏伟壮观、朴素无华。桥身呈朱红色，横卧于碧海白浪之上，华灯初放，如巨龙凌空，使旧金山市的夜空景色更见壮丽。金门大桥是旧金山的象征，它以雄伟磅礴的气势，吸引着无数的游客。然而，这座闻名遐迩的大桥又被人们赋予一个令人恐惧的名字——死亡之桥。据说自从大桥建成以来，从桥上跳海自杀者已超过千人。

科罗拉多大峡谷

科罗拉多大峡谷是一处举世闻名的自然奇观，位于美国西部亚利桑那州西北部的凯巴布高原上。大峡谷全长约 446 公里，平均宽度约 16 公里，最大深度约 1 740 米，平均谷深约 1 600 米，总面积约 2 724 平方公里。由于科罗拉多河穿流其中，故名科罗拉多大峡谷。科罗拉多大峡谷的形状极不规则，大致呈东西走向，蜿蜒曲折，像一条桀骜不驯的巨蟒，匍匐于凯巴布高原之上。科罗拉多河在谷底汹涌向前，形成“两山壁立、一水中流”的壮观，其雄伟的地貌、浩瀚的气魄、慑人的神态、奇异的景色，举世无双。1903 年美国总统西奥多·罗斯福来此游览时，曾感叹地说：“大峡谷使我充满了敬畏，它无可比拟，无法形容，在这辽阔的世界上，绝无仅有。”有人说，在太空唯一可用肉眼看到的自然景观就是科罗拉多大峡谷。

科罗拉多大峡谷谷底宽度在 200～29 000 米之间。早在 5 000 年前，就有土著美洲印第安人在这里居住。大峡谷岩石仿佛一幅地质画卷，反映了不同的地质时期，它在阳光的照耀下变幻着不同的颜色，魔幻般的色彩吸引了全世界无数游客的目光。悬空廊桥建造在大峡谷南缘老鹰崖距谷底 1 200 米的高空，呈“U”字形，最远处距岩壁 21 米。廊桥宽约 3 米，底板为透明玻璃材质，游客可以行走其上，俯瞰大峡谷和科罗拉多河景观。

拉什莫尔山

在美国南达科他州的黑山地区，有一座拉什莫尔山，高 1 800 多米，刻有华盛顿、杰弗逊、罗斯福、林肯 4 人巨大的石雕像。4 个巨像如同从山中长出来似的，山即是像，像即是山，巨像与周围的湖光山色融为一体，形成了著名的旅游胜地。

拉什莫尔山的巨像可以说是 20 世纪人类雕刻艺术的杰作，它是由美国著名艺术家夏兹昂•波格隆创作的。雕刻工程从 1927 年开始，当时，波格隆已经年过六旬，但是他把自己的全部心血和精力都倾注在这项空前的艺术巨制上，整个工程由于资金和天气等原因时断时续。当工程临近完成的时候，波格隆却与世长辞了，他的儿子继承父业，终于在 1941 年底完成了这项令世界瞩目的工程。

黄石国家公园

黄石国家公园位于美国西部北落基山和中落基山之间的熔岩高原上，绝大部分在怀俄明州的西北部，海拔 2 134～2 438 米，面积约 8 956 平方公里。在辽阔的怀俄明州自然森林区内，可以看到令人印象深刻的地热现象，同时还有 3 000 多眼间歇泉、喷气孔和温泉。黄石国家公园还以拥有灰熊、狼、野牛和麋鹿（不是我国的那种）等野生动物而闻名于世，黄石河、黄石湖纵贯其中，有峡谷、瀑布、温泉及间歇喷泉等，景色秀丽，引人入胜。其中尤以每小时喷水一次的“老实泉”最著名。园内森林茂密，还牧养了一些残存的野生动物供人欣赏，如美洲野牛等。园内设有历史古迹博物馆。

黄石国家公园是美国设立最早、规模最大的国家公园。它就像中国的长城一样，是外国游客必游之处，它以保持自然环境的本色而著称于世。根据 1872 年 3 月 1 日的美国国会法案，黄石公园“为了人民的利益被批准成为公众的公园及娱乐场所”，其目的是“使它所有的树木、矿石的沉积物、自然奇观和风景、以及其他景物都保持现有的自然状态而免于破坏”。

夏威夷群岛

夏威夷群岛位于太平洋中部，是波利尼西亚群岛中面积最大的一个二级群岛，共有大小岛屿 132 个，其中只有 8 个比较大的岛能居住。其中的瓦胡岛不是面积最大的岛，但它各方面条件好，开发得也好，所以成为这个群岛中的佼佼者。夏威夷的首府檀香山就坐落在这个岛上，岛上有港口码头和国际机场。这里居住着夏威夷群岛约 80%的人口，还有世界著名的瓦基基海滨沙滩和美国海军基地珍珠港。

夏威夷群岛是火山岛，也是太平洋上著名的火山活动区，直至现在，岛上的一些火山口还会经常喷发。夏威夷群岛中的各个岛屿都是地势起伏的纵横山地、丘陵，平原很少，这形成了夏威夷群岛美丽独特的自然景色。

虽然夏威夷群岛位于热带太平洋上，但气温并不很高，也不太潮湿，冬天平均气温 22℃，夏天平均气温 28℃。夏威夷群岛雨水充沛，许多丘陵和山地都被浓密的森林和草地覆盖着，在夏威夷群岛上，一年四季都可以看到盛开的鲜花。由于各种植物和花卉生长繁茂，夏威夷群岛的昆虫十分多，仅蝴蝶就有万种以上。

夏威夷群岛的海滨非常美丽，那里有广阔的海滨沙滩和深蓝色的海洋，是人们游泳、冲浪和进行各种水上活动的好地方。威基基海滩是世界上最著名的海滩之一，在海边的林荫道旁，生长着许多椰子树，更突显其热带海岛风情。

五大湖

在加拿大和美国交界处，有五个大湖，这就是世界闻名的五大淡水湖。它们按大小分别为苏必利尔湖、休伦湖、密歇根湖、伊利湖和安大略湖。五大湖是约 100 万年前冰川活动的产物，是世界上最大的淡水水域。五大湖流域约 76 万平方公里，南北延伸近 1 110 公里，从苏必利尔湖西端至安大略湖东端长约 1 400 公里。湖水大致从西向东流，注入大西洋。除密歇根湖和休伦湖水平面相等外，各湖水面高度依次下降。五大湖之间，通过人工运河和自然水道相互连通，组成了辽阔的水域，地理学家们称之为北美的“地中海”。五大湖除密歇根湖外，其余四个大湖都是美国与加拿大的界湖。五大湖群自然景色美丽迷人，一望无际的针叶林和阔叶林与湖边绿色柔软的草坪连成一片，犹如一道道“湖滨绿色长廊”，水天一色、波光粼粼的湖水中，淡水鱼产很多。在五大湖区的森林中，还有许多珍贵的野生动物，如北美洲长角鹿、熊、狼和狐狸等，还有美洲水貂、水猴和海狸等，偶然还可看到极为罕见的北美野牛。

加拿大国家电视塔

加拿大国家电视塔造型优美，高 553.33 米，是目前世界上最高的建筑物，位于加拿大安大略省的多伦多市，是该市的标志性建筑，由加拿大国家铁路公司建造于 1973 年。电视塔自上而下由基座、观景台、“天空之盖”和天线塔四部分组成。

基座呈三角柱体。搭乘时速 22 公里的电梯不到 1 分钟就可抵达高 346 米、约 113 层楼高的观景台，其外形酷似一只轮胎，设有旋转餐厅、室内游乐场、夜总会以及可以让人呼吸到真正新鲜空气的户外瞭望台。旋转餐厅可容纳 425 人同时就餐，每隔 65 分钟旋转一次，游人可以一边品尝美味佳肴，一边体会登高望远的滋味。从这里往下看，数十层高的大楼就象孩子们堆成的积木，行驶在大街上的汽车则像甲虫一样缓缓蠕动，宽阔的安大略湖也变成了一泓清潭。电视塔最独特之处是观景台的玻璃地面，这块呈扇形的玻璃地面让几乎每个尝试踏越这块地面的游客都是战战兢兢，如果再俯视玻璃下面如蚂蚁般微小的地面景物，更是惊心动魄。

从观景台还可以再上一层，到“天空之盖”，这里高达 443 米，也就是电视塔中白色“针”的基座，除了可以眺望多伦多全景，据说天气好的时候，甚至看得到尼亚加拉瀑布和美国纽约州的曼彻斯特。不过这里只有在风速不强的情况下才开放。“天空之盖”的顶端是电视发射天线，全高 102 米，由 42 节钢架叠置而成，据说当初安装时，是借助直升飞机完成的。从地上望去，天线塔银光闪闪，宛如一把利剑，直刺蓝天。

国会山庄

国会山庄坐落在面对渥太华河的国会山丘上，由三栋维多利亚哥特式建筑和一大片绿地广场构成。这三栋哥特式砂岩建筑外观宏伟庄严，目前是加拿大政府及参议院所在地，已有 140 多年历史，分中央区、东区和西区三部分。中央区有参议院、众议院与和平塔。和平塔是国会山庄最高的建筑物。塔内有两次世界大战中阵亡的加拿大将士名录，塔上有一个由 53 个小钟组成的琴楼。中央区后部是规模宏大的国会图书馆；东区是枢密院，总理和外交部长在此办公；西区是其他各部官员的办公大楼。

国会山庄内有纪念加拿大立国百年的水火相容池。每天下午 1 点，国会山庄和平塔上的大钟会发出悠扬乐声，大楼周遭弥漫着祥和宁静的气氛。夏天的 6 月至 9 月，每天上午 10 时，头戴黑熊皮帽、身穿红色制服的士兵会在国会大厦前举行传统的换岗仪式。

史丹利公园

闻名世界的史丹利公园离距温哥华市中心仅10多分钟车程，总面积为6 070亩，几乎占据了整个温哥华市北端。史丹利公园北临巴拉德湾，西临英国湾，是北美地区最大的市内公园。史丹利公园人工景物极少，以红杉等针叶树木为主的原始森林是公园最知名的美景。围绕着公园的海旁小径，吸引了无数骑单车、跑步、滚轴、溜冰的人。公园内有海滩、湖泊、游乐园及野餐地点。公园中耸立着原住民所制的图腾柱，手工精细，文化气息浓郁，是游客必到的拍照留念地点。在史丹利公园中，除了常可看到的可爱浣熊外，还有一座动物园和温哥华水族馆。建于1956年的温哥华水族馆是加拿大最大的水族馆，种植着大片亚马孙热带植物。

史丹利公园的环岛道路是散步的好去处，也是自行车爱好者的天堂，在两侧景色优美的道路上，还不时可见到轮滑高手的身姿。公园中的网球场和高尔夫球场是喜爱运动的温哥华市民常到的地方。除了森林美景，濒临英国湾的史丹利公园还有几个长长的海滩，让人体验海滩美景，在这里不管是欣赏海景，还是体味沙滩乐趣，都是一种享受。在史丹利公园北端，是横跨海湾的狮门大桥的一端。狮门大桥与旧金山的金门大桥齐名，桥身两侧以弧形钢索悬吊，长约1 660多米的大桥可容3条车道，是连接温哥华市与西温哥华和北温哥华的交通要道。

卡皮拉诺吊桥公园

卡皮拉诺吊桥公园是温哥华最古老的观光景点之一。这是一座钢丝木板吊桥，全长137米。早在100多年前，吊桥便以2条粗麻绳及香板木悬挂在高70米的卡皮拉诺河河谷上。桥上满是往返行走的游客，蹒跚的步伐外加一些调皮的晃动，让吊桥来回悠荡，惊得桥上的游人驻足惊呼。不过走到吊桥对面，会见到另一番景象——空气新鲜，巨大的树木高耸参天。吊桥公园中，有印第安人所雕刻且置放于此的图腾柱，色彩鲜艳、引人注目，造型、色彩都保持得很好。公园里除了最著名的卡皮拉诺吊桥之外，还有一种别出心裁的吊在参天大树上的吊桥，供游客攀登游走。而另一个有趣的游戏，是在不同的地方“藏匿”了几个通行印章，如果按照地图所示一一找到并盖上，就可以到游客中心换取一张“I made it”的证书。

UBC 裸体泳滩

加拿大 UBC 裸体游泳滩是世界六大著名裸泳海滩之一。“生而自由”是海滩天体爱好者的宣言。在各地的海滩上，“裸”还是“不裸”这是一个问题。欧洲以希腊为代表，对人体向来充满崇敬，蓝色的爱琴海边星星点点地散落着无数的天体浴场。其他欧洲国家公开裸露的限制也很宽松，荷兰、法国、西班牙这样的国家更不用说了，就连人们印象里一贯严谨保守的英国也有官方认可的天体海滩。真正的天体海滩，虽然没有明确规定穿衣服者禁止入内，但是到这里的游客走上两圈也都会把自己脱个精光，因为在这儿，穿衣服的比不穿的还尴尬。

落基山国家公园群

落基山脉的国家公园群位于加拿大西南部的艾伯塔省和不列颠哥伦比亚省，包括贾斯帕、班芙、约霍、库特奈等国家公园以及汉帕、罗布森、阿西尼伯因等省立公园，是落基山脉中最美丽的地区。

贾斯帕国家公园是公园群中最大的国家公园，发源于哥伦比亚冰原的阿萨巴斯卡河流经这里，河水流入风光旖旎的大奴湖、马里奴湖。贾斯帕公园内还有水温为 54℃的斯曾林格斯硫磺温泉。它的西部是罗布森山省立公园，公园内的罗布森山海拔 3 954 米，是落基山脉最高峰。罗布林高原上有穆斯湖，因为湖畔常有赫拉鹿出现，所以又叫“赫拉鹿湖”。

班芙国家公园设立于 1887 年，是加拿大最早的国家公园之一，也是著名的避暑胜地，鲍河是公园内的主要河流。班芙国家公园最著名的景区是路易斯湖，湖长约 2 千米，最大宽度 600 米，湖面上倒映出冰块状的维多利亚山的雄姿。

约霍国家公园位于不列颠哥伦比亚省，中心是约霍溪谷，溪谷位于冰雪覆盖的群山之间，海拔 3 000 米。“约霍”在当地土著语言中就是“壮观”的意思。约霍河上的塔卡考瀑布落差达 348 米。

卡博特之路

卡博特之路是加拿大著名的旅游路线，位于新斯科舍省。该路长约 294 公里，途中可欣赏风格各异的法裔居民村、苏格兰人村和渔村，了解当地民俗风情。卡博特之路的中心点是布雷顿角岛国家公园。该公园有着崎岖的岬地、浓密的森林、绵长的海岸、高耸的岩石、嶙峋的峭壁、浓密的森林、广阔的苔原及沼泽。在这绝美的景致当中，种类繁多的飞禽走兽在此悠闲地生活栖息。公园内有富于变化的海岸线和独特的高原美景，野生动物极多，还有设施良好的高尔夫球场。此外，该公园还为喜欢户外运动的游客修建了25条徒步旅行的专用步道，其中有适合举家同行的20分钟漫步步道，还有为喜爱挑战的观光者们准备的全景攀爬路线。在公园内一望无际、设施齐全的高尔夫球场，游客可以尽情地一试身手。据悉，该球场已经被认定为加拿大风景最好且最具价值的球场。

尼亚加拉瀑布

尼亚加拉瀑布位于加拿大和美国交界的尼亚加拉河中段，号称“世界七大奇景”之一，与南美的伊瓜苏瀑布及非洲的维多利亚瀑布合称“世界三大瀑布”。从伊利湖滚滚而来的尼亚加拉河水流经此地，突然垂直跌落51米，巨大的水流以银河倾倒之势冲下断崖，声及数里之外，场面震人心魄，形成了气势磅礴的大瀑布。过去数十年，尼亚加拉瀑布一直吸引人们到此度蜜月、走钢索横越瀑布或者坐木桶漂游瀑布。置身加拿大的维多利亚女王公园、美利坚瀑布边上的展望点及展望点之下300米处横跨峡谷的虹桥之上，人们可以饱览引人入胜的瀑布景观。游客可经人行陆桥由美国一侧通往高特岛，再乘坐电梯至瀑布底部，参观水帘后方的风穴。

第12章 拉丁美洲

第1节　拉丁美洲主要旅游国家

墨西哥

墨西哥北部与美国接壤，东南与危地马拉、伯利兹相邻，西部是太平洋，东部有墨西哥湾与加勒比海的阻隔，首都墨西哥城，面积约196.7万平方公里，人口约9 480万人。墨西哥是拉丁美洲文明古国，玛雅文化、托尔特克文化和阿兹台克文化均为墨西哥印第安人所创造。1519年西班牙殖民者入侵墨西哥，1810年9月16日伊达尔戈神父发动起义，开始独立战争，1821年墨西哥宣告独立，1824年10月正式成立联邦共和国，1910年爆发资产阶级民主革命，1917年颁布资产阶级民主宪法，宣布国名为“墨西哥合众国”。革命制度党从1929年起连续执政71年。2000年7月，国家行动党赢得大选，同年12月上台执政。

全国5/6左右的国土为高原和山地，墨西哥高原居中，两侧为东西马德雷山，以南是新火山山脉和南马德雷山脉，东南为地势平坦的尤卡坦半岛，沿海多狭长平原。全国最高峰奥里萨巴火山海拔5 700米，主要河流有布拉沃河、巴尔萨斯河和亚基墨西哥河。湖泊多分布在中部高原的山间盆地中，最大的是查帕拉湖，面积约1 109平方公里。墨西哥气候复杂多样，沿海和东南部平原属热带气候，年平均气温 25～27.7℃；墨西哥高原终年气候温和，山间盆地年平均气温24℃，地势较高地区年平均气温17℃左右；西北内陆为大陆性气候。大部分地区全年分旱、雨两季，雨季集中了全年75%的降水量。年平均降水量西北部不足250毫米，内地为750～1 000毫米，墨西哥湾沿岸中部与太平洋沿岸南部为1 000～2 000毫米。因墨西哥境内多为高原地形，冬无严寒，夏无酷暑，四季万木常青，故享有“高原明珠”的美称。

古巴

古巴共和国位于加勒比海西北部墨西哥湾入口，北离美国佛罗里达半岛最南端约217公里，东与海地和多米尼加隔海相望，南距牙买加约140公里，西离墨西哥尤卡坦半岛约210公里。由古巴岛、青年岛等1 600多个岛屿组成，是西印度群岛中最大的岛国。古巴是南北美洲的要冲。除墨西哥外，古巴共和国是离美国最近的一个拉丁美洲国家。

自古巴向东，越过约77公里宽的向风海峡，与海地和多米尼加共和国相望，南面与位于中美地块的危地马拉、洪都拉斯、尼加拉瓜、哥斯达黎加和巴拿马隔海相望，海岸线长约5 746公里。古巴国土总面积约为110 860万平方公里，是加勒比海地区中最大的岛国。古巴共和国地处北半球热带，紧靠北回归线。

全境大部分地区属热带雨林气候，仅西南部沿岸背风坡为热带草原气候，年平均气温25℃，1月最冷，平均气温21℃，5—10月为雨季，11—4月为旱季，除少数地区外，年降水量在1 000毫米以上。古巴约有1 123万人口，官方语言为西班牙语，主要信奉天主教、非洲教、新教和古巴教。全国划分为14个省、1个特区，省下设169个市。古巴的首都是哈瓦那，人口约220万。

古巴实行免费义务教育，共分三级：第一级为学龄前教育；第二级包括小学、初中和大学预科；第三级为高等教育，即大学。

巴西

巴西联邦共和国是拉丁美洲最大的国家，位于中南美洲与大西洋之间，人口约 1.816 亿，面积约 851.42 万平方公里，均为世界第五位，也是拉丁美洲面积最大的国家，仅次于俄罗斯、加拿大、中国与美国。巴西与乌拉圭、阿根廷、巴拉圭、玻利维亚、秘鲁、哥伦比亚、委内瑞拉、圭亚那、苏里南、法属圭亚那接壤，东濒大西洋，海岸线长 7 400 多公里。

巴西约 80%的国土位于热带地区，最南端属亚热带气候。北部亚马孙平原属赤道气候，年平均气温 27～29℃；中部高原属热带草原气候，分旱、雨季；南部地区平均气温 16～19℃。巴西拥有辽阔的农田和广袤的雨林，国名源于巴西红木。得益于丰厚的自然资源和充足的劳动力，巴西的国内生产总值位居南美洲第一，世界第十，为南美洲国家联盟的成员国。由于历史上曾为葡萄牙的殖民地，巴西的官方语言为葡萄牙语。

巴西以咖啡质优、味浓而驰名全球，是世界上最大的咖啡生产国和出口国。咖啡原产于非洲的埃塞俄比亚，1727 年引入巴西。巴西位于南美洲东南，地处热带和亚热带，独特的地理和气候条件很适合种植咖啡，加之劳动力廉价，咖啡种植业迅速兴起。19 世纪，巴西的咖啡种植几乎遍及全国，随后又形成持续近一个世纪之久的“咖啡繁荣期”。咖啡的大面积种植，给巴西带来了财富和繁荣。20 世纪初，巴西的咖啡产量占世界总产量的 75%以上，从而赢得了“咖啡王国”的美称。

咖啡是巴西国民经济的重要支柱之一。全国有大大小小的咖啡种植园 50 万个，种植面积约 220 万公顷，相关从业人口达 600 多万，年产咖啡 200 万吨左右，年出口创汇近 20 亿美元。巴西人酷爱咖啡，20 世纪 60 年代，巴西人均年咖啡消费量达 5.8 公斤。在巴西，无论在城市还是乡村，各式各样的咖啡屋随处可见，人们几乎随时随地都可以喝到浓郁芳香的热咖啡。

巴西还是一个世界足球大国。足球运动不仅是巴西民众的共同爱好，也是整个民族的骄傲。巴西职业球队之多，可谓世界之冠，正式登记注册的足球俱乐部已有 2 万个以上，从事足球运动的人数逾百万。除球王贝利外，巴西还拥有济科、苏格拉底、卡雷卡、罗纳尔多、里瓦尔多、罗马里奥等一大批世界级足球巨星。

阿根廷

阿根廷位于南美洲南部，首都为布宜诺斯艾利斯，人口 3 780 多万，面积约 2 780 400 平方公里，海岸线长 4 000 余公里，是拉丁美洲第二大国，仅次于巴西。阿根廷东濒大西洋，南与南极洲隔海相望，西同智利接壤，北接玻利维亚、巴拉圭，东北部与巴西和乌拉圭为邻。全国地势由西向东逐渐低平，西部是以绵延起伏、巍峨壮丽的安第斯山为主体的山地，纵贯南北 3 000 余公里，约占全国面积的 30%；东部和中部的潘帕斯草原是著名的农牧区；北部主要是格兰查科平原，多沼泽、森林；南部是巴塔哥尼亚高原。阿根廷主要的山脉有奥霍斯·德萨拉多山、梅希卡纳山，海拔 6 964 米的阿空加瓜山为南美洲万峰之冠。巴拉那河全长约 4 700 公里，为南美第二大河。境内主要湖泊有奇基塔湖、阿根廷湖和别德马湖。

阿根廷北部属热带气候，中部属亚热带气候，南部为温带气候，大部分地区年平均温度 16～23℃。东北部降水丰沛，年降水量在 1 000 毫米左右，西北部和南部则为 250 毫米，夏季雨水较多。巴拉那—拉普拉塔河全长 5 580 公里，为南美第二大水系，主要支流有巴拉圭河、乌拉圭河等国际界河，南部安第斯山区多冰蚀湖，水力资源比较丰富。著名的乌马瓦卡峡谷，曾是古老的印加文化传到阿根廷的通道，被称为“印加之路”。阿根廷矿产资源丰富，主要有石油、天然气、煤炭、铁等。阿根廷森林面积约占全国面积 22%，沿海渔业资源丰富，是世界著名的农牧产品出口国。

1527 年，西班牙探险家塞瓦斯蒂安·卡沃托率领一支远征队到达南美大陆后，从一个宽阔的河口溯流而上，深入到内地。探险家们发现当地印第安人佩戴着很多银制的饰物，以为当地盛产白银，便将这条河命名为“拉普拉塔河”，把这一地区称为“拉普拉塔区”。西班牙殖民统治者后来又将拉普拉塔区改为省。1816 年 7 月 9 日，拉普拉塔省宣布独立，并将国名正式定为“阿根廷”。“阿根廷”一词源于拉丁文，不仅是指具体意义上的白银，同时寓意“货币”、“财富”。这块广袤的土地上虽不产白银，但有着肥沃的土壤、丰茂的草原、良好的气候，这使阿根廷成了“世界的粮仓和肉库”，富饶而繁荣。因此，把这个国家称为“阿根廷”，真是再恰如其分不过了。

玻利维亚

玻利维亚共和国简称“玻利维亚”，是南美洲的一个内陆国家，面积约 109.8 万平方公里，其西部是高原，海拔平均在 3 700 米以上，面且海拔 6 000 米以上的山峰很多，因此有“南美洲屋脊”之称。玻利维亚约有 600 万人口，94%以上居民信奉天主教，首都为拉巴斯。

玻利维亚拥有悠久的历史。1583 年，玻利维亚沦为西班牙牙殖民地，隶属秘鲁总督管辖，称为“上秘鲁”。1825 年 8 月 6 日，玻利维亚独立，建立共和国。现政府实行总统制。依据 1967 年公布的宪法，总统民选，任期 4 年。国会分参众两院。1958 年 7 月 9 日，玻利维亚与我国建交。玻利维亚是矿物原料出口国，矿业是国家的主要经济命脉，全国矿工近 8 万人，锡矿储量达 52 余万吨。

秘鲁

秘鲁位于南美洲西部，面积约 1 285 216 平方公里，人口约 2 822.07 万，西班牙语为官方语言。秘鲁北部与厄瓜多尔和哥伦比亚接壤，东与巴西毗连，南与智利交界，东南与玻利维亚毗连，西濒太平洋，海岸线长约 2 254 公里。安第斯山纵贯秘鲁南北，山约地占全国面积的 1/3。

全境从西向东分为三个区域：西部沿海区是狭长的干旱地带，为热带沙漠区，气候干燥而温和，有断续分布的平原，灌溉农业发达，城市人口集中；中部山地高原区主要为安第斯山中段，平均海拔约 4 300 米，是亚马孙河发源地，气温变化较大，年降水量 200～1 000 毫米；东部为亚马孙热带雨林区，属亚马孙河上游流域，为山麓地带与冲积平原，终年高温多雨，森林遍布，地广人稀，是近年新开发的石油产区。科罗普纳峰和萨尔坎大山海拔都在 6 000 米以上，瓦斯卡兰山海拔 6 768 米，为秘鲁最高点。秘鲁主要河流为乌卡亚利河和普图马约河。秘鲁西部属热带沙漠、草原气候，干燥而温和，年平均气温 12～32℃；中部气温变化大，年平均气温 1～14℃；东部属热带雨林气候，年平均气温 24～35℃。中部的南段多火山，地震频繁，东南与玻利维亚交界处有南美洲最大的的的喀喀湖。中部的北段海岸和近海蕴藏有丰富的石油资源。岸外海域富鳀鱼（秘鲁沙丁鱼）等渔业资源，沿海岛屿积有大量鸟粪层。首都平均气温 15～25℃。年平均降水量各地差距较大，西部不足 50 毫米，中部不足 250 毫米，东部在 2 000 毫米以上。森林面积约占领土面积的 51%。

厄瓜多尔

厄瓜多尔共和国位于南美洲西北部，东北同哥伦比亚毗邻，东南与秘鲁接壤，西临太平洋，面积约 256 370 平方千米，人口约 1 376 万，海岸线长约 930 千米。赤道横贯国境北部，厄瓜多尔就是西班牙语“赤道”的意思。安第斯山脉纵贯国境中部，全国分为西部沿海、中部山地和东部地区三个部分。

西部沿海包括沿海平原和山麓地带，东高西低，一般均在海拔 200 米以下，也有一些海拔 600～700 米的丘陵和低山。属热带雨林气候，最南端开始向热带草原气候过渡。年平均降水量从北往南由 3 000 多毫米递减到 500 毫米左右。

中部山地分为东、西科迪勒拉山脉，两山之间为北高南低的高原，平均海拔为 2 500～3 000 米。山脊纵横交错，把高原分成 10 多个山间盆地。最重要的是基多盆地和南部的昆卡盆地。境内火山众多，地震频繁。著名的科托帕希火山海拔 5 897 米，为世界最高的活火山之一。位于厄瓜多尔中部的钦博拉索山海拔 6 272 米，为厄瓜多尔最高峰。钦博拉索峰位于安第斯山脉西科迪勒拉山，曾长期被误认为是安第斯山脉的最高峰。它是一座休眠火山，有许多火山口，山顶多冰川，海拔 4 694 米以上的地方终年积雪。厄瓜多尔中部的高原地区，主要以农牧业为主，主要有羊、奶牛、谷物、马铃薯、水果和纤维植物等。本区山间盆地属热带草原气候，山地属亚热带森林气候，海拔 4 000 米以上的地方常年积雪，年平均降水量在 1 000 毫米左右，12 月至次年 6 月为雨季，7 至 11 月为旱季。

东部地区为亚马孙河流域的一部分，山麓地带河水湍急，250 米以下为冲积平原，河面开阔，水流平缓，属热带雨林气候，全年湿热多雨，年平均降水量在 2 000～3 000 毫米之间。

哥伦比亚

哥伦比亚共和国位于南美洲西北部，西濒太平洋，北临加勒比海，东与委内瑞拉接壤，东南同巴西相邻，南与秘鲁、厄瓜多尔相连，西北与巴拿马为邻，面积约 114.2 万平方公里，人口约 4 453 万，人口年增长率为 1.79%。哥伦比亚的官方语言为西班牙语，国民多信天主教，首都是圣菲波哥大。西部除沿海平原外，为西、中、东三条平行的科迪勒拉山脉构成的高原，山间有宽阔的盆地，南部有一系列火山锥，西北部为马格达莱纳河下游冲积平原，水道密集，湖沼广布。

哥伦比亚以开采黄金历史悠久、黄金制品精美而驰名世界，所以素有“黄金之国”的美称。哥伦比亚首都圣菲波哥大有别具一格的黄金博物馆，在安第斯山中还有一个充满神秘色彩的湖泊——黄金湖，就连圣菲波哥大的最大机场也叫“黄金机场”。

委内瑞拉

委内瑞拉全称“委内瑞拉玻利瓦尔共和国”，是一个位于南美洲北部的国家，为南美洲国家联盟的成员国，首都为加拉加斯。委内瑞拉北临加勒比海，西与哥伦比亚相邻，南与巴西交界，东与圭亚那接壤，面积约 912 050 平方千米，海岸线长约 2 813 千米，原为印第安人居住地。1498 年哥伦布航海曾路过此地，1523 年西班牙人在此建立了第一个殖民地，1811 年 7 月 5 日，委内瑞拉宣告独立，1830 年建立共和国。

委内瑞拉奉行独立自主和民族主义的外交政策，强调维护主权和领土完整，反对外来干涉，主张国与国之间和平共处，同时它积极发展同拉美、加勒比地区各国的关系，主张加快拉美全国一全化进程；注重加强同欧盟的政经关系，增进与发展中国家的联系，实现外交多元化。1974 年 6 月 28 日，委内瑞拉同我国建交。

全境从北向南分成三大地形区：西北和北部为安第斯山脉和马拉开波低地，中部是奥里诺科冲积平原，南部为圭亚那高原。全境处于热带，除山地外大部分地区属热带草原气候，年平均气温 24～27℃，年降水量约 1 400 毫米，有明显的旱季和雨季。北部沿海年降水量不足 800 毫米，为干旱、半干旱气候；圭亚那高原南部、马拉开波低地和阿马库罗三角洲年降水量在 2 000 毫米以上，为热带雨林气候。委内瑞拉石油和天然气的储量居南美洲首位，铁矿蕴藏量 20 多亿吨，还有金刚石、金、铜、铝土、煤等矿藏。森林约占国土面积的 52%，水力资源丰富，内河和沿海富水产。境内拥有世界上落差最大的安赫尔瀑布，是著名的游览胜地。马拉开波湖是拉美最大的湖泊，位于委内瑞拉西北部，面积约 1.43 万平方公里，与委内瑞拉海湾相连。湖区周围的沼泽地为世界著名的石油产区。

第 2 节　拉丁美洲重要旅游城市

墨西哥城

墨西哥城是墨西哥合众国的首都，位于墨西哥中南部高原的山谷中，海拔约 2 240 米。墨西哥城面积约 1 500 平方公里，人口 1 800 多万，是世界第二大城市。它集中了全国约 1/2 的工业、商业、服务业和银行金融机构，是全国的政治、经济、文化和交通中心。通常当人们提到“墨西哥城”时，可能意指三个不同的行政区域范围：由 16 个区组成的墨西哥城市区地带是最狭义的墨西哥城；加上周边卫星城市组成的大墨西哥城地区，则是一般提到“墨西哥城”时真正意指的范围，此区域内居住着 1 800 万以上的人口，使得墨西哥城成为世界上仅次于东京的人口最多的都会区；至于最广义的“墨西哥城”则是指整个墨西哥联邦特区。

今日的墨西哥城是 16 世纪时西班牙征服者在

打败中美洲的印第安文明——阿兹特克帝国之后，将该帝国的首都特诺奇提特兰夷平，再在废墟上重新建立起的城市，也是西班牙人在新大陆上建立的国家——新西班牙的首都。特诺奇提特兰原本是一个以特斯可可湖中小岛为中心逐渐填湖建造起来的水上城市，西班牙人在征服此地后变本加厉将湖面大部分的区域都填平，因此今日的墨西哥城绝大部分的市区都是建立在不稳定的回填土之上，对于地震之类的天灾特别没有抵抗能力。

墨西哥城的古老可以追溯到印第安人时期，它的前身是 1325 年建立的特诺奇提特兰城，在它的创建者阿兹特克人的语言中，“墨西哥”是由“墨西特里”演变而来的，意为“太阳和月亮之子”。阿兹特克人在这里创造了辉煌的文明。他们填湖建城，修筑水道，建起了一座座宏伟壮丽的庙宇、宫殿，整个城市相当繁华。1521 年西班牙入侵后，又修建了许多欧式宫殿、教堂、修道院等建筑物，并定名为“墨西哥城”，并以“宫殿之城”而誉满欧洲。如今的墨西哥，既保留了浓郁的民族文化色彩，又是一座绚丽多姿的现代化城市。

墨西哥城是世界著名的旅游城市，南北略长，东西略窄，东北是古文化区，西南是现代化的新兴工业区。宪法广场是墨西哥城的中心，广场的正中央有根粗大的旗杆，每天的升降旗仪式吸引着众多海内外游客。广场周围有国家宫、市政大厦、博物馆和大教堂。各式各样的建筑融古涵今、景色独特。阿兹特克人的大祭坛、殖民时期的大教堂以及以外交部为主体的乳白色现代化大厦，集中展现了该城 600 多年来的沧桑巨变。

改革大街与起义者大街是城内的两条主干道，东西、南北贯穿全城。美丽宽敞的街道旁，环境幽美，银行、酒店、餐厅、剧院、夜总会等鳞次栉比，一幢幢风格各异、精致豪华的别墅掩映在绿树浓荫中。城市之中有众多的广场、纪念碑、雕像、纪念馆和文化娱乐场所，可以让众多的旅游者全方位、多视角地了解和认识墨西哥的历史文化。著名的墨西哥国立人类学博物馆，通过 27 000 多件古代文物全面展示了拉美古代文化的起源和发展；独立纪念塔反映了墨西哥人民争取独立自主的斗争历史。

墨西哥城群山环绕，气候温和，四季如春，大大小小的花园镶嵌在全城的各处，景色秀丽。城市东北郊的有举世闻名的玛雅文明古迹、太阳金字塔和月亮金字塔，每天吸引着成千上万的游客。

阿卡普尔科

位于墨西哥南部格雷罗州、太平洋沿岸的阿卡普尔科湾畔沿岸港口，是格雷罗州最大的城市，人口约 36 万。海湾呈半圆形，长约 6 公里，宽约 3 公里，最大水深约为 100 米，是墨西哥太平洋岸最佳天然良港。城市沿湾而筑，旅馆林立，海滩细沙呈金黄色，风景优美，冬春气候温和宜人，为世界著名的旅游胜地，每年游客多达 50 万人以上。阿卡普尔科冬春温暖舒适，夏秋炎热多雨。

阿卡普尔科始建于 1550 年，1599 年建市。1565—1815 年，这里是西班牙殖民者与菲律宾进行贸易的主要港口。西班牙殖民统治崩溃后，贸易逐渐衰弱。直到 20 世纪 30 年代末，贸易又逐渐兴起，后为巴拿马与旧金山之间航船停靠点和墨西哥物产主要出口港，为太平洋沿岸乃至世界最优良海港之一。全市 90%以上的居民从事旅游业。1955 年，阿卡普尔科建立暑期学校，向外国游客讲授墨西哥艺术和考古知识。阿卡普尔科是格雷罗州盛产的椰干、咖啡、芝麻、甘蔗、棉花、热带水果、毛皮、木材等农牧产品的集散区，工业以农产品和鱼类产品加工为主，市内不通铁路，但公路、航空运输非常便利。

坎昆

坎昆是墨西哥著名国际旅游城市，位于尤卡坦半岛东北角、加勒比海畔，从高空俯瞰，它宛如万顷碧波中游动着的一条水蛇，人口超过10万。坎昆阳光明媚，海水清澈，沙子白色细软，年平均气温27.5℃，每年仅有雨、旱两季，全年晴天240余天，阴雨天不足50天。坎昆在20世纪60年代时是仅有几十户人家的渔村，由于自然环境优美，经过10年建设逐渐崛起。1981年世界南北会议在此召开。旅馆区建于长17公里的狭长岛上，林荫道与大陆相连，周围有妇女岛、孔索梅岛及玛雅城堡等旅游点，市区和市郊居民均为当地旅游业服务。

1981年10月22日，这座美丽迷人的小岛更加受到世人的瞩目，因为在这里召开了第一次包括中国在内的由14个发展中国家和8个发达国家的元首或政府首脑参加的“关于合作与发展的国际会议”——坎昆会议。在坎昆会议上，发展中国家首脑和发达国家首脑坐在同一张谈判桌前，正式地专门讨论南北关系问题，这在历史上还是第一次。

莫雷利亚

莫雷利亚是墨西哥中西部城市，米却肯州的首府，位于中央高原南缘莫雷利亚谷地内，海拔约1 889米，人口约25.3万，原名“巴亚多利德”，1580年后成为墨西哥的文化艺术中心，1828年改为现名，是周围灌溉区农产品的集散地和加工中心，有化学、纺织、食品等工业，是重要的交通枢纽，有输油管通往萨拉曼卡。

莫雷利亚始建于西班牙殖民统治时代，坐落在墨西哥中部阿纳瓦克高原南端，是连接首都墨西哥城和墨西哥第二大城市瓜达拉哈拉的中间站。城市的中央广场周围，排列着许多用泛红的粗岩为建材的红色建筑物。

莫雷利亚是墨西哥境内西班牙殖民城市中最古老的一个，城中保留了许多壮观的巴洛克风格和文艺复兴风格的建筑。圣弗朗西斯大教堂建于 1546 年，教堂内部采用当时流行的一种纤细而又复杂的装饰技法。圣尼古拉斯神学院建于 1580 年，被认为是美洲最古老的学校之一。另外，城中还保留着美洲最早的音乐学校—— 拉斯 • 洛萨斯音乐学校。城中最重要的纪念性建筑是巴洛克式大教堂。据说，建造这座大教堂用了 100 多年的时间。大教堂的外形非常壮观，内部装饰是新古典样式。大教堂内最引人注目的是纯银的洗礼盘和 1903 年德国制造的风琴，而用甘蔗粉制作的基督像更是举世闻名。这座基督像头上的皇冠用纯金做成，是当年西班牙国王菲利浦二世赠送的。1991 年，莫雷利亚被联合国教科文组织列入《世界遗产名录》。

哈瓦那

哈瓦那是古巴的首都和全国经济、文化中心，也是西印度群岛中最大的城市和著名良港，位于古巴岛西北哈瓦那湾阿尔门达雷斯河畔，扼守着墨西哥湾通往大西洋的大门，具有重要的战略地位。哈瓦那由瓜纳瓦科阿、马里亚瑙、雷格拉、圣玛丽亚—德尔罗萨里奥等卫星城组成，面积约 721 平方公里，人口约 214 万，约占全国总人口的 19.1%，曾为西班牙在美洲的主要堡垒和西半球最大的港口，现是西印度群岛的最大城市。哈瓦那始建于 1515 年，1607 年起为首都。港湾狭长，近岸水深约 12 米，可容纳远洋巨轮，湾底建有地道，沟通两岸交通，全国一半以上的进出口货物须经此处，输出大宗以糖、雪茄烟、热带水果等商品。哈瓦那是全国工业中心，有制糖、酿酒、烟草、化学、纺织、造船、造纸、制革、冶金、石油提炼等工业。哈瓦那有古老的教堂、哈瓦那大学、城堡、广场、博物馆、纪念碑等建筑物，公园、图书馆众多，为著名的旅游胜地。哈瓦那虽地处热带，但气候温和，四季宜人，有“加勒比海的明珠”之称。

哈瓦那建有古巴最大的国际机场—— 何塞 • 马蒂机场和最重要的海港。古巴革命胜利后，该市建设了不少现代化科技机构，如遗传工程和生物技术中心等。美丽的哈瓦那名不虚传，其迷人的热带风光以及旧城古老文化于新区的现代化建筑浑然一体的独特风格使人赏心悦目。1982 年，哈瓦那旧城区被联合国教科文组织列为“世界上 121 个人类文化财富”之一。在西班牙殖民时期修建的卡瓦尼亚城堡仍保持着每晚 9 时鸣炮的传统。游客在享有“星座下的天堂”之称的特洛皮卡纳露天剧场时，可以欣赏有 50 年历史的独具古巴特色的热带土风舞。

市区中心何塞 • 马蒂革命广场旁立着民族英雄何塞 • 马蒂的纪念碑和巨大铜像。在 9 号街的广场上，有一高达 18 米的赤色圆柱形大理石纪念碑，这是 1931 年古巴人民为了表彰华侨在古巴独立战争中的功勋而建造的。在黑色底座上刻着“在古巴的中国人没有一个是逃兵，没有一个是叛徒”的碑文。

在哈瓦那市区，有一座名叫拉富埃尔萨的城堡。古堡建于 1538 年，是古巴最古老的城堡。这座古堡呈四方形，四周围墙高达 20 多米，堡上筑有一座塔楼。在哈瓦那港湾入口处的峭壁上，高耸着一座巍峨雄伟的古堡，这就是哈瓦那的著名古迹莫罗城堡。

圣塔玛丽亚海滩是哈瓦那著名的海滩之一，这里山环水抱，风景优美，是美好的避暑胜地。哈瓦那是著名良港，海湾狭长，湾底建有地道沟通两岸。海湾进口处左岸是建于 1632 年的莫罗城堡，陡峰峭壁，地势险要，最初是为防御海盗而修建的。1762 年英国殖民者攻打哈瓦那时，在莫罗城堡前遭到古巴农民自卫队的英勇反抗。19 世纪中叶起，莫罗城堡成为西班牙殖民当局的监狱。1978 年古巴政府在此建设旅游点，接待各地游客。海湾对面俯瞰全城的卡瓦尼亚高地圣卡洛斯城堡上，从 17 世纪末哈瓦那修筑起城墙和城门后，每晚 9 点钟都要准时举行鸣炮仪式，宣布关闭城门和港口。鸣炮的传统至今仍保留着，并已成为重要的旅游项目。从 20 世纪起，哈瓦那发展迅速，现代建筑拔地而起。在这里有华盛顿美国国会大厦的复制品，有使人想起曼哈顿的建筑，也有直接从芝加哥照搬的电影院，巴卡迪大厦是装饰派艺术的典型例子。

圣地亚哥

圣地亚哥位于古巴岛东部，是全国第二大城市和第二大海港，约有 100 万人口，面积约 6 170 平方公里，80%以上是森林和农业区，山区面积约占 63%。圣地亚哥是一座山城，景色秀丽，城里倾斜的街道是圣地亚哥的特色。圣地亚哥建于 1514 年间，是古巴第一个首都，1522 年才授予城市称号。在 16—17 世纪，圣地亚哥是加勒比海盗频频袭击的目标，故此于 1640 年建起了莫罗城堡和沿海其他一些防御工事。圣地亚哥也是古巴的英雄城，拥有安东尼奥·马赛奥国际机场。

巴西利亚

巴西首都巴西利亚是一座现代化新兴城市，位于马拉尼翁河和维尔德河汇合而成的三角地带上，海拔约 1 100 米，东南距里约热内卢约 900 千米，南距圣保罗约 865 千米。巴西利亚地处高原，气候温和宜人，年平均气温 17.7℃，年均降水量 1 600 毫米，雨季集中于 10 月至次年 4 月。这里风光秀丽，气候宜人，树木常年葱绿，鲜花久开不败。巴西过去曾在萨尔瓦多城和里约热内卢建都，两地都是海滨城市。1822 年独立之后，巴西政府出于政治、经济和战略安全的考虑，曾决定在内地创建新都。134 年后的 1956 年，总统库比契克确认巴西利亚为国家中心并作为首都，作出迁都巴西利亚的决定以加快内地开发，从 26 个设计方案中选定了卢西奥·科斯塔教授的飞机型平面布局为蓝图。1956 年 11 月动工兴建，由建筑师奥斯卡·尼米叶尔设计建造，终于在短短的三年半时间里就建设起一个崭新的首都。1960 年 4 月 21 日巴西正式迁都巴西利亚，起初人口不足 20 万，随后大量外州移民涌入，人口急剧增加，成为全国最大的城市之一。在开城仪式上，库比契克总统激动地落下了眼泪。为了纪念这位巴西利亚的开拓者，1981 年在巴西利亚市中心的高坡上建造了这位总统的纪念馆，馆内收藏着这位总统生前用过的物品，陈列着许多巨幅照片，向人们展现了当时建设巴西利亚时的动人情景。市区的中轴大道也被命名为“库比契克总统大道”。为纪念成千上万为巴西利亚建设付出辛勤汗水的劳动者，巴西利亚市政府在三权广场上竖立了一对手执钢钎的铜人塑像，他们默默无语地守卫在那里，注视着这座城市的变化和发展。

该城坐落于人工湖帕拉诺阿湖半岛上，形如一架朝向东方的飞机。“机头”为突出于半岛尖端的三权广场，周围建有总统府、最高法院和议会大厦。“机身”为一条长 8 000 米、宽 250 米的东西向大道。“前舱”是政府各部大厦、广场和大教堂；“后舱”是文教区、体育城、电视塔等。“机尾”是火车站和向南北伸去的铁路，是工业区和印刷出版区，再向后是小型工厂。“机翼”为住宅区，设有托儿所、学校、运动场、影剧院、医院、商场、餐馆等。“机翼”和“机身”的连接处为中央商业区，设有超级商场、银行、邮电大厦、国家剧院、酒店等商业服务设施。生活区之间隔着绿地或者花圃和丛林，四季常青，使人感到虽身处高楼群内，却不乏大自然的情趣。人工湖面积约 44 平方千米，蓄水约 5 亿立方米，分南湖和北湖，附近有动物园和植物园。湖滨为使馆区和私人住宅区，湖中岛上是被称做“水晶宫”的外交部。全城绿地面积约占市区面积的 60%。巴西利亚市区有现代化的高层建筑、传统的西班牙式古城堡和欧洲巴洛克式建筑，素有“世界建筑博览会”之称。

里约热内卢

里约热内卢是巴西第二大城市和巴西最大的海港，位于巴西的东南部，南临大西洋，在向北伸入的瓜纳巴拉湾西岸，有长达 14 公里的跨湾公路大桥与东岸的尼泰罗伊市相连。里约热内卢面积约 1 255.3 平方公里，平均海拔 2.3 米，南北长约 35 公里，东西长约 70 公里，绿地面积约 325.6 平方公里，人口约 900 万，年平均气温 17～36℃。这里是全国的金融中心，许多大企业、银行和垄断组织在此设有经理处。

市内设有 60 多家各种类型的博物馆、70 多家图书馆、85 座大小剧场和 82 家俱乐部，还有许多高等院校、科研机构等。里约热内卢海、陆、空交通发达，港湾腹宽口窄，可泊巨轮，年吞吐量 3 500 万吨以上。里约热内卢是世界著名的旅游中心，坐落在美丽的瓜纳巴拉海湾，依山傍水，风景优美，是世界著名的旅游观光胜地，主要名胜有耶稣山、面包山、尼特罗伊大桥、马拉卡纳体育场、巴西最大的公园、植物园等。其海滩举世闻名，其数目和延伸长度为世界之最，全市共有海滩 72 个，其中两个最有名的海滩是科帕卡巴纳海滩和依巴内玛海滩。最佳旅游时间是每年的 6 月和 7 月。

世界上许多信奉基督教的国家都有狂欢节，但论规模之大、参加者之众、内容之丰富、气氛之热烈，当首推巴西，而在巴西各大城市中，又数里约热内卢为最，因此里约热内卢被誉为“狂欢节之都”。每年的 2 月中下旬，巴西举国欢腾三天三夜。届时，里约热内卢的大街小巷张灯结彩，彩旗飞扬，到处披上节日的盛装。人们倾城出动，潮水般涌上街头，男女老少个个浓妆艳抹，尽情地扭动腰肢，挥动双手，大跳桑巴舞。各种音乐、舞蹈、戏剧演出和比赛此起彼伏。盛大的化妆游行把节日欢庆活动推向高潮，大型彩车簇拥着选举产生的“国王”、“王后”领先开路，浩浩荡荡的队伍中，魔鬼、天使、美女、妖仙、武士、达官、贵人、黑奴等各种奇形怪状的打扮令人眼花缭乱，目不暇接；观众为自己喜爱的人物喝彩叫好，投去鲜花和彩带。一年一度的狂欢节，淋漓尽致地表现出巴西人热情奔放的民族性格。

巴西是足球王国，足球俱乐部遍布全国，里约热内卢也不例外。现在的巴西足球甲级联赛中就有 4 支球队来自里约热内卢。

2009 年，里约热内卢通过三轮投票击败了西班牙马德里、美国芝加哥和日本东京，最终获得了2016年第31届夏季奥林匹克运动会的举办权，巴西将成为第一个举办奥运会的南美洲国家。

布宜诺斯艾利斯

布宜诺斯艾利斯简称“布宜诺斯”，是阿根廷最大的城市，也是阿根廷的首都和政治、经济、文化中心，素有“南美巴黎”的美誉。它东临拉普拉塔河，对岸为乌拉圭共和国，西靠有“世界粮仓”之称的潘帕斯大草原，风景秀美，气候宜人。

布宜诺斯艾利斯在西班牙语中意为“好空气”，平均海拔 25 米，地处南回归线以南，气候温暖，终年无雪，年平均气温 16.6℃左右，四季温差不大，年平均降水量约 950 毫米。布宜诺斯艾利斯面积约 200 平方公里，人口近 300 万，若包括郊区，面积达 4 326 平方公里左右，人口则有近 1 383 万人，约占全国人口的 1/3，是南半球仅次于圣保罗的第二大城市。约 98%的居民为欧洲移民的后裔。

科尔多瓦

科尔多瓦是阿根廷第三大城市，科尔多瓦省首府，位于科尔多瓦山脉东麓、普里梅罗河畔，平均海拔约 425 米，气候温暖干燥，年平均气温 17℃，年平均降水量 625 毫米，市区人口约 99 万。市周围是肥沃的灌溉农业区和矿业区的贸易中心，是当地小麦、牛、木材和矿产品等的主要集散地。科尔多瓦工业发达，有汽车、飞机制造、农田机械、冶金、化学、食品、纺织、制革等工业，为阿根廷中部地区重要的陆路交通枢纽，有 7 条铁路在此相交，城东南有国际机场，是全国文化中心之一，有全国最早创建的大学——科尔多瓦大学以及天文台、博物馆、大教堂等。

科尔多瓦始建于 1573 年，初为布宜诺斯艾利斯至秘鲁利马长途运输的骡马驿站。19 世纪后期得益于铁路通车和附近山区圣罗克水电站提供大量电力，城市迅速发展。现周围新城区多为近 20 年来兴建的现代化建筑，市容整齐美观，风景优美，附近山地为避暑胜地，旅游业较发达。

苏克雷

苏克雷是玻利维亚的法定首都，最高法院所在地，人口约 70 万。苏克雷位于东科迪勒拉山脉东麓卡奇马约河谷地，被两座山峰所包，一座是斯开斯卡山，另外一座是群克拉山，海拔 2 790 米，年平均气温 21.8℃，年降水量 700 毫米。因市内主要建筑和居民住宅均呈白色，故该城有“白色城市”的美誉。1809 年南美洲反对西班牙统治的第一次起义在此爆发，并于 1825 年 8 月 6 日在此宣布玻利维亚独立。1839 年起，该市成为玻利维亚首都，并以第一任总统苏克雷之名命名，1898 年成为法定首都。

苏克雷城建在一个开放、通畅的直角相交构成的网格中，城市的中心是巨大的五月广场。广场正南是新古典主义样式的白色建筑物——“自由之家”，建于 1701 年。1825 年，西班牙承认玻利维亚独立，曾在“自由之家”独立厅签署了《独立宣言》。广场对面建有苏克雷大教堂。大教堂始建于 1551 年，17 世纪末增建了两个侧廊，中央入口也改建成巴洛克样式。侧廊有瓜达尔佩圣母小礼拜堂，安置有 1601 年制作的南美最珍贵的圣母像，饰有钻石和珍珠。大教堂 5 层高的钟楼是“白色城市”苏克雷的标志性建筑。钟楼的四角有 4 位福音使者和 12 名使徒的站立雕像。苏克雷最古老的教堂是始建于 1538 年的圣拉萨罗教堂，当时用印第安人传统方法以土坯和草木灰建造。1691 年建立的方济会的拉·莱可莱塔修道院是城中最古老、最美丽的修道院。

由宗教团体创建的众多的塔和钟楼与纪念碑相结合，共同形成了苏克雷多样的风格，如哥特式、文艺复兴式、巴洛克式、混合式，新古典主义和古典主义。它们通常是白色的，并且在砖角、阳台、铸铁的花格图案和木制的百叶窗等建筑上成功融合了拉丁美洲当地风格和从西班牙引入的外来风格，是人类丰富的文化遗产之一。1991 年联合国教科文组织将苏克雷古城作为文化遗产被列入《世界遗产名录》。

拉巴斯

拉巴斯是玻利维亚最大的城市和经济、文化、交通中心，是拉巴斯省首府，位于玻利维亚高原东部拉巴斯河谷内，西北距的的喀喀湖约 55 千米，平均海拔约 3 577 米，是世界上最高的首都。拉巴斯人口约 100 万，原为印第安人村落，1548 年因在拉巴斯河发现砂金而建城。1827 年为纪念阿亚库乔战役，称“拉巴斯阿亚库乔”，1898 年成为实际首都（法定首都为苏克雷）。20 世纪以后，由于周围矿区的开发和交通运输的发展，拉巴斯成为全国最大的经济中心，是可可、香蕉、咖啡、羊毛、肉类等农牧产品的集散地，有石油提炼、纺织、食品、化学、制鞋、机械、烟草、造纸等工业。市内有铁路和公路与全国各主要城市联系，并西通邻国智利的阿里卡、安托法加斯塔等海港，有国际航空站。市内重要街道沿拉巴斯河依地形高低分层建筑，具山城特色。最高层为印第安人住宅区；中层是行政中心和商业区；最低层能防高原寒风，为高级住宅区。

利马

秘鲁共和国首都、利马省首府利马是全国最大的经济、文化中心。利马跨里马克河南北两岸，名字即来源于里马克河，东北有圣克里斯托瓦尔山，西连太平洋岸的港口城市卡亚俄。利马属热带沙漠气候，因受秘鲁寒流影响，气候温和干燥，人口占全国人口的 1/4 以上。利马于 1535 年建于里马克河畔，曾长期作为西班牙在南美洲殖民地的重要行政中心。利马集中了全国工业的 70%，主要包括食品、纺织、皮革、服装、塑料、药品、化学、金属加工、石油提炼等，有铁路、公路同卡亚俄港及其他城市相通，并有国际机场。市内建筑壮丽，多广场、教堂、博物馆，有南美最古老的圣马科斯大学及其他高等学校。1746 年，利马遭遇大地震，有相当多的建筑惨遭毁坏。

利马古城区是联合国世界遗产之一，古城区中有巨大的圣法兰西斯修道院地下墓穴和装饰得五颜六色的中央广场、圣马路丁广场和大教堂。

利马是世界上降雨量最少的城市之一，每年降雨量仅 10～15 毫米，故有“无雨之都”的称号。在这座“无雨之都”里，你会发现许多“奇怪”的现象。比如，街道上居然没有一处下水道，城里的大量居民住宅都是土坯房，有的住房干脆就是用纸板拼成的，更有甚者，有的住房居然没有盖房顶。利马市民从来不购置雨伞、雨衣等雨具。这些“奇怪”的现象其实对利马人来说一点也不奇怪，相反，如果突然有一场大雨倾盆而至，那对利马人来说才是最大的怪事呢。

库斯科城

库斯科城是秘鲁南部著名的古城，古印加帝国的首都，现为库斯科省省会。城中精美的石砌墙垣和太阳庙遗址等古印加文明的痕迹比比皆是。库斯科位于海拔 3 410 米的安第斯山高原盆地，秘鲁人称其为“安第斯山王冠上的明珠”和“古印加文化的摇篮”。库斯科城已被联合国列为“世界文化和自然遗产”。

库斯科城是灿烂的古印加文化的摇篮。公元 1200 年前后，国王曼科·卡帕克遵循他父亲太阳神的指示，从的的喀喀湖迁都这里，建成雄伟华丽的库斯科城，并以这里为中心，建立了庞大的印加帝国，创造了印加文化，成为南美大陆印第安文明的最高峰。1533 年西班牙殖民者入侵，将财宝文物洗劫一空，后又经几次地震和 200 多年的拉锯战，城市受到很大破坏，但城内一些印加帝国时代的街道、宫殿、庙宇和房屋建筑仍留存至今。后西班牙殖民者又修建了大批屋舍，两种建筑风格融合，被誉为西班牙—印加的独特建筑方式。市中心是武装部队广场，正中耸立着一位印第安人的全身雕像，四周有西班牙式的拱廊和 4 座天主教堂。几条狭窄的石铺街道呈放射形通向四周，街道两旁仍矗立着用土坯建造的尖顶茅屋，其中许多石头房基还是古印加帝国的遗物。在广场东北，有 5 间大厅的太阳庙建于高耸的金字塔顶，还有月亮神庙和星神庙。广场东南，有对峙的太阳女神大厦和蛇神殿的墙壁遗迹。广场西南，有一较小的欢庆广场，印加人昔称为“库西帕塔”，是欢庆帝国军队凯旋归来的场所。两个广场附近有考古博物馆，展出印加帝国时期遗留的陶器、纺织品、金银器皿和雕刻碎片等。

距库斯科城约 1.5 公里的 300 米高处，有世界闻名的举行“太阳祭”的萨克萨瓦曼圆形古堡。从古堡东行可至肯科印加神庙遗迹。据考证，这里曾是印加帝国的古墓地和宗教祭祀中心，留有神庙和圆形斗技场的遗迹。场中央有一巨石雕凿的祭台。距城约 9 公里处的塔姆博马柴有温泉和瀑布。

基多

基多是厄瓜多尔的首都和皮钦查省首府，也是全国经济、文化中心。基多位于赤道以南安第斯山区皮钦查火山东南麓的谷地中，总人口约 183 万人，海拔约 2 850 米，是离赤道最近的首都。基多气候温和，年平均气温 13～14℃，为世界上气温年较差最小（仅 0.6°）的城市之一。这里原为古老的印第安人城市，1533 年为西班牙殖民者侵占，1830 年厄瓜多尔独立后，成为首都。基多曾多次遭地震破坏和重建，是全国重要的工业中心，有纺织、食品、石油提炼和石油化学、金属加工、制药、制革、木材加工等工业，并以金银工艺品、象牙和木器雕刻闻名。基多旅游业甚盛，市内多教堂、广场、纪念碑、博物馆、天文台、大学等著名建筑，反映出南美洲不同历史时期的艺术，城北约 24 公里处建有赤道纪念碑。

基多市分为新城、旧城两部分。西南部是旧城区，许多地方保留了印第安人和西班牙人的建筑风格。新城坐落在北部。城区东西两侧的皮钦查火山海拔 4 790 米，峰顶长年积雪。

基多市内共有大小教堂、修道院 87 座，著名的有圣弗朗西斯科教堂、孔帕尼亚耶稣大教堂等。圣弗朗西斯科教堂被视为巴洛克式建筑风格的杰作，是西班牙—美洲宗教建筑的典范之一，它由一座大教堂、几座小教堂和众多的回廊组成。教堂内珍藏着印第安人、西班牙人的绘画和雕塑名作。孔帕尼亚耶稣大教堂建于 1722—1765 年，教堂正面拱形大门上、四周墙壁及天花板上都镶嵌有精美的金叶图案，富有珍贵的历史文化价值。

城市南端的面包山海拔 183 米，山顶上有一座大型基多女神石雕像，被誉为基多人民争取独立自由的象征。山腰有一座古老的印加神庙，现已成为博物馆。

昆卡

昆卡是厄瓜多尔南部城市，阿苏艾省首府，位于安第斯山区保特河谷地，西北距瓜亚基尔约 120 公里，海拔约 2 581 米，四季气候温和宜人，人口约 15.7 万。昆卡始建于 1557 年，原为印加帝国汤姆班巴城故址。昆卡是南部山区的最大商业中心，是谷物、水果、牛、皮革、金、银、大理石等商品的主要集散地，有毛纺织、制革、食品加工、轮胎、锯木、酿酒、陶器、塑料等工业，尤以巴拿马草帽、花边编织、金银首饰等手工艺品著称。昆卡是全国文化艺术中心，有建于 1868 年的大学及艺术学院、教堂、博物馆等。

圣菲波哥大

圣菲波哥大原名“波哥大”，1991 年 7 月 3 日改名为“圣菲波哥大”，是哥伦比亚的首都，全国政治、经济、文化和旅游中心，人口约 703.3 万，城市面积约 1 587 平方公里。圣菲波哥大位于东科迪勒拉山脉西侧的苏马帕斯高原的谷地上，海拔 2 640 米，虽然靠近赤道，但因地势较高，故气候凉爽，四季如春，年平均气温 14℃。因地处哥伦比亚腹地，圣菲波哥大保留着丰富的历史文化遗产。城市近郊山岭环绕，林木苍翠，景色壮丽，是美洲大陆上的著名旅游胜地。由于圣菲波哥大景色秀丽，四季如春，名胜古迹众多，因此被誉为“南美的雅典”。

圣菲波哥大历史悠久，在远古时代，这里一直是印第安人的栖息地。1498 年，哥伦布曾到过哥伦比亚海岸。1785 年和 1827 年，该城两次遭到地震的破坏。重建后，城区不断扩大，于 1886 年被定为哥伦比亚共和国首都。

麦德林

麦德林是哥伦比亚第二大城市，安蒂奥基亚省的首府，位于圣菲波哥大西北部约 240 公里处，人口约 163.9 万。麦德林地处中科迪勒拉山脉西麓的阿布拉山谷、波尔塞河畔，海拔 1 541 米，年均温 21.5℃，年均降水量 1 309 毫米，四季如春，气候宜人。麦德林始建于 1675 年，1930 年起成为全国最大的咖啡市场和皮革、纺织工业中心，后为现代化工业城市，制造业工人人数约占全国的 1／4，集中了全国 80%以上的纺织品生产和几乎全部的钢铁冶炼及蔗糖生产；其他工业有化学、橡胶、塑料、食品加工、电气设备、农业机械、水泥、卷烟等；周围农业发达且为国内传统的咖啡产地。该地是全国的铁路和公路交通枢纽，有国际机场，是重要的文化教育中心，有 5 所大学、科研机构及博物馆、植物园等。

加拉加斯

加拉加斯又译为“卡拉卡斯”，是委内瑞拉的首都，全国最大的城市，政治、经济、文化中心。加拉加斯位于加勒比海之滨的卡拉卡斯谷地、阿维拉山南麓，北距加勒比海约 11 千米，距重要海港拉瓜伊拉亦仅约 11 千米，市区三面环山，面积约 77 平方千米，人口约 207 万。加拉加斯始建于 1567 年，历史上曾屡遭地震破坏，1830 年定为委内瑞拉共和国首都，1950 年连同郊区和米兰达州 5 座城镇组成大都市区，面积达 360 平方公里左右，人口超过 500 万。城市四周环山，海拔 922 米，气候温和，年平均气温 21℃，年平均降水量 810 毫米。加拉加斯这一名称据传来自当地印地安人的部族名称。加拉加斯虽然地处热带，但因地势较高，气候温和，没有四季之分，仅分雨季和旱季。每年 5 月至 10 月是雨季，11 月至次年 4 月为旱季。雨季气温较低，天气凉爽；旱季白天炎热，但夜间仍很凉爽。在加拉加斯，人们既可以享受风和日丽的春光，又可以领略热带海滩的情趣，被众多的游客称为“美洲大陆上得天独厚的首都”。

该市在历史上就是一个多民族的城市，居民大多数信奉天主教，官方语言为西班牙语。其经济在拉美国家中居中上水平，石油是国民经济的支柱。全国 25 家大企业中有 19 家设在这里。市内交通便利，地铁建于 1983 年，有 5 条线路。按每平方公里汽车流量计算，它是世界上汽车最多的城市之一，居民中有 64%的家庭拥有汽车，其中 90%的居民驾驶汽车上下班。这里的汽油十分便宜。

加拉加斯街心公园处处可见，为这个城市增添了不少色彩。希尔顿酒店附近的红木公园是最大的街心公园，位于两条高速公路交叉的三角地带。公园绿树成荫，喷泉在草坪上四散飞扬。即使在闹市区的街角上，街心花园也是姹紫嫣红，只是规模略小。这些大大小小的街心花园，给人们提供了休憩之地，为城市增添了恬静安宁的气氛。加拉加斯人称它们是车水马龙中的“绿洲”，喧闹纷杂里的“世外桃源”。

第3节　拉丁美洲著名旅游景区、景点

加利福尼亚湾群岛

加利福尼亚湾是墨西哥西北的狭长海湾，太平洋深入北美大陆的狭长边缘海，位于墨西哥西北部和下加利福尼亚半岛之间，呈西北—东南走向，北窄南宽形似喇叭。加利福尼亚湾长约1 200千米，宽度90～210千米，面积约16万平方千米，盐度35%左右，平均深度800米。海湾被安赫尔德—拉瓜尔达岛和蒂布龙岛两大岛的地峡分成两部分，北部水浅，南部水深在2 500米以上，最深处达3 218米。地峡地段有波涛汹涌的海潮，被称为萨尔西普埃德斯险恶区，非常不利于航行。加利福尼亚湾海底谷地向北延伸到陆地上，形成索尔顿湖盆地，湖岸低于海面 75 米。湾内多火山岛，风浪大，红色藻类浮游生物繁衍，海水呈红色，因而也有“红海”之称。

乌斯马尔古城

乌斯马尔在墨西哥尤卡坦半岛北部、梅里达南约79千米处。尤卡坦半岛是玛雅人的故乡，由于外族入侵，尤卡坦半岛南部一部分居民在5世纪开始向尤卡坦半岛北部迁移。公元800—900年，原祭祀中心突然废弃，玛雅文化急剧衰落。11 世纪以后，从墨西哥高原南下的托尔蒂克人和玛雅人混合，在尤卡坦半岛北部复兴了玛雅文化，主要城市有奇琴伊察、乌斯马尔和玛雅潘。

乌斯马尔古城内有“占卜金字塔”，高48米，东西两面有石阶，南北面的坡呈椭圆形。东面即正面的石阶比较陡峭，共有121级，一直通到顶端平台。西面即背面虽然也同样陡峭，但是阶梯分成了3段，每段有一个稍宽的平台缓冲。在塔顶上有一座寺庙，寺庙有三间房，中间一个朝西。金字塔西北面是一个四方的庭院。中间是广场，四面高高的平台上是4座长长的复合式建筑，共有 88 个房间，环绕成一个长方形的院落。西班牙殖民者初到这里，觉得很像修道院，因此称之为“四方修道院”。

特立尼达和洛斯因赫尼奥斯谷

特立尼达和洛斯因赫尼奥斯谷位于古巴中部地区圣斯皮里图斯省。特立尼达是在 16 世纪初期为纪念“三一”节而建立的，它是征服美洲大陆的桥头堡。其18和19世纪的建筑，包括伯尼特宫殿和坎特罗宫殿，都是在食糖贸易最繁荣时期建造的。1978年10月10日，民族纪念碑委员会决定将位于圣斯皮里图斯省的特立尼达市政厅（曾经作为特立尼达山谷的都

市历史中心）作为古巴共和国民族纪念中心。特立尼达市是拉丁美洲中最富有代表性的都市建筑证据之一，虽历经沧桑巨变，其环境几乎未受到丝毫损害，保持了高度的原样性。如今，特立尼达市成为了带有时空变化明显烙印的强有力的典型城市。特立尼达建立于公元 1514 年，18 世纪晚期之前一直是一个走私港，走私者从英属殖民地牙买加购买奴隶和黄金，但这些状况被 19 世纪海地的一场奴隶判乱所改变，法国种植园主纷纷逃到特立尼达重建他们的小王国。特立尼达在独立战争前一直非常繁荣，独立战争摧毁了该地区的蔗糖种植园，城市变得不再景气。

巴拉德罗海滩

位于哈瓦那以东约140千米处的巴拉德罗海滩是世界著名的海滩度假区之一。海滩长约 25 千米，宽 50～100 米，是集大海、沙滩、阳光、蓝天为一体的极美海滩。这里的海水具有蓝色的一切层次，色彩从近处的浅蓝色变为蔚蓝色，在天际处又变为深蓝，层次渐变而分明，蓝得神奇，蓝得令人惊叹。这里全年适合游泳，走出很远的距离，海水也只漫到腰部。

萨尔瓦多古城

萨尔瓦多古城位于中美洲北部，东北部与洪都拉斯交界，西北部与危地马拉接壤，南濒太平洋，海岸线长约 256 公里。除南部沿岸狭长平原外，其余为山地高原，境内多火山，被称为“火山之国”。萨尔瓦多沿海和低地气候湿热，山地气候凉爽，气温 17～25℃，原为印第安人居住地，1524 年沦为西班牙殖民地，1821 年 9 月 15 日独立，1823 年加入中美洲联邦，1841 年 2 月 18 日宣布成立共和国。

欧鲁普雷图古城

欧鲁普雷图古城位于巴西东南部的米纳斯吉拉斯州，1980 年联合国教科文组织将欧鲁普雷图古城作为文化遗产列入《世界遗产名录》。

欧鲁普雷图街道狭窄幽深，房屋大部分是平房或两层楼，墙体为白色，装饰华丽。欧鲁普雷图古城是巴西的矿业中心之一。这座位于群山之中的城市是伴随着历史上著名的“黄金热”而发展起来的。

欧鲁普雷图古城坐落在欧鲁普雷图山的斜坡上，沿弗尼尔河河谷而建。1696 年，这里发现了大型金矿，淘金者蜂拥而至。发了财的人纷纷请工匠为自己建造富丽堂皇的住宅。一时间，古城初具规模。1712 年葡萄牙国王将该地升格为城市。18 世纪，米纳斯古拉斯州是世界上最重要的黄金产地，黄金产量占全世界黄金产量的 60%。米纳斯古拉斯是巴西艺术的中心，而作为米纳斯古拉斯州重要城市的欧鲁普雷图古城在各方面也得到了长足的发展。

欧鲁普雷图城中心的铁拉邓梯斯广场两侧，建有两座殖民时代的公共建筑。一座是 1741 年动工兴建的前地方长官官邸，现改为矿物博物馆；另一座是当时的地方政府所在地，建于 1763 年，1907 年起作为监狱使用了 30 多年。欧鲁普雷图古城建有许多巴洛克风格的教堂，具有很高的艺术价值。迪亚斯教堂是欧鲁普雷图城最宏伟的教堂之一，是在 1724—1760 年间由巴西伟大的雕刻家和建筑家安东尼奥·弗朗西斯科主持设计施工的。花费 30 年时间于 1794 年建成的圣弗朗西斯·德·亚西斯大教堂也是他的杰作。1711—1733 年间建造的皮拉尔教堂装饰得十分豪华，仅为了装饰大殿就使用了 400 公斤黄金。

亚马孙河中心保护区

亚马孙河中心保护区位于巴西亚马孙州的马瑙斯市西北部大约 200 公里处。亚马孙河中心保护区是亚马孙盆地中最大的保护区，也是世界上生物最多样化的区域之一。保护区内包含平原湿地生态系统及洪泛森林，湖泊及水道则不断进行各类型的生物演化。漂浮于平原湿地河道中的植物不断移动变化，其中包括许多当地原生物种。

就亚马孙地区中部的生物多样性、栖息地与濒临绝种的物种来说，扩大的保护地区加深了雅乌国家公园提供的保护程度。公园的海拔高度在 200 米之内。公园中的森林与连续分布于辽阔的亚马孙中部平原上的森林相连，四周由地势较低的黑河环绕，从而形成这里独特的风景景观。这种森林一般都是成层堆积的，每公顷的土地上大约有 180 种植物；公园中的动物群数量丰富，有许多是与黑水生态体系密切相关的属种。脊椎动物分布密度较高，有 120 种哺乳动物、411 种鸟类、15 种爬行动物、320 种鱼类。公园中还有许多特有的保护物种。

伊瓜苏大瀑布

伊瓜苏大瀑布在阿根廷与巴西边界上，位伊瓜苏河与巴拉那河交汇处上游约 23 公里处。为马蹄形瀑布，宽度是北美洲尼加拉瀑布的 4 倍，比非洲的维多利亚瀑布还大一些。悬崖边有无数树木丛生的岩石岛屿，使伊瓜苏河由此跌落时分为 275 股急流或泻瀑。

该瀑布是向先西后向北流的伊瓜苏河进入峡谷前从巴拉那高原边缘落入一处宽广裂口而形成的。瀑布上方的岛屿将河流扩展为流注瀑布的无数水流。该河的主要部分跌入一个狭窄的半圆形裂隙。

许多个别瀑布在中途被突出的岩石击破，使水流偏转造成水花飞溅升腾，产生如彩虹幔般的景色。从瀑布底部向空中升起的雾幕与彩虹辉映，蔚为奇观。

冰川国家公园

阿根廷冰川国家公园坐落于阿根廷南部，位于纵贯南美大陆西部的安第斯山脉南段、巴塔哥尼亚山脉东侧，属巴塔哥尼亚高原阿根廷圣克鲁斯省。冰川公园所在的冰川湖名为“阿根廷湖”，湖的面积约 1 414 平方公里。

这里地处南纬 52° 的高纬度地区，离南美洲最南端的火地岛不远，到首都布宜诺斯艾利斯则较为遥远，有约 3 小时的飞机航程，最近的城镇是约 30 公里外的卡拉法特。

冰川国家公园是一个奇特而美丽的自然风景区，有着崎岖高耸的山脉和许多冰湖。在阿根廷湖远端三条冰河汇合处，乳灰色的冰水倾泄而下，像小圆屋顶一样巨大的流冰带着雷鸣般的轰响声冲入湖中。

巴塔哥尼亚冰原是地球上除南极大陆以外最大的一片冰雪覆盖的陆地，阿根廷冰川国家公园内共有 47 条发源于巴塔哥尼亚冰原的冰川，而公园所在的阿根廷湖接纳了来自周围几十条冰川的冰流和冰块，其中最著名的是莫雷诺冰川。它的著名在于它是世界上少有的现在仍然“活着”的冰川，在这里每天都可以看到冰崩的奇观，1945 年阿根廷将此地列为国家公园加以保护，1981 年被列为“世界自然遗产”。

潘帕斯草原

潘帕斯草原位于南美洲南部，是阿根廷中、东部的亚热带型大草原，北连格连查科草原，南接巴塔哥尼亚高原，西抵安第斯山麓，东达大西洋岸，面积约 76 万平方公里。

“潘帕斯”意为“没有树木的大草原”，是南美洲比较独特的一种植被类型。就地带性和气候条件而论，本区适宜树木生长，而实际上除沿河两岸有“走廊式”林木外，基本为无林草原。潘帕斯草原地势自西向东缓倾，夏热冬温，年降水量 250～1 000 毫米，由东北向西南递减。以 500 毫米等降水量线为界，西部称“干潘帕斯”，除禾本科草类外，西南边缘还生长着稀疏的旱生灌丛，发育有栗钙土、棕钙土，多盐沼和咸水河；东部称“湿润潘帕斯”，有肥沃的黑土。潘帕斯草原大部分已开垦成农田和牧场，盛产小麦、玉米、饲料、蔬菜、水果、肉类、皮革等，是阿根廷最重要的农牧业区，并成为阿根廷政治、经济、交通和文化的心脏地区。潘帕斯集中了全国约 2/3 的人口、约 4/5 的工业生产和 2/3 以上的农业生产。牧草丰美的草原到处是白色，黄色，黑色，花色的良种牛群。草原上种植的玉米，大部分用来饲养牛、羊，牛肉产量很高。阿根廷每年要宰杀 1 000 多万头牛，除了供国内食用外，还大量冷藏出口，牛肉出口量居世界第一。

乌尤尼盐沼

乌尤尼盐沼面积约 10 500 平方公里，位于玻利维亚西部，靠近智利边境一带，是玻利维亚最有名的旅游胜地之一。乌尤尼盐沼是世界上最大的盐场，海拔 2 653 米。大多数旅游团可选择到科洛拉达潟湖一游，这座潟湖在乌尤尼盐沼西南 346 公里处，红色发亮的湖面上，粉红色的火烈鸟经常光顾。另外还可以参观威尔德潟湖，这座湖泊海拔 5 000 米，湖面呈冰冷的海蓝色。除此之外，在这一地区还可以游览智利边界的间歇温泉和查尔维利的温泉。

马丘比丘

马丘比丘也被称做“失落的印加城市”，是保存完好的前哥伦布时期的印加遗迹。马丘比丘是南美洲最重要的考古发掘中心，也是秘鲁最受欢迎的旅游景点之一。

在马丘比丘的悬崖边，人们可以欣赏到落差 600 米直到乌鲁班巴河的垂直峭壁。绝佳的地理位置使马丘比丘成为古代理想的军事要塞，在古代它的位置曾经是军事机密。

由于独特的位置、地理特点和发现时间较晚（1911 年），马丘比丘成了印加帝国最为人所熟悉的标志。在 1983 年，马丘比丘被联合国教科文组织定为“世界遗产”，是世界上为数不多的“文化与自然双重遗产”之一。但与此同时，马丘比丘也面临着旅游业过度开发的窘境

里奥阿比赛奥国家公园

里奥阿比塞奥国家公园环绕于阿比塞奥盆地周围，二者形成了一个有机的整体。亚马孙河的两个分支河流——马拉宁河和瓦雅加河是该公园中的主要河流，分别流经公园的两侧。该地区的土壤呈酸性，从未遭受到农业开垦及伐木的迫害。岩石类型以前寒武纪的变质岩为

主。里奥阿比塞奥地区属热带潮湿气候，随着地势的增高而逐渐变凉。

该地区可以划分为四个生态区：干燥森林带、山区潮湿森林带、热带阿尔卑斯山森林带、山区雨林带。干燥森林带位于海拔约 2 300 米的马拉尼翁河两侧；山区潮湿森林带分布于海拔 2 300～3 600 米处；热带阿尔卑斯山森林带分布于长满野草的山脉中，杂乱无章；具有热带阿尔卑斯草原特征的山区雨林带分布于山脊的东侧。

公园中动物群名目繁多，比较著名的属种有土耳其秃鹰、安第斯山脉的冠雉、前部呈绯红色的长尾小鹦鹉、竖琴状尾巴的欧夜鹰、动冠伞鸟、唐纳雀。海拔高度决定了鸟类的分布，在海拔 3 000～4 100 米地区，大约有 132 种鸟。

这里还有一些著名的哺乳动物，如以前被视为绝灭种的当地特有的黄尾巴的毛猴，还有另外三个猿猴属种，包括长毛蜘蛛猴、夜猴和喊叫猴。其他大型哺乳动物有眼镜熊、美洲虎、美洲山猫、貘等。

里奥阿比塞奥国家公园及其周围方圆 1 500 平方公里处，存在着大量的古遗址，留下了人类曾经在此活动的迹象。自 1985 年以来进行的研究已经发现了 36 个前所未知的考古地点，均位于 2 500～4 000 米的海拔高度，这非常有利于对印加前社会的了解。

玛努国家公园

玛努国家公园位于玛努与保卡坦博省境内、安第斯山脉东侧斜坡上，是由悬崖峭壁延宕而来的。公园占地面积约 150 万公顷，海拔高度为 150 米到 4 200 米之间不等。气候介于安第斯山脉的寒冷、干燥与亚马孙森林的酷热、潮湿之间，变化多样。但是对公园中降雨量的记载并不多见。每年的 10 月到次年 4 月是雨季，月均降水量超过 200 毫米，而 5 月到 9 月月均降水量减少到 100 毫米。全年气温变化不大，6 月份温度最低，平均气温 11.1℃；10 月份最热，平均气温 25.4℃。

在玛努国家公园中，受保护的生物种属之多堪称世界之最。该公园几乎囊括了秘鲁东部地区的所有生态环境因素：低层的热带丛林、山区森林和普纳草地。每一种生态环境中都生长着各自的动物群及植物群。玛努公园也因此成为亚马孙盆地中最富有特色也最具有代表性的公园。植物学家认为，该公园所含的植物种类胜于世界上其他任何一个受保护的地区。

这里比较常见的植物类型是低层的热带雨林、山区热带雨林和普纳草原。低层的丛林一般生长于冲积平原和河间山地。由于受到周期性水源的影响，生长于河间山地的植物随着月降水量的不同而有所变化；冲积平原上的植物则很可能会受到周期性洪水泛滥的影响；山区森林则有相对比较稳定的水源供给，并且处于温度较低的外界环境中。

公园中的鸟类总计有 1 000 余种，约占世界上所有鸟类的 15%。其中 200 多种哺乳动物已经得到了识别，有 13 种猴子，蝙蝠类约有 100 种，至少有 13 种动物是全球已知的濒危动物，包括黑凯门鳄、巨型水獭和虎猫。此外，还有各种各样的鱼类、两栖动物和无脊椎动物。据估计，公园内的节肢动物至少有 50 万种。

公园中至少有四个不同的民族部落长期居住，其中以阿拉瓦克民族中的马奇根家族部落最大，也最著名。移植栽培是该地居民主要的农业耕作方式。这些种族已被视为公园的一个天然组成部分，他们在公园中可以随心所欲地活动，其生活方式也不会对公园造成任何伤害。

的的喀喀湖

的的喀喀湖位于玻利维亚和秘鲁两国交界的科亚奥高原上，是南美洲地势最高、面积最大的淡水湖，也是世界最高的淡水湖之一，还是世界上海拔最高的大船可通航的湖泊，是南美洲第二大湖，被称为“高原明珠”。的的喀喀湖海拔高而不冻，处于内陆而不咸，湖水源于安第斯山脉的积雪融水。湖面海拔约 3 821 米，湖水面积大约为 8 300 平方公里，平均水深 140～180 米，最深处达 280 米，平均水温 13℃。湖中有日岛、月岛等 51 个岛屿，大部分有人居住，最大的岛屿的的喀喀岛上有印加时代的神庙遗址，在印加时代被视为圣地，至今仍保存有昔日的寺庙、宫殿残迹。的的喀喀湖区域是印第安人培植马铃薯的原产地，印第安人一向把的的喀喀湖奉为“圣湖”。

科隆群岛

科隆群岛为太平洋东部岛群，位于太平洋东部的赤道上，最初被称为“斯坎塔达斯岛”。因为岛上有许多很大的乌龟，所以后来称它为“加拉帕戈斯群岛”（意为“巨龟之岛”）。厄瓜多尔统治这些岛后，又改为今名为“科隆群岛”。此岛离厄瓜多尔本土约 1 000 公里，由 19 个岛和附属小岛及岩礁组成，跨赤道两侧。陆地总面积约 7 994 平方公里，散布在约 59 500 平方公里的海面上。

岛上生活着世界少见的珍奇动物，在 1836 年时，英国的大科学家达尔文在环球航海时到这个岛上进行考察。他认为特殊的环境和食物，使动物的外形发生了变化。今天的圣克里斯托巴尔岛上还竖立着达尔文半身铜像。科隆群岛已于 1978 年被联合国教科文组织评为“人类自然遗产保护区”。

桑盖国家公园

桑盖国家公园位于厄瓜多尔中部莫罗纳—圣地亚哥、钦博拉索和通古拉瓦三省交界处，地处赤道附近，面积约 2 720 平方千米。园内有世界上著名的世界上活动持续时间最长的活火山——桑盖火山。海拔 5 410 米的桑盖火山山顶白雪皑皑，山势险峻，从山顶到山麓近 4 000 米的海拔高度差使这里形成了厄瓜多尔独有的景观。整个公园因为地处赤道附近，阳光照射充足，各处海拔的高度也不同，因而呈现出不同的生态景象，生活着许多珍稀的动植物。

热带雨林中生长着高达 30～40 米的树木，高大挺拔。火山灰堆积而成的极为肥沃的地面使这里的植物非常繁茂。除坚硬的木本植物外还有苔藓、地衣、带有圆球茎和鸡冠状叶子的菊科植物等。

在海拔 2 000～3 000 米处，云遮雾绕，海拔 3 000 米处的地带雨雾较多，森林密布，许多南美稀有动物就栖息在这里。在海拔 800 米的亚马孙低地热带雨林里生活着各种各样的鸟：蜂鸟、巨嘴鸟，还有以体长达 1 米、羽毛色彩鲜艳美丽的金刚鹦鹉为代表的 40 多种鹦鹉。此地还生活着一种安第斯岩鸟，这种鸟的喙非常尖硬，完全隐藏在头部的羽毛里，鸟冠呈半圆形，鲜红欲滴，有“密林里的红宝石”的美称。这里也时常会出现秃鹰等猛禽，它们以夜鼠和兔子为食。

哺乳类动物有卷尾猴、松鼠猴、褐蜘蛛猴，还有尖叫声能传到几公里以外的红吼猴。这里有南美大陆唯一的熊科动物——眼镜熊。这种熊以食草为生，直立时身高超过 2 米，在树上筑巢。啮齿类动物有斑鼠、水豚。鱼类有长着锋利牙齿的锯齿鱼。

卡奈玛国家公园

卡奈玛国家公园位于委内瑞拉东南部的玻利瓦尔州。1994 年联合国教科文组织将卡奈玛国家公园作为自然遗产，列入《世界遗产名录》。

卡奈玛国家公园建于 1962 年，最初占地面积约 1 万平方公里，于 1975 年增大到 3 万平方公里，以保护其中的河流盆地的各个分水岭，海拔从 450 米到 2 810 米起伏很大。公园 65% 的土地由石板山覆盖，这些生物地质学的实体构成的石板山极具地质学价值。

这里共有三个主要的地质岩层。最古老的岩层形成于 36 亿～12 亿年前，是地下的火成岩和变质岩的岩基。16 亿～10 亿年前，其上部形成了一个沉积盖，最早形成的岩层已经被深深地埋在了地表下面，第二层是形成卡奈玛国家公园内奇特地形特征的基础，由石英岩和沙岩层构成。这些岩层的形成是靠几亿年来周围陆地的侵蚀过程而形成的。

岩层日久天长不断受到阳光和雨水的侵蚀，形成了著名的桌山。远远望去，它矗立在浓密平坦、一望无际的热带雨林中，十分壮观。桌山之间是宽阔的谷地，谷地十分平坦，生长着茂密的热带雨林。河水从桌山上流下，形成了众多的瀑布。青蛙瀑布、小蛙瀑布、宽瀑等都是著名的景点。其中最有名的是安哲尔瀑布，它以发现它的美国飞行员安赫尔命名。安赫尔瀑布从平顶高原奥扬特普伊山飞泻而下，落差达 1 002 米，是世界上落差最大的瀑布。

卡奈玛国家公园内分布着广阔的热带稀树草原。在局部潮湿的沼泽地上，土壤相对肥沃，适宜树木生长。森林仅在潮湿的洼地和桌山下的峡谷里有所分布。

卡奈玛国家公园的动物数量虽然并不太多，但多样性十分突出。据统计，大约有 118 种哺乳动物、550 种鸟类、72 种爬行动物和 55 种两栖动物生活在这里，它是美洲狮、美洲豹等珍贵动物的避难所。

公园内人口稀少，总人口不到 1 万，其中有些地方人迹罕至，人口密度每平方公里不到 1 人。佩默恩人是这里的土著居民，一般认为佩默恩人是在 200 年前移居这里的。尽管定居历史很短暂，但是佩默恩人对公园的自然环境还是产生了影响。卡奈玛国家公园的岩层、瀑布、湍流、湖泊和溪流的名字，均来自当地神话。

玛格丽塔岛

玛格丽塔岛是委内瑞拉东北部的岛屿，位于加勒比海上，南距阿拉亚半岛约 19 公里。岛长约 68 公里，宽 5～35 公里，面积约 1 072 平方公里，是委内瑞拉最大的岛屿。玛格丽塔岛实为两个岛，中间由低狭的地峡相连。玛格丽塔岛西部多山，炎热干燥，为牧羊区；东部山势稍缓，沿海多平原和天然港湾，为肥沃农业区，种植玉米、甘蔗、棉花、豆类等农作物。岛内人口约 11.8 万，多为印第安人。

1498 年，哥伦布发现了玛格丽塔岛，很快此岛以产珍珠而驰名。20 世纪初，岛上人口主要是原住民，并带有一些可溯至加那利群岛的西班牙血统。1920 年以来吸引了一些海外移民来此，但同时也有许多岛民迁移到大陆以寻找较适合的工作机会。岛上有农牧业，但食品完全依赖进口。珍珠业在岛上仍占重要地位，其他收入来源还有渔业、建造渔船、旅游业以及制造砖瓦、陶器、鞋、帽、盐等。

瓦尔德斯半岛

沿着阿根廷海岸从北向南至南纬42°处，有一个犹如锤子般的半岛延伸到大西洋中，这就是闻名遐迩的“动物避难所”—— 瓦尔德斯半岛。半岛上种类繁多的珍禽异兽和海滩奇特的景色，使它成为游客猎奇、观光的绝妙去处。

瓦尔德斯半岛扼守圣马提阿斯湾，阿梅希诺地峡像是锤子的把儿与阿根廷巴塔哥尼亚平原相接。地峡的最宽处仅有8公里，这使半岛几乎成为一座与世隔绝的孤岛。地峡的北边是圣何塞湾，南边是新湾。半岛的中部高高隆起，而四周则是平坦的莽原。半岛周围的海岸上矗立着一座座锥形的石丘，看上去恍如埃及的金字塔，“金字塔”的对面便是波涛汹涌、一望无垠的大西洋。

近年来，瓦尔德斯半岛正日益受到各国游客的重视，阿根廷政府准备把它辟为第一个国家海洋公园，以招徕更多的游客。然而，众多游客的光临，又使许多珍稀动物面临灭绝的危险。为了保护这里的自然风光，半岛所在的丘布特省政府采取了许多有效的措施，如把一些沿海地区划成“保留地”，与其他地方隔开，严禁游客入内。省政府还与国家情报旅游部合作，在一些战略点上建立了几个观察站，负责监守珍稀动植物，并要求游客遵守这里的一切规章制度。

麻玻罗岛

麻玻罗岛坐落于哥伦比亚海岸约506千米处，该地包括了麻玻罗岛和边海。这是个巨大的海洋公园，众多濒临灭绝的海洋生物生活在此。其中，最有价值的生物是鲨鱼、大鲶鱼和长嘴鱼，这里是世界上极少数能看见短鼻粗齿的深水鲨鱼的地区之一。麻玻罗岛还是世界知名的潜水区，海域中有着大量的浮游生物。根据自然遗产遴选标准，麻玻罗岛于2006年被列入《世界遗产名录》。

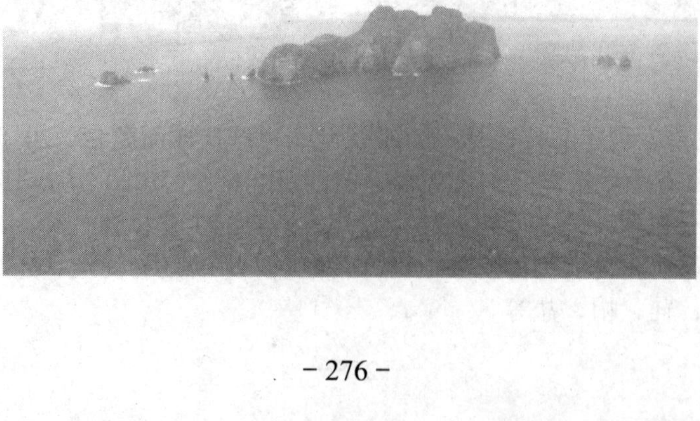

第13章 非　　洲

第1节　非洲主要旅游国家

刚果民主共和国

刚果民主共和国地处非洲中部，西北与刚果相邻，北同中非共和国和苏丹毗连，东与乌干达、卢旺达、布隆迪和坦桑尼亚接壤，南同赞比亚和安哥拉交界。刚果的海岸线很短，扎伊尔河（刚果河）由此流入大西洋。刚果原为比利时殖民地，称“比属刚果”。1960年6月30日获得独立，国名改为“刚果共和国”，1964年8月改称“刚果民主共和国”。1965年11月24日，国民军总司令蒙博托发动政变后任总统，并宣布成立第二共和国。1971年10月27日，改国名为“扎伊尔共和国”。1997年5月17日，洛朗·卡比拉领导的刚果解放民主力量同盟的武装部队攻占首都金沙萨后，宣布就任总统，并将扎伊尔共和国易名为“刚果民主共和国”。

埃及

通常认为，英语中“埃及”一词是从古希腊语演变而来的。阿拉伯人则将“埃及”称做“米斯尔”，在阿拉伯语中意为“辽阔的国家”。埃及又被称为“金字塔之国”、“棉花之国”。埃及人口约7 950万，是阿拉伯世界中人口最多的国家，其中绝大多数生活在河谷与三角洲。埃及的疆土略呈不规则的四边形，面积约100.14万平方公里。

埃及地跨亚、非两洲，大部分位于非洲东北部，西连利比亚，南接苏丹，东临红海并与巴勒斯坦接壤，北濒地中海，东南与约旦、沙特阿拉伯相望，海岸线长2 700多千米。埃及全境96%为沙漠，最高峰为凯瑟琳山。尼罗河纵贯埃及南北，注入地中海，境内长约1 530千米，两岸形成宽3～16千米的狭长河谷，入海处形成2.4万平方千米的三角洲。全境干燥少雨，尼罗河三角洲和北部沿海地区属亚热带地中海式气候，1月平均气温12℃，7月26℃，年降水量50～200毫米。其余大部地区属热带沙漠气候，炎热干燥，气温可达40℃，年平均降水量不足50毫米。每年4—5月间常有“五旬风”，夹带沙石，损坏农作物。西部利比亚沙漠占全国面积的2/3，大部分为流沙，间有哈里杰、锡瓦等绿洲；东部阿拉伯沙漠多砾漠和裸露岩丘。埃及矿藏有石油、天然气、磷灰石、铁、锰等。

埃及地处欧亚非之洲的交通要冲，北部经地中海与欧洲相通，东部经阿里什直通巴勒斯坦。苏伊士运河沟通了大西洋、地中海与印度洋，战略位置和经济意义都十分重要。

尼罗河是埃及的生命线，是“埃及的母亲”。它是非洲第一长河，也是世界上最长的河流之一，全长6670余千米。它由发源于乌干达维多利亚湖的白尼罗河、发源于埃塞俄比亚高原的青尼罗河在苏丹首都喀土穆汇合之后流入埃及。从南到北纵贯埃及东部，在埃及境内一段长约1 530千米。世界四大文明古国之一的埃及，就是在尼罗河的哺育下，发展了其光辉灿烂的古代文明。

根据自然条件的差异，埃及一般分为4个地区——尼罗河流域及尼罗河三角洲地区、西部沙漠地区、东部沙漠地区、西奈半岛地区。开罗以南一般被称为上埃及，以北被称为下埃及。亚历山大和塞得港之间是尼罗河三角洲的冲积平原，面积2万～4万平方千米。过去，尼罗河每年定期泛滥，给三角洲带来肥沃的冲积物。这里是埃及古文明的发祥地，是全国最重要的经济活动地区，埃及绝大部分人口集中于此，所以这里也是世界上人口最密集的地区之一。

突尼斯

突尼斯全称“突尼斯共和国”，位于非洲大陆最北端，北部和东部面临地中海，隔突尼斯海峡与意大利的西西里岛相望，扼地中海东西航运要冲；东南与利比亚为邻，西与阿尔及利亚接壤。突尼斯的首都为突尼斯市，面积约 16 万平方公里，人口约 991 万，居民主要是阿拉伯人，阿拉伯语为国语，通用法语。

突尼斯地处地中海地区的中央，北部属地中海型气候，夏季炎热干燥，冬季温暖湿润。南部属热带沙漠气候，8 月为最热月，日均气温 21～33℃；1 月为最冷月，日均气温 6～14℃。突尼斯拥有长达 1 300 公里的海岸线，是世界上少数几个集中了海滩、沙漠、山林和古文明的国家之一。旅游业在国民经济中居重要地位，旅游景点主要分布在东部沿海地带，有五大旅游中心，苏斯“康达维”中心是全国最大的旅游基地。突尼斯市、苏塞、莫纳斯提尔和杰尔巴岛是著名的旅游区。

突尼斯被认为是悠久文明和多元文化的融合之地。迷人的沙滩、温和的气候、比邻欧洲的地理优势、物美价廉的商品、稳定的政治环境和热情好客的风土人情，使许多国际会议都选择在此召开。

肯尼亚

肯尼亚全称“肯尼亚共和国”，位于非洲东部，赤道横贯中部，东非大裂谷纵贯南北。肯尼亚东邻索马里，南接坦桑尼亚，西连乌干达，北与埃塞俄比亚、苏丹交界，东南濒临印度洋，海岸线长约 536 公里，面积约 58.2 万平方公里，人口约 3 360 万。肯尼亚地势西高东低，东南部沿海为平原，其余多是海拔 1 000～1 200 米的熔岩高原；东北部是沙漠和半沙漠；西部为纵贯南北的东非大裂谷的东支。中部的基里尼亚加峰（肯尼亚山）海拔 5 199 米，山顶有积雪，为非洲第二高峰。肯尼亚森林面积约 8.7 万平方公里，森林覆盖率约 15%，约 18%的国土为可耕地，其余主要适于发展畜牧业。境内河湖众多，主要有塔纳河、萨巴基河和图尔干纳河等；湖泊有维多利亚湖、图尔卡纳湖和奈瓦沙湖。全境位于热带季风区，但受其地势较高的影响，为热带草原气候，降水季节差异大。沿海地区湿热，高原气候温和，全年最高气温 22～26℃，最低气温 10～14℃。

肯尼亚的矿藏主要有纯碱、盐、萤石、石灰石、重晶石、金、银、铜、铝、锌、铌和钍等，除纯碱和萤石外，多数矿藏尚未开发。主要矿物有东南部塔莫塔附近的重晶石、姆里马山的铌以及西南部卡卡梅加、马卡尔杰的金。吉尔吉尔是世界上最大的硅藻土矿之一，马加迪湖中有丰富的天然碱和盐。旅游业是肯尼亚支柱产业，主要旅游点有内罗毕、察沃、安博塞利、纳库鲁、马赛马拉等地的国家公园、湖泊风景区及东非大裂谷、肯尼亚山和蒙巴萨海滨等。

肯尼亚是世界人类发源地之一，境内曾出土了约 250 万年前的人类头盖骨化石。大约 2 000 年前，班图语系的人就进入肯尼亚定居。7 世纪，阿拉伯人也来到肯尼亚定居。15—19 世纪，葡萄牙和英国相继侵入，1920 年肯尼亚成为英国殖民地。1963 年，肯尼亚独立，1964 年成立共和国，如今仍为英联邦成员国。

南非

南非全称“南非共和国”，位于非洲大陆最南端，地处大西洋与印度洋之间的航运要冲，有

“西方海上生命线”之称，素有“彩虹之国”和“黄金宝石之国”的美誉。南非国土面积约122万平方公里，人口约4 690万，主要由黑种人、白种人、有色人种和亚裔各大种族构成。南非是世界上唯一同时存在3个首都的国家，分别是行政首都比勒陀利亚、立法首都开普敦和司法首都布隆方丹。南非最早的土著居民是桑人、科伊人和后来南迁的班图人。17世纪后，荷兰、英国相继入侵南非。20世纪初，南非曾一度成为英国的自治领地。1961年5月31日，南非退出英联邦，成立南非共和国。由于南非白人当局在国内推行种族歧视和种族隔离政策，南非人民在以曼德拉为首的非洲人国民大会领导下，为推翻种族隔离制度，进行了英勇的斗争，并最终取得胜利。1994年4月，南非举行首次由各种族参加的大选，曼德拉当选为南非首任黑人总统。

南非全境大部分为海拔600米以上的高原，地势由东南向西北降低。德拉肯斯山脉绵亘东南，卡斯金峰高达3 660米，为全国最高点；西北部为沙漠，是卡拉哈里盆地的一部分；北部、中部和西南部为高原；沿海是窄狭的平原。奥兰治河和林波波河为两大主要河流。大部分地区属热带草原气候，东部沿海为热带季风气候，南部沿海为地中海气候。12月至次年2月为夏季，最高气温可达32～38℃；6月至8月是冬季，最低气温-12～-10℃。全年降水量由东部的1 000毫米逐渐减少到西部的60毫米，平均450毫米。南非是世界五大矿产国之一，现已探明储量并开采的矿产有70多种，其中黄金、铂族金属、锰、钒、铬、钛、硅铝酸盐等的储量均居世界第1位。

旅游业是南非第三大外汇收入来源和就业部门。旅游业产值占国内生产总值的3%左右。南非旅游资源丰富，设施完善，有700多家大酒店，2 800多家大小宾馆、旅馆及10 000多家餐馆。旅游点主要集中于东北部和东南沿海地区。生态旅游与民俗旅游是南非旅游业两大最主要的增长点。

位于贫瘠沙漠中的美国拉斯维加斯成为了扬名国际的娱乐之城，而位于南非的太阳城同样也以豪华而完整的设备及浑然天成的自然美景，吸引了世人的目光，几乎所有到南非旅游的游客都不会错过这个好地方。在南非，太阳城就是娱乐、美食、赌博、舒适、浪漫、惊奇的同义词，很少人能摆脱它的迷人魅力。太阳城内的失落城是个耗资8亿3千万兰特所打造出来的娱乐城，有令人屏息的人造森林和动感十足的人工海浪游泳池。城内的皇宫大酒店，以金碧辉煌和尊贵舒适等特色，位居“世界十大酒店”之列。

第2节 非洲重要旅游城市

金沙萨

金沙萨是刚果民主共和国的首都，是全国政治、军事、经济和文化中心，也是全国最大的城市和河港。在该国西南部、刚果河下游左岸，与刚果共和国首都布拉柴维尔隔河相望，面积约9 965平方公里，人口约600多万。该市最初是一个小渔村，1881年比利时在此建殖民点，并以其国王的名字命名为“利奥波德维尔”。1923年后此地曾为比属刚果首府。1966年，前扎伊尔共和国政府将其更名为“金沙萨”。金沙萨有榨油（棕油）、食品、棉纺织、木材加工、钢铁、水泥、机械修配、化学、炼油等工业。刚果河流域农产品大部在此集散，输出铜、咖啡、棕油、棉花、橡胶、木材等。

金沙萨市全市分为4个大区24个小区。在市西北角刚果河畔的恩加利埃马山上，坐落着大理石宫（前总统官邸）和非统城（现总统府所在地）；市中心有一座白色的雄伟建筑——由我国援建的人民宫，是会议和群众集会的中心。人民宫附近还有我国援建的 8 万人座体育场。此外，市内还矗立着前议会大厦——民族宫（现为总统办公厅所在地）、矿业贸易大厦及豪华酒店等主要建筑。

金沙萨市处于热带雨林气候带，全年分为两季，10 月至次年 5 月为雨季，气温较高，多阵雨；6 月至 9 月为旱季，较凉爽，多云少雨。金沙萨被誉为“非洲的花城”，异树奇花种类繁多，市内片片葱绿，热带风光旖旎。高大挺拔的棕榈树、金光灿烂的凤凰树、殷红富丽的三角花树、纤秀玲珑的鸡蛋花树，五彩斑斓的紫串花、黄串花和红串花树以及香蕉、椰子、芒果等各种果树郁郁葱葱，花团锦簇，既美化了环境，又使城市充满了生机。

开罗

埃及首都开罗横跨尼罗河，气魄雄伟，风貌壮观，是整个中东地区的政治、经济和商业中心。开罗由开罗省、吉萨省和盖勒尤卜省组成，通称“大开罗”，约有 1 675 万人口，是埃及和阿拉伯世界最大的城市，也是世界上最古老的城市之一。

古埃及人称开罗为“城市之母”，阿拉伯人把开罗叫做“卡海勒”，意为“征服者”或“胜利者”。尼罗河，这条世界上著名的大河，流贯市区后，分为两支，继续北去，注入分隔欧非大陆的地中海，形成了广阔富饶的尼罗河三角洲。开罗因地处欧亚非三洲的交通枢纽，街头随处可见各种肤色的人。全国主要公路和铁路在此交汇，与国内各大城市往来非常方便。

遍布全城的清真寺、宣礼塔使开罗享有“千塔之城”的美称。在阿拉伯语中，宣礼塔被称为“弥沾恩”，指宣礼员站着呼唤人们祈祷的地方。从公元 7 世纪起，随着伊斯兰教在西亚、非洲一带广泛传播，清真寺建筑艺术不断发展，宣礼塔也演变为各种不同的式样，成为清真寺建筑中不可缺少的一个组成部分，这也成为开罗城区的一大亮点。

开罗是世界文化古都，是西亚及北非地区的文化中心。开罗市中心外围有 3 个古老的城区，其中最大的是法提米德城，内有开罗大部分历史名胜，如释伯尔斯一世清真寺和撒丁堡。旧城和尼罗河岸之间为伊斯梅里亚、卡斯安尼尔和花园城 3 个商业住宅区。主要交通干线科尼奇大街与尼罗河平行，两侧电视大楼、教堂、市政建筑和酒店高高耸立。

在开罗，建于 19 世纪的古城区和尼罗河岸之间的过渡区有国家图书馆、伊斯兰艺术博物馆与阿布丁宫博物馆等。都市区东沿有大片陵墓区，号称“死人城”。因各处形成时期不同，其建筑风格迥异。最古老地区多 2～4 层砖、灰木结构建筑；19 世纪所建地区因受当时西方文化影响，多为装饰华丽的欧式石建筑，其中尤以前萨卡基尼宫最为知名；西部和北部既有高层住宅楼，亦有带花园的高墙低矮别墅。市区西南矗立着“世界七大奇迹”之一的金字塔和狮身人面像；东北部有作为赫利奥波利斯（柏拉图曾在此从事研究）标志的尖塔；尼罗河西岸新建的优雅的希尔顿酒店引人瞩目。尼罗河西岸的开罗大学历史悠久、规模宏大、设备齐全，此外还有爱资哈尔大学、爱因沙姆斯大学、美国大学、赫勒万大学等。

在寸草不生、遍地黄沙的平野上，这些埃及古帝王的石砌陵墓气势宏伟，向游客展示着墓主昔日的威仪。在开罗市区的解放广场一侧，是埃及博物馆，藏品在 10 万件以上，在介绍埃及文化、特别是在介绍法老时期和希腊—罗马时期的古物方面，堪称无与伦比。进入大门，映入眼帘的大多是石头：石人、石棺、石碑、石柱，名目繁多，难以胜数。这是埃及的史书，也是一部“石头记”。与博物馆相距不远的位于尼罗河中一个岛上的开罗塔高 187 米，登上这座现代化建筑，全城景色尽收眼底。

亚历山大

埃及最大海港、全国第二大城市亚历山大，位于尼罗河口以西一条狭长地带上，西北临地中海，东南靠迈尔尤特湖。这座东西狭长的城市宛如一位淡妆素裹的少女侧卧在地中海滨，显得异常娴静美丽。因受海洋影响，这里冬无严寒，夏无酷暑，大海辽阔，沙滩美丽，阳光充足，空气清新，古迹众多，四季花开，万木常青，是举世闻名的旅游胜地。

亚历山大古称“阿荔散”，建城至今已有 2 000 多年的历史。公元前 332 年，古希腊马其顿国王亚历山大一世征服埃及后，在北临地中海的尼罗河三角洲上建立起一座都城，并以自己的名字命名。在漫长的历史岁月里，亚历山大城经历了希腊、罗马、拜占庭、阿拉伯帝国和土耳其奥斯曼帝国几个时期，自建成到公元 641 年一直是埃及的首都，从公元前 4 世纪到公元 1 世纪则一直为地中海东部政治、经济和文化中心。这座城市虽几经地震的破坏，公元 16 世纪起也曾一度衰落，但后来都得到了恢复，并慢慢发展起来，如今已成为一座现代化城市和重要的国际航空港。

亚历山大不仅是一座美丽多姿的海滨城市，而且是一座历史悠久的艺术古城。在亚历山大大帝建立地跨欧亚非的大帝国后，埃及的亚历山大城一跃成为当时世界最大的都市之一和地中海著名的港口、欧洲与东方贸易和文化交流的枢纽，从而创造了名垂青史的“亚历山大文化”，即人们常说的“希腊后期文化”，对人类的科学与文化发展作出了杰出的贡献。被视为“世界七大奇迹”之一的亚历山大灯塔便是这一时期科学和文化高度发达的典型代表。

在亚历山大时期，埃及是当时地中海沿岸最大的粮仓，为了便于粮食大量出口，亚历山大大帝下令修建一条长 1 850 米的海上防波堤，将距城北约 2 公里的法罗斯岛同城市的大陆连为一体，形成区域面积达 6 平方公里的东西两个天然港湾，供船只停泊和修理之用。为了适应海上贸易集散和东西方文化交流的需要，于公元前 280 年在法罗斯岛上动工兴建亚历山大灯塔，前后历时 20 年。亚历山大灯塔高约 135 米，分为 4 层，采用右灰岩、花岗岩、白色大理石砌成。亚历山大灯塔是非洲大陆上最古老的一座灯塔，也是世界最早的航海灯塔之一，集中体现了“亚历山大文化”的精髓。然而，十分可惜的是，在漫长的历史进程中，由于自然和人为的原因，这座古老的灯塔没有保存下来。公元 7 世纪时灯塔的灯体因年久失修而倒塌，公元 1100 年和 1435 年两次地震，灯塔被彻底毁坏。昔日亚历山大城的“明珠”已经沉没海底几百年了。后来，在城区外按原样复制了一座灯塔，虽然比原来缩小了，但前来凭吊、参观的游客仍络绎不绝。

亚历山大市区高层建筑、超级市场、各式酒楼比比皆是，竞相争辉，繁华热闹。长约 26 公里的海滨大道被誉为这座城市特色的代表，一面是浩瀚辽阔的地中海海面，一面是现代化建筑，错落有致，绿树成荫，花草争艳，景色迷人。海滨大道的东端是蒙塔扎宫，西端是蒂恩角宫，两处都是花木丛生的风景区。城南还有著名的庞贝柱和陵墓等多处古迹。海边沙滩绵延 30 多公里，是游泳、划船和日光浴的好去处。

卢克索

卢克索是埃及中南部城市，坐落在开罗以南 670 多公里处的上埃及尼罗河畔，位于古埃及中王国和新王国的都城底比斯南半部遗址上。在近 700 年的时间里，法老们就从这颗“上埃及的珍珠”发号施令，使古埃及的政治和经济达到了辉煌的巅峰，领土南接苏丹，北达叙利亚，成为地跨东地中海地区北非、西亚的第一强国。此间法老们不断扩张埃及的版图，并建造了无数的神庙与庞大的墓群。

古埃及帝国维持了 1 500 多年，历代国王、法老在底比斯兴建了无数的神庙、宫殿和陵墓。经过几千年的岁月，昔日宏伟的殿堂庙宇都变成了残缺不全的废墟，但人们依然还是能够从中想见它们当年的雄姿，它们是古埃及文明高度发展的见证。据考古学家估计，约有 500 座古墓散布在卢克索地区，仅尼罗河西岸著名的“帝王谷”就有 64 座帝王陵墓，现有 17 座对外开放。陵墓的形制基本相同，坡度很陡的阶梯通道直通陵墓走廊，走廊通墓前室，室内有数间墓穴，存放木乃伊的花岗岩石棺停放在最后一间墓穴。因此，卢克索成了古埃及遗迹的宝库，是探访埃及古文明不可不到的地方。如今的卢克索是世界上最大的露天博物馆，有着“宫殿之城”的美誉。尼罗河穿城而过，将其一分为二。

在卢克索的古建筑群中，保存最完整、规模最大的是卡纳克神庙。它的殿堂占地达 5 000 平方米，有 134 根圆柱高耸入天，其中最中间的 12 根高 21 米，5 人不能合抱，通体遍布精美浮雕。卢克索已成为一座现代旅游城市，是埃及的旅游胜地，位于市中心的庙宇神殿给卢克索打上了特殊的标记，每年都有几十万游客从世界各地慕名而来。卢克索每年的 5—9 月较为炎热，1 月的平均气温最低，其他月份温度适中。如果要去旅游，选择不那么热的天气较为明智。

阿斯旺

阿斯旺是阿斯旺省的首府，位于上埃及尼罗河“第一急滩”下的东岸，人口约 15 万，古代曾为驿站、兵营和与南方邻邦的贸易要站，现为对苏丹、埃塞俄比亚等国的贸易要地。阿斯旺市区不大，滔滔北流的尼罗河水，为它平添了不少景色，现有纺织、制糖、化学、制革等工业。它冬季干燥温和，是疗养和游览佳地。

市内有博物馆、植物园等名胜。在其附近尼罗河上所筑的阿斯旺高坝为“世界七大水坝”之一。高坝主体长 3 600 米，高 110 米。1960 年在苏联援助下动工兴建，1971 年建成，是一项灌溉、航运、发电的综合利用工程。高坝控制了洪水，从根本上消除了泛滥和干旱，不仅保证了尼罗河下游农田用水，而且使上埃及尼罗河谷地区农作物由一年一熟改为一年两熟或三熟。高坝建成后，其南面形成一个群山环抱的人工湖——阿斯旺水库。湖长 500 多公里，均宽 12 公里，面积约 6 500 平方公里，是世界第二大人工湖。

阿斯旺最吸引之处就是与这座城市峭壁平行的市场。无论白天还是夜晚，这座城市里到处都是熙熙攘攘的人群。货架上的商品琳琅满目，柳条篮子和各种辛香作料堆成了小山，下面还有藏红花、咖喱粉、玫瑰茄花瓣。和开罗及卢克索的市场不同，那里的卖主有时甚至会强行让人购买他的东西，而在这里一切都在温和的话语和微笑中进行。

到阿斯旺，一定会有当地的人推荐来一次帆船之旅，不妨听从一次，乘帆船的感受的确不同于陆路旅行。远离城市的喧嚣，可以尽情地放松，驾帆船的船长在工作之余，还能表演几首埃及民歌，令人心情极其愉快。帆船之旅还提供三餐，让游客着实吃好、玩好，何乐而不为呢？

突尼斯市

突尼斯的首都与国家同名，坐落在地中海突尼斯湾西岸的一个湖的顶端，湾、湖之间隔着一条天然沙堤，中部开有缺口相通。这座由充满阿拉伯风格的旧城和欧化的新城合璧的都城，建筑物大多为乳白色，掩映在枣椰树、棕榈树和橄榄树的绿荫中，犹如飘浮在地中海上的白莲。传说希腊神尤利西斯带着船员在海中漂浮，自从看到这朵莲花后就决定在此扎根繁衍了。新城中心的布尔吉巴大街，街心共和国广场中央耸立着前总统布尔吉巴的骑马铜像，远处水天一色处便是突尼斯湖和突尼斯湾。

旧市区街道拥挤，人们的衣着也较为传统，男的穿着长袍，女的披着纱丽，贩卖各式编织品、刺绣品的地摊随处可见。到了新市区，眼前则豁然开朗，鳞次栉比的高楼大厦、宽广明净的林荫大道、清爽明亮的咖啡店、商场和酒店，将市区妆扮得多彩多姿。漫步市区，浓郁的地中海气息迎面扑来，悠扬的音乐从咖啡厅溢出，不时还会有身着长裙、眼戴墨镜、脚穿高跟鞋的时髦女郎从远处款款而来。

虽然突尼斯全国人口只有 1 640 万左右，但行走在首都大街上，人流熙熙攘攘，两旁的店铺热火朝天，人气极旺，毕竟这儿是全国的政治、经济、文化和交通中心，又临近地中海，是欧洲进出非洲的重要港口。和欧洲的大都市相比，突尼斯市的商场显得毫不逊色，店内的高档时装和化妆品都是从邻国意大利、法国、德国等地进口的。

苏塞

苏塞是突尼斯第三大城市，在地中海哈马马特湾南岸，人口约 8.4 万，被誉为“地中海的花园港”。苏塞在公元前 1 世纪即为著名的腓尼基城市，7 世纪时被毁，后重建，现为苏塞省省会，东北部地区是农牧产品重要集散地和工业中心，有大型棉纺织厂和榨油、毛纺、制革、鱼类罐头等工业，刺绣、花边、珠宝首饰等手工业颇盛。港口主要输出磷灰石与橄榄油，其次是铁矿石、皮革等。苏塞有中世纪以来修建的城垣、宗教建筑、王公府第、地下陵墓和民居，建筑风格多样。苏塞博物馆藏有突尼斯民族艺术瑰宝——镶嵌画，年代最久的作品距今已有 3 500 多年。

在阿克拉普王朝时代，苏塞就是重要的贸易枢纽和军事港口。在伊斯兰世界最初形成的几百年中，苏塞是一个典型的伊斯兰城镇。城内有土民区、防御工事、阿拉伯人聚居区、伊斯兰修道院和典型的里巴特修道院（既有军事功能又有宗教意义的男修道院）。苏塞是伊斯兰国家沿海防御系统的一个重要组成部分。

苏塞老城位于突尼斯东海岸、地中海哈马迈特湾南岸，有城墙环绕，由石块垒成。城墙南北长约 700 米，东西宽约 450 米；基本上保存完好。城墙东南角耸立着卡莱福方塔，塔底边长 8 米，顶端边长 5 米，高 30 多米，是最古老的伊斯兰式塔。1988 年联合国教科文组织将苏塞老城作为文化遗产，列入《世界遗产名录》。站在老城高处环视四周，蓝色的地中海、白墙蓝窗的阿拉伯小楼，层层重叠于山坡之上，掩映在椰枣丛中，令人心旷神怡。

位于苏塞老城内的苏塞大清真寺建于公元 851 年。祈祷大厅被立柱纵向隔成 13 条长廊，顶部为筒形穹隆，短粗立柱支撑着双半圆拱。大厅的 11 座大门开向中央庭院。宣礼塔位于院内东北角，塔身粗圆，上覆八角穹隆。整座建筑朴素无华。

苏塞地理位置险要，自古以来战事频繁，故连伊斯兰信徒礼拜的场所也被修成堡垒的样式。四周建有高墙，只在南墙中部开有一个小门。高墙的四角和其他三边的中点各建有一座圆形塔楼。东南角的塔楼高 15 米，是塔楼中最高的一座。

苏塞北区是新建设起来的现代化城市，与具有典型阿拉伯风格的南区形成了鲜明的对比。

凯鲁万圣城

凯鲁万圣城位于突尼斯中部偏东地区，北距首都约 155 公里，现为突尼斯第四大城市，人口仅 7.2 万左右。凯鲁万于公元 670 年兴建，公元 800—909 年，艾格莱卜王朝在此定都，凯鲁万自此名声大噪，成为伊斯兰四大圣地之一，11 世纪后因突尼斯城兴起而地位下降，现仍为伊斯兰教圣地，建有宏大的清真寺。此地是羊毛、皮革、谷物、橄榄油集散地，以精制“突尼斯皮革”、手工编织、地毯、铜器等闻名，旅游业颇盛，铁路通首都和苏塞。

凯鲁万是一座历史文化名城，同时也是一座伊斯兰圣城，是一座充满神奇色彩的梦幻之城。

走进凯鲁万圣城，便见古街老巷弯弯曲曲，纵横交错，路似迷宫。两旁房舍，墙白如粉，门窗湛蓝，甚是悦目。沿途不时见到一座座清真寺尖塔、礼拜寺半露在街旁巷内，寺内总是挤满了虔诚的信徒，匍匐在地向真主顶礼膜拜。沿街店肆林立，货摊鳞次栉比，商品琳琅满目，叫卖声此起彼伏，好一派醉人的阿拉伯市场风情。

城内寺庙星罗棋布，因此凯鲁万有“三百清真寺之城”的美誉，但最负盛名的是位于城东北隅的奥克巴清真寺，又名“大清真寺”。它不仅是北非历史最悠久、规模最大的清真寺，且是与麦加清真寺、麦地那清真寺、耶路撒冷清真寺齐名的世界四大清真寺之一。站在十几公里之外，就可遥见大清真寺高耸的尖塔，它已成为凯鲁万的特殊标志。奥克巴清真寺建筑风格独特，设计布局精妙。环绕大院四周的连拱柱廊、排排石柱和巍峨的尖塔，营造出庄严、肃穆、圣洁的氛围。置身其中，倍感造化之神秘、宇宙之无穷、个人之渺小。

内罗毕

内罗毕是肯尼亚首都和最大城市，面积约 648 平方公里，人口约 216 万，位于肯尼亚中部海拔 1 680 米的高原上，距肯尼亚第一大港蒙巴萨约 480 公里。

1892 年内罗毕为英属殖民地的铁路站，1899 年军需品运输终站从当时的乌干达变更至内罗毕；1905 年内罗毕成为英属东非保护领地的首都。1993 年前后，内罗毕成为贸易中心。1963 年肯尼亚宣布独立，内罗毕这个吸引人潮移居的中心城市，自然成为肯尼亚的首都。内罗毕现以制造业包括烟、加工食品饮料等为主要工业，近年观光旅游也成为该市主要收入之一。

内罗毕拥有“东非小巴黎”的美誉，是个生动、有趣的世界性都市，城市绿树成荫、花团锦簇，又有“阳光下的绿城”之称。联合国环境规划署和人居中心部均设在此。市中心肯雅塔国际会议中心是内罗毕的标志性建筑。国家博物馆、《走出非洲》作者卡伦故居、自由广场、长颈鹿公园等是市内著名的游览地。在这里有来自世界各地的游客，享受文明现代的都会非洲生活，如非洲其他地区没有的好书店、餐厅、商业区、五分钟内可以兑换到支票的银行及邮局等便利设施。

内罗毕是联合国在非洲的总部。联合国内罗毕办事处由联合国环境署和人居署的总部以及其他联合国机构驻肯办事处组成。它是联合国唯一设在第三世界国家的办事处级别的机构，与联合国日内瓦办事处、维也纳办事处等纽约总部以外的大型驻地机构平行。联合国内罗毕办事处的国际公务员总数约为 800 人，另有当地职员 1 200 人。

另外，位于内罗毕西北约 90 公里处的奈瓦沙湖，邻近东非大裂谷，是一个很大的淡水湖。这里是鱼鹰的故乡，游客可泛舟湖上观赏水鸟、河马及水边食草动物，此湖除秀丽异常外，还是肯尼亚的鲜花种植基地。

约翰内斯堡

约翰内斯堡是南非最大城市，位于东北部瓦尔河上游高地上，平均海拔约 1 754 米，人口约 171.3 万，始建于 1886 年，原是一个探矿站，以后随金矿的发现和开采迅速发展为城市。约翰内斯堡附近绵延 240 公里地带内有 60 多处金矿，周围还有众多工矿业城市，合占南非工业总产值一半左右。市政厅建于 1915 年，市内有博物馆和教堂等建筑。公园和草地占城市面积 1/10 左右。著名的朱伯特公园建在城中心的高地上，内有美术馆。此外还有密尔勒公园、唐纳德·麦凯公园、埃利斯公园等，市东北郊有开普敦公园。动物园位于斯马茨大街，其面积颇广，有花园和小湖。北郊有占地 43 英亩的植物园和占地 26 英亩的梅尔罗斯鸟类保护区。游客还可到市内的钻石加工厂参观钻石加工过程。城内种族隔离和种族歧视状况较为严重，城西南约 25 公里处的索韦托，是南非黑人最集中的隔离区。1976 年 6 月 16 日，南非政府在这里制造了骇人听闻的“索韦托惨案”，遭到全世界人民的愤怒谴责。

约翰内斯堡是一座充满生机和活力的城市，到处都散发着都市气息，但它仍保留着 19 世纪 80 年代淘金棚户区原始的一面。

约翰内斯堡面积约 269 平方公里，是南非最大城市和经济中心，也是世界上最大的产金中心。市区由铁路分为南北两部分，南为重工业区，北为市中心区，分布有主要商业区、白人居住区和高等学校。大概每一个初到约翰内斯堡的人都会被它的繁华所迷醉：巨厦林立，娱乐场所光影缤纷，黑人、白人脸上都散发着健康的光泽，那份喧哗与熙攘同欧美的大城市全然无异。

约翰内斯堡属全年温暖的亚热带气候，气候差异大，又极富变化，夏季平均气温 24.7℃，冬季平均气温 18℃。

作为南非最大的城市，今天的约翰内斯堡已发展成为繁华的现代化大都市，造型各异的高大建筑物鳞次栉比，四通八达的现代化高速公路网覆盖整个城市，世界十大金融市场之一的约翰内斯堡股票交易所位于市区的繁华地段，交易异常活跃，环境幽雅的现代购物中心随处可见。每当夜幕降临，整个城市灯火通明，建筑物上的霓虹灯齐放异彩，更增添了现代大都市的氛围。

开普敦

开普敦是南非第二大城市、南非的立法首都、西开普省省会、开普敦都会城区的组成部分。开普敦以其美丽的自然景观及码头闻名于世，知名的地标有被誉为“上帝之餐桌”的桌山以及印度洋和大西洋的交汇点——好望角。它位于好望角北端的狭长地带，濒大西洋特布尔湾。始建于 1652 年，原为东印度公司供应站驻地，是西欧殖民者最早在南非建立的据点，故有“南非诸城之母”的美称，曾长期作为荷兰、英国殖民者向非洲内陆扩张的基地。

开普敦城市背山面海迤逦展开，西郊濒大西洋，南郊插入印度洋。市内多殖民时代的古老建筑。位于大广场附近，建于 1666 年的开普敦城堡是市内最古老的建筑，当年其建筑材料多来自荷兰，后用做总督官邸和政府办公处。

17 世纪建筑的大教堂，坐落在阿德利大街，其钟楼至今仍保存完好，有 8 位荷兰驻开普敦总督先后葬于此教堂内。在政府街公共公园的对面是 1886 年竣工又在 1910 年增建的国会大厦和美术馆。西面是建于 1818 年、收藏达 30 万册书的公共图书馆。城中还有 1964 年建立的国家历史博物馆。

城西的桌山海拔 1 082 米，因山顶平整如桌而得名，山峰绵延平展，气象巍然。国家植物园位于桌山的斜坡上，它的上方是建于 1825 年的最古老的博物馆，山脚下是开普敦大学。海滩附近设有娱乐和休养设施，是南非主要的旅游地，尤宜于冬季休养。南郊有天文台。开普敦也是南非金融和工商业的重要中心，交通发达，从欧洲沿非洲西海岸通往远东、太平洋的航线都经过这里。特布尔湾为天然良港，可同时停泊深水海轮 40 多艘。第二次世界大战以来，人们在湾中拦海拓地，并在此建立新的城区。

开普敦是欧裔白人在南非建立的第一座城市，这座南非白人心中的母城 300 余年来数度易主，历经荷、英、德、法等欧洲诸国的统治及殖民，虽然地处非洲，但却充满多元欧洲殖民地文化色彩。开普敦集欧洲和非洲人文、自然景观特色于一身，开普敦因此名列世界最美丽的都市之一，也是南非最受欢迎的观光都市。

开普敦中心地区位于开普半岛的北端。桌山的地势形成了一个犹如碗形的地区，被近乎直角的峭壁所包围，两旁为魔鬼峰和狮头峰。开普半岛拥有一直向大西洋方向伸展的山脊，以好望角为终点。开普半岛属地中海气候，四季分明。冬季，即每年 5 月至 8 月，冷风连同大量的雨水自大西洋而来，平均温度只有 7℃左右，降雨量大；夏季为每年 11 月至次年 2 月，气候温暖而干燥，平均气温 26℃。

开普敦的渔产亦十分丰富，其沿岸地区堪称世界上渔产最丰富的地区之一。南大西洋的本格拉洋流流经此地，令渔产的数量和营养都十分高。现时，当地的大西洋渔场供给了全南非约 75%的捕鱼量，并为西开普省带来了约 28 万个就业机会。当地盛产的海鲜种类很多，包括龙虾、鲍鱼及生蚝等。

在开普敦对面的大西洋海底亦发现了石油、天然气等天然资源，故此石油化工业在当地亦相当发达，亦成为南非其中一个重要的能源开发中心。另外，开普半岛上的开普植物保护区已于 2004 年被联合国教科文组织选为“世界自然遗产”。

第 3 节　非洲著名旅游景区、景点

维龙加国家公园

维龙加国家公园是刚果民主共和国的天然动物园，位于该国东部基伍湖畔的戈马市之北，靠近乌干达边境。全园长约 100 千米，面积 80 多万公顷。公园地处东非断裂带内，四周为环山的天然屏障，霍温第河蜿蜒流过。园里有火山山脉、熔岩平原和沼泽地。其中鲁温奏里山海拔 5 000 多米，山顶终年为冰雪所覆盖。但从地带性植被看，这里应属热带稀树草原。公园建于 1925 年，是非洲中部最大的天然动物保护区，主要动物有羚羊、斑马、角马、大象、长颈鹿、黄羊、狮子、豹、野猪、猴类、河马、狒狒、野水牛、罗非鱼、非洲肺鱼、金鲮及成群的鸟类等。其中羚羊 4.5 万只、野牛 4 万头、河马 3.5 万头、大象 1 500 多头，狮子 600 只。游客乘坐设有安全装置的汽车入园，便可看到一群群黄羊，悠闲地在草原上游荡；成群结队的野象、野牛以及斑马、角马、长颈鹿等在水边觅食。霍温第河多浅滩，沿岸可看到大批河马在水中浮游或在岸边觅食、晒太阳。阿明湖边鱼类繁多，游客若留宿于湖边的维希勃渔村，则会观看到当地渔民从湖里打捞上来的各种鲜鱼，其中包括罗非鱼、金鲮及富有研究价值的非洲肺鱼等。1979 年联合国教科文组织将维龙加国家公园作为自然遗产列入《世界遗产名录》。

加兰巴国家公园

一片辽阔起伏的高原、一块点缀着岛山的远古准平原地区和巨大的低压沼泽地构成了加兰巴国家公园的地形外貌。该公园属热带气候，3 月至 11 月是半潮湿的雨季，接着便是漫长的干燥期，这时气温一般为 36～39℃，干燥高温的东北风时常“统治”着这里。该地区的年平均降水量大约为 1 260 毫米。该公园是 1938 年 3 月 17 日令正式命名的，1980 年，它被联合国教科文组织列为“世界自然遗产”。加兰巴国家公园北邻苏丹，面积约 5 000 平方公里，海拔 700～1 000 米，属热带稀树草原，建于 1938 年，旨在保护长颈鹿和珍稀动物白犀。

加兰巴国家公园有三种植被分布。草地上纵横交错着数不尽的细小河流，河边是长着纸草的沼泽地。非洲象是森林和稀树大草原渐变群的典型过渡动物代表，但它的数量也由 20 世纪 70 年代末的 20 000 头锐减到 1984 年的 8 000 头，直到 1994 年数量才有所回升。其他哺乳动物主要有长颈鹿、河马、非洲水牛、雄赤鹿、非洲大羚羊、狒狒、疣猴、长尾猴和其他 5 种猴类、金猫、豹、狮子、疣猪、大河猪、弯角羚及其他 6 种羚羊属动物。除此之外，公园里还有 2 种水獭和 5 种猫鼬。

进入加兰巴国家公园，横跨河流两岸的小桥、日益四通八达的公路网、不断完善的膳宿设施及生动详尽的公园说明材料，无不在人心中留下长久美好的记忆。国家公园拥有广阔的热带稀树干草原、大草场及森林，高耸入云的林木点缀在河岸边和沼泽低地里，这里养育了 4 种大型哺乳动物：大象、长颈鹿、河马及珍稀的白犀牛。

卡胡兹—别加国家公园

卡胡兹－别加国家公园位于刚果民主共和国东部，海拔在 600～3 308 米之间，两座主峰由火山喷发而成，海拔分别为 3 308 米和 2 790 米。这片山地的形成时期为第三纪晚期或第四纪早期。始建于 1970 年的卡胡兹－别加国家公园于 1975 年 7 月由原先的 7.5 万公顷扩大到 60 万公顷。1980 年该公园被联合国教科文组织列为“世界自然遗产”。

卡胡兹－别加国家公园的东部地区年平均最高温度 18℃，最低温度 10.4℃；年均降水量约 1 800 毫米，相对湿度在 50%～85%之间。公园的西部地区覆盖着近赤道雨林和一片过渡森林带。东部地区有 6 种不同的植被分布：山地雨林、高海拔雨林、沼泽林、竹林、亚高山带石南林及泥炭沼。山地雨林位于海拔 900～2 300 米之间；高海拔雨林则在 2 300 米以上；竹林生长在海拔 2 300～2 600 米之间，因其特有的集群现象而分布广泛，其“足迹”早先曾遍布公园 1/3 的面积；亚高山带石南林生长在森林线以上，在公园的主峰上也生长着石南科灌木，另外还有狗舌草、蜡菊属植物等；泥炭沼通常位于海拔 2 400 米以下，莎草在这里占据着绝对优势，其他植被以金丝桃属植物居多。公园其余的土地上大都是一些中植带森林。该公园的植物种类繁多，总计可达 448 种，另外还有 2 种植物目前尚无法确定其种属。

卡胡兹－别加国家公园不仅是个无奇不

有的植物世界，而且也称得上是丰富多彩的的动物乐园。当初卡胡兹—别加国家公园是为了更好地保护森林里的大猩猩而建立的。1979 年公园里大约有 223 只大猩猩，到了 1990 年，大猩猩的数目增加到 284 只。公园里其他的灵长类动物主要包括非洲小人猿、黑白花疣猴和赤色疣猴。除此之外的哺乳动物还有非洲象、林猪、麝猫、长尾猴、水獭、叶猴、托马斯树生松鼠、亚历山大灌木丛松鼠以及众多的羚羊和小羚羊。这里还是太阳鸟、鸣鸟的栖息地。

卡胡兹—别加国家公园东部地区自公园建立之初就有大批农民移居过来，目前公园的人口密度为每平方公里 300 多人，属刚果人口稠密的地区之一。

东部低地的大猩猩是卡胡兹—别加国家公园的“金字招牌”，它对世界各地的游人都有着独特的吸引力。一条宽阔的沥青马路从东向西贯穿整个公园，为方便游客观察大猩猩还修建并放开了一些小路。

萨龙加国家公园

萨龙加国家公园地处刚果民主共和国的刚果河（扎伊尔河）中游地区，公园占地 36 万平方千米，是最大的热带雨林保留区，是当地许多濒危物种的栖息地。据 1970 年 11 月 30 日第 70—318 号令，萨龙加公园升级为国家公园。萨龙加国家公园分为大小不相上下的两个地区（南、北两部分），两部分之间是一块约 40 千米宽的中间地带。

萨龙加国家公园是典型的大陆性赤道气候，年平均气温约 25℃。大部分地区年均降水量为 2 000 毫米，南部地区的降水量稍低，为 1 800 毫米，一年中只有 6 月至 8 月气候略微干燥些，空气平均相对保湿率为 86%，夜间甚至能达到水分的饱和状态。这里很少有细雨蒙蒙的雨天，大都是倾盆而下的滂沱大雨。公园西北部是宽阔的河流及具两岸的潮湿地区；东部山谷较多且颇为幽深，有的悬崖绝壁高达 90 米，绝壁下激流汹涌澎湃，如万马奔腾；南部地区河流众多，洛科罗河、路易拉卡河和鲁克尼亚河等多条河流都在此经过。

萨龙加国家公园森林覆盖范围比较广，随地形的不同，植被构成也会有所变化，其中包括几处稀有原始植物群。森林主要生长在沼泽、河边和干地上。河间的土地上生长的几乎全是半落叶林，河岸上则是一些旱生或成长期短的植物。北部是大片广阔的草原，一望无际。公园南部有多种类型的植被，还有大面积的草地型林间空地。

萨龙加国家公园动物资源丰富，有矮猩猩、紫羚羊、大象、扎伊尔火鸡、非洲食鱼鳄鱼等。其中最为重要的动物当属刚果所特有的矮猩猩，保护矮猩猩是建立萨龙加国家公园的主要目的。

形形色色的偷猎行为使得萨龙加国家公园里的大象和灰色鹦鹉的数量急剧减少。日益膨胀的人口压力、森林大火造成的生态破坏、人为伐木取火、退林耕田及养蜂采蜜等原因，对萨龙加国家公园的自然保护来说无疑是极具破坏性的，非洲小人猿也因此前途未卜。最令人担忧的是，这里没有足够的管理设施以及受过专门培训的人员和相应的开发计划。

公园里的人们仍沿袭着祖辈古老的捕鱼方式，缓冲地带里也常见他们狩猎、采集的身影。

当地的农作物主要包括树薯、玉米、水稻及香蕉，为了提高当地居民的生活水平，政府鼓励农民在缓冲地带的村庄里养殖灰鹦鹉。

目前到萨龙加国家公园里观光的游客寥寥无几，主要是因为这里的旅游基础设施极端匮乏，旅游路线更无从谈起。对于萨龙加国家公园的全方位情况人们还知之甚少，但政府已计划在此展开进一步的研究。该公园已被选入欧洲经济委员会主办的“中非森林生态保护工程”，希望该工程能对公园的治理及包括外围地区的全面发展提供崭新的契机。

霍加皮野生动物保护区

霍加皮野生动物保护区占地面积约 136 万公顷，海拔高度在 500～1 000 米之间。日平均温度 24℃，虽然雨季一般集中在 8 月至 11 月，但一年中没有一个月的降水量少于 50 毫米。该地区平均每年接受日光照射的时间长达 2 000 个小时。

霍加皮野生动物保护区的植物形态各异，种类繁多。保护区主要由 4 种森林类型构成：沼泽森林、混合森林、姆巴森林及二级森林。沼泽森林常出现在沿排水通路的狭长带内；混合森林的树木一般高达 30～40 米，但经常会有栎树、朴树植物等大型林木为它们挡风遮雨；姆巴森林中树木的高度通常也在 30～40 米之间，树冠浓密茂盛而平整；二级森林生长在那些采伐过森林的地方。

霍加皮野生动物保护区生活着包括霍加皮在内的 52 种哺乳动物。据估计全世界野生霍加皮大约有 3 万只，生活在该保护区内的就有 5 000 来只，保护区中非洲大象的数目差不多有 6 700 头。其他动物包括麝香鹿、非洲金猫、豹、狒狒、大河猪、林猪、小羚羊、巨大的穿山甲和森林香猫。在保护区中发现了 13 种灵长类动物，这是迄今为止非洲森林中所发现的灵长类数目之最，其中包括赤色疣猴、红尾猴、白腹长尾猴、白眉猴、非洲小人猿等。保护区里的动物还有扎伊尔无爪水獭、帚尾豪猪、非洲大羚羊、黑色猫鼬、沼泽猫鼬、湾鳄和非洲小鳄鱼。蝶类昆虫中最为引人注目的属大型非洲凤蝶。霍加皮野生动物保护区里的鸟类目前已达 329 种，如带点朱鹭、橄榄色朱鹭、长尾鹰、黑珍珠鸡、猫头鹰、欧夜鹰、咬鹃、多情鹦鹉及各类织巢鸟，种类之多，不胜枚举。

保护区里人口稀少，长期定居的更是凤毛麟角。几个世纪以来，居住在这里的人们一直以狩猎、采集和各种种植业为生。

霍加皮野生动物保护区交通方便，沿非洲公路即可到达。公园里建有可供膳宿的旅馆、野营地和徒步旅行的路线，到霍加皮养殖中心参观还有导游相伴左右。游客还有机会与俾格米人一起分享原始打猎的刺激和乐趣。

阿布辛拜勒至菲莱的努比亚遗址

阿布辛拜勒至菲莱的努比亚遗址，位于埃及东南部尼罗河上游河畔，这里曾是上埃及文明的发源地，存有以阿布辛拜勒庙为代表的许多古迹。1979 年联合国教科文组织将

阿布辛拜勒至菲莱的努比亚遗址作为文化遗产，列入《世界遗产名录》。

古埃及新王国第19王朝的拉美西斯二世建造了这座大型岩窟神庙，距今已有3 300年的历史了。拉美西斯二世在卡纳克神庙和卢克索神庙留下了无数自己的塑像，可见他是个自我表现欲很强的人，他建造的众多神庙中，登峰造极之作就是这座阿布辛拜勒神庙。站在大神庙正面的4座拉美西斯二世像前，游客一定会因为这座建在尼罗河尽头的宏伟建筑而感到震惊。

正面的4座拉美西斯二世像高达20米。内部是一个大列柱室，是由8座高达10米的模仿俄塞里斯神的拉美西斯二世立像构成的。大列柱室两侧墙上的雕刻绝对不容错过。大列柱室深处的前室中的观光亮点是奈菲尔塔利王后的浮雕。最深处圣地内并排有数座雕像，从右至左依次是：拉•哈克提神、神格化了的拉美西斯二世、阿蒙•拉神和普塔哈神。

神庙在被纳赛尔湖湖水淹没之前，被切割成很多块迁移到了现在的位置之上。在岩石构成的山体中建有一个大拱顶，神庙就被放在拱顶内。大神庙的右侧就是进入拱顶的入口。神庙内就像大工厂一样，由钢筋混凝土的拱顶支撑起来。3 000年前的巨大建筑和最新的现代技术融合在一起，倒也很有趣。

阿布米纳

阿布米纳是早期基督教圣城，建筑有教堂、洗礼池、古罗马长方形教堂、修道院、公共建筑、街道、民房和工场。

建成于公元3世纪的阿布米纳修道院，是为了纪念一位名叫米纳斯的亚历山大士兵，他是戴克里先军队的一名军官。在戴克里先军队取得胜利后，米纳斯拒绝屠杀任何基督教徒。不但如此，他还公开宣称自己为基督教徒，宣扬基督教精神，这一行动极大地激励了其他基督教徒继续承受来自戴克里先军队的压迫和折磨。

阿布米纳修道院位于亚历山大城南部，处于危地埃尔—那川和亚历山大之间。传说米纳斯的尸体在由弗里吉亚运回的途中，骆驼突然停止行走，于是，米纳斯的尸体只好就地掩埋。就在同一地方，一口水井突然出现在沙漠中。水井的出现使得该地长满了野葡萄和橄榄树。这片绿洲被称做“神圣的米纳葡萄园”。今天，只有废墟和沙漠见证曾经的美丽绿洲。

杰姆古罗马竞技场

杰姆古罗马竞技场位于突尼斯东部的杰姆城，有“非洲的科罗西姆”之称。1979 年联合国教科文组织将杰姆古罗马竞技场作为文化遗产，列入《世界遗产名录》。

杰姆古罗马竞技场宏伟壮观，建于公元 230—238 年。竞技场呈圆形，长径 162 米，短径 118 米，高 40 米，是突尼斯罗马时代的遗迹，也是世界上保存最好的古罗马竞技场之一。杰姆城是罗马帝国阿非利加行省的一部分，它依靠橄榄树种植业成为北非最富有的城市之一。杰姆城在鼎盛时期有 3 万人口，并建有广场、马戏场、花园以及北非最壮观的古罗马建筑——杰姆古罗马竞技场。

竞技场建筑共 3 层，层层建有拱门，3 层共计有 60 座拱门。每座拱门两侧装饰有两根半露的圆柱，圆柱有古希腊科林斯式和混合式两种。位于中间的比赛场地呈椭圆形，长 65 米，宽 39 米，周围竖有 3 米高的安全石墙，与观众台隔开。1695 年，奥斯曼帝国皇帝为镇压抗税的人民，下令向场内群众开炮，致使竞技场遭到破坏，残存部分仅为原来的 3/5 左右，但分隔观众席和竞技场的大部分石围墙、比赛场、下通道（当年狮、虎、豹、野牛等野兽和战俘进入场内之路）、拱廊以及部分阶梯式座位基本保存下来。

伊其克乌尔国家公园

伊其克乌尔国家公园位于马特尔平原地区，比塞大西南约 25 公里、马特尔以北约 15 公里、地中海海岸西南约 30 公里处，有公路直通公园入口。公园占地面积约 12 600 公顷，海拔高度介于 1.5 米到 511 米之间。公园是迁徙水禽的主要冬季栖息地之一。遗憾的是，上游的两座水坝大大减少了入湖的淡水，造成盐度升高，导致鸟类赖以生存的许多植物灭绝，迫使鸟类迁往他乡。1980 年，伊其克乌尔国家公园被确定为具有重要价值的湿地，并列入《世界遗产名录》。1996 年列入《世界濒危遗产名录》。

公园由林木茂盛的伊其克乌尔山和咸水湖组成，山林地带约有 1 360 公顷，湖面 8 500 公顷，其余是沼泽地。伊其克乌尔湖经过比塞大湖通向大海，因此被划分为海洋性湿地，西面和南面的几条河流为公园提供淡水。这些水源在夏季枯竭，由于没有其他淡水来源，加上高度蒸发，使整个湖面水位下降。又由于海水的注入，造成盐度上升，伊其克乌尔湖 7—10 月盐度最高，为 38 克/升。秋雨来临后淡水得到补充，盐度下降至 1.7 克/升。伊其克乌尔山由三叠纪和侏罗纪岩层构成，主要是变质石灰岩。西南山坡采石场中，侏罗纪石灰岩和沉积矿床都裸露在外。沼泽地由第四纪沉积岩组成。

此地属于典型的地中海型气候，1 月平均气温 11.3℃，7 月平均气温 25.2℃，冬季最低气温 0℃，夏季最高气温 40℃；年平均降雨量 625 毫米，每年约有 300 万立方米雨水流入湖中。

伊其克乌尔湿地是整个地中海地区古北区水禽最重要的越冬栖息地之一，曾经记录到的鸟类多达 30 万～40 万只。伊其克乌尔的哺乳动物不超过 10 种，最常见的是水獭，还有大量的野猪、麝猫以及少量豪猪、獴、野水牛。

数世纪以来，伊其克乌尔一直作为国家狩猎保留地。这里的野牛据说有两个来源，一是从意大利引进，一是迦太基时代就有并且繁衍至今，后来被作为狩猎动物保护起来。

伊其克乌尔的人类居住史已有几千年了。紧邻公园的地区人口非常密集，并有一些大城市如比塞大和马特尔。公园边上的小村子人口还在增长，可能会接纳公园内的 130 家住户。北部山坡设有小型博物馆和图书馆。

肯尼亚山国家公园

肯尼亚山国家公园和自然森林位于肯尼亚东部，距离首都内罗毕约 193 公里，它横跨赤道，距肯尼亚海岸约 480 公里，是东非高原上著名的死火山，也是非洲第二高山，海拔 1 600 米到 5 199 米，占地面积约 142 020 公顷。1978 年 4 月，肯尼亚山国家公园成为联合国教科文组织人与生物圈规划的一个生态保护区，从此得到国际公认。1997 年，该地被列入《世界遗产名录》。

肯尼亚山气势恢弘，终年的积雪覆盖在山顶，这里的 12 条冰川终年不化，一直向山中海拔 4 300 米高的地方延伸。其中，路易斯冰川和亭达尔冰川是两条最大的冰川，山体已受很大侵蚀。最高峰由堵塞前火山口的结晶状霞石正长岩构成，中央几座高峰呈放射状延伸出几条支脉。南部和东部由矮树或高草草原围绕，形成茂密的森林带覆盖山坡，向上延伸约 3 200 米。在海拔约 4 600 米高度，岩石裸露。山顶终年积雪，“肯尼亚”即是“洁白”的意思。肯尼亚山由间歇性火山喷发形成。整个山脉被辐射状伸展开去的沟谷深深切开。沟谷大都由冰川侵蚀造成，山脚约 96 公里宽，有大约 20 个冰斗湖，大小不一，带有各种冰渍特征，分布在海拔 3 750 米到 4 800 米之间，最高峰 5 199 米。

在肯尼亚山上，植物的种类随着海拔高度的变化而变化。山地森林生长在海拔较低的山坡上，真正的森林带是从海拔 2 000 米处开始分布的，雪松是这里最常见的树木。浓密的竹林则生长在海拔 2 500 米以上的地方，在这一地区有长满苔藓的树木。一片片空地散布在林间。高山和次高山花卉丰富。概括而言，大多数低海拔地区不在保护区内，而用来种植麦子。东南斜坡海拔较高地区的优势树种是青篱竹，中海拔地区为竹子和罗汉松混生区，海拔稍高或稍低处的优势树种为罗汉松。土壤排水良好的地方，溪流旁边和河岸处生长着各类禾本植物。尽管 5 000 米以上的地区还可以发现维管植物，但大约从 4 500 米高度起，连绵的植被就消失了。

肯尼亚山国家公园和自然森林里生活着猴子、长颈鹿、水牛、大象、狒狒、大羚羊、小羚羊、野猪、香猫、土狼等动物，珍稀动物有大羚羊、肯尼亚鼹鼠、蜥蜴等。这里是野生动物的天堂，较低的森林和竹林区的哺乳动物有大林猪、岩狸、白尾獴、非洲象、黑犀牛、岛羚、黑麂及猎豹。沼泽地的哺乳动物有肯尼亚山特有的鼩鼱、岩狸、麂羚。在整个北部斜坡和深达 4 000 米的峡谷中生活着当地特有的瞎鼠。

居民居住在肯尼亚山外围地区。肯尼亚山国家公园每年接待 15～20 次学校团体参观，前期研究包括肯尼亚山高山动物种类和植物学研究，目前正在进行气象学和孢粉学研究，大多数研究都在 3 800 米以上完成，需要进行大量相对性研究。

人类对公园影响不大，但在海拔较低的森林地带影响较大。在干燥低矮林地，生活用火和雷电有一定威胁，火灾后树木只能缓慢地自然恢复。森林受到的威胁与邻近地区相同，包括非法伐木、割柴、盗伐、烧炭、破坏性采蜜、定居和农业活动对森林的蚕食。

大圣卢西亚湿地公园

位于南非东海岸的大圣卢西亚湿地公园历史悠久，早在石器时代初期这里就有人类活动，其北部是斯威士兰和莫桑比克。1999 年该公园被联合国教科文组织列为“世界自然遗产”。公园内，洪水和海洋风暴以及热带和亚热带的非洲的地理状况相互作用，使这里拥有异常多的生物种类和变化。不同的地块和生活方式使这里景色超凡。这里生活着从非洲的海洋、沼泽到大草原的各种生物。公园中五个生态系统之间相互连接形成综合的生态体系。

大圣卢西亚湿地公园处在海平面和海拔 474 米之间，总面积约 239 566 公顷，由一个沿海平原及大陆架组成。这里属亚热带气候，夏季温暖潮湿，冬季温和干燥，年平均温度超过 21℃。因为距海远近不同，所以公园自东向西气候又略有差别：海岸附近属亚热带湿润气候，降水量相对较高，内陆地区空气适度干燥。

大圣卢西亚湿地公园的植物种类繁多，总计有 152 个科 734 个属。南非约 31%的植物生长在这里，其中有一些是该公园所特有的植物，如以公园的名字命名的卢西亚高凉菜。该地区最新发现了一种类似芦荟的植物，但仍有待科学家们作进一步证实。根据大圣卢西亚湿地公园地形、湿度和土壤条件的不同，各种不同的植被群落类型——森林、灌木丛、林地、草地和湿地——交错分布，向人们展示着大自然的“镶嵌艺术”。

迄今为止，大圣卢西亚湿地公园的昆虫种类还没有完全被人类获知，但仅就掌握的资料来看，这绝对是一个丰富多彩的大千世界。生活在海中及河口的无脊椎动物是公园里最重要的水生动物族。据纪录，这里共有 43 种硬珊瑚虫、10 种软珊瑚虫，珊瑚礁也因其特有的保护和科学价值颇受人们青睐。大圣卢西亚湿地公园还发现有 14 种海绵动物、4 种被囊动物和 812 种水生软体动物，西印度洋特有的暗礁鱼类中，约 85%栖息在这片水域。该公园有 6 种淡水动物是世界范围内的濒危物种，16 种是国家级濒危动物，世界上最凶猛的鲨鱼之一——赞比西鲨也栖息在这里。大圣卢西亚湿地公园以拥有自然界体积最庞大的动物群而闻名于世，现存最大的海龟——棱皮龟、红海龟、鲸鱼、海豚、鲨鱼、火烈鸟、各种涉禽类鸟、塘鹅以及其他水鸟都栖息在该地，著名的尼罗河鳄鱼也在这里安了家。

德拉肯斯堡山

德拉肯斯堡山脉是南非东部山地，位于南非高原东南边缘，又称“喀什兰巴山”，是南非高原边缘大断崖的重要组成部分。德拉肯斯堡山脉略呈弧形，大致为东北—西南走向，长约 1 200 公里，为注入印度洋诸短小河流和注入大西洋的奥兰治河水系的分水岭。此山脉系新生代抬升的古地块边缘，大部分海拔 1 000～2 000 米，最高峰塔巴纳恩特莱尼亚纳山海拔 3 482 米。北段山体破碎、地势较低；南段地势高峻；山体两侧呈阶梯状降低；东坡陡峻，地形崎岖破碎；西坡较平缓，微向内陆高原倾斜。东侧雨量丰富，年降水量 1 000～1 200 毫米，亚热带森林分布很广，低丘和沿海平原多垦为农田，是甘蔗、菠萝等亚热带农林产品的重要产区；西侧年降水量在 750 毫米以下，多草原，是发展谷物生产和养畜业的重要地区。

太阳城

太阳城以豪华而完整的设备及浑然天成的自然美景吸引着世人的目光。在南非，太阳城就是娱乐、美食、赌博、舒适、浪漫、惊奇的代名词，很少有人能摆脱它的迷人魅力。

太阳城位于南非第一大城约翰内斯堡西北方约 187 公里处。事实上，它位于南非与博茨瓦纳的边境上，当年，要不是因南非种族隔离主义将这块边境土地列为“不管地带”，使政府同意在此地进行“非正常性”的娱乐活动（只设赌博场所），这座著名的豪华娱乐城也许就不存在了。

太阳城是南非亿万富翁梭尔·科斯纳的一个梦想。科斯纳在 20 世纪 70 年代中期就开始构思设计，希望能够在非洲丛林内建造一个如美国拉斯维加斯般的豪华娱乐区。“梦想如果没有行动，永远都不会伟大。”科斯纳的这个浩大计划，终在 1978 年 7 月动工，1979 年 12 月 7 日正式完工。太阳城开幕后引起轰动，世界游客蜂拥而至，太阳城酒店的 340 个房间根本不够对付。随着太阳城名气的逐渐打开，太阳城的游客量每年也以惊人的速度增长，在这种情况下，1990 年，科斯纳开始打造传奇的城中之城，也就是“失落之城”。

关于失落之城有一个古老的传说，传说中，在西方拥有文明之前，来自中非的游牧民族，在“太阳之谷”建造了一座空前伟大的城，其山光水色巧夺天工、令人赞叹。但后来的一场毁灭性的大地震，使得该城市被熔浆所掩，成为传说中的失落之城。为了实现这个梦想，科斯纳不惜耗费巨资，用了 28 个月的时间，共移植 120 万株树木和植物，建造出一座人工雨林、沼泽区，里面还有涓涓细流的小溪和奔腾的急流，于 1992 年 12 月终让传说中的失落之城重现世上。

谈到失落之城，就不能不介绍被列入世界十大酒店之一、拥有 338 间房间的六星级皇宫大酒店。皇宫大酒店是太阳城的第四座酒店，也是最豪华、房价最昂贵的酒店。说它是酒店，倒不如说它是个非洲城堡，酒店外观的建筑设计与雕刻充满非洲粗犷与迷幻风格，很多地方用野生动物作为题材，客房内家具上的浮雕，均以各种动物造型显示非洲的独特风情，小至文具铅笔等小物，没有一样不尽显非洲风格。

失落之城在 1992 年开幕后，欣赏城内千奇百怪且不乏韵律、趣味的娱乐世界，成了世界各国游客纷纷造访太阳城的目的之一。据称，每年到访太阳城的游客超过三百万人次，人数有增无减。失落之城内的每一样景物，完全仿造传说古城的模样，随处可见破裂倒塌的石柱、巨门，很容易让人误以为坠入时光隧道，回到了古代。

在这里，还可以到人造海去游泳。别小看它只是人造海，还可制造 2 米高的浪潮冲浪池，供游客冲浪。还有 5 条各种坡度的滑水梯，沿水势而下，让游客享受刺激的快感，其中 2 条藏于山岩之间，宛若地下湍急水道，滑下去的时间大约为 3 秒。如果不喜欢游泳，那也不要紧，大可去打高尔夫球，在世界级的高尔夫球场，感受一下与世界高手同场打球的滋味。最刺激是莫过于“时光之桥”，这是一座约 100 米长的人行桥，它每隔 1 小时会发出“轰隆轰隆”的巨响，给人一种山崩地裂的地震、火山要爆发的恐怖感觉。科斯纳设计这座桥的目的就想告诉人们：当年美丽的失落之城就是因一场大地震，被火山的岩浆淹没掉的。然而，太阳城最著名的还是赌城，进入赌城，谁都会为它内部赌博机的数量之多而吃惊。

第14章 大 洋 洲

第 1 节　大洋洲主要旅游国家

澳大利亚

“澳大利亚”一词，原意是“南方大陆”，早在 4 万多年前，土著居民便在澳大利亚这块土地上繁衍生息。1770 年，英国航海家库克船长发现澳大利亚东海岸，将其命名为“新南威尔士”，并宣布这片土地是英国的属土。英国人首先把澳大利亚作为一个流放囚犯的地方。

澳大利亚位于太平洋西南部与印度洋之间，包括澳大利亚大陆和塔斯马尼亚岛等，面积约 768 万平方公里，共分 7 个州：昆士兰州、新南威尔士州、维多利亚州、南澳大利亚州、西澳大利亚州、塔斯马尼亚州和北领地，全国人口约 1 800 万，其中 95%为英国移民后裔，居民多信基督教和天主教，通用英语。澳大利亚 2/3 以上的人口集中在东部和南部沿海地区。位于东部沿海的几个世界闻名的国际大都市悉尼、墨尔本、布里斯班集中了全国 1/3 以上的人口。澳大利亚幅员辽阔，是一个多姿多彩的国家。神秘迷人的旷野、阳光灿烂的海滩、雄伟壮观的高山、五彩缤纷的珊瑚、一望无际的草原、种类繁多的珍禽异兽，吸引了众多的游客，使澳大利亚成为世人非常向往的地方。澳大利亚地处南半球，气候与我国相反，七八月间正好是该国的冬季。首都堪培拉是位于悉尼附近的内陆城市。雄伟庄严的国会大厦在波平如镜的布里格芬人工湖上映出倒影，世界上最高的库克船长喷水柱构成了罕见的动态纪念碑。现代化的建筑，如国立美术馆、图书馆、澳大利亚科学院、国立大学、战争纪念碑、总督府、高等法院、国立植物园等，都会使人留下难忘的印象。悉尼是澳大利亚第一大城市，是新南威尔士州的首府。市区和郊区总面积约 4 074 平方公里，人口近 400 万，约占全国人口的 1/4。悉尼气候温和，终年阳光灿烂，有著名的悉尼湾、悉尼歌剧院、海港大桥、悉尼塔，并拥有无数大大小小的海滩，是旅游度假的胜地。布里斯班是昆士兰州的首府，是澳大利亚第三大城市，人口约 120 万，面积约 1 200 平方公里，曲折的布里斯班河流经市区，两岸风景秀丽。布里斯班是一座国际化的大都市，交通方便，环境优美，从北到西有布里斯班大森林，东边有享誉世界的大堡礁、黄金海岸和阳光海岸，风景迷人，四季气候温和，全年气温在 9～29℃之间，被誉为澳大利亚最适宜生活的城市和“阳光下的天堂”。墨尔本始建于淘金热时代，建城于 1835 年，今天墨尔本还保存着许多富有浓厚英国维多利亚时代色彩的建筑物。墨尔本是维多利亚州的首府，有“花园之都”的美称。

在澳大利亚，你大可尽享当地人独特的生活体验，走进农庄，试着亲自动手剪羊毛；或者策马驰骋，探索周围的自然美景；又或在世界一流的赌场试试运气；在澳大利亚的最高峰呼吸新鲜空气或享受滑雪的刺激；在时尚百货商店搜购物美价廉的物品；又或在茂盛翠绿的热带雨林中漫步，享受充满原始气息的海滩。当夜幕低垂的时候，也是品尝美食的开始，游客可到著名的餐厅一试澳式意大利菜、中国菜，炭烤牛排更是随处可见，还有世上最鲜美的海产。

新西兰

新西兰位于太平洋西南部的北岛、南岛及附近小岛上，澳大利亚东南方约 1 600 公里处，介于南极洲和赤道之间，西隔塔斯曼海与澳大利亚相望。首都惠灵顿是世界上地理位置最南的首都。同其他发达国家相比，新西兰最突出的特点是没有大城市，在所有城市中，只有奥克兰人口超过 50 万。新西兰由北岛、南岛两个主岛和斯图尔特岛、坎贝尔岛等几十个小岛组成，境内多山，河流多短而湍急。北岛多火山、温泉，南岛多冰川、湖泊。

新西兰历史较短，缺少具有历史意义的观光与古迹，但自然风光随处可见，是喜爱田园风味、热爱大自然人士的观光首选之地。这里一年四季温暖湿润，冬无严寒，夏无酷暑。虽是大洋中的岛国，却鲜受台风的袭击。踏上新西兰，人们马上会相信这里绝对是目前世界上生态环境最好的国家，空气和水污染问题好像与这里无缘。蓝天白云下，青山绿草，四季鲜花，不同的植物群落丛生，各种漂亮的鸟和野鸭经常在城市街道与人一起散步。蔚蓝的海湾里，白帆点点，经常有鲸鱼、海豚出没，在市区海边就能钓到鱼。蓝天、白云、绿草是这个国家最吸引人的地方，满眼的绿色，几乎触手可及的朵朵白云，仿佛置身在童话的国度。喜欢滑雪、帆船、观鲸、登山、潜水、游泳和垂钓的人会发现，这里是难得的好去处，在海上、山间享受最朴素、最刺激、最趣味的游乐，人和自然亲密地交融，感受大自然的恩赐。新西兰也是个刺激乐园，新奇活动数之不尽。在蜿蜒河道上乘喷射快艇，急湍激流中划橡皮筏；从高桥往深谷腾空跃下的“蹦极跳”也是从新西兰传向全世界的，还有潜水、罗托鲁瓦的温泉等，都令人乐而忘返。

新西兰还有许多值得一去的旅游景点，奥克兰、北岛温泉城一罗托鲁瓦、陶波、基督城、皇后镇等。有时间还可驱车游览，热闹的集市、波利尼西亚风格的建筑、热情的居民，无不让人流连忘返。

新西兰又被称为“坐在羊毛上的国家”，因而新西兰的绵羊制品确实不能错过，常见的绵羊油价格便宜，羊毛制品的质量也相当不错，都是当地的特色商品。在新西兰的美食当中，最有特色的是毛利火锅，把薄薄的石头烘热，放入地洞，把包裹好的食物放进并薰热，熟后打开来原汁原味，齿颊留香。此外还要尝试羊肉、猪肉、鹿肉，三文鱼、龙虾、布拉夫牡蛎、鲍鱼、贻贝和扇贝、红薯、弥猴桃、树茄果以及新西兰特有的甜点——蛋白蛋糕。

斐济

斐济位于西南太平洋中心，是南太平洋地区的交通枢纽。陆地总面积约 1.8 万平方公里，由 332 个岛屿组成，多为珊瑚礁环绕的火山岛，其中 106 个岛有人居住，主要有维提岛和瓦鲁阿岛等，年平均气温 22～30℃。斐济的地理位置很重要，是南太平洋地区的交通枢纽。斐济地跨东、西半球，180° 经线贯穿其中，因而成为世界上既是最东又是最西的国家。

传统部落文化、未经开发与污染的山川溪流、高地以及美丽的珊瑚礁海岸风光等，构成了斐济主要的观光特色，并吸引许多游客前往享受“纯度假”的悠哉。阳光、沙滩、珊瑚礁和亲切的斐济人民，是斐济的基本要素，来过之后才知道什么叫度假。潜水、冲浪、航海、驾驶独木舟、钓鱼、高尔夫、足球、保龄球、篮球、射箭、曲棍球……让游客充分享受在碧海蓝天中汗透淋漓的快感，水上飞机更是刺激有趣。当地的过火仪式及在山洞中享用美食的经验更会让游客大开眼界。如果来此地欢度蜜月，也可以在这里请碧海蓝天共同担任见证，许下终身的承诺。有“花园之岛”美称的塔妙尼岛，因千禧年的第一道曙光而闻名全世界。180° 国际日期变更线正好穿越妙尼岛的西北方，这条线以左的地区比格林威治标准时间早 12 个小时，右边则晚 12 个小时。游客任何一天到子午线纪念碑时，等于是站在昨天与今天的交界点上，也等于是看见当天全世界最早升起的朝阳。

第 2 节 大洋洲重要旅游城市

堪培拉

1901 年，澳大利亚联邦政府成立以后，为定都问题，在悉尼和墨尔本两大城市间争执不下。后联邦政府通过决议，在两座城市之间，选一个风调雨顺、有山有水的地方建立新首都，于是选了这块距悉尼 238 公里、距墨尔本 507 公里的空地，这就是堪培拉的雏形。1913 年，联邦政府在 137 个版本中选中了美国著名风景设计师格里芬的城市设计方案。堪培拉于 1927 年建成，澳大利亚遂定都于此。“堪培拉”意思是“汇合之地”，民众又称其为“聚会的地方”。

堪培拉是个与众不同的城市，既洋溢着田园气息，也是澳大利亚政府的所在地，还是亚太地区主要的外交中心之一。总括来说，堪培拉既是世界重要的首都，又与附近的自然环境和谐融合。由于四周森林环绕、绿意盎然，加上邻近秀丽的乡村，令堪培拉成为优雅的现代化都市，更享有“天然首都”的美誉。

和其他大的城市用许多公园点缀相反，堪培拉恍如一个建在花园里的城市。这个澳大利亚最大的内陆城市的中央是一个约 11 公里长的湖，它看上去好像是天然形成的一样。其实，35 公里长的湖岸是挖出来的，这个人工湖是设计师格里芬引以自豪的设计中的一个重要部分。这个湖 1964 年引摩罗河水注满，同年命名。格里芬湖岸边是澳大利亚政府、国会及很多外国使馆的所在地。

堪培拉的城市设计十分新颖，环形及放射状道路将行政、商业、住宅区有机地分开。城市中心的格里芬湖喷泉，即为纪念库克船长上岸 200 周年而建的“库克船长纪念喷泉”水柱高达 140，极为壮观。全城树木苍翠，鲜花四季，每年 9 月，堪培拉都举办花节，以数十万株花迎接春天的到来，被誉为“花园城市”。

悉尼

悉尼位于澳大利亚东南海岸，是南威尔士州首府，也是澳大利亚最大的城市和港口。这里气候宜人、环境优美、风光旖旎、景色秀丽，夏不酷热、冬不寒冷，日照充足，雨量丰沛。200 多年前，这里是一片荒原，1788 年英国流放罪犯于此，是英国在澳大利亚最早建立的殖民地点，以当时英国内务大臣悉尼子爵的名字命名。经过 2 个世纪的艰辛开拓与经营，它已成为澳大利亚最繁华的现代化、国际化城市，有“南半球纽约”之称。

悉尼港是澳大利亚进口物资的主要集散地。港湾总面积约 55 平方公里，口小湾大，是世界上著名的天然良港。1933 年建成的横跨港口上空的悉尼海港大桥如长虹凌空，气势壮观，是南半球第一大拱桥。它将市区南北两部连成一体。大桥下的罗克斯峡是早期移民登陆地点。桥旁是塔朗加动物园，园内有自然森林供珍禽异兽自由活动。风帆状的悉尼歌剧院屹立于港畔的贝尼朗岬角之上。它三面临水，面对大桥，背倚植物园，犹如一组扬帆出海的船队，又如一枚枚被遗落在海滩上的白色巨形贝壳，自 1973 年建成以来，一直以造型新颖、风姿绰约著称于世。市中心的悉尼塔是悉尼城的又一标志，金黄色的外观闪耀夺目，是南半球最高的建筑物。登上圆锥形塔楼，纵目四望，悉尼市容一览无遗。悉尼旧城所在的岩石区，成为展示澳大利亚开发最初艰辛岁月时民情风貌的“活动博物馆”。悉尼的海滩星罗棋布，风格各有千秋。市东港汊参差，是天然浴场与冲浪胜地，海上画艇彩帆，竞胜争流，蔚为壮观。

悉尼是澳大利亚华人聚居最多的地区。唐人街上，中国式茶馆酒楼比比皆是，普通话、广东话、海南话，处处可闻。离唐人街不及半公里的中国式花园“谊园”，是纪念澳大利亚 200 周年大庆的工程之一，也是中国本土外最大的中式园林建筑。维多利亚皇后大厦是一座拜占庭式的豪华建筑，也是世界上最繁华的购物中心之一。市内英国维多利亚式、欧洲文艺复兴式的百年大厦与平地拔起的摩天大楼交相辉映，使城市富有历史与时代气息。悉尼是全国重要的文化中心，有国内创办最早的悉尼大学和澳大利亚博物馆。2000 年奥运会的成功举行以及广受好评的场馆建筑，更为这座城市增添了新的魅力。

墨尔本

位于菲利浦湾的世界上最壮观的自然海港城市墨尔本，不仅是一个充满活力的国际大都市，也是维多利亚洲的首府和文化中心，更是极具魅力的旅游城市。自 1804 第一批欧洲移民抵达至今，经历近 200 年历史的洗礼，墨尔本以发展成为集古典、现代风格于一身的国际大都市，并以绿化、时装、美食、娱乐活动、文化及体育活动而著称。墨尔本的绿化覆盖率高达 40%，维多利亚式建筑物、有轨电车、各种剧院、画廊、博物馆及绿树成荫的花园、街道构成了墨尔本市典雅的风格。公园绿地占全市 1/4 以上的土地，3 000 多家餐厅提供各种口味的美食，并拥有全国最长的人行步道街及紧密连接的百货公司、购物商场。市内街道均经过细心的规划，犹如棋盘般整齐美丽，有全国电车网络最健全的优势及便利的公共建设。著名的观景台丽爱图塔观景台位于弗林德斯街上，是墨尔本最高的建筑物，共 55 层，从观景台上可以 360° 眺望墨尔本全景，壮阔的景色让人回味无穷。皇家植物园也是不可错过的好地方，游客可以在园内外观赏各种珍品及当地植物，整个植物园采用了 19 世纪的园林风格，相当特别。

墨尔本是一座充满活力和欢乐的城市，虽没有第一大城市悉尼的华丽，也不似其他澳大利亚小城的清寂，但其从文化艺术层面的多元性，到大自然之美应有尽有，在满足感官娱乐方面，墨尔本更可以说是澳大利亚之冠，无论是艺术、文化、娱乐、美食、购物和商业样样都有自己的特色。

布里斯班

布里斯班被称为“阳光之城”，是昆士兰州最大的城市，也是澳大利亚第三大城市，由于这里有不少树袋熊（考拉）的保护区，因而人们又称它为“考拉之都”。布里斯班全年气候温暖，景色如春，是旅游观光的最佳城市之一。逛布里斯班可以从政府办公大楼云集的乔治街开始，市政厅高 92 米的钟塔极具意大利风情，在这里还可以找到各种文艺复兴式、哥特式、殖民时期风味的建筑。想要眺望布里斯班的街景，登上市政厅的瞭望台是一个方法，城西库沙山瞭望台则是另一个观景处。世界博览会会场的南岸公园，是享受布里斯班亚热带气候的最佳去处，园内有棕榈树、沙滩和游泳池，还有完善的烧烤及郊游设施。

布里斯班最著名的景点胜地当属位于市区东南的黄金海岸，这里全年平均气温 25℃，保证了 300 多个晴天可供游客前来度假游玩。绵延 30 多公里的海岸沙滩吸引着接连不断的海内外游客。在郊区的海洋世界公园，可欣赏精彩的海豚和鲸鱼表演，领略惊险刺激的专业滑水表演。有一条乘水而下的云梯堪为一绝，坐在 10 几米高的长梯顶端，沿着近乎 90° 角的水滑梯顺水滑下，瞬间被水流一冲到底。虽逢此运动机会难得，但因其惊险程度过高也常使众多男士望而却步。这一罕见的水云梯可谓是测试勇者的最好见证，通常只有少数游客才敢登高一试。

布里斯班是一个有着严谨规划的城市，区域的街道被规整地划分，南北向以女性名字命名，东西向则以男性名字命名。

帕斯

帕斯是西澳大利亚州的首府，位于澳大利亚西南角的斯旺河畔，东临达令山，西濒印度洋，背山面海，景色宜人，绚丽如画。这里终年阳光普照，每天平均有 8 小时阳光，是一座美丽的港口城市，也是黑天鹅的故乡，素有“黑天鹅城”之称。

蒙格湖是观赏帕斯黑天鹅最著名的地方，一湖碧水，微波涟漪；湖中垂莲红粉，汀兰青青，水面上黑天鹅成群地飘游，黑色的羽毛在阳光下熠熠发光。春天西澳大利亚州享有盛名的野花到处开放，把公园点缀得五彩缤纷。帕斯市郊有十几个国家公园，总面积近 1.3 万公顷，还有大片的森林。位于帕斯市北部的扬却普国家公园是澳大利亚洲最有名的自然景观公园之一，园内有大片的野花，每年 9—11 月，这里鲜花盛开，争奇斗艳。帕斯西郊的国王公园是南半球最大的公园，是一片天然丛林和地势起伏的草地，里面有许多珍禽异兽和名花新卉。天鹅河谷是美丽的葡萄园和凯维森野生动物园。弗里曼特尔离帕斯只有 9 公里，那里有商店、咖啡馆和露天餐馆，还收藏有 17 世纪船只的残骸。罗特内斯特岛距弗里曼特尔港约 19 公里，以其小袋鼠、美丽的海滩、清澈的印度洋海水和丰富的海洋资源而闻名。

1960 年以前，帕斯最高的楼房不过 3 层，现在几十层的办公大楼拔地而起，鳞次栉比，已成为一座现代化的大都市。帕斯市既有现代化的高楼大厦，又有乡野风情，市内有天主教大教堂、西澳大利亚大学、默多克大学、州议会大厦等。

惠灵顿

惠灵顿是新西兰的首都，位于新西兰北岛的最南端，扼库克海峡之咽喉。它三面青山环绕，一面临海，怀抱着尼科尔逊港，整座城市满目苍翠，空气清新，四季如春。惠灵顿地处断层地带，除临海有一片平地外，整座城市依山而建。1855 年一次大地震曾使港口受到严重破坏，现在的惠灵顿是 1948 年后重建的。

惠灵顿是太平洋著名的旅游胜地。市内保存的古建筑有政府大厦、保罗大教堂和市政大厅，其中政府大厦是南太平洋最宏伟的木结构建筑之一。战争纪念馆里著名的钟琴上有 49 个吊钟，钟上镌刻着第一次世界大战时新西兰人参战战场的名称。惠灵顿市区西南部有风景秀丽的维多利亚山，山坡上保存着1893—1906年时任总理的塞顿使用过的办公室。塞顿曾对新西兰政治立法有过重要影响，他使新西兰成为世界上第一个妇女有选举权的国家。维多利亚山附近是英国航海家库克的纪念碑岛。维多利亚山北面的卡因加罗国家人造森林占地约15万公顷，绵延100多公里，是世界上最大的人造林之一。

惠灵顿动物园以其特有的珍奇动物著称，园内珍藏着新西兰国鸟——几维鸟。这种鸟没有翅膀，没有尾巴，有着长长的嘴，形象奇特有趣。惠灵顿有许多火山公园，公园里的沸泉、沸泥塘、喷气孔等地热景观，吸引了大批国内外游客。

奥克兰

新西兰最大海港奥克兰地处新西兰北岛怀特玛塔港湾和玛努考港之间狭窄的奥克兰地峡上，宽仅约26公里。整座城市建在火山灰堆上，境内已熄灭的火山喷口和火山峰约有50座。奥克兰气候温和，雨量充沛，城南的威卡托河流域是新西兰最富庶的牧区之一。

奥克兰是座美丽的花园城市，旅游业十分发达，有南太平洋最大的野生动物园——奥克兰狮子园，有新西兰最大的游乐场“彩虹仙境”，有佳酿飘香的酿酒厂，有集海洋动植物之大成的“海底世界”，有陈列出自毛利人祖先之手的工艺品的历史博物馆，也有展示运输和科技新发展的现代博物馆。环抱着奥克兰的怀特马塔港和马纳考港是开展海上帆船活动的胜地。每逢周末，蓝色的海湾里，扯着五颜六色风帆的帆船在海上穿梭，奥克兰因而又有“船帆之城”的美誉。

奥克兰交通便利，是国家海陆空交通的枢纽，铁路、公路与全国各地相连，港口规模和吞吐量居全国第一。怀特马塔港湾既广且深，可供外洋和沿海船只出入停泊。

罗托鲁阿

罗托鲁阿是新西兰北岛中北部的一座工业城市，位于罗托鲁阿湖南畔，距奥克兰市约221公里，多天然温泉，是毛利人聚居区和著名的旅游胜地。“罗托鲁阿”是毛利语，意为“双湖”。罗托鲁阿湖面积约23平方公里，全市遍布热泉，市郊森林密布。湖光潋滟，山色迷离，游禽戏水，海鸥翔空，空气中硫磺弥漫，热泉灰黄，泥浆沸腾，加之多姿多彩的毛利文化，前来观光的游客终年络绎不绝。

罗托鲁阿市坐落在火山多发区。1886年6月10日火山爆发导致三个毛利村落化为废墟，1917年火山再次爆发，摧毁了坚固的旅游设施。华卡雷瓦雷瓦地热保护区是离市中心最近的地热区，也是最主要的地热名胜。游客在此可目睹间歇喷泉、沸腾的潭水和硅石阶地。其中，浦湖渡间歇喷泉是几处喷泉中最大的一处，每天喷发10～25次，喷发高度通常为16～20米，有时可高达30米。保护区内还建有几维鸟室，游客可以目睹这种濒临灭绝的新西兰国鸟。

罗托鲁阿市是新西兰毛利族特拉瓦部落中心，市内建有毛利博物馆、毛利工艺研究所、雕刻中心、雕琢华丽的毛利会堂和颇具民族特色的毛利村寨。

罗托鲁阿的当地毛利导游在介绍罗托鲁阿的时候，总要提到五种活力。首先你可以听到蒸汽和温泉从地面的气孔中发出的嘶嘶声，使你感觉到地球的巨大能量。其次，当你来到一个毛利村寨观看了赏心悦目的传统毛利表演后，你能体会到毛利文化的深厚底蕴。第三种活力来自于天然温泉，它能放松你疲惫的精神。你还可以去探险、钓鱼、划独木舟、游泳或骑山地自行车去享受各种户外运动，这是第四种活力。除此之外，如果你想挑战自己，此处的极限运动是你需要尝试的第五种活力，如跳伞、乘喷射快艇和玩滚人球。

除了令人惊讶的火山口、高山和湖泊景观外，罗托鲁阿还有美丽的英国哥特式建筑和园林，在城市周围还有新西兰最肥沃的土地。

基督城

基督城位于新西兰南岛东岸，又名“花园之城”，是国内仅次于最大城市奥克兰、首都惠灵顿的新西兰第三大城市，也是新西兰南岛最大的城市。

基督城处处洋溢着浓厚的英国气息，是英国以外最具英国色彩的城市。这里，19 世纪的典雅建筑比比皆是，处处花团锦簇、草木繁盛的景象又为基督城赢得了“花园之城”的美誉。基督城内洁净的道路、浓浓的林荫、雅致的环境、淳厚的文化气息，无一不让人迷醉。走在这古朴而又充满生机的城市中，游人可以看到清澈的小溪，听见小鸟的鸣唱，接受阳光、清风的抚慰，一切都是那么的自然、和谐。游客可以乘坐城内的怀旧电车漫游市内主要景点，如教堂广场，艺术画廊及博物馆，或可踏上马车欣赏市内明媚

风光，感受怦然心动的怀旧气息。基督城的建筑物各具特色，古意盎然，区域大厦呈现 19 世纪哥特式风格，即便是旅客咨询中心那赤色古典的砖层设计也独具匠心。市内植物公园内的玫瑰娇艳欲滴，水仙清逸飘香，还有各种珍卉名花令人目不暇接。蜿蜒曲折的雅芳河绕着花园流淌，两岸树木翠绿，环境恬静。在河堤岸边漫步或野餐，忘却城市喧嚣，尽情享受逍遥宁静的生活。

这里艺术文化气息浓厚，设施完备。歌剧、演奏会、芭蕾舞表演连场，其中不乏著名音乐家及舞蹈者的精彩演出。更有地道的户外流行音乐会及街头巫师演说，雅俗共赏。热闹的各个节庆令基督城更见魅力。城内常举行不同类形的节庆活动，如花卉节、佳肴美食节、全国艺术节及历史悠久的嘉年华会，让人流连忘返。

基督城本是探索南极的研究中心，南极中心内展示考察南极各组织的资料，更有模拟南极地貌气候的展览场地。不容错过的有街上云霄，可乘坐热气球升空，翱翔万里，观赏晨曦雾色，饱览全城市容；或吊车登山，可乘吊车直达山顶，俯瞰延绵的海岸线、绿油油的平原及巍峨高耸的南阿尔卑斯山。

第 3 节　大洋洲著名旅游景区、景点

悉尼海港大桥

悉尼海港大桥是早期悉尼的代表建筑，它像一道横贯海湾的长虹，巍峨俊秀，气势磅礴，与举世闻名的悉尼歌剧院隔海相望，成为悉尼的象征。悉尼海港大桥，从“怀胎”到“出世”，前后花费了 100 多年。在经过了 40 多年的酝酿之后，1857 年，悉尼工程师彼得•翰德逊绘成了第一张设计图，1932 年，悉尼海港大桥竣工通车。

整座悉尼海港人桥桥身长度（包括引桥）为 1.149 米，从海面到桥面高 58.5 米，从海面到桥顶高达 134 米，万吨巨轮可以从桥下通过。桥面宽 49 米，可通行各种汽车，中间铺设有双轨铁路，两侧人行道各宽 3 米。原来还铺设有两条电车车轨，后因交通拥堵将其拆除，改为 8 条汽车道。悉尼海港大桥的最大特点是拱架，其拱架跨度为 503 米，而且是单孔拱形，这是世界上非常少见的。

悉尼海港大桥北端弯成一个大弧形，连接北上的高速公路，南端一直伸入悉尼市区。每当夜幕降临，大桥的钢架上就亮起万盏灯火，远远望去五彩缤纷、灿烂夺目。无论是乘飞机还是乘邮轮到达悉尼，最先映入眼帘的就是这座全世界最宽的大铁桥。

悉尼歌剧院

悉尼歌剧院是澳大利亚全国表演艺术中心，又称“海中歌剧院”。它矗立在新南威尔士州首府悉尼市贝尼朗岬角上，紧靠在世界著名的悉尼海港大桥的一块小半岛上，三面环海，南端与市内植物园和政府大厦遥遥相望。建筑造型新颖奇特、雄伟瑰丽，外形犹如一组扬帆出海的船队，也像一枚枚屹立在海滩上的洁白大贝壳，与周围海上的景色浑然一体。

1955 年，新南威尔士州举行了一次全世界范围的歌剧院建筑设计竞赛，最后选中了丹麦建筑师乌特松的设计图纸。乌特松居住的丹麦农村附近有一座古老的城堡，这座城堡的奇特结构激发了乌特松的灵感和创意。悉尼歌剧院于 1959 年 3 月破土动工，历时 14 年，耗资 1 亿多澳元，1973 年 10 月落成揭幕。

悉尼歌剧院整个建筑占地 1.84 公顷，长 183 米，宽 118 米，高 67 米，相当于 20 层楼的高度。它建在一座很高的混凝土平台上。门前大台阶宽 90 米，桃红色花岗石铺面，据说是当今世界上最大最长的室外水泥阶梯。整个歌剧院分为三个部分，即歌剧厅、音乐厅和贝尼朗餐厅。歌剧厅、音乐厅及贝尼朗餐厅并排而立，建在巨型花岗石基座上，各由 4 块巍峨的大壳顶组成。这些“贝壳”依次排列，前三个一个盖着一个，面向海湾依抱，最后一个则背向海湾侍立，看上去很像是两组打开盖倒放着的蚌。高低不一的尖顶壳外表用白格子釉磁铺盖，在阳光照映下，远远望去，既像紧立着的贝壳，又像两艘巨型白色帆船，飘扬在蔚蓝色的海面上，故有“帆船屋顶剧院”之称。

歌剧院规模宏大，陈设讲究，演出频繁，除圣诞节和耶稣受难日外，每天开放 16 小时，平均有 10 个不同的活动项目，可同时容纳 7 000 余人。歌剧院已成为澳大利亚最热闹的场所，游客终年络绎不绝。犹如巴黎的埃菲尔铁塔，这座歌剧院已成为悉尼的标志。

悉尼塔

悉尼塔号称是南半球高度最高的展望台，整座塔高 300 米（展望台离地高度为 250 米），提供游客一个将整个悉尼市区尽收眼底的好机会。搭乘高速电梯只需 40 秒即可抵达 250 米高的观景台，观景台备有许多免费的望远镜。如想领略悉尼塔登高望远的情趣，可在悉尼旋转餐厅一边用餐一边欣赏。

从悉尼塔的 360° 透明观景台眺瞰悉尼市，所有景观一览无遗，北边望去有悉尼海港大桥、岩石区、悉尼歌剧院、环形码头；西边有达令港各景点，甚至可远观至 2000 年奥运会场地；东面的著名旅游点包括海德公园、列王十字区、议会大厦、皇家植物园、新南威尔士博物馆等；往南则有维多利亚女皇购物中心等地。

达令港

达令港坐落于悉尼城区西部，是悉尼居民和游客最喜爱的游览地之一。达令港由港口码头、绿地流水和各种建筑群组成，其中有奥林匹克运动会展示中心、悉尼娱乐中心、悉尼水族馆、国家海事博物馆、悉尼会议中心、悉尼展览中心、动力博物馆、IMAX 超大屏幕电影院、购物中心、各种游艺场、咖啡馆、酒吧、饭店等。达令港内棕榈婆娑、绿草如茵、游人如织，更有来自全世界各国的街头艺人在此献艺。有一个小插曲，这里曾是众多中国旅澳画家为游人速写卖画的地方，几十位在中国颇有名气的画家，一字排开为游人画像，构成了一道独特的风景。海滩边商店林立，各种咖啡馆和餐馆栉比麟次，有悉尼唯一的赌场——星港娱乐城。达令港从早到晚都会有不同的娱乐节目，有大型的文化表演、烟花汇演以及街头戏剧，每周三至周日，如果天气好的话，达令港南端会有两屏巨大半圆形水幕播放《海洋幻境》，高科技的镭射影像配合水底灯光和良好的音响效果，令人赞叹，是游客千万不可错过的节目。

菲利浦岛

菲利浦岛是澳大利亚一处著名的旅游胜地，位于墨尔本东南约 124 公里的海上，为一处天然动物保护区。这里珍禽异兽和怪石奇崖相映成趣，在茂密的桉树丛中，澳大利亚特有的动物树熊（考拉）嬉戏其间，妙趣横生。这里也是仙企鹅的栖息地，在此可以观看到企鹅登陆的奇观。在菲利浦岛企鹅登陆观赏区，天际昏暗下来后，岸上无数盏聚光灯骤然大亮，把观赏区照得如同白昼。这时，企鹅从惊涛骇浪中出现，它们蹒跚地走上几步就停下来。企鹅黑体白肚，宛如穿着黑色燕尾服白衬衣的胖绅士。一些企鹅被卷上海滩，于是它们把队伍整理一下，列成方队，整整齐齐，迈着稳健、端庄的步伐向岸边走来，一队方阵刚离沙滩，又有一队方阵排列起来，好像是阅兵式似地不断行进上岸，最多时前后多达 3 000 只。

库克船长小屋

库克船长小屋坐落在澳大利亚第二大都市墨尔本的菲茨罗伊公园内。高大树木掩映着一幢两层英式建筑，小屋周围是铁棍扎起的篱笆墙，墙内高大的树木葱郁茂密。这座建筑是纪念库克船长发现澳大利亚新大陆而建的，房子的一砖一瓦，甚至铁钉螺丝，都是从库克的家乡——英国约克郡运到澳大利亚的，然后又依原貌把小屋盖在这里，就连攀在砖屋前墙上的常青藤，也是库克小时候天天见到的那一棵。古老的砖墙已在风雨中发暗，屋顶那古老的瓦板上长出绿蒙蒙的苔藓。这是一座很普通的建筑，小屋的右侧有一尊库克身带腰刀、凝视远方的铜像。

黄金海岸

黄金海岸位于澳大利亚东部海岸中段，布里斯班以南，它由一段长约 42 公里、10 多个连续排列的优质沙滩组成，因沙滩为金色而得名。这里气候宜人、日照充足，特别是海浪险急，适合于进行冲浪和滑水活动，是冲浪者的乐园，也是昆士兰州重要的旅游度假区。这里旅游设施齐全，有各种各样的游乐场、赌场、酒吧、夜总会、海洋世界和主题公园。

华纳兄弟电影世界内有制作剧场，游客可了解电影制作的各个过程，身临电影情节之中，大开眼界。“金牌警校军电影特技表演”是最受游客欢迎的节目之一，幽默逗趣的演出加上特技效果，让观众耳目一新；而“致命武器”中的云雾飞车，更是刺激惊险。

梦幻世界位于冲浪者乐园以北，园内充满了美丽的梦幻色彩，是个适合全家大小一起度假旅游的主题乐园。梦幻世界中有供大人和儿童游玩的各种游乐设施，如“黄金城”、世界最大的“轨道滑车”、“旋转木马”、“蛇形滑水车”、惊险刺激的“云霄飞车”及有趣的“海浪摇滚”等。海洋世界连续 4 次荣获“澳大利亚最受欢迎的旅游胜地”奖，是一个老少皆宜的游乐地，它为游客提供观赏海洋动物的机会，有各种刺激的游乐项目和令人惊奇的表演节目。

大堡礁

大堡礁位于澳大利亚东北部的昆士兰省，是一处延绵 2 000 公里的地段，它纵贯蜿蜒于澳大利亚东海岸，全长约 2 011 公里，最宽处约 161 公里。南端最远离海岸约 241 公里，北端离海岸约 16 公里。在落潮时，部分的珊瑚礁露出水面形成珊瑚岛。这里景色迷人，同时水流异常复杂，凶险莫测。这里有 400 余种不同类型的珊瑚礁，其中有世界上最大的珊瑚礁，还有鱼类 1 500 种、软体动物 4 000 余种、鸟类 242 种，有得天独厚的科学研究条件，这里还是某些濒临灭绝的珍稀动物（如儒艮和巨型绿龟）的栖息地。大堡礁是世界上最大、最长的珊瑚礁区，是“世界七大自然景观”之一，也是澳大利亚人最引以为傲的天然景观，又被称为“透明清澈的海中野生王国”。

袋鼠岛

袋鼠岛位于南澳州首府阿德雷德的南方，是澳大利亚的第三大岛，面积约 4 500 平方公里。由于在澳大利亚本土肆虐的土狗、狐狸、兔子等外来动物并没有引进到袋鼠岛，再加上这里人烟非常稀少，人口仅约 4 400 人，每平方公里不到 1 个人（就连无尾熊都超过 2 万只），岛上生态因此得以保持，袋鼠岛更成为澳大利亚南部重要的生态观光地，从每年春天（10 月）到秋天（4 月），都是旅游的好季节。

袋鼠岛东西宽 150 公里、南北纵长 55 公里，基本上可分为南海岸及北海岸两条旅游路线，不论往北或向南，随处可观赏到缤纷的野花、羽翼丰腴的鸟儿及可爱的澳大利亚有袋类动物，调皮活泼的海豹及每天长途跋涉走路回家的仙企鹅，在袋鼠岛上更是常常可见。

艾尔斯巨石

艾尔斯巨石位于澳大利亚中北部的艾丽斯斯普林斯西南约 340 公里处。艾尔斯岩高约 348 米，长约 3 000 米，基围周长约 8.5 公里，东高宽而西低狭，可能是世界上最大的独体岩。它气势雄峻，犹如一座超越时空的自然纪念碑，突兀于茫茫荒原之上，在耀眼的阳光下散发出迷人的光辉。1873 年一位名叫威廉•克里斯蒂•高斯的测量员横跨这片荒漠，当他又饥又渴之际发现眼前这块几乎与天等高的石山，还以为是一种幻觉，难以置信。高斯来自南澳大利亚，故以当时南澳大利亚总理亨利•艾尔斯的名字命名了这座石山。艾尔斯巨石俗称为“人类地球上的肚脐”，号称“世界七大奇景”之一，距今已有 4 亿～6 亿年历史。艾尔斯巨石是澳大利亚土著人的圣山，是澳大利亚的发祥地。

卡卡杜国家公园

卡卡杜国家公园位于澳大利亚北部地区达尔文市东部约 200 公里处，过去曾是一个土著自治区，1979 年被澳大利亚政府辟为国家公园，是一处原始自然遗产和丰厚文化遗产游览区。

公园内保存着完整的自然生态原始环境，郁郁苍苍的原始森林景色优美，各种珍奇的野生动植物种类繁多，有不少是澳大利亚特有的，令游人驻足。公园内还保存着澳大利亚大陆最初的人类足迹，以保存有 2 万年前的山崖洞穴间的原始壁画而闻名于世。这些崖画丰富多样，既有神话传说也有生活场景，非常奇特。公园中的悬崖绵延长达 450 米，峡谷从陡崖边缘切入，有些地方陡崖高达 460 多米。浩浩荡荡的瀑布从高大的悬崖倾泻下来，气势宏伟。最壮观的两条瀑布是高达 200 米的吉姆吉姆瀑布和因形得名的“孪生瀑布”。

卡卡杜荒原的主要河流东鳄河从低地蜿蜒流过。低地长满各种植物，水塘与小川点缀其间。卡卡杜和毗邻的阿海姆地高原有着难以计数的、独特的动植物种群，这在世界上也是罕有的。卡卡杜真是个迷人的地方，这个地区的鸟类丰富得令人惊讶，其中最具代表性的是苍鹰和水鸟。公园的大片湖泊和湿地是水禽的天堂，上百万只鸟聚集在这里，场面极为壮观。每当夜幕降临，水塘边和丛林中便有许多野狗、针鼹、野牛、鳄鱼等从巢穴出来觅食，这些动物有不少是大洋洲的特产，如湾鳄、澳大利亚鳄，还有珍奇的野鸟、小型袋鼠等。

蓝山国家公园

蓝山国家公园坐落在新南威尔士州境内，蓝山全地区生长着庞大的原始丛林和亚热带雨林。澳大利亚国树尤加利树排出来的油被太阳照射后会使整个蓝山发出淡淡的蓝雾，这也是“蓝山”名字的由来。蓝山内藏有许多古老的营地，斧头刻出的条纹、石头雕刻、石头做的生活器具都一一出土。今天，这些保留下来的文化遗产都被完整地保留在蓝山里。

蓝山的标志就是三姐妹峰。相传在很久以前有三位美貌的姐妹同时爱上了山下另外部族的兄弟三人。但是却有违规矩，不被父辈首肯，后来因为他们的恋情而引爆了两族的战争。当时有一位巫师为了保护三姐妹免受战争的威胁就把她们变成石头，待风声过去后再将她们复原。最后巫师战死了，只剩下守山谷的三姐妹岩，因此三姐妹岩成了蓝山最著名的景观。

春天的蓝天公园里有樱花、桃花、海棠花，秋天的蓝天公园有枫叶、白桦、落羽杉。蓝山除了美景之外还有各式各样的活动可供观光客游玩。游客在蓝山公园里可乘坐怀旧蒸汽火车畅游，沿着蓝山河岸或是在蓝山的森林内骑马，进行惊险刺激的攀岩，在蓝山峡谷底部的观光步道观光，搭乘蓝山的空中缆车中。蓝山公园里还有号称世界第一的倾斜角 52° 的轻便台车，它行驶的海拔高度差有 650 米。

格里芬湖

如果不去格里芬湖，不看喷射式喷泉，就不能说到过堪培拉。格里芬湖位于国会山和首都山之间，是一个人工湖，湖名来源于规划堪培拉的设计师格里芬。湖岸周长约 35 公里，面积约 704 公顷。它从城市中部截断莫浪格河，形成了约 8 千米长的人工湖。格里芬湖湖区辽阔，碧波荡漾，景色十分美丽，可供人们游泳、驾驶帆船和垂钓。环湖建有公路，路边遍植花木，湖中有为纪念库克船长而建造的喷泉，它从湖底喷出的水柱高达 137 米，站在全城任何地方，都可以看到高大的白色水柱直刺蓝天，水柱四周的水珠和雾粒在阳光的照耀下，闪烁着一道道彩虹，极为壮观。主要国家机关和公共建筑，如国会大厦、政府大厦、国立图书馆、国立大学、国立美术馆、联邦科学院等，都建在人工湖畔，倒映在碧波万顷的湖水中，更显得壮美多姿。

皇后镇

皇后镇位于新西兰的瓦卡蒂普湖北岸，毗邻曾经的淘金地（箭镇），这里留有中国人在新西兰淘金的遗迹——中国村。皇后镇是一个被南阿尔卑斯山包围的美丽小镇，也是一个依山傍水的美丽城市。这里夏季蓝天艳阳，秋季则被鲜红与金黄的叶子染成缤纷多彩，冬天的气候清爽晴朗，还有大片覆着白雪的山岭，而春天又是百花盛开的日子。这里四季分明，有着截然不同的面貌。市区附近的瓦卡蒂普湖是座深而蓝的高山湖。壮丽的山脉上几座覆着白雪的绿棕色山点缀于背景中。从皇后镇到山顶，则是一片绿油油的景致。

皇后镇的景色变化万千、宛如仙境。它的湖泊和高山景观几乎适合所有的探险活动；但是皇后镇也是一处著名的享受之地。该地区的历史与黄金密不可分。1862 年，两个剪羊毛的人在沙特瓦河边因掘到金子而暴富，继之而起的淘金热在该镇兴起。皇后镇之名源于维多利亚女王。这里的探险活动包括雪上运动、蹦极、喷射快艇、骑马和水上漂流，享受活动则包括美酒佳肴、湖上巡游、温泉浴、精品店和休闲高尔夫。

进入皇后镇市区，一路上都是高耸参天的白杨树，可以清楚地看到树两旁由片岩所组成山脉，驱车行驶其间，犹如置身世外桃源。而走在皇后镇充满异国风情的街道上，你会发现每个来到皇后镇的旅客随时都是活力充沛、准备出发的模样。的确，皇后镇不胜枚举的户外活动让每位游客一刻也不得闲。

米尔福德峡湾

米尔福德峡湾是新西兰最大也是最著名的峡湾，河流向内陆延伸约 22 千米，峡湾水面与山崖垂直相交，冰川被切割成“V”字形断面。峡谷下沉后就形成了现在的景观。在所有的山涧几乎都能见到大大小小的瀑布，在峭壁上，大小瀑布或叮咚或轰鸣，汇成动听的天然交响乐。最著名的瀑布是苏瑟兰瀑布，位于米尔福特德湾上，总落差 580 米，居世界前列。在这个峡湾内荡舟，看到的是群山合围、峭壁万仞、飞瀑流泉、冰川滢滢，给人以无限美感。西海岸的 14 个峡湾总长约 44 公里，最深有 500 米。南海岸的峡湾更长，入海口更宽，其间还分布着众多小岛，不禁令人惊叹大自然的鬼斧神工。毛利人认为峡湾是一个叫图蒂拉基法努阿的力大无穷的铁匠创造的，他用神奇的斧头雕出了米尔福德峡湾的峭壁和宏伟的山峦。有意思的是，在毛利语中，“米尔福德”意为“第一只野生画眉”。

米尔福德峡湾内生活着宽吻海豚、新西兰长毛海豹和峡湾顶冠企鹅，特别在海豹角上常有大量的年轻海豹聚集。在米尔福德峡湾风平浪静之日，海水会倒映出壮美的麦特尔峰。

汤加里罗国家公园

汤加里罗国家公园南面的鲁阿佩胡火山怪石嶙峋的庞大身躯巍然矗立，海拔 2 797 米，是北岛的最高峰。北面是汤加里罗火山，它年岁更长，山势连绵，有多处古老的火山口，喷气孔不断凶恶地释放着硫磺烟雾。位于中间的是瑙鲁霍伊火山，就是《指环王》三部曲中的“末日山”。

新西兰的原住民毛利人对这三座火山十分敬畏，认为它们神圣不可侵犯。19 世纪中后期，欧洲人开始在北岛中部定居，将土地分割为城镇和农场，毛利人都担心神山会遭到破坏。族长蒂辉辉•图基诺四世作出了一个极具远见的决定：把火山的神性纳入维多利亚女王的荫庇之下。1887 年，他将三座火山及周边方圆 1 英里内的土地交托新西兰政府和人民管理，此处于是成为了新西兰第一座国家公园，并逐渐发展成今日占地近 8 万公顷的保护区。毛利人的神山崇拜，解释了汤加里罗国家公园为何会享有被两次评定为“世界遗产”的殊荣：第一次是由于它的自然景观，后一次则是由于它重要的文化意义。公园中活火山和冰川相接的奇景，令它赢得了与大堡礁同等的地位。

参考文献

[1] 杨载田．旅游客源国概论[M]．北京：科学出版社，2008．

[2] 张金霞．客源地概况[M]．武汉：武汉大学出版社，2007．

[3] 孙克勤．世界旅游地理[M]．北京：旅游教育出版社，2008．

[4] 崔钟雷．世界文化与自然遗产[M]．长春：吉林人民出版社，2007．

[5] 溥奎．全球地图版国家旅游地理：美洲[M]．南昌：江西美术出版社，2007．

[6] 溥奎．全球地图版国家旅游地理：非洲、大洋洲[M]．南昌：江西美术出版社，2007．

[7] 任浩之．世界地理全知道[M]．北京：当代世界出版社，2008．

[8] 陆大道．环球国家地理图鉴[M]．郑州：大象出版社，2004．

[9] 江笨湖．大师领读世界地理[M]．北京：中国戏剧出版社，2005．

[10] 崔钟雷．108 处地球文明奇观[M]．长春：吉林人民出版社，2008．

[11] 陈福义，吴永江．世界旅游地理[M]．长沙：湖南大学出版社，2005．

[12] 孙玉琴，袁绍荣．世界旅游经济地理[M]．广州：华南理工大学出版社，2007．

[13] 艺龙旅行网 http://trip.elong.com/index.php.

[14] 携程旅行网 http://destguides.ctrip.com/Destinations.

[15] 途牛旅游网 http://jingdian.tuniu.com/diqu.

[16] 游多多旅行网 http://www.yododo.com/area.